ABORDAGENS ANTIDISCRIMINATÓRIAS

NOVAS VOZES

PARA O DIREITO DO

TRABALHO

Novas Vozes para o Direito do Trabalho

Organizadoras:
Adriana L. S. Lamounier Rodrigues
Larissa Matos
Luciana Dombkowitsch
Luciane Toss
Silvia Cristina Carvalho Sampaio

LACIER

LACIER
Lacier Livraria e Editora
www.livrarialacier.com.br

Rua Doutor Quirino, 808 – Centro
CEP 13015-081 – Campinas, SP – Brasil

Setembro, 2023

Diretor: *Lacier José de Rezende*
Diretor assistente: *Eduardo Soares Aureliano*
Projeto de capa: *Michel Rodrigues*
Projeto gráfico e editoração eletrônica: *Peter Fritz Strotbek – The Best Page*

Ficha Catalográfica

Dados Internacionais de Catalogação na Publicação (CIP)
(Câmara Brasileira do Livro, SP, Brasil)

N936 Novas vozes para o direito do trabalho / Organizadoras: Adriana L. S. Lamounier Rodrigues, Larissa Matos, Luciana Dombkowitsch, Luciane Toss, Silvia Cristina Carvalho Sampaio. — 1. ed. — Campinas, SP : Lacier Editora, 2023.
298 p. ; 16 x 23 cm.

ISBN 978-65-88805-62-6

1. Direito do trabalho — Brasil. 2. Mercado de trabalho — Aspectos jurídicos — Brasil. 3. Mercado de trabalho — Desafios. 4. Discriminação — Legislação. I. Rodrigues, Adriana L. S. Lamounier. II. Matos, Larissa. III. Dombkowitsch, Luciana. IV. Toss, Luciane. V. Sampaio, Silvia Cristina Carvalho.

CDU 34:331(81)

Índices para catálogo sistemático:

1. Mercado de trabalho — Aspectos jurídicos

Angela Schmidt da Rosa – Bibliotecária – CRB-14/1171

Sumário

Rol das Autoras 9

Prefácio — *Bernadete Kurtz* 15

Violência de Gênero, Racismo e Desigualdade no Emprego Doméstico: O Grito das Mulheres por Um Direito do Trabalho Antidiscriminatório — *Luciana Alves Dombkowitsch* 15

Promoção de Equidade e Combate à Discriminação Racial no Trabalho — *Genaina Ferreira de Vasconcellos* 31

LGBTfobia: As Dificuldades e Desafios no Ambiente de Trabalho — *Valdete Bezerra Alves Iaguchi* 40

Mercado de Trabalho e Empregabilidade para Transexual e Travesti — *Carmen Ribeiro* e *Noélia Sampaio* 55

"Motherhood Penatalty": Uma Análise da Discriminação em Face da Trabalhadora Mãe à Luz dos Modelos de Conciliação e Corresponsabilidade — *Carolina de Castro Miranda* e *Joana Rêgo da Silva Rodrigues* 68

"Relação Familiar" como Fato Impeditivo do Vínculo Empregatício Doméstico: A Jurisprudência Discriminatória Contra as Trabalhadoras do Cuidado — *Bruna Salles Carneiro* 83

Desigualdades de Gênero no Mercado de Trabalho: Uma Perspectiva da Economia do Cuidado — *Jaqueline Büttow Signorini* e *Maria Emília Valli Büttow* 98

Um Discrímen Necessário: O Art. 386 da CLT — *Adriana L. Saraiva Lamounier Rodrigues* e *Meilliane Pinheiro Vilar Lima* 113

Direito Antidiscriminatório para Trabalhadora com Medidas Protetivas de Urgência: Implicações Trabalhistas e Previdenciárias — *Gabriela Piardi dos Santos* e *Isadora Cunha de Souza* 124

Demissão Discriminatória por Doença — A Mão de Obra Descartável — *Caroline Ferreira Anversa* 139

A Mulher Idosa e o Mercado de Trabalho: Proteção e Discriminação — *Paula Pereira Pires* e *Sílvia Cristina Carvalho Sampaio* 149

Padrão Ideal de Beleza: A Exteriorização do Preconceito no Trabalho — *Isabel Cristina de Medeiros Tormes* 161

O Assédio no Ambiente de Trabalho e a Dispensa Discriminatória: A Necessidade de Um Protocolo de Prevenção e Combate a Violências Contra a Mulher nas Empresas — *Larissa Matos* 185

"Utopia Hoje, Carne e Osso Amanhã" — Discriminação Algorítmica de Gênero e a Seleção de Pessoas Trabalhadoras — *Luciane Toss* 197

Do Respeito ao Credo: A Análise das Discriminações Religiosas nas Relações de Trabalho sob a Perspectiva da Diversidade e da Inclusão — *Pietra Gomes Ferreira* 218

A Precarização do Acesso ao Trabalho de Mulheres Munícipes Rurais: A Necessidade da Introdução do Feminismo — *Sabrina Ramalho Ferreira* 233

A Situação de Desemprego que Afetou as Brasileiras nos Últimos Três Anos e as Novas Perspectivas Trazidas pelo Programa "Emprega + Mulheres" — *Tereza Rebeca Pinto Cortez* 245

Tutela Coletiva do Meio Ambiente Laboral das Gestantes Durante a Pandemia: Prevenção da Dispensa Discriminatória em Tempos de Crise — *Yamê de Oliveira Barros* 265

A Cama de Procusto e a Normalização das Discriminações — *Ellen Mara Ferraz Hazan* 279

Rol das Autoras

Adriana L. Saraiva Lamounier Rodrigues — Advogada, com atuação especial em Direito Coletivo do Trabalho. Professora de Direito do Trabalho. Pós-Doutorado em Direito do Trabalho pela Universidade Federal de Minas Gerais (UFMG). Doutora em Direito pela UFMG em cotutela com a Universidade Roma II Tor Vergata (2017). Master em Direito do Trabalho pela Universidade Roma II Tor Vergata (2012). Graduação em Direito pela UFMG. Pesquisadora no Grupo de Pesquisa Sindicalismo do Programa de Pós-Graduação do UDF.

Bruna Salles Carneiro — Advogada trabalhista e pesquisadora. Doutoranda e Mestre em Direito pela Universidade Federal de Minas Gerais — UFMG. Vinculada ao Grupo de Pesquisa Trabalho e Resistências da UFMG e ao Diverso UFMG. Especialista em Direito do Trabalho e Previdenciário pela PUC Minas. Bacharela em Direito pela UFMG.

Carmen Ribeiro — Advogada popular. Yalorixa.

Carolina de Castro Miranda — Advogada. Graduada pela Universidade Candido Mendes. Mestranda em Direito pela UFRJ. Pós-graduada em Direito Processual Civil e em Direito do Trabalho e Previdenciária pela UERJ. Secretária Geral da Comissão de Direito do Trabalho da ABA/RJ.

Caroline Ferreira Anversa — Vice-Presidente da Associação Gaúcha dos Advogados Trabalhistas. Integrante da Comissão Especial da Advocacia Trabalhista da OAB/RS. Sócia do Escritório Direito Social. Especialista em Direito e Processo do Trabalho. Formada pela PUCRS/RS

Ellen Mara Ferraz Hazan — Graduada em Direito pela Faculdade de Direito Milton Campos. Mestra em Direito do Trabalho pela PUC Minas. Professora de cursos de graduação e pós-graduação em Direito, já tendo lecionado na PUC Minas, na Faculdade de Direito Dom Helder Câmara, na Faculdade de Direito Milton Campos e, como professora convidada, na Faculdade de Direito de Coimbra (Portugal), na Universidade Mandume Ya Ndemufayo (Angola) e na Universidade Tor Vergata (Itália). Palestrante em seminários e congressos. Autora de livros e artigos jurídicos. Advogada.

Gabriela Piardi dos Santos — Advogada. Sócia do escritório Tomasi, Piardi e Cunha Advogadas, com atuação jurídica em entidades representativas e sindicais. Diretora de Comunicação da Associação de Juristas pela Democracia (AJURD). Procuradora do Município de Novo Hamburgo – RS, com atuação em Políticas Públicas e Direitos Sociais

(2009-2016). Presidente da Comissão de Direitos Humanos (CEDH) da Ordem dos Advogados do Brasil, subseção Novo Hamburgo – RS (2019-2022).

Genaina Ferreira de Vasconcellos — Advogada. Especialista em Gênero, Direito do Trabalho. Pós-graduanda em Direito Previdenciário.

Isabel Cristina de Medeiros Tormes — Advogada. Sócia do escritório Rodrigues Jr. Advogados. Especialista em *Fashion-Law*. Vice-Presidente – AATSP – 2020-2022. Conselheira da AATSP 2023-2025. Membro da Comissão da Advocacia Trabalhista da OAB/SP-2022-2024. Membro da Comissão de Direito da Moda da OAB/SP-2022-2024. Membro da Comissão de *Fashion Law* do IASP – 2022. Integrante da 2ª Turma Julgadora do Conselho de Prerrogativas da OAB/SP no triênio 2022-2024. Prêmio Ritsuko Tomioka, pela militância na luta e engrandecimento da Advocacia Trabalhista Paulista no ano de 2016.

Isadora Cunha de Souza — Advogada brasileira e portuguesa. Sócia do escritório Tomasi, Piardi e Cunha Advogadas, com atuação jurídica em entidades representativas e sindicais. Especialista em Nova Previdência pela Escola Brasileira de Direito (EBRADI). Formada em Técnicas de Negociação em Contexto Jurídico, pela Faculdade de Direito da Universidade de Lisboa (Ulisboa). Professora da Escola Brasileira de Direito das Mulheres (EBDM), sendo a ministrante do primeiro curso de Violência contra a Mulher e Benefícios Previdenciários do Brasil. Presidente da Comissão Especial da Mulher Advogada (CMA) da Ordem dos Advogados do Brasil, subseção de Novo Hamburgo – RS. Conselheira do Conselho Municipal de Direito da Mulher (COMDIM) de Novo Hamburgo – RS. Entusiasta do Projeto de Lei n. 1.517/2022, para garantia do auxílio por incapacidade temporária enquanto vigorar a necessidade de afastamento do local de trabalho para a vitima de Violência Doméstica com Medidas Protetivas de Urgência deferidas.

Jaqueline Büttow Signorini — Advogada e assessora sindical. Especialista em Direito do Trabalho e Processo do Trabalho pela Faculdade de Ciências Sociais de Florianópolis. Especialista em Direitos Humanos e Transnacionais do Trabalho pela UCLM. Mestra em Ciência Política pela Universidade Federal de Pelotas.

Joana Rêgo da Silva Rodrigues — Advogada. Graduada pela Universidade Católica de Salvador (UCSAL). Mestra em Políticas Sociais e Cidadania pela UCSAL. Pós-graduanda em Direito do Trabalho e Compliance Trabalhista pelo IEEPREV. Coordenadora da Pós em Direito das Mulheres da UCSAL. Conselheira Seccional e membra da Comissão da Mulher Advogada da OAB-Bahia. Conselheira e Diretora Cultural da ABAT.

Larissa Matos — Advogada do Sales Matos Advocacia. Pós-doutoranda em Direito (USP). Doutora em Direito do Trabalho pela Universidade de São Paulo (USP), aprovada com láurea (cum laude). Doutorado sanduíche pela Universidade de Barcelona. Mestra em Direito pela Universidade de Palermo. Integrante do corpo docente da ABRAT.

Professora de pós-graduação. Pesquisadora do grupo de pesquisa O trabalho além do Direito do Trabalho (USP), coordenado pelo professor Guilherme Guimarães Feliciano. Pesquisadora do grupo de pesquisa Proteção do Trabalho e Promoção das Relações de Trabalho (USP), coordenado pelo professor Otavio Pinto e Silva. Pesquisadora do grupo de pesquisa Meio Ambiente do Trabalho (USP), coordenado pelo professor Guilherme Guimarães Feliciano. Natal-RN. E-mail: larissamatos@salesmatos.adv.br. Instagram: @direitolarissamatos.

Luciana Alves Dombkowitsch — Professora e advogada trabalhista. Secretária geral da Agetra — Associação Gaúcha da Advocacia Trabalhista. Especialista em Direito e Processo do trabalho pela UCB. Mestra em Direito e Justiça Social pela Furg. Doutoranda no Programa de pós-graduação em Política Social e Direitos Humanos da Ucpel.

Luciane Toss — Doutoranda em Direito. Mestra em Ciências Sociais. Graduada em Ciências Jurídicas e Sociais e Especialistaem Direito Privado, todos pela Universidade do Vale do Rio dos Sinos (UNISINOS, São Leopoldo, Brasil). Especialista em Nuevos Rectos de Derecho Publico pela Universidad de Burgos (UBU, Burgos, Espanha) e em Derechos Humanos Laborales Y Regulación Del Trabajo En La Crisis, pela Universidad Castilla La Mancha (UCLM, Toledo, Espanha). Tem curso de Aperfeiçoamento em Direito do Trabalho pela Fundação Escola da MagistraturaTrabalhista (FEMARGS, Porto Alegre, Brasil). Atualmente é professora de Pós-Graduação e Cursos de Extensão em Direito do Trabalho, Direitos Humanos, Gênero e Diversidade, na UCSAL, na ENAMAT e em escolas judiciais. É advogada trabalhista, assessora corporativa e consultora na área de Gênero e Direitos Humanos. Integra o grupo de pesquisas Núcleo de Direitos Humanos da Unisinos e o Grupo de Estudos Sindicalismo da UDF. É sócia fundadora e professora da Escola Trabalho e Pensamento Crítico. Tem experiência na área de Direitos Humanos, Direito das Mulheres, Direito Coletivo do Trabalho, Direitos Sociais, Gênero e Diversidade, Sindicalismo, atuando, principalmente, nos seguintes temas: teorias feministas e estudos sobre gênero, direito antidiscriminatório, sociologia do direito, direitos humanos, direito do trabalho e processo do trabalho, direito sindical, direito coletivo, filosofia do trabalho, direito do estado, gênero e diversidade. Têm artigos e livros publicados. É docente da Escola da ABRAT, integra a Comissão Feminista ABRAT, a diretoria da AJURD e é conselheira do MATI. É membra da AAJ Rama Brasil e da ABJD.

Maria Emília Valli Büttow — Advogada e assessora sindical. Especialista em Direitos Humanos e Transnacionais do Trabalho pela UCLM. Mestra em Sociologia pela Universidade Federal de Pelotas.

Meilliane Pinheiro Vilar Lima — Mestra em Direito do Trabalho e das Relações Sociais – UDF. Pesquisadora do Grupo de Pesquisa Sindicalismo do Programa de Pós-Graduação do UDF.

Noélia Sampaio — Advogada. Professora. Diretora da ABRAT e Presidente da AATE-PI — Associação da Advocacia Trabalhista do Estado do Piauí.

Paula Pereira Pires — Mestra em Direito das Relações Sociais e Trabalhistas pelo Centro Universitário do Distrito Federal – UDF. Pós-Graduada em Processo Civil, Direito do Trabalho e Metodologia de Ensino pela UFBA. Presidente do CESA-BA pelo triênio 2021-2024. Advogada Trabalhista.

Pietra Gomes Ferreira — Advogada e Consultora Trabalhista. Especialista em Direito do Trabalho e Previdenciário pela Universidade Ritter dos Reis (*Laureate International Universities*). Especialista em Direito e Processo Civil pela Fundação Escola Superior do Ministério Público do Rio Grande do Sul — FMP. Atuação em Gestão de Pessoas, Recursos Humanos, Diversidade e Inclusão. Professora.

Sabrina Ramalho Ferreira — Advogada. Pesquisadora do Grupo de Estudos do Trabalho e Capital da UFRGS. Pesquisadora do Grupo de Estudos Trabalho e Capital da USP. Pós-Graduanda em Audiências, pela Faciência. Membro do MATI. Membro da Comissão de Promoção da Igualdade Racial da OAB-JF. Membro da Comissão da Verdade da Escravidão Negra no Brasil e Combate ao Trabalho Escravo Moderno.

Sílvia Cristina Carvalho Sampaio — Mestra em Direito das Relações Sociais e Trabalhistas pelo Centro Universitário do Distrito Federal – UDF. Advogada Trabalhista. Professora de Graduação e Pós-Graduação. Conselheira Seccional. Membro das Comissões de Ensino Jurídico e de Apoio à Docência da OAB/PI. Membro Consultora da Comissão Nacional de Direitos Social da Ordem dos Advogados do Brasil.

Tereza Rebeca Pinto Cortez — Advogada. Graduada em Direito pela Universidade Federal Rural do Semi-Árido (UFERSA). Especialista em Direito do Trabalho pela Pontifícia Universidade Católica de Minas Gerais (PUC Minas).

Valdete Bezerra Alves Iaguchi — Advogada. Formada em Direito pela Universidade Braz Cubas. Pós-graduada em Direito de Família, Sucessões e Diversidade. Pós-Graduada em Direito Público. Pós-Graduada em Direito do Trabalho. Proprietária do escritório de advocacia Valdete Iaguchi. Membra da Comissão das Mulheres Advogadas de Mogi das Cruzes. Membra da Associação dos Advogados Trabalhistas de São Paulo.

Yamê de Oliveira Barros — Advogada. Formada em Direito pela Faculdade Newton Paiva. Especialista em Advocacia Empresarial.

Prefácio

Não acredito em coincidências e no acaso, acredito firmemente que tudo de alguma forma está interligado no universo e que as energias se comunicam. Li em algum lugar, que "Talvez a magia da coincidência não exista, mas pode ser bonito e útil pensar que sim".

E sem sombra de dúvidas, andamos muito necessitadas do "bonito", não o material, o visível, o estereotipado, mas aquele que nos faz bem: o sentimento bonito, o sorriso amigo, o abraço espontâneo, o gesto solidário...

Jung, dizia que quando falamos de sincronicidade, nos referimos à união de acontecimentos internos e externos. Sendo assim, o indivíduo que vive determinados acontecimentos encontra sentido na unificação de ambos.

Por que estou dizendo isso?

Porque eu sou uma viciada em leitura, e o último livro que li foi "Os cem anos de Lenni e Margot", de Marianne Cronin. E agora estou lendo "A natureza da mordida" de Carla Madeira.

Ambos recomendados por amigas e que tem muito em comum: Lenni tem 17 anos e conhece Margot com 83, ambas hospitalizadas. Resolvem escrever os cem anos das duas, através de desenhos e pinturas – uma obra enternecedora, de resistência e que nos faz repensar muitas coisas.

No outro, surge uma amizade entre uma octogenária, que se intitula louca, e uma jovem – as histórias de vida são fantásticas.

Eu, literalmente me emocionando com a história da "Mordida", recebo uma mensagem da Larissa, que me envia textos de 25 mulheres jovens, pedindo que eu prefacie um livro, que será lançado no 44º CONAT. Mera coincidência, que as jovens especialistas, mestras e doutoras, peçam a quase octogenária advogada, não mestre e não doutora, que escreva o prefácio ou isso é apenas sincronicidade?

Não importa! Cumprirei a tarefa, que recebo com muita honra e gratidão.

Novas vozes comovem, inquietam, mexem, incomodam, cutucam e provocam.

São 25 mulheres, vozes diferentes, tons diferentes, temas distintos, mas ao mesmo tempo são uma única voz, potente e empoderada. Mulheres que sabem o que falam e que não se conformam com nenhum tipo de discriminação, que não se conformam com as tentativas de invisibilização, de assédio, de humilhação, entre outras violências.

Nossas escritoras não se calam frente à violência covarde praticada contra as mulheres, não admitem que algoritmos alimentados por mãos masculinas e brancas façam as regras e demonstram que mulheres trabalhadoras mães necessitam de proteção adequada aos cuidados com a prole.

Nesse cenário, o livro traz importante reflexão sobre como acabamos normalizando a discriminação nas relações laborais, pois, introjetada na sociedade, é tida como mero dissabor ou brincadeirinha.

Os textos nos mostram o trabalho, a pesquisa, a busca metódica por dados estatísticos, do porquê isso acontece, como acontece e quando acontece os mais variados e odiosos tipos de discriminação no trabalho, especialmente contra as mulheres.

O estudo sério nos mostra que a mulher vulnerável, em situação de violência doméstica, precisa ser protegida e que as políticas públicas precisam avançar nesse campo, pois quase inexistentes ou de pouco alcance.

As Novas vozes, que são uma só, não se calam frente à ditadura da beleza, do padrão branco, loiro e anoréxico. E se a mulher trabalhadora for gorda, negra e homossexual? A discriminação beira às raias da insanidade e, assim, os empregadores não fazem valer para o bem o seu poder de mando.

As Novas vozes denunciam a discriminação no trabalho doméstico, notadamente em relação às mulheres negras e da periferia. E tocam no ponto da desculpa esfarrapada, e muito adotada por nossos tribunais, de que havendo parentesco não há vínculo de emprego.

Está também demonstrado no livro que projetos, programas e políticas públicas precisam ser desenvolvidos para aumentar o índice de empregabilidade das mulheres e fomentar o seu real aproveitamento e valorização — o que pode tirar centenas de mulheres do anonimato.

O etarismo é uma realidade massacrante. E urge que políticas públicas busquem formas de inserir a trabalhadora idosa no mercado de trabalho, com campanhas educacionais, pois a idosa não é uma "senhorinha" e não tem "um cabelinho branquinho bonitinho".

A precarização afeta tremendamente a trabalhadora rural e de pequenos municípios no interior do país. Portanto, urge que esta situação receba tratamento adequado das autoridades competentes.

O livro que me foi ofertado como um presente para prefaciar, é na realidade um brado contra a intolerância, o desamor, a indiferença e o acomodamento.

Somente mulheres, poderiam escrever estas Novas Vozes, que repito, são uma única voz, num momento em que se começa a pensar em algumas mudanças, alguns avanços, que na realidade remontam a 1944, com a Declaração de Filadélfia, onde foi escrito:

> A Conferência, convencida de ter a experiência plenamente demonstrado a verdade da declaração contida na Constituição da Organização Internacional do Trabalho, que a paz, para ser duradoura, deve assentar sobre a justiça social, afirma que:
>
> a) todos os seres humanos de qualquer raça, crença ou sexo, têm o direito de assegurar o bem-estar material e o desenvolvimento espiritual dentro da liberdade e da dignidade, da tranquilidade econômica e com as mesmas possibilidades;
>
> b) a realização de condições que permitam o exercício de tal direito deve constituir o principal objetivo de qualquer política nacional ou internacional;
>
> c) quaisquer planos ou medidas, no terreno nacional ou internacional, máxime os de caráter econômico e financeiro, devem ser considerados sob esse ponto de vista e somente aceitos, quando favorecerem, e não entravarem, a realização desse objetivo principal; [...].

Lutar contra todo e qualquer tipo de discriminação no trabalho significa valorizar a pessoa humana, respeitar a vida, buscar a dignidade e o direito de ser feliz.

Obrigada a estas Novas Vozes, que tanto me emocionaram, ensinaram e em alguns momentos, como diz Carla Madeira em sua "A natureza da mordida": "Me transformou em um imenso estômago embrulhado".

Florianópolis-SC, agosto/2023.

Bernadete Kurtz
Presidenta da ABRAT

Violência de Gênero, Racismo e Desigualdade no Emprego Doméstico: O Grito das Mulheres por Um Direito do Trabalho Antidiscriminatório

Luciana Alves Dombkowitsch

Resumo: Este artigo tem como objetivo problematizar as condições de desigualdade estabelecidas para o trabalho doméstico no Brasil, a qual atinge de forma desproporcional mulheres negras e periféricas. Neste sentido, a discussão trazida, busca enfrentar a legislação trabalhista destinada às trabalhadoras domésticas desde uma perspectiva de Direito Antidiscriminatório, já que a realidade do trabalho doméstico no Brasil se constituiu alicerçada em uma lógica de sociedade colonial, capitalista, racista e patriarcal. Entendendo que o trabalho doméstico no Brasil é subalternizado, especialmente por ser uma atividade tipicamente estereotipada como sendo uma ocupação destinada às mulheres, este trabalhado destina-se a desvelar tais discriminações.

1. Introdução

Este estudo tem como objetivo problematizar a subalternidade do emprego doméstico e a diferencial distribuição da precariedade na vida das mulheres, tendo como ponto de partida a legislação trabalhista, estruturalmente discriminatória em relação ao trabalho doméstico no Brasil. É urgente enfrentar a legislação trabalhista, reservada ao emprego doméstico, desde uma perspectiva de Direito Antidiscriminatório. A luta antidiscriminatória deve levar em consideração que o racismo e o sexismo atravessam histórias e narrativas de vida de inúmeras mulheres brasileiras que partem em busca de seus sonhos profissionais em detrimento de seus afetos e desejos, em negação a sua própria autonomia.

A vida das mulheres trabalhadoras domésticas no Brasil é marcada pela subordinação, dependência, desigualdade nas relações laborais, negação da sua sexualidade e do desejo, mas, sobretudo, expõe a face mais perversa de um modelo de sociedade neoliberal, que agravada pelos conflitos de classe, gêneros, raças e sexualidades, precariza vidas de mulheres em espaços urbanos violentos, segregando-as e subalternizando-as em modelos de espoliação laboral-corporal.

Para esta investigação, utilizou-se de abordagem qualitativa com ênfase nos estudos culturais feministas de Butler (2014; 2015), Lagarde (2015) e Spivak (2010). Ancora-se ainda, nas discussões sobre direitos humanos de Escrivão Filho e Sousa Júnior (2016) e Lucas (2013) e nos debates em direito do trabalho de Delgado e Delgado (2016). Ademais, para análise e discussão das questões de raça e racismo, utiliza-se das obras de Bento (2022), Carneiro (2011) e Gonzalez (2021), utilizando-se ainda de Moreira (2020) para tratar do Direito Antidiscriminatório.

Propõe-se, como estrutura desta investigação, analisar dados da Pnad Contínua do IBGE de 2019-2021, historicizar o percurso das relações de trabalho do empregado doméstico, tendo como referência o Brasil colonial, bem como as intrincadas redes construídas ao longo dos anos no direito brasileiro. Logo a seguir, discute-se o trabalho como direito humano, dando-se posterior ênfase às relações de subalternidade das mulheres no trabalho doméstico precarizante e discriminatório.

Para além de problematizar a subalternidade do emprego doméstico e a diferencial distribuição da precariedade na vida das mulheres, este estudo pretende avançar nos debates sobre estudos de gênero, cuja ênfase se enquadra no campo da discriminação, das desigualdades e déficits de reconhecimento. Espera-se que os diálogos aqui apresentados, sirvam como elementos potencializadores e de desvelamento das urgentes demandas que se encontram nos corpos, nas vidas e narrativas de milhares de mulheres brasileiras, cuja invisibilidade e o silêncio se perpetuam histórica e socialmente.

2. Dados do trabalho doméstico no Brasil: PNAD Contínua 2019-2021

Segundo dados da Pesquisa Nacional por Amostra de Domicílios — PNAD Contínua, do IBGE[(1)], entre 2019 e 2021 o número de pessoas ocupadas no Brasil passou de 95,5 milhões para 95,7 milhões. Em contrapartida, houve uma redução de pessoas ocupadas no trabalho doméstico, que passou de 6,2 milhões para 5,7 milhões de pessoas. As mulheres representam 92% das pessoas ocupadas nesse trabalho (5,2 milhões), das quais, 65% são mulheres negras (3,4 milhões). A pesquisa ainda demonstra que a maioria das mulheres negras, em trabalho doméstico, é jovem e está na informalidade, a qual representa 76% de todo o trabalho doméstico no Brasil.

(1) Departamento Intersindical de Estatística e Estudos Socioeconômicos — DIEESE. Disponível em: <https://www.dieese.org.br/infografico/2022/trabalhoDomestico.html>. Acesso em: 21 maio 2023.

As mulheres trabalhadoras domésticas sem carteira assinada, ganham 40% menos em relação às que possuem vínculo formal de emprego. Ainda, em relação às mulheres brancas, as mulheres negras recebem 20% a menos de salário. A partir desses dados, é possível desvelar as desigualdades sociais, desnudar as desumanidades e as subalternidades que produz, especialmente no que se refere, no caso em análise, das relações de trabalho doméstico, onde se pode ver acentuada a precariedade na vida das mulheres, em especial das mulheres negras.

O direito do trabalho e a sociedade brasileira, mesmo após a abolição da escravidão, manteve o trabalho doméstico acorrentado a uma legislação atrelada a uma episteme de servidão. O caráter servil do trabalho doméstico no Brasil fica evidente pelos dados do IBGE, uma vez que demonstram de forma clara, a condição de servidão naturalizada e da subalternidade da ampla maioria das trabalhadoras domésticas. Esta subalternidade se invisibiliza com discursos que escravizam sob o falso argumento de que a empregada doméstica é parte da família, confirmando o contexto de precariedade das relações laborais de trabalho doméstico.

Segundo a OIT[(2)], as trabalhadoras domésticas estão entre os grupos de trabalhadores mais vulnerabilizados. A informalidade que representa 76% e esconde a ausência de termos claros quanto às regras de contratação, excluindo essas trabalhadoras da legislação trabalhista, já discriminatória em relação aos demais trabalhadores não domésticos. Para a Organização Internacional do Trabalho[(3)], *"O trabalho doméstico representa o núcleo duro do déficit de trabalho decente no Brasil e no mundo"*, por isso, os elevados números de resgate de trabalho doméstico análogo à escravidão. Em 2022, foram encontradas 27 trabalhadoras nessas condições, segundo o Ministério Público do Trabalho[(4)].

3. O empregado doméstico: uma expressão da colonialidade do poder e da colonialidade de gênero

Compreender como se deu a proteção ao trabalhador doméstico, em especial, a relativa ao empregado doméstico no Brasil, demanda igual compreensão da origem desse sujeito trabalhador, origem essa marcada pelo tratamento discriminatório e pela segregação social originada desde a servidão e continuada na escravização. A problematização desse tratamento discriminatório tradicionalmente dispensado ao empregado doméstico é ponto de partida relevante para entender as atuais controvérsias sobre as questões que circundam a proteção que a ele deve ser dispensada.

---

(2) Organização Internacional do Trabalho — OIT. Disponível em: <https://www.ilo.org/brasilia/temas/trabalho-domestico/lang--pt/index.htm>. Acesso em: 21 maio 2023.

(3) *idem.*

(4) Ministério Público do Trabalho. Disponível em: <https://sit.trabalho.gov.br/radar/> Acesso em: 21 maio 2023.

O processo de colonização pelo qual foi submetido o Brasil nos deixou um extenso legado de discriminação e de injustiças sociais, especialmente no que se refere aos povos indígenas e aos descendentes de africanos trazidos forçadamente para o Brasil. De uma sociedade escravocrata ganhamos o legado do trabalho servil dos empregados domésticos e dos trabalhadores rurais e, essa realizada, fica patente diante da realidade nua e crua de ausência de direitos a essas espécies de trabalhadores, que embora muitas vezes tenham alçado a categoria de empregados, não obtiveram a mesma sorte de direitos das demais classes de trabalhadores empregados.

> [...], o elevado grau de injustiça social vivenciado na atualidade pelos brasileiros deflui, em grande parte, do próprio processo de desenvolvimento do país. (...) Desse modo, a sociedade escravocrata instituída e difundida durante todo o período colonial foi responsável pelos altos índices de preconceito e discriminação racial em relação à população indígena e aos descendentes dos escravos africanos.(5)

A compreensão acerca das injustiças sociais, potencializadas pelo discurso jurídico que legitima e naturaliza a ideia de que o empregado doméstico é parte da família, tirando dele qualquer possibilidade de fala ou de circulação, até hoje persegue essa espécie de trabalhador, envolvendo por óbvio, considerações sobre as condições históricas, sociais e culturais que moldaram a classe a que ele pertence, em particular no Brasil. Com efeito, verifica-se que a discriminação jurídica dispensada ao doméstico possui raízes culturais profundas que o direito, sozinho, não dará respostas.

Pode-se dizer, segundo Escrivão Filho e Sousa Júnior (2016), que os empregados domésticos viveram (e ainda vivem), uma história de ausências vividas em um mundo de opressão e de exploração social e econômica típicas da formação da sociedade brasileira. Para os autores, o colonialismo instituído e desenvolvido na América Latina e em especial no Brasil, produziu um processo social de negação do outro:

> Uma história de ausências produzidas em um cotidiano de opressão e exploração, repleta de experiências desperdiçadas pelo colonialismo instituído e desenvolvido como processo social de negação do "outro", e pela colonialidade que ainda hoje se manifesta em diversas dimensões da sociedade brasileira, demarcada pelas condições do patrimonialismo, patriarcado e racismo características da formação econômica, social, política e cultural do Brasil.(6)

---

(5) SPAREMBERGER, Raquel Fabiana Lopes. Antropologia e diferença: quilombolas e indígenas na luta pelo reconhecimento do seu lugar no Brasil dos (Des)iguais. In: COLAÇO, Thais Luzia. *Elementos de Antropologia Jurídica*. São Paulo: Conceito Editorial, 2011. p. 131.

(6) ESCRIVÃO FILHO, Antônio; SOUSA JUNIOR, José Geraldo de. *Para um debate teórico-conceitual e político sobre os direitos humanos*. Belo Horizonte: Editora D'Plácido, 2016. p. 74.

O colonialismo a que se referem os autores corresponde a uma forma de dominação e exploração não só política, mas principalmente econômica que teve como origem o processo de colonização do território brasileiro pelos europeus sobre os povos daqui originários e ainda sobre os povos africanos que trouxeram forçadamente para trabalharem como escravos. Esse colonialismo que se globalizou não se reduz apenas a expansão territorial de sua origem, mas, sobretudo, segundo Escrivão Filho e Sousa Júnior (2016), manifesta-se em todos os campos sociais, em todos os planos, meios e dimensões, produzindo e reproduzindo os sujeitos de dominação.

É certo que as relações de colonialidade que se vivenciam hoje no âmbito das relações sociais não são mais aquelas típicas da metrópole/colônia, mas sim um colonialismo, no dizer de Escrivão Filho e Sousa Júnior (2016), mais fluído, globalizado. No entanto, é impossível não dizer, que as relações de colonialidade desenvolvidas no Brasil deixaram marcas profundas no âmbito das relações sociais e culturais e que também, sem dúvidas, foram determinantes na construção do direito brasileiro, especialmente no que se refere aos grupos periféricos como o dos empregados domésticos.

> Que dizer da sua concepção acerca de camponeses e sobretudo indígenas e quilombolas, senão que a colonialidade da cultura, do saber e do poder institucional produziram violenta e simbolicamente ao longo da história e sua ausência nos espaços de poder, e o desperdício de suas expressões culturais e de conhecimento, relegando-os a uma permanente situação de degredo e desprestígio social que acabam por se reproduzir também em outros preconceitos de raça, gênero, orientação afetiva na sociedade brasileira?[(7)]

No entanto, o colonialismo, ou a colonialidade de poder, expressão cunhada por Aníbal Quijano, não se limita apenas à questão racial. Para Lugones (2020) a colonialidade é

> [...] um fenômeno mais amplo, um dos eixos do sistema de poder e, como tal, atravessa o controle do acesso ao sexo, a autoridade coletiva, o trabalho e a intersubjetividade/intersubjetividade, atravessa também a produção do conhecimento a partir do próprio interior das relações intersubjetivas.[(8)]

Segundo Delgado (2016), a década de 1930, marcada pelas grandes insurgências do movimento operário no Brasil por melhores condições de trabalho e de vida, foi a época de maior expansão do Direito do Trabalho no Brasil. No entanto, as diferenças

(7) ESCRIVÃO FILHO, Antônio; SOUSA JUNIOR, José Geraldo de. *Para um debate teórico-conceitual e político sobre os direitos humanos*. Belo Horizonte: Editora D'Plácido, 2016. p. 77.

(8) LUGONES, María. Colonialidade e gênero. In: HOLLANDA, Heloisa Buarque de (Org.). *Pensamento feminista hoje:* perspectivas decoloniais. Rio de Janeiro: Bazar do Tempo, 2020. p. 59-93, p. 64.

sociais ficavam cada vez mais largas, aprofundando as injustiças sociais. Nesse processo de expansão do neoliberalismo econômico, surge a CLT (Consolidação das Leis do Trabalho), aprovada pelo Decreto-lei n. 5.452, de 1º de maio de 1943, tendo papel de destaque, ao lado de inúmeros outros diplomas legais esparsos complementares, que foram instituídos nos anos e décadas subsequentes a 1943, com o intuito de acalmar os movimentos de trabalhadores.

No entanto, ainda como uma herança do colonialismo ocidental, dois grandes grupos de trabalhadores empregados ficaram de fora dessa regulamentação, ou seja, mantiveram-se excluídos, à margem desse processo de integração jurídico-trabalhista dos anos 1930: os empregados domésticos e os trabalhadores rurais. A fase de inclusão jurídica da categoria doméstica no Direito do Trabalho brasileiro ostenta dois momentos extremamente diversos: o período pré-Constituição de 1988 e o período inaugurado com a Constituição de 1988.

Assim é possível dizer que a libertação de escravizados no Brasil, no final do século XIX, embora carregue uma dimensão jurídica de liberdade, essa liberdade traz consigo apenas um reconhecimento institucional da liberdade, restringindo-se, conforme Escrivão Filho e Sousa Júnior (2016), a uma abolição jurídica da escravidão, sem que com ela fossem implementadas políticas capazes de estender direitos econômicos, sociais, culturais e étnicos capazes de romper com uma herança de quatro séculos de escravidão, fazendo perpetuar ainda hoje, as velhas estruturas coloniais e dominação.

4. O empregado doméstico na perspectiva do direito brasileiro

O trabalho doméstico foi tratado pelo ordenamento jurídico brasileiro pela primeira vez em 30.07.1923, através do Decreto n. 16.107, que regulamentava a locação de serviços domésticos no Brasil, até então, eram-lhe aplicados os preceitos do código civil de 1916, no que dizia respeito à locação de serviços. O Decreto n. 16.107 fazia alusão ao locador de serviços domésticos, nunca sendo o mesmo designado como trabalhador ou como empregado. Apenas em 27.02.1941, com a edição do Decreto-lei n. 3.078, passou-se a fazer referência ao empregado doméstico.

O artigo primeiro do Decreto-lei n. 3.078/41[(9)] conceituou quem seriam considerados empregados domésticos, quais sejam aqueles que, de qualquer profissão ou mister, mediante remuneração, prestem serviços em residências particulares ou a benefício destas. No entanto, pequeno foi o rol dos direitos reconhecidos a esta categoria de trabalhadores, haja vista que ao contrato de trabalho não foi reconhecido o estatuto de contrato de emprego, continuando com o caráter de contrato de locação adquirido com o

(9) BRASIL, Câmara dos Deputados. Disponível em: <https://www2.camara.leg.br/legin/fed/declei/1940-1949/decreto-lei-3078-27-fevereiro-1941-413020-publicacaooriginal-1-pe.html> Acesso em: 22 maio 2023.

Decreto n. 16.107/1923, o que se pode constatar pelo conteúdo do art. 3º do Decreto-lei n. 3.078/1941: "**Art. 3º O <u>contrato de locação de serviço doméstico</u>**[10] rescinde-se pela simples manifestação da vontade de qualquer dos contratantes".[11]

O Decreto-lei n. 3.078/1941, nos parágrafos do art. 3º, garantiu apenas o direito a aviso prévio de oito dias em caso de uma das partes decidir rescindir o contrato de locação de serviços domésticos após o término do período de experiência de seis meses, antes desse prazo, o contrato poderia ser rescindindo sem qualquer aviso prévio. No entanto, tendo o locatário atentado contra a honra e/ou a integridade física do locador ou tendo deixado de lhe garantir condições higiênicas de alimentação e habitação, poderia o locador, mesmo antes de findo o período de experiência, rescindir o contrato de locação e exigir do locatário o pagamento de oito dias a título de indenização.

O Decreto-lei n. 5.452, de 1º de maio de 1943, instituiu a Consolidação das Leis do Trabalho e estatuiu as normas que regulam as relações individuais e coletivas de trabalho, definindo a partir do art. 3º[12] o conceito de empregado, como sendo a pessoa física que presta serviços de natureza não eventual a empregador, sob a dependência deste e mediante salário. A CLT, em uma tentativa de demonstrar um caráter isonômico, estabelece no parágrafo único do referido artigo, que não haverá distinções relativas à espécie de emprego e à condição de trabalhador, no entanto, retira direitos dos empregados domésticos.

No entanto, o que inicialmente parecia se tratar de uma grande conquista dos trabalhadores empregados, sem que a lei lhe impusesse qualquer forma de discriminação, não passou de mera ilusão, posto que, para sepultar qualquer possibilidade de equiparar os empregados domésticos aos demais trabalhadores empregados o Decreto-lei n. 5.452/43, traz de forma taxativa, em seu art. 7º, que os preceitos constantes na referida norma, salvo disposição expressamente determinada em contrário, não se aplicam aos empregados domésticos, assim considerados, aqueles que prestam serviços de natureza não econômica à pessoa ou à família, no âmbito residencial destas.

A justificativa do legislador para impor essa histórica injustiça aos empregados domésticos, segundo Martins (2013) é de que o empregador doméstico não tem por finalidade explorar atividade econômica lucrativa por tratar-se de pessoa ou família e por ser o serviço, prestado para o âmbito da residência destes. O empregado doméstico, precisou então esperar quase trinta anos, para que uma norma jurídica, o Decreto n. 5.859/72, viesse tratar especificamente do doméstico como empregado, garantindo-lhe então, o direito a férias anuais, minimizando a injustiça de ausência de reconhecimento e de direitos.

---

(10) Grifo nosso.

(11) BRASIL. Câmara dos Deputados. Dsiponível em: <https://www2.camara.leg.br/legin/fed/declei/1940-1949/decreto-lei-3078-27-fevereiro-1941-413020-publicacaooriginal-1-pe.html> Acesso em: 22 maio 2023.

(12) BRASIL. Presidência da República. Disponível em: <https://www.planalto.gov.br/ccivil_03/decreto-lei/del5452.htm> Acesso em: 22 maio 2023.

No entanto, mesmo tendo o Decreto n. 5.859/72 reconhecido o direito à férias anuais aos empregados domésticos, não o fez de forma isonômica, haja vista que aos demais empregados era garantido o direito à 30 dias de férias, aos domésticos eram garantidos 20 dias úteis, demonstrando a intenção do legislador em continuar dando tratamento diferenciado ao empregado doméstico. Ademais, como nos informa Martins (2013), o Decreto n. 5.859/73 permitia que o empregado doméstico recebesse salário inferior ao salário-mínimo, não garantia direito à 13º salário, ao aviso-prévio e ao repouso semanal remunerado, o que somente veio a ser garantido ao doméstico, com o advento da Constituição Federal de 1988.

A partir da Constituição de 1988, o empregado doméstico teve garantido pelo parágrafo único do art. 7º, o direito à percepção de salário não inferior ao mínimo nacional; a irredutibilidade de salário, ao 13º salário, ao repouso semanal remunerado preferencialmente aos domingos, a férias anuais de 30 dias acrescidos de 1/3; à licença à gestante, à licença-paternidade, ao aviso prévio proporcional ao tempo de serviço e à aposentadoria prevista no regime geral de previdência social. Importante destacar que o direito aos feriados foram garantidos apenas em 2006, pela Lei n. 11.324.

Embora, a Constituição Federal de 1988 represente um marco na ampliação de direitos aos empregados domésticos, estes ainda continuarão à margem de vários outros direitos disponibilizados pela própria Constituição aos demais trabalhadores empregados, inclusive aos rurais, que passam a ser então, abrangidos pela legislação trabalhista. Assim, mesmo após o advento da Constituição de 1988, os empregados domésticos continuarão sem gozar os direitos relativos à proteção contra a despedida arbitrária, ao benefício de seguro-desemprego, ao fundo de garantia por tempo de serviço, à remuneração do trabalho noturno superior ao diurno, ao salário-família, à limitação da duração do trabalho e ao pagamento da jornada extraordinária e adicional de remuneração para atividades insalubres ou periculosas.

Muito embora a OIT tenha, conforme nos demonstra Resende (2013), aprovado em 2011 a Convenção n. 189, que trata da igualdade de direitos entre o empregado doméstico e os demais trabalhadores empregados, somente com a Emenda Constitucional n. 72 de 2013, ou seja, 25 anos depois, da promulgação da Constituição de 1988, que alterou o parágrafo único do art. 7º, é que os empregados domésticos passaram a ter os direitos sociais trabalhistas previstos no art. 7º da Constituição, no entanto, somente com a edição da Lei Complementar n. 150 de 1º de junho de 2015 é que estes direitos passaram a ser exigíveis do empregador doméstico.

Parágrafo único. São assegurados à categoria dos trabalhadores domésticos os direitos previstos nos incisos IV, VI, VII, VIII, X, XIII, XV, XVI, XVII, XVIII, XIX, XXI, XXII, XXIV, XXVI, XXX, XXXI e XXXIII e, atendidas as condições estabelecidas em lei e observada a simplificação do cumprimento das obrigações tributárias, principais e acessórias, decorrentes da relação de trabalho e suas peculiaridades, os previstos nos incisos I, II, III, IX, XII, XXV e XXVIII, bem como a sua integração à previdência social.(13)

A Convenção n. 189 da OIT, aprovada em 2011 trata da igualdade de direitos entre o empregado doméstico e os demais trabalhadores empregados, trazendo um caráter inovador e de extrema relevância para o campo do direito do trabalho, ao determinar a todos os seus membros que adotem medidas para assegurar a promoção e a proteção efetivas dos direitos humanos de todos trabalhadores domésticos, em conformidade com as suas disposições. O reconhecimento de direitos trabalhistas como Direitos Humanos deverá mudar o rumo das discussões acerca dos direitos fundamentais garantidos aos trabalhadores empregados pela Constituição Federal de 1988.

5. Direito humano ao emprego doméstico decente: por um direito antidiscriminatório

A dignidade da pessoa humana e os direitos fundamentais previstos na Constituição Federal de 1988 possuem o condão de impor limites a atuação estatal para que o ente público, em todas as suas dimensões, não venha violar a dignidade pessoal. Mas é certo, que a obrigação estatal vai muito mais além do simples ato de abstenção de violação de direitos fundamentais, é tarefa estatal a atuação permanente no sentido de promover, segundo Sarlet (2015), "[...] proteção, promoção e realização concreta de uma vida com dignidade para todos"(14). Enfim, deve o Estado atuar na elaboração de uma política da dignidade da pessoa humana, capaz de garantir o pleno desenvolvimento da personalidade de cada indivíduo.

> [...] sustenta-se, com razão, que a concretização do programa normativo do princípio da dignidade da pessoa humana incumbe aos órgãos estatais, especialmente, contudo, ao legislador, encarregado de edificar uma ordem jurídica que atenda às exigências do princípio. Em outras palavras — aqui considerando a dignidade como tarefa —, o princípio da dignidade da pessoa humana impõe ao Estado, além do dever de respeito e proteção, a obrigação de promover as condições que viabilizem e removam toda sorte de obstáculos que estejam a impedir as pessoas de viverem com dignidade.(15)

Ainda pode-se dizer, que para além das obrigações estatais, em especial as do poder legislativo, contribui significativamente Sarlet (2015), quando traz à discussão a necessidade da vinculação da ordem comunitária na obrigação de promoção e de

(13) Parágrafo único com redação determinada pela Emenda Constitucional n. 72, de 02.04.2013.

(14) SARLET, Ingo Wolfgang. *Dignidade (da Pessoa) Humana e Direitos Fundamentais de 1988*. 9. ed. Porto Alegre: Livraria do Advogado, 2012. p. 89.

(15) *Ibidem*, p. 90.

garantia da dignidade, uma vez que, tanto particulares quanto entidades privadas estão diretamente vinculadas ao cumprimento dos direitos fundamentais.

Moraes (2006), propõe uma análise do princípio da dignidade, a partir de um desdobramento deste princípio em quatro postulados, o da igualdade, o da integridade física e moral, o da liberdade e o da solidariedade, este último, de extrema relevância, posto que vincula todos os membros da comunidade humana, uma vez que a dignidade implica um dever de solidariedade.

No entanto, a implementação do princípio da dignidade da pessoa humana assim como os deveres de solidariedade que lhe é inerente, tanto pelo Estado quanto pela ordem comunitária, encontram um óbice, impedindo a sua realização, posto que incompatíveis com uma ordem social marcada pela opressão socioeconômica típica do capitalismo globalizado, que só tem tido como retorno de suas políticas econômicas e sócias nefastas, o incremento assustador dos níveis de exclusão política, social e econômica. As relações de trabalho pautadas em políticas neoliberais só têm produzido precariedade na vida dos trabalhadores, em especial das empregadas domésticas.

O que se verifica é uma subversão do estado democrático e constitucional de direito, especialmente em países periféricos como Brasil, convertendo-se em um estado neocolonial, aonde se pode constatar como resultado, a desnacionalização das riquezas nacionais e consequentemente a perda da soberania estatal em favor do capital estrangeiro, das grandes corporações, inviabilizando assim, a implementação de políticas sociais que visem a efetivação de direitos humanos fundamentais e da realização da justiça social.

Notadamente sabe-se, que a Constituição Federal de 1988 trouxe uma mudança de paradigma, alçando os direitos trabalhistas ao estatuto de direitos sociais fundamentais, trazendo em seu artigo sétimo uma extensa lista de direitos conferidos aos trabalhadores urbanos e rurais, direitos estes já previstos na legislação pátria a partir de vários dispositivos legais, com ênfase no Decreto-Lei n. 5.452/43. No entanto, uma injustiça não foi reparada pela carta constitucional, uma vez que manteve fora de sua proteção integral os empregados domésticos.

Em junho de 2011 ocorreu a 100ª Conferência Internacional do Trabalho, onde foi realizada a discussão acerca do trabalho decente para os trabalhadores e trabalhadoras domésticas, do qual resultou a edição da Convenção n. 189 da OIT[(16)], denominada de convenção sobre o trabalho decente para as trabalhadoras e os trabalhadores domésticos, vigente desde setembro de 2013. Um dos principais objetivos desta convenção é a de alcançar a todos os trabalhadores e trabalhadoras os objetivos da declaração da OIT sobre direitos fundamentais do trabalho e da declaração da OIT sobre justiça social, uma vez

(16) OIT. *Convenção e Recomendação sobre Trabalho Decente para as Trabalhadoras e os Trabalhadores Domésticos.* Disponível em: <https://www.ilo.org/wcmsp5/groups/public/---ed_protect/---protrav/---travail/documents/publication/wcms_169517.pdf>. Acesso em: 22 maio 2023.

que o trabalho doméstico, principalmente nos países periféricos, tem como característica a discriminação em ralação as condições de emprego e trabalho, configurando claro abuso aos direitos humanos.

O art. 3º da Convenção n. 189 da OIT — determina que todo membro deverá adotar medidas para assegurar a promoção e a proteção efetivas dos direitos humanos de todos os trabalhadores domésticos, e para respeitar, promover e tornar realidade os princípios e direitos fundamentais no trabalho, dentre eles a eliminação de todas as formas de trabalho forçado e obrigatório, a erradicação do trabalho infantil e a eliminação da discriminação em matéria de emprego e ocupação. O art. 5º prevê a todos os membros, que deverão adotar todas as medidas necessárias para assegurar efetiva proteção aos trabalhadores e trabalhadoras domésticas contra todas as formas de abuso, assédio e violência.

Enfim, segundo a Convenção n. 189 da OIT, todos os países membros, deverão adotar medidas para assegurar que aos trabalhadores e trabalhadoras domésticas, sejam assegurados os mesmos direitos dos trabalhadores em geral, afim de que usufruam de condições equitativas de emprego e condições de trabalho decente, como forma de efetivação de direitos humanos fundamentais. Dessa forma, resta clara a natureza de direitos humanos atribuída aos direitos fundamentais estendidos aos trabalhadores e trabalhadoras domésticas a partir da Emenda Constitucional n. 72/2013.

No entanto, difícil esquecer da herança colonial e da presente colonialidade onde se constituem as identidades dos trabalhadores e das trabalhadoras domésticas, posto que segundo Escrivão Filho e Sousa Junior (2016), foram considerados escravos até o ano de 1888, 64 anos depois da primeira constituição brasileira, a qual foi fundada nos princípios inerentes aos direitos dos homens oriundos do pensamento liberal deflagrado pela Declaração dos Direitos do Homem e do Cidadão, no entanto, a existência de um direito material-formal segundo o qual os homens nasciam livres, os trabalhadores e trabalhadoras continuaram a ser vendidos como coisas.

Foram necessários 127, da abolição da escravidão em 1888 à Lei Complementar n. 150/2015, para que trabalhadores e trabalhadoras domésticas passassem a ter os mesmos direitos que os demais trabalhadores, corroborando com o entendimento de que fomos e somos constituídos dentro de uma sociedade colonialista, posto que, apesar de todos os componentes jurídico-formais, seja a Declaração dos Direitos do Homem e do Cidadão de 1789, seja a Declaração Universal dos Direitos Humanos de 1948, continuamos ignorando esses trabalhadores, que são constituídos na sua ampla maioria por mulheres, como humanos.

Para Lucas (2013), a validade dos direitos humanos não se encontra apenas no fato de serem ou não serem reconhecidos institucionalmente, mas "[...] na reciprocidade moral que obriga mutuamente todos os homens e que se torna condição de possibilidade para a existência humana individual e coletiva."[17]. Por essa razão, diz que, mesmo sendo unânime o desejo da sociedade mundial de que os direitos humanos passem a fazer parte de todas as agendas nacionais no sentido de promoverem uma transformação radical da realidade de todos aqueles que necessitam de proteção e de preservação da dignidade, esse reconhecimento não se dá de maneira uniforme em todos os países.

Condições econômicas, culturais, políticas, etc., interferem na forma como cada país estabelece sua política de direitos humanos. Esse quadro de diversidades não representa outra coisa senão as diferenças históricas que caracterizam a formação, o desenvolvimento e a expectativa de cada nação em relação ao seu passado, presente e futuro. Nesse caso, o fator histórico é, inclusive, como no caso de muitos países do Terceiro Mundo, responsável pela dificuldade em se garantir plenamente os referidos direitos, configurando-se uma herança social que o povo, de um modo geral, pretende superar.[18]

A invisibilidade, a ausência de fala, são elementos constituinte da subalternidade dessa categoria de trabalhadores, que veem a precariedade de suas vidas serem maximizadas diante de componentes como a sua cor, a sua classe social e a sua identidade de gênero, todos esses elementos decorrem, certamente de condições históricas e culturais que impossibilitam a garantia plena dos direitos humanos às trabalhadoras empregadas domésticas.

6. Considerações finais

A legitimação das estruturas do funcionamento legal da legislação trabalhista, de perpetuação de ausências de direitos plenos aos trabalhadores e trabalhadoras domésticas, é a demonstração efetiva do que Spyvak (2010) denomina de violência epistêmica caracterizada por um projeto legal neocolonialista de ausência de representação legal e política do sujeito subalterno, uma vez que esse sujeito subalterno se encontra impossibilitado de articular um discurso de resistência que esteja fora dos discursos hegemônicos.

Para Spyvak (2010), se o discurso do subalterno é eliminado, suprimido, o da mulher subalterna encontra-se em uma posição ainda mais periférica, dado os problemas relacionados às questões de gênero, sendo colocado, dentro do contexto da produção colonial dos discursos, numa posição ainda mais profunda de obscuridade.

> É mais uma questão de que, apesar de ambos serem objetos da historiografia colonialista e sujeitos da insurgência, a construção ideológica de gênero mantém a dominação masculina. Se, no contexto da produção colonial, o sujeito subalterno não tem história e não pode falar, o sujeito subalterno feminino está ainda mais profundamente na obscuridade.[19]

---

(17) LUCAS, Doglas Cesar. *Direitos Humanos e Interculturalidade:* um diálogo entre igualdade e diferença. 2. ed. Ijuí: Editora Unijuí, 2013. p. 47.

(18) *Ibidem*, p. 45-46.

(19) SPYVAK, Gayatri Chakravorty. *Pode o Subalterno Falar?* Belo Horizonte: Editora UFMG, 2010. p. 66-67.

Quando se fala em neocolonialismo, está também se referindo a problemática da divisão internacional do trabalho contemporâneo, colocando de uma lado, um grupo de países, em sua maioria de primeiro mundo, aptos a investir seu capital em países de terceiro mundo, que reconhecidamente possuem um campo fértil para esse tipo de investimentos, dada a sua característica consumista e da existência de uma vasta mão de obra, mal protegida e mutável.

Pode-se dizer, que se trata de um verdadeiro processo de colonização da mão de obra de terceiro mundo. Desta forma, a autora, critica as teorias de divisão internacional do trabalho ao reduzirem o problema da mão de obra ao barato ou ao caro, posto que entende, que a subalternidade dos trabalhadores se encontra na ausência de proteção legal, situação esta, que se coaduna perfeitamente ao problema do trabalho doméstico subalternizado, "O trabalho humano não é intrinsecamente "barato" ou "caro". É assegurado por uma ausência de leis de trabalho (ou sua execução discriminatória), [...]"(20).

Neste contexto, o presente trabalho problematiza a concepção de subalternidade a partir de Spyvak, compreendendo que o sujeito subalterno é efeito do "discurso dominante", o que propicia o questionamento acerca do discurso que é sempre "sobre" a mulher e, no caso da mulher empregada doméstica é mais intenso, pois concentra-se na construções de papéis do feminino e do masculino, segundo o qual o papel de cuidado é destinado à mulher e a essa mulher que cuida da vida do outro, a pena é o silêncio. Assim, é possível afirmar, dentro de uma perspectiva spivakiana, que a empregada doméstica representa o sujeito subalterno feminino, a qual se encontra em uma condição mais intensa de obscuridade, o que favorece a sua perpetuação.

Pode-se dizer, que a discussão acerca do trabalho doméstico no Brasil, está inserida dentro do que Butler chama de problemas de gênero. Para Butler (2014), os sistemas jurídicos de poder produzem os sujeitos, limitando a vida política dos indivíduos ligados a esta estrutura, ou seja, a formação jurídica da linguagem e da política que representa as mulheres como sujeito é formado através de um discurso que em tese, deveria facilitar a "emancipação" das mulheres, no entanto, se transforma em um sistema que produz esse sujeito dentro de padrões de dominação, contribuindo para o fracasso da tão desejada emancipação.

> Não basta inquirir como as mulheres podem se fazer representar mais plenamente na linguagem e na política. A crítica feminista também deve compreender como a categoria das "mulheres", o sujeito do feminismo, é reproduzida e reprimida pelas mesmas estruturas de poder por intermédio das quais busca-se a emancipação.(21)

(20) SPYVAK, Gayatri Chakravorty. *Pode o Subalterno Falar?* Belo Horizonte: Editora UFMG, 2010. p. 68.

(21) BUTLER, Judith. *Problemas de gênero:* Feminismo e subversão da identidade. 7. ed. Rio de Janeiro: Civilização Brasileira, 2014. p. 19.

A partir de Butler pode-se problematizar que tipo de sujeito do feminismo se está querendo construir, no entanto, em primeiro lugar se deve levar em consideração a crítica aos sistemas de poder que constituem esse mesmo sujeito, o qual deverá ser constituído dentro de uma perspectiva que rompa com a identidade rígida deste sujeito, e repense o sujeito do feminismo como um sujeito fluído, que desconstrua toda forma de construção de identidade que oprima as singularidades humanas que diante da rigidez do sujeito do feminismo, se encontram fora do padrão adequado ou correto deste sujeito.

Para Butler (2014), a emancipação das mulheres somente ocorrerá com práticas subversivas que questionem essas relações de poder, que discursivamente constroem as relações de gênero dentro de um padrão binário, onde as categorias homem/mulher, masculino/feminino são colocadas em oposição, constituindo relações sociais hierarquizadas, onde a mulher se constitui em posição de inferioridade em ralação ao homem e a elas, são relegadas as condições mais precarizadas de vida e de trabalho.

Nesse contexto, a pesquisa do Pnad Contínua do IBGE traz a possibilidade de problematizar o trabalho doméstico no Brasil, dando visibilidade e fazendo a crítica do sujeito subalternizado da empregada doméstica, para a qual não existe espaço de fala, vez que ausentes os espaços de representação política desse sujeito. Para Lagarde (2015), a capacidade de lutar por reconhecimento político e de implementação de mudanças nas relações sociais relacionadas a vida laborativa das mulheres, é a medida mais importante para impor transformações, só que para isso, segundo a autora é indispensável a sensibilidade intelectual e afetiva para se compreender as necessidades das pessoas e dos grupos a partir de uma (re)significação política de gênero.

Ainda sobre a questão do reconhecimento, segundo Butler (2015), para que o sujeito seja reconhecido como sujeito, este deve ter sido constituído por normas que facilitem este reconhecimento, caso contrário teremos sujeitos que não serão reconhecíveis como sujeitos e provavelmente nunca serão reconhecidas como vidas. Dessa maneira, a capacidade de apreender uma vida depende em muito, daquilo que já foi dito, de que o sujeito tenha sido constituído de acordo com as normas que a caracterizam como uma vida, produzindo ainda, um problema ético no que se refere a capacidade de definir o que será reconhecido e o que será, consequentemente passível de ser protegido contra a violência.

A conclusão de que não há vida como não precária, poderia nos levar a pensar que essa condição compartilhada de precariedade conduziria a um reconhecimento recíproco desta condição produzindo um sentimento de solidariedade, no entanto, o resultado decorrente desta condição é justamente o contrário, qual seja, a de "uma exploração específica de populações-alvo, de vidas que não são exatamente vidas, que são consideradas "destrutíveis" e "não passíveis de luto".[22]

---

(22) BUTLER, Judith. *Quadros de Guerra* — quando a vida é passível de luto? 1. ed. Rio de Janeiro: Civilização Brasileira, 2015. p. 53.

Portanto, dizer que a vida é precária traz como compromisso a manutenção dessa vida, o que somente será possível com a implementação de condições sociais e políticas que garantam a existência dessa vida, posto que, "[...] não pode haver nenhuma persistência na vida sem pelo menos algumas condições que tornem uma vida vivível"(23).

Para concluir, segundo Butler (2015), deve-se ter responsabilidade moral e ética para construir uma crítica social que busque a criação de condições sociais e econômicas pautadas em sentimentos de afetividade, os quais possibilitarão desenvolver sentimentos de comoção perante a violência e as mais diversas formas de violação da vida. Quando o outro se comove com o sofrimento e com a condição maximizada da precariedade da vida do outro, este sujeito passa a reconhecido como uma vida a ser vivida de forma a minimizar a sua precariedade.

Referências

BENTO, Cida. *O pacto da branquitude*. 1. ed. São Paulo: Companhia das Letras, 2022.

BRASIL. *Decreto-lei n. 5.452, de 1º de Maio de 1943*. Consolidação das Leis do Trabalho. Disponível em: <https://www.planalto.gov.br/ccivil_03/decreto-lei/del5452.htm>. Acesso em: 22 maio 2023.

BUTLER, Judith. *Problemas de gênero:* Feminismo e subversão da identidade. 7. ed. Rio de Janeiro: Civilização Brasileira, 2014.

______. *Quadros de Guerra* — quando a vida é passível de luto? 1. ed. Rio de Janeiro: Civilização Brasileira, 2015.

CARNEIRO, Sueli. *Racismo, sexismo e desigualdade no Brasil*. São Paulo: Selo Negro, 2011.

DELGADO, Mauricio Godinho; DELGADO, Gabriela Neves. *O novo manual do trabalho doméstico*. São Paulo: LTr, 2016.

DIEESE. Departamento Intersindical de Estatística e Estudos Socioeconômicos. Disponível em: <https://www.dieese.org.br/infografico/2022/trabalhoDomestico.html>. Acesso em: 21 maio 2023.

ESCRIVÃO FILHO, Antônio; SOUSA JUNIOR, José Geraldo de. *Para um debate teórico-conceitual e político sobre os direitos humanos*. Belo Horizonte: Editora D'Plácido, 2016.

FARIAS, Vilson. *Os direitos e deveres do empregado e do empregador doméstico à luz da Emenda Constitucional n. 72/2013 (com incursão no direito comparado):* aspectos materiais, processuais e sociológicos. Pelotas: Editora Livraria Mundial, 2014.

GONZALEZ, Lélia. *Por um Feminismo Afro-Latino-Americano:* ensaios, intervenções e diálogos. (org. Flavia Rios e Márcia Lima). Rio de janeiro: Zahar, 2021.

LAGARDE, Marcela. *Claves feministas para mis sociais de la vida*. Ciudad Autónoma de Buenos Aires: Diego Pérez Roig, 2015.

(23) BUTLER, Judith. *Quadros de Guerra* — quando a vida é passível de luto? 1. ed. Rio de Janeiro: Civilização Brasileira, 2015. p. 40.

LUCAS, Doglas Cesar. *Direitos Humanos e Interculturalidade:* um diálogo entre igualdade e diferença. 2. ed. Ijuí: Editora Unijuí, 2013.

MARCONDES, Thereza Cristina Bohlen Bitencourt. *Cine Igualdade:* A evolução do cinema LGBT e a conquista de direitos. Belo Horizonte: Editora D'Plácido, 2013.

MARTINS, Sérgio Pinto. *Direito do Trabalho.* 30 ed. São Paulo: Atlas, 2013.

MORAES, Maria Celina Bondin. O conceito da dignidade humana: substrato axiológico e conteúdo normativo. In: SARLET, Ingo Wolfgang (Org.). *Constituição, direitos fundamentais e direito privado.* 2. ed., rev. e ampl. Porto Alegre: Livraria do Advogado, 2006. p. 107-149.

OIT. *Convenção e Recomendação sobre Trabalho Decente para as Trabalhadoras e os Trabalhadores Domésticos.* Disponível em: <https://www.ilo.org/wcmsp5/groups/public/---ed_protect/---protrav/---travail/documents/publication/wcms_169517.pdf>. Acesso em: 22 maio 2023.

RESENDE, Ricardo. *Direito do Trabalho esquematizado.* 3. ed. Rio de Janeiro: Forense; São Paulo: Método, 2013.

RODRIGUES, Adroaldo Júnior Vidal. [*et al.*]; In: Luciane Cardoso Barzotto (Coord.). *Trabalho e igualdade:* tipos de discriminação no ambiente de trabalho. Porto Alegre: Livraria do Advogado; Escola Judicial do TRT da 4ª Região, 2012.

SANTOS, Reinaldo. *Empregado domésticos: respostas a perguntas:* legislação, direitos da nova Constituição. 12. ed.. Rio de Janeiro: Edições Trabalhistas, 1998.

SARLET, Ingo Wolfgang. *Dignidade (da Pessoa) Humana e Direitos Fundamentais de 1988.* 9. ed. Porto Alegre: Livraria do Advogado, 2012.

______; MELLO FILHO, Luiz Philippe Vieira de; FRAZÃO, Ana de Oliveira (Coords.). *Diálogos entre o direito do trabalho e o direito constitucional:* estudos em homenagem a Rosa Maria Weber. São Paulo: Saraiva, 2014.

SPAREMBERGER, Raquel Fabiana Lopes. Antropologia e diferença: quilombolas e indígenas na luta pelo reconhecimento do seu lugar no Brasil dos (Des)iguais. In: COLAÇO, Thais Luzia. *Elementos de Antropologia Jurídica.* São Paulo: Conceito Editorial, 2011.

SPYVAK, Gayatri Chakravorty. *Pode o Subalterno Falar?.* Belo Horizonte: Editora UFMG, 2010.

VIEIRA, Tereza Rodrigues; CARDIN, Valéria Silva Galdino; GOMES, Luiz Geraldo do Carmo (Orgs.). *Bioética e Cinema..* Maringá: Editora Miraluz, 2016.

Promoção de Equidade e Combate à Discriminação Racial no Trabalho

Genaina Ferreira de Vasconcellos

Resumo: O artigo aborda questões envolvendo discriminação racial e intolerância em mulheres e meninas, destacando sua influência na tendência da qualidade de vida, pobreza, violência e múltiplas formas de rejeição e negação de direitos humanos e a falta de oportunidades no trabalho. A importância de abordar as questões específicas enfrentadas por elas é ressaltada, assim como a necessidade de conscientização, trabalho em equipe e implementação de leis para combater essas manifestações. O conceito de racismo institucional é discutido, descrevendo-o como a falha coletiva das organizações em fornecer um serviço adequado com base no gênero e raça.

Palavra-chave: Discriminação racial — Gênero — Raça — Oportunidades — Mulheres — Meninas — Qualidade de vida — Pobreza — Violência — racismo institucional.

1. Introdução

Estamos convencidos de que racismo, discriminação racial, xenofobia e intolerância correlata se revelam de maneira diferenciada para mulheres e meninas e podem estar entre os fatores que levam a uma deterioração de sua condição de vida, à pobreza, à violência, às múltiplas formas de discriminação e à limitação ou negação de seus direitos humanos(1).

É importante destacarmos como as formas de percepção podem afetar as mulheres e meninas de maneira desproporcional.

É essencial que reconheçamos que esses problemas não passaram por todas as pessoas da mesma forma e trabalhemos juntos para abordar as questões específicas que passaram pelas mulheres e meninas.

A pobreza, a violência e a negação de direitos humanos são apenas algumas das consequências dessas formas de manifestação, e é importante que nos conscientizemos

(1) Nações Unidas Brasil. *Declaração da III Conferência Mundial contra o Racismo, Xenofobia e Intolerâncias Correlatas, parágrafo 69*. Disponível em: <https://brasil.un.org/pt-br/150033-declara%C3%A7%C3%A3o-e-plano-de-a%C3%A7%C3%A3o-de-durban-2001>. Acesso em: 23 abr. 2022.

desses problemas e nos unamos para lutar contra eles. Somente mediante leis, o diálogo, o trabalho em equipe e a conscientização, podemos garantir uma sociedade mais justa e igualitária para todas as pessoas.

O conceito de racismo institucional foi definido pelos ativistas integrantes do grupo Panteras Negras, Stokely Carmichael e Charles Hamilton em 1967, para especificar como se manifesta o racismo nas estruturas de organização da sociedade e nas instituições. Para os autores, "trata-se da falha coletiva de uma organização em prover um serviço apropriado e profissional às pessoas por causa de sua cor, cultura ou origem étnica"(2).

No Brasil, o Programa de Combate ao Racismo Institucional (PCRI), implementado em 2005(3), "definiu o racismo institucional como "o fracasso das instituições e organizações em prover um serviço profissional e adequado às pessoas em virtude de sua cor, cultura, origem racial ou étnica.

Ele manifesta-se em normas, práticas e comportamentos discriminatórios adotados no cotidiano do trabalho, os quais são resultantes do preconceito racial, uma atitude que combina estereótipos racistas, falta de atenção e ignorância.

Em qualquer caso, o racismo institucional sempre põe pessoas de grupos raciais ou étnicos vulnerabilizados em situação de desvantagem no acesso a benefícios gerados pelo Estado e por demais instituições e organizações.

Mais recentemente, Jurema Werneck definiu o racismo institucional como "um modo de subordinar o direito e a democracia às necessidades do racismo, fazendo com que os primeiros inexistam ou existam de forma precária, diante de barreiras interpostas na vivência dos grupos e indivíduos aprisionados pelos esquemas de subordinação desse último"(4).

2. Equidade, práticas e comportamentos discriminatórios no trabalho

Normas, práticas e comportamentos discriminatórios atuam como pessoas de grupos vulnerabilizados em uma posição de transição no acesso a benefícios gerados pelo Estado e outras instituições.

---

(2) CARMICHAEL, S.; HAMILTON, C. *Black Power:* A Política de Libertação na América. Nova York: Vintage, 1967. p. 4..

(3) Projeto de uma parceria que contou com a SEPPIR, o Ministério Público Federal, o Ministério da Saúde, a Organização Pan-Americana de Saúde (OPAS), o Departamento Britânico para o Desenvolvimento Internacional e Redução da Pobreza (DFID), como agente financiador, e o Programa das Nações Unidas para o Desenvolvimento (PNUD), e teve por foco principal a saúde (CRI, 2006). Disponível em: <https://racismoinstitucional.geledes.org.br/o-que-e-racismo-institucional/>. Acesso em: 26 abr. 2023.

(4) WERNECK, Jurema. *Racismo Institucional* — uma abordagem conceitual, texto produzido para o Projeto Mais Direitos e Mais Poder para as Mulheres Brasileiras. Abr. 2013.

O racismo institucional pode ser verificado de diversas formas, como na ausência do Estado na prestação de serviços de baixa qualidade e dos precários atendimentos prestados à população negra em geral. Ele pode ser verificado e identificado tanto no direito do trabalho quanto no momento das contratações para vaga de emprego. Em alguns casos, punham no anúncio a expressão "boa aparência", "cabelo arrumado".

A promoção da equidade e o combate à distinção racial no trabalho são questões fundamentais para a construção de uma sociedade mais justa, com equidade e igualdade.

Infelizmente, a discriminação racial ainda é uma realidade em muitos ambientes de trabalho, prejudicando o desenvolvimento pessoal e profissional de muitas pessoas, principalmente mulheres negras.

É indispensável que empresas e organizações se comprometam a implementar políticas e ações que promovam a equidade, combatam a discriminação racial e incentivem a diversidade e inclusão no ambiente de trabalho.

As políticas da empresa devem estar além da aparência, pois o fato de ter pessoas negras na equipe não garante a diversidade.

É necessário que as pessoas negras, principalmente mulheres negras, estejam também na tomada de decisões, de poder, nos postos de comando, na ponta da pirâmide, e não somente na base.

Por outro lado, temos a questão do capital que continua agindo na sociedade, na tentativa de venda da diversidade.

Pesquisas de como "promover a diversidade e inclusão na empresa podem trazer resultados melhores e inovadores. Um estudo feito pelo Instituto Identidades do Brasil evidenciou os impactos da diversidade no mercado de trabalho.

Os dados apontam que, para cada 10% de aumento na diversidade étnico-racial, ocorre um salto de quase 4% na produtividade das empresas.

Além disso, para cada 10% de elevação da diversidade de gênero, verificamos o acréscimo de aproximadamente 5% na produtividade dessas organizações.

Na avaliação por setores econômicos, para cada 1 ponto percentual no incremento da diversidade étnico-racial das empresas de serviços, em média, a produtividade dos negócios aumentou 0,19%. No caso das entidades que atuam no comércio, houve aumento de 0,16% e, na indústria, de 0,15%[(5)].

A inclusão e a diversidade são infinitamente maiores que o capital.

As empresas precisam ter os seguintes compromissos: identificar como o racismo institucional opera na empresa; descontruir preconceitos sociais que se tornam entraves

(5) REVISTA EXAME. *Números não mentem:* diversidade nas empresas aumenta a produtividade. Disponível em: <https://exame.com/bussola/numeros-nao-mentem-diversidade-nas-empresas-aumenta-a-produtividade/>. Acesso em: 10 dez. 2022.

empresariais; tratar a branquitude como parte do desafio da equidade racial; garantir acolhimento e ambiente seguro para os desafios individuais de funcionários e funcionárias; promover educação, capacitação e desenvolvimento profissional para pessoas negras, em especial mulheres; apoiar empreendedorismo de mulheres e homens não brancos por meio das cadeias de suprimentos e marketing; promover a igualdade racial mediante iniciativas voltadas à comunidade e ao ativismo social; e medir, documentar e publicar os progressos da empresa na promoção da igualdade racial.

No tocante às ações afirmativas relacionadas ao ingresso no mercado de trabalho, não há uma lei que imponha a reserva de vagas para entidades privadas. Elas possuem a liberdade de instituir, ou não, programas de inclusão no combate à discriminação racial.

Uma pesquisa realizada em 2015 revelou que a média do rendimento dos trabalhadores de cor preta ou parda era de pouco mais da metade (59,2%) do rendimento médio recebido pelos trabalhadores de cor branca, indicando não apenas uma diferença salarial senão uma discrepância a respeito da ocupação de cargos de maior qualificação e relevância(6).

Em outra pesquisa do Desigualdades Sociais por Cor ou Raça realizada, em 2019, pelo IBGE, os negros também correspondem ao maior percentual de desempregados (64%) e dos subutilizados (66%) no país. Assim, quando são analisadas as ocupações tanto formais quanto as informais, a diferença salarial entre brancos e negros chega a 73%(7).

Ademais, a questão de gênero quanto à discriminação racial no mercado de trabalho, segundo pesquisa realizada em 2020 — Potências (In)Visíveis: a realidade da mulher negra no mercado de trabalho —, a maioria das mulheres negras não exerce trabalho remunerado no Brasil(8). Apenas 2% das que trabalham no mercado formal ocupam cargos de diretoria em empresas, as quais terão de colher essas informações na hora de contratar e demitir e em casos de acidente de trabalho.

A Lei n. 14.553/2023 altera o estatuto da igualdade racial (Lei n. 12.288/2010) em seu art. 39, §§ 8º e 9º, e art. 49, § 4º, para estabelecer procedimentos e critérios de coleta de informações no mercado de trabalho.

---

(6) Disponível em: <https://bvsms.saude.gov.br/bvs/publicacoes/politica_nacional_saude_populacao_negra_3d.pdf>. Ministério Da Saúde. *Política Nacional de Saúde da População Negra*. 3. ed. Brasília: Ministério da Saúde, 2013. Disponível em: <https://bvsms.saude.gov.br/bvs/publicacoes/politica_nacional_saude_populacao_negra_3d.pdf>. Acesso em: 28 abr. 2023.

(7) Instituto Ethos. *Perfil Social, Racial e de Gênero das 500 Maiores Empresas do Brasil e suas Ações Afirmativas*. Instituto Ethos e Banco Interamericano de Desenvolvimento. p. cm. Inclui referências bibliográficas. 1. Business enterprises-Social aspects-Brazil. 2. Diversity in the workplace-Brazil. I. Banco Interamericano de Desenvolvimento. *Divisão de Gênero e Diversidade*. II. Título. IDB-CP-30. Disponível em: <https://www.ethos.org.br/wp-content/uploads/2016/05/Perfil_Social_Tacial_Genero_500empresas.pdf>. Acesso em: 28 abr. 2023.

(8) Disponível em: <https://www.ibge.gov.br/>. Acesso em: 28 abr. 2023.

O texto determina que o Instituto Brasileiro de Geografia e Estatística (IBGE) faça um censo, a cada cinco anos, para identificar a participação de cada grupo étnico-racial empregado no setor público. As informações devem ser utilizadas na Política Nacional de Promoção da Igualdade Racial, instituída pelo Estatuto da Igualdade Racial, com o objetivo de reduzir as desigualdades raciais no Brasil, com ênfase na população negra.

Segundo a Lei n. 14.553, de 2023, os empregadores do setor público e privado devem incluir nos registros administrativos um campo para que os empregados se classifiquem segundo o segmento étnico e racial a que pertencem.

O trabalhador deve indicar sua raça nos seguintes formulários: admissão e demissão no emprego; acidente de trabalho; inscrição de segurados e dependentes no Instituto Nacional do Seguro Social (INSS); pesquisas do IBGE; registro feito no Sistema Nacional de Emprego (SINE); e na Relação Anual de Informações Sociais (RAIS)[9].

Esse é um tipo de política afirmativa de manifestação para o público e a produção de dados e informações cadastrais sobre o público. Essa lei obriga empresas a registrar raça e etnia de funcionários(as). Ela provoca a empresa a entender seu papel fundamental com a responsabilidade social, ainda que seja pela força da lei.

Os programas de diversidade e inclusão podem ter como ponto de partida um diagnóstico da empresa mediante pesquisas nos processos de recursos humanos, censo de funcionários e funcionárias, levantamento de boas práticas da organização, bem como a investigação a respeito do perfil da clientela, fornecedores, serviços prestados e produtos oferecidos.

Com base nesse diagnóstico, é possível identificarmos elementos que obstaculizam e/ou favorecem a promoção da diversidade e inclusão e traçarmos um plano de ação, que permite acompanhar a evolução de dados relativos a gênero, raça, pessoas com deficiência, pessoas LGBTQIA+ nas fases de recrutamento, treinamento, promoção e demissão[10].

Esse plano de ação pode ser construído, discutido e implementado, assegurando a corresponsabilidade do quadro funcional, gerencial, além de parceiros e clientes.

Desse modo, no que concerne à responsabilidade do Estado em relação às mulheres que continuam enfrentando dificuldades para inserção no mercado de trabalho, dados do 3º trimestre de 2022 da Pesquisa Nacional por Amostra de Domicílios Contínua (PNAD Contínua), do IBGE, revelam que o Brasil contava 89,6 milhões de mulheres com 14 anos ou mais, das quais 47,9 milhões faziam parte da força de trabalho, enquanto 41,8 milhões estão fora da força do trabalho.

---

(9) Fonte: Senado Federal.

(10) Diversidade nas Empresas e Igualdade Racial, CEERT, 2016.

Dos 42,6 milhões de mulheres ocupadas, 5,3 milhões estão desocupados. Entre as ocupadas, 22,3 milhões são mulheres negras e 20,3 milhões não o são, enquanto 41,8 milhões estão fora da força do trabalho.

Desses 5,3 milhões de mulheres desocupadas, 3,4 milhões contam negras e 1,8 milhão não negras. São 2,3 milhões de desalentadas, 672 mil mulheres não negras e 1,6 milhão negras. A pesquisa considerou desalentadas as mulheres que gostariam de trabalhar, mas que desistiram de procurar, porque acham que não vão encontrar emprego.

A pesquisa considerou desalentadas as mulheres que gostariam de trabalhar, mas que desistiram de procurar, porque acham que não vão encontrar emprego.

Os dados apresentados pela Pnad Contínua do IBGE evidenciam a dificuldade que as mulheres enfrentam para ingressar no mercado de trabalho no Brasil. Com um número significativo de mulheres fora da força de trabalho, é necessário que o Estado assuma a responsabilidade de criar políticas públicas que promovam a inclusão das mulheres no mercado de trabalho, principalmente mulheres negras que sofrem ainda mais com a desigualdade de gênero e raça.

A pesquisa revela que há milhões de mulheres desalentadas, ou seja, que gostariam de trabalhar, mas desistiram de procurar emprego por acreditar que não serão contratadas.

Esse dado é alarmante e exige uma atenção especial por parte das autoridades competentes.

É necessário que sejam desenvolvidas políticas e programas que incentivem a busca por emprego e ganhem oportunidades de capacitação e treinamento, além de promover a igualdade de remuneração entre homens e mulheres.

O Estado deve assumir seu papel fundamental na promoção da igualdade de gênero no mercado de trabalho, garantindo que todas as mulheres tenham as mesmas oportunidades e condições de acesso ao emprego.

Somente com ações concretas e efetivas, poderíamos alcançar uma sociedade mais justa e igualitária, na qual todas as pessoas tenham as mesmas chances de sucesso e realização pessoal e profissional.

Outra pesquisa indica que 15% das mulheres em idade produtiva em todo o mundo gostariam de trabalhar, mas não têm emprego, em comparação com 10,5% dos homens[(11)].

Essa diferença de gênero permaneceu quase inalterada por duas décadas, de 2005 a 2022. Em contraste, os índices globais de desemprego para mulheres e homens são muito semelhantes, porque os critérios usados para definir o desemprego tendem a excluir desproporcionalmente as mulheres.

---

(11) OIT — Organização Internacional do Trabalho. OIT: Desigualdades de Gênero no Emprego são Maiores do que se Pensava. In: *Nações Unidas*. Disponível em: <https://news.un.org/pt/story/2023/03/1810927>. Acesso em: 28 abr. 2023.

Um novo indicador, desenvolvido pela OIT, capta todas as pessoas sem emprego que estão interessadas em encontrar um emprego. Ele reflete um quadro muito mais sombrio da situação das mulheres no mundo do trabalho do que o índice de desemprego usado mais comumente.

Os novos dados mostram também que as mulheres têm muito mais dificuldade em encontrar um emprego do que os homens.

A pesquisa mostrou que, apesar de os índices globais de desemprego para mulheres e homens serem semelhantes, a dificuldade das mulheres em encontrar um emprego é significativamente maior.

Essa desigualdade de gênero mantém-se há décadas, e os critérios usados para definir o desemprego tendem a excluir desproporcionalmente as mulheres.

O novo indicador desenvolvido pela OIT evidencia um quadro mais sombrio da situação das mulheres no mercado de trabalho, destacando a importância de políticas públicas para fomentar a inclusão feminina na economia.

É preciso que o Estado assuma sua responsabilidade e crie condições para que as mulheres entrem no mercado de trabalho e progridam em suas carreiras, garantindo a igualdade de oportunidades entre homens e mulheres.

A pesquisa mostrou que os dados são maiores em países em desenvolvimento, e a lacuna de postos de trabalho é particularmente grave nesses países, onde a proporção de mulheres incapazes de encontrar uma vaga chega a 24,9% nos países de baixa renda.

O índice correspondente aos homens na mesma categoria é de 16,6%, um nível preocupantemente alto, mas significativamente inferior ao das mulheres.

A análise aponta que as responsabilidades pessoais e familiares, incluindo o trabalho de cuidados não remunerado, afetam desproporcionalmente as mulheres. Essas atividades tornam-se um impedimento tanto para contratar quanto para procurar emprego ativamente ou estar disponível para trabalhos de última hora.

Diante dos dados apresentados, é evidente a persistência de uma desigualdade de gênero alarmante no mercado de trabalho, especialmente em países em desenvolvimento.

As mulheres enfrentam uma lacuna maior na oferta de postos de trabalho, o que é exacerbado pela falta de reconhecimento e remuneração pelo trabalho de cuidados não remunerado, que é frequentemente deixado para elas.

Essa desigualdade de oportunidades de emprego tem motivação para a independência financeira das mulheres e para sua autonomia em outras áreas da vida.

É necessário que as políticas públicas considerem e abordem essas questões sistêmicas, para garantir um mercado de trabalho mais justo e igualitário para as mulheres em todo o mundo.

2. Conclusão

A desigualdade de gênero e raça no mercado de trabalho é uma questão urgente e complexa que requer a ação conjunta de diferentes atores sociais.

É necessário implementar políticas públicas, privadas e sindicais que valorizem o salário-mínimo, fortaleçam as redes de proteção social, a negociação coletiva e a representação das pessoas trabalhadoras.

Além disso, é fundamental adotarmos um conceito de crescimento econômico que leve em conta os cuidados socioambientais e a equidade como condições para investimentos em empregos de qualidade e inovações no mercado de trabalho.

Somente assim, será possível enfrentarmos essa desigualdade e promovermos um desenvolvimento econômico justo e sustentável.

Em resumo, é preciso ter uma visão crítica e aprofundada sobre a realidade do mercado de trabalho e não se deixar levar apenas pelas manchetes positivas da mídia.

A desigualdade estrutural que permeia nossa sociedade continua sendo uma barreira para a prosperidade econômica e social, especialmente para as pessoas mais vulneráveis.

Portanto, é necessário promover políticas e medidas que garantam a justiça e a igualdade de oportunidades no mercado de trabalho, combatendo a precariedade e promovendo a valorização do trabalho e dos direitos trabalhistas. Só assim, poderemos alcançar um desenvolvimento sustentável e inclusivo para todos(12).

Referências

AGÊNCIA DE NOTÍCIAS IBGE. *Estatísticas de gênero:* Ocupação das mulheres é menor em lares com crianças de até três anos. Disponível em: <https://agenciadenoticias.ibge.gov.br/agencia-sala-de-imprensa/2013-agencia-de-noticias/releases/30172-estatisticas-de-genero-ocupacao-das-mulheres-e-menor-em-lares-com-criancas-de-ate-tres-anos#:~:text=No%20Brasil%2C%2062%2C6%25,3%25%20para%20as%20mulher>. Acesso em: 10 dez. 2022. (sd).

CARMICHAEL, S.; HAMILTON, C. *Black Power:* A Política de Libertação na América. Nova York: Vintage, 1967. p. 4. (sd).

CEERT — Centro de Estudos das Relações de Trabalho e Desigualdades. Precarização fragiliza efeitos do aumento da ocupação. Disponível em: <https://ceert.org.br/noticias/44850/precarizacao-fragiliza-efeitos-do-aumento-da-ocupacao>. Acesso em: 28 abr. 2023.

CHAKIAN, S. *A construção dos direitos das mulheres:* histórico, limites e diretrizes para uma proteção penal eficiente. 2. ed., rev. e atual. Rio de Janeiro: Lumen Juris, 2020. p. 217. (sd).

Política Nacional de Saúde da População Negra. 3. ed. Brasília: Ministério da Saúde, 2013. Disponível em: <https://bvsms.saude.gov.br/bvs/publicacoes/politica_nacional_saude_populacao_negra_3d.pdf>. Acesso em: 28 abr. 2023.

---

(12) CEERT – Centro de Estudos das Relações de Trabalho e Desigualdades. *Precarização Fragiliza Efeitos do Aumento da Ocupação.* Disponível em: <https://ceert.org.br/noticias/44850/precarizacao-fragiliza-efeitos-do-aumento-da-ocupacao>. Acesso em: 28 abr. 2023.

Diversidade nas Empresas e Igualdade Racial. CEERT, 2016.

IBGE — INSTITUTO BRASILEIRO DE GEOGRAFIA E ESTATÍSTICA. Estatísticas de gênero: indicadores sociais das mulheres no Brasil. Disponível em: <https://www.ibge.gov.br/estatisticas/multidominio/genero/20163-estatisticas-de-genero-indicadores-sociais-das-mulheres-no-brasil.html?edicao=30167&t=resultados>. Acesso em: 10 dez. 2022. (sd).

INSTITUTO ETHOS. *Perfil social, racial e de gênero das 500 maiores empresas do Brasil e suas ações afirmativas.* Instituto Ethos e Banco Interamericano de Desenvolvimento. p. cm. Inclui referências bibliográficas. 1. Business enterprises-Social aspects-Brazil. 2. Diversity in the workplace-Brazil. I. Banco Interamericano de Desenvolvimento. Divisão de Gênero e Diversidade. II. Título. IDB-CP-30. Disponível em: <https://www.ethos.org.br/wp-content/uploads/2016/05/Perfil_Social_Tacial_Genero_500empresas.pdf>. Acesso em: 28 abr. 2023.

NAÇÕES UNIDAS BRASIL. *Declaração da III Conferência Mundial contra o Racismo, Xenofobia e Intolerâncias Correlatas, parágrafo 69.* Disponível em: <https://brasil.un.org/pt-br/150033-declara%C3%A7%C3%A3o-e-plano-de-a%C3%A7%C3%A3o-de-durban-2001>. Acesso em: 23 abr. 2022.

OIT — Organização Internacional do Trabalho. OIT: desigualdades de gênero no emprego são maiores do que se pensava. In: *Nações Unidas.* Disponível em: <https://news.un.org/pt/story/2023/03/1810927>. Acesso em: 28 abr. 2023.

RACISMO INSTITUCIONAL. *Entenda o que é racismo institucional.* Disponível em: <https://racismoinstitucional.geledes.org.br/o-que-e-racismo-institucional/#_ftn2>.Acesso em: 10 dez. 2022.

REVISTA EXAME. *Números não mentem:* diversidade nas empresas aumenta a produtividade. Disponível em: <https://exame.com/bussola/numeros-nao-mentem-diversidade-nas-empresas-aumenta-a-produtividade/>. Acesso em: 10 dez 2022: (sd).

SILVA JR., Hédio; BENTO, Maria Aparecida da Silva; SILVA, Mário Rogério (Orgs.). *Políticas públicas de promoção da igualdade racial.* São Paulo: CEERT, 2010. (sd).

WERNECK, Jurema. *Racismo institucional* — uma abordagem conceitual, texto produzido para o projeto mais direitos e mais poder para as mulheres brasileiras. Abr. 2013. Disponível em: <https://racismoinstitucional.geledes.org.br/o-que-e-racismo-institucional/>. Acesso em: 26 abr. 2023.

LGBTfobia: As Dificuldades e Desafios no Ambiente de Trabalho

Valdete Bezerra Alves Iaguchi

Resumo: A LGBTfobia é um fenômeno que promove a aversão e a discriminação contra pessoas pertencentes à comunidade LGBT+, o que gera impactos nos mais diversos espaços sociais, como nos ambientes educacionais e profissionais. O presente estudo busca analisar as dificuldades e desafios no ambiente de trabalho a partir da problemática da LGBTfobia, demonstrando como as pessoas LGBT+ enfrentam dificuldades particulares nestes espaços. Para tanto, foi realizada uma pesquisa de cunho bibliográfico com as contribuições de outros autores que buscaram a análise do tema. Os resultados alcançados confirmaram que a LGBTfobia é um grande problema generalizado dentro do ambiente de trabalho das empresas brasileiras da sociedade contemporânea, bem como apontaram para uma aparente omissão de boa parte dessas empresas no combate às práticas discriminatórias. Diante do alcance de conclusões sobre o tema proposto, foram ainda elaboradas pela autora possibilidades para amenizar e resolver o problema, como a criação de espaços de diálogo, ações e campanhas de conscientização, canais de denúncia anônima, dentre outros. Espera-se que estudos como o presente demonstrem a gravidade do problema no contexto organizacional brasileiro do século XXI, demonstrando a indispensabilidade de gestores e empregadores como um todo para o enfrentamento desse fenômeno problemático.

Palavras-chave: LGBTfobia — Preconceito no ambiente de trabalho — Preconceito contra a comunidade LGBT+.

1. Introdução

A discriminação relacionada aos LGBT é, há algum tempo, um assunto considerado muito relevante pela comunidade científica norte-americana e tem sido alvo de muitos estudos e debates, aqui no Brasil. Não há como negar o preconceito e a, escancarada, exclusão que os LGBT sofrem, tanto na sociedade, como no ambiente corporativo. Tem ocorrido nos estudos organizacionais brasileiros um crescimento de artigos e pesquisas que avaliam a discriminação sofrida pela classe LGBTQI+ no ambiente de trabalho e cada vez mais, se tem procurado implantar medidas que combatam esse tipo de preconceito e discriminação. Ao longo da história da humanidade foi construído um padrão de heteronormatividade, diante do qual pessoas que não se encaixavam ao modelo vigente eram tidas como doentes, amaldiçoadas e até mesmo como criminosas (Jitsumori; Osorio, 2021)[(1)]. A comunidade LGBT+/LGBTQIA+, composta por lésbicas, gays, bissexuais, transexuais, travestis, transgêneros e demais identidades de gênero, sempre esteve à margem da sociedade, e persiste sendo atacada tão somente pelo seu 'existir', gerando violências físicas e simbólicas entre seus integrantes (Vale, 2019)[(2)].

Se isso é válido para os ambientes sociais, o mesmo ocorre em outros eixos de atuação humana, como no mercado de trabalho: o fenômeno da LGBTfobia é equiparável ao racismo e ao sexismo dentro das empresas, podendo gerar sofrimento e adoecimento psíquico para as pessoas da comunidade LGBT+, inclusive fazendo com que elas se afastem das empresas que não conseguem assegurar um ambiente de respeito à diversidade (Rodarte, 2022)[(3)]. Ora, pessoas LGBT+ possuem dificuldades tanto no acesso quanto na permanência dentro dos ambientes profissionais, motivado por uma aversão e discriminação em função da identidade de gênero e/ou orientação sexual desses sujeitos.

O presente artigo científico busca analisar o fenômeno da LGBTfobia dentro dos ambientes de trabalho nas empresas brasileiras, demonstrando os impactos e repercussões do preconceito contra a comunidade LGBT+ dentro do contexto organizacional. Para proporcionar o alcance do objetivo geral, os objetivos específicos foram definidos na seguinte disposição. Realizar uma breve apresentação da comunidade LGBT, a caracterizando e analisando os aspectos históricos de marginalização dessa população dentro de um contexto social de heteronormatividade; Problematizar a relação das pessoas LGBT+ com o trabalho a partir de uma exclusão que prejudica não apenas o ingresso desses sujeitos no mercado de trabalho, como a sua própria permanência dentro de uma empresa; Analisar os impactos da LGBTfobia dentro de ambientes profissionais, apresentando possíveis soluções para amenizar esse problema a partir da literatura científica sobre o tema.

A justificativa para a elaboração do presente estudo parte justamente da necessidade de problematização das relações de trabalho dentro de uma sociedade que supostamente busca a valorização do respeito à diversidade e de combate ao preconceito. Situar toda e qualquer minoria dentro das dinâmicas trabalhistas da sociedade contemporânea é uma

(1) DE OLIVEIRA JITSUMORI, C. I.; DO NASCIMENTO OSÓRIO, A. C. Do preconceito LGBT para a prática de si. *Rascunhos Culturais*, v. 12, n. 23, 30 jun. 2021. Disponível em: <https://periodicos.ufms.br/index.php/rascunhosculturais/article/view/17802>. Acesso em: 10 fev. 2023.

(2) VALE, M. A. do; VITORINO, E. V. Fontes de informação *online* para comunidade LGBT+. *Revista Brasileira de Biblioteconomia e Documentação*, [S. l.], v. 15, p. 50–71, 2019. Disponível em: <https://rbbd.febab.org.br/rbbd/article/view/1338>. Acesso em: 14 abr. 2023.

(3) RODARTE, W.S.O. *Adoecimento mental no trabalho e a ideia do nexo interseccional [manuscrito]:* racismo, sexismo e LGBTfobia no trabalho em *call center*. Dissertação (mestrado) – Universidade Federal de Minas Gerais, Faculdade de Direito, Belo Horizonte, 2022. Disponível em: <https://www.repositorio.ufmg.br/handle/1843/45408>. Acesso em: 25 jan. 2023.

forma de denunciar uma insólita realidade, que não acomete apenas a população LGBT+, mas também minorias étnico-raciais, pessoas com deficiência (PCDs), mulheres e assim por diante. E essa denúncia pode ser um caminho para a resolução das controvérsias envolvendo a exclusão e o preconceito de sujeitos marginalizados dentro das empresas.

O problema de pesquisa, ou seja, a questão que se busca responder com o desenvolvimento do estudo, parte da seguinte indagação: quais são os principais desafios enfrentados pelas pessoas pertencentes à comunidade LGBT+ dentro das empresas brasileiras e quais ações/iniciativas podem ser empregadas?

Para tanto, foi realizada uma pesquisa de cunho bibliográfico, a qual é embasada pelas visões e contribuições de outros autores sobre o tema, fornecendo o embasamento teórico para a análise da autora. Por ser uma temática considerada relativamente recente, o recorte temporal para a seleção de estudos envolveu o período de cinco anos (2019-2023). Inicialmente foram selecionados 25 estudos, dentre os quais 12 foram descartados por não contribuírem para o alcance dos objetivos propostos, gerando um total de 13 publicações dentre os materiais que compuseram a fundamentação teórica do estudo.

2. Da comunidade LGBT+: definição e aspectos históricos de sua marginalização diante da heteronormatividade

O ponto de partida para uma compreensão do fenômeno da LGBTfobia se dá justamente numa compreensão da composição da comunidade LGBT+, apresentando também os aspectos históricos que envolvem a discriminação contra esses sujeitos. Segundo Vale (2019)(4) a população LGBT+ (também denominada como comunidade LGBTQIA+) é composta por lésbicas, gays, bissexuais, transexuais, travestis, transgêneros e demais identidades de gênero. Identidade de gênero, nesse sentido, é uma noção relacionada à identificação do sujeito em relação ao seu corpo biológico, como no caso de uma pessoa que nasce com o sexo masculino, mas se sente e se identifica com o sexo feminino, não devendo ser confundida com o termo orientação sexual, que representa as pessoas que irão despertar a atração sexual no sujeito, como no caso de pessoas que se atraem por pessoas do mesmo sexo (homossexualidade), do sexo oposto (heterossexualidade) ou de ambos os sexos (bissexualidade), e assim por diante (Gonçalves; Gonçalves, 2021)(5).

---

(4) VALE, M. A. do; VITORINO, E. V. Fontes de informação online para comunidade LGBT+. *Revista Brasileira de Biblioteconomia e Documentação*, [S. l.], v. 15, p. 50–71, 2019. Disponível em: <https://rbbd.febab.org.br/rbbd/article/view/1338>. Acesso em: 14 abr. 2023.

(5) CACERES GONÇALVES, M.; PERES GONÇALVES, J. Gênero, identidade de gênero e orientação sexual: conceitos e determinações de um contexto social. *Revista Ciências Humanas*, [S. l.], v. 14, n. 1, 2021. DOI: 10.32813/2179-1120.2021.v14.n1.a600. Disponível em: <https://www.rchunitau.com.br/index.php/rch/article/view/600>. Acesso em: 22 abr. 2023.

De acordo com Jitsumori e Osorio (2021)[(6)] os preconceitos e discriminações são uma realidade histórica em todo o globo, fazendo com que indivíduos que resistam a um determinado padrão sejam rotulados de marginalizados, com o intuito de reprimi-los. Tais autores defendem que o preconceito se dá dentro de uma lógica de relações de poder e heteronormatividade, fazendo com que as pessoas da comunidade LGBT+ tenham sofrido inúmeras violações ao longo da história:

> O preconceito irrigado pelo fluxo do poder eclode em espaços que desmascara e desconstrói o olhar enrijecido e opaco em relação ao preconceito. A própria dinâmica do poder desconfigura um estado estável de preconceito-dor, preconceito-sofrimento, preconceito-aniquilação. Mas adiciona a tudo isso outro plano desse espaço de eventos, que é o preconceito-possibilidade. Mesmo em meio a tantos movimentos dessa questão, o preconceito é sempre um espanto que se reinventa. Se não no indivíduo em si, mas nos que o circundam (JITSUMORI; OSORIO, 2021, p. 232).

Para Amando Cusati e Carvalho (2019, p. 129)[(7)] sempre se instalou na sociedade um preconceito que vai contra a diversidade sexual, de modo que as identidades de gênero foram "definidas pelas relações sociais e pautadas nas redes de poder de uma sociedade na qual as culturas fornecem divisões e rótulos diferentes para combinar experiências sexuais e de afeto". Dentro de um padrão idealizado heteronormativo que coloca o homem branco, cis gênero, como o 'modelo' a ser seguido diante das sociedades, são reproduzidos preconceitos que não se restringem tão somente à comunidade LGBT+, mas também repercutem dentro de outras questões, como o racismo, a emancipação das mulheres, os direitos dos povos indígenas, e assim por diante.

Santos *et al.* (2019)[(8)] apontam que ao longo da história a homossexualidade por diversas vezes foi doença, uma maldição, até mesmo um crime, sendo motivo de punição, vergonha, segregação e violência contra todos que atravessassem a fronteira da heteronormatividade:

---

(6) DE OLIVEIRA JITSUMORI, C. I.; NASCIMENTO OSÓRIO, A. C. do do preconceito LGBT para a prática de si. *Rascunhos Culturais*, v. 12, n. 23, 30 jun. 2021. Disponível em: <https://periodicos.ufms.br/index.php/rascunhosculturais/article/view/17802>. Acesso em: 10 fev. 2023.

(7) AMANDO, M. R.; CUSATI, I. C.; CARVALHO, O. F. de. Normatividade cultural e marginalização das sexualidades: o preconceito no ambiente escolar contra a pessoa LGBT. *Momento — Diálogos em Educação*, [S. l.], v. 28, n. 3, p. 128–147, 2019. DOI: 10.14295/momento.v28i3.9162. Disponível em: <https://periodicos.furg.br/momento/article/view/9162>. Acesso em: 14 mar. 2023.

(8) SANTOS, L. R. de L.; BARROS, M. A. J.; FERREIRA, M. C. de M.; GIULIANI, C. D. Políticas Públicas voltadas para a população LGBT: história, conceitos e fragilidades. *Caderno Espaço Feminino*, [S. l.], v. 32, n. 1, p. 363–375, 2019. DOI: 10.14393/CEF-v32n1-2019-16. Disponível em: <https://seer.ufu.br/index.php/neguem/article/view/50720>. Acesso em: 14 abr. 2023.

> A heteronormatividade propõe-se regularizar e padronizar o modo de ser e de viver os desejos corporais e a sexualidade, na qual o indivíduo só poderia interessar-se pelo sexo oposto. Este contexto acaba limitando a liberdade do outro viver a sua sexualidade. Que tudo que se transvia do normal, ou do heteronomartivo, saindo da norma, é considerado errado, sujo e estigmatizado pela sociedade (SANTOS *et al.*, 2019, p. 43).

A população LGBT+, portanto, é composta por sujeitos que vão contra esse padrão de heteronormatividade, de modo que mesmo com o avanço de movimentos sociais em prol do empoderamento desses povos e de respeito à diversidade sexual, o preconceito persiste como um problema com dados alarmantes: o Brasil é o líder mundial de pessoas LGBT+ assassinadas, sendo que apenas no ano de 2022 foram 242 homicídios (uma morte a cada 34 horas) e outros 14 suicídios relacionados ao preconceito e à violência de gênero(9), considerando apenas dados oficiais, os quais podem não representar a totalidade.

3. Conceito de LGBTFobia e a participação das pessoas LGBT+ no mercado de trabalho

O Observatório de Mortes e Violências LGBTI+ no Brasil(10) aponta que o termo LGBTfobia compreende a interseccionalidade da violência dentro dos seguintes segmentos da diversidade sexual: Bifobia (aversão ou discriminação contra bissexuais); Lesbofobia (aversão ou discriminação contra lésbicas); Transfobia (aversão ou discriminação contra travestis, transexuais e transgêneros) e Gayfobia/Homofobia: (aversão ou discriminação contra homossexuais).

Em suma, qualquer sujeito da comunidade LGBT+ pode sofrer com a LGBTfobia nos mais diversos espaços. Essa fobia pode ser compreendida como todo o conjunto de crenças e mecanismos aversos às expressões sexuais e de gênero que não se encontram dentro das normas de gênero pressupostas pela cis-heterossexualidade, das quais resultam violências físicas e simbólicas, incluindo xingamentos, tratamento diferenciado negativamente em relação aos outros, e assim por diante (Tilio; Silveira, 2021)(11).

---

(9) RADIO AGENCIA. *Brasil segue como pais com maior número de pessoas LGBT+ assassinadas*. Disponível em: <https://www.agenciabrasil.ebc.com.br/radioagencia-nacional/direitos-humanos/audio/2023-01/brasil-segue-como-pais-com-maior-numero-de-pessoas-lgbt-assassinadas>. Acesso em: 24 fev. 2023.

(10) *Observatório de Mortes e Violências LGBTI+ no Brasil*. Disponível em: <https://www.observatoriomortese-violenciaslgbtibrasil.org/>. Acesso em: 24 abr. 2023.

(11) DE TILIO, R.; GOMES SILVEIRA, F. Integrantes de movimentos LGBT+ e enfrentamento da LGBTfobia. *Revista Sociais e Humanas*, [S. l.], v. 34, n. 1, 2021. DOI: 10.5902/2317175834922. Disponível em: <https://periodicos.ufsm.br/sociaisehumanas/article/view/34922>. Acesso em: 16 mar. 2023.

Silva *et al.* (2021)[12] apontam que as organizações e o mundo do trabalho de um modo geral não estão 'imunes' ao grave problema da LGBTfobia: embora a diversidade possa ser considerada importante dentro de uma equação empresarial e de mercado, isso nem sempre ocorre com as pessoas LGBT+.

Nesse sentido,

> (...) a comunidade LGBT enfrenta dificuldades para o ingresso no âmbito formal de trabalho. Os estudos analisados confirmam que esse fato não é restrito ao Brasil e com isso trazem a emergência de políticas organizacionais que proporcionem não somente a entrada, mas a permanência e o desenvolvimento de soft e hard skills no ambiente de trabalho. A diversidade se torna o caminho para uma sociedade mais justa, bem como para o desenvolvimento da potencialidade humana no ambiente de trabalho. Evidenciou-se que fatores como o preconceito e até mesmo a marginalização da população LGBT contribuem para dificultar o acesso ao mercado de trabalho. Constata-se que a promoção de um ambiente equitativo e livre destes fatores é essencial para a manutenção da inclusão desta população no âmbito do trabalho formal.[13]

Essa discussão torna o acesso e a permanência de pessoas LGBT+ no mercado de trabalho bastante complexa, sendo um processo árduo de desconstrução que ainda se encontra em curso. Dados do *Center For Talento Innovation* apontam que cerca de 33% das empresas brasileiras não contratariam pessoas LGBTI+ para cargos hierarquicamente superiores[14]. Os dados disponíveis também apontam uma maior dificuldade para as pessoas trans, posto que de acordo com a Associação Nacional de Travestis e Transexuais (Antra)[15], apenas 4% das pessoas conseguem emprego formal, 6% conseguem emprego informal e cerca de 90% trabalham com a prostituição[16]. Portanto, a LGBTfobia

---

(12) SILVA, A.; FONSECA , A. G.; COSTA, A.; SOUZA, B.; NASCIMENTO , J. W.; SANTOS , L.; SOARES, M. V.; MACHADO, A. L. Acesso e permanência da população LGBT no mercado de trabalho: revisão integrativa. *Conjecturas*, [S. l.], v. 21, n. 4, p. 663–676, 2021. Disponível em: <http://www.conjecturas.org/index.php/edicoes/article/view/246>. Acesso em: 14 jan. 2023.

(13) *Idem.*

(14) GUIA DO ESTUDANTE. *5 dados que expõem o desafio da população LGBTQIA+ no mercado de trabalho.* Disponível em: <https://www.guiadoestudante.abril.com.br/orientacao-profissional/5-dados-que-expoem-o-desafio-da-populacao-lgbtqia-no-mercado-de-trabalho/>. Acesso em: 24 abr. 2023.

(15) ANTRA. Associação Nacional de Travestis e Transexuais. Disponível em: <https://antrabrasil.org/>. Acesso em: 10 mar. 2023.

(16) QUEER. *LGBTQIA+ são rejeitados pelo mercado de trabalho por não serem heteronormativos.* Disponível em: <https://www.queer.ig.com.br/2021-06-28/mercado-de-trabalho-para-pessoas-lgbtqia.html>. Acesso em: 24 abr. 2023.

persiste como um grave problema que não repercute tão somente nas relações sociais, mas também na participação e acesso da comunidade LGBT+ ao mercado de trabalho.

4. LGBTFobia no ambiente de trabalho: dificuldades, desafios e reflexões

Uma vez que as pessoas LGBT+ já enfrentam desafios claros para ingressar e permanecerem no mercado de trabalho, as dificuldades não se encerram quando os integrantes da comunidade conseguem obter um vínculo empregatício. Rodarte (2022)[(17)] realizou um estudo em uma empresa brasileira de *call center*, no qual demonstrou que o fenômeno da LGBTfobia é equiparável ao racismo e ao sexismo dentro das empresas, podendo gerar sofrimento e adoecimento psíquico para as pessoas da comunidade.

Já Baptistini e Corrêa (2018)[(18)] buscaram analisar o problema da LGBTfobia dentro das cozinhas profissionais, em pesquisa na qual esse ambiente específico não foi concretizado, mas constataram-se preconceitos generalizados contra pessoas LGBT+ dentro do mercado de trabalho como um todo. Essa LGBTfobia se traduz em qualquer forma de subjugar uma pessoa da comunidade, incluindo na forma de intimidações ou piadas envolvendo a identidade de gênero e a sexualidade de tais sujeitos.

Por sua vez, Pereira (2022)[(19)] concentrou seus esforços especificamente envolvendo a homofobia no ambiente de trabalho, a constatando como um grave problema dentro das organizações, o que pode gerar o surgimento de ações indenizatórias com pedido de danos morais para homossexuais que sejam discriminados ou subjugados dentro dos espaços profissionais. Ao analisar a jurisprudência disponível, o autor constatou que:

> os fundamentos utilizados nos julgamentos se fizeram entorno do princípio da dignidade da pessoa humana e isonomia, ao ser atingido os direitos de personalidade destes cidadãos que se viram vítimas de um ato discriminatório e tiveram sua prática laboral visivelmente prejudicadas, refletindo em suas condições de uma vida saudável. Deste modo, é possível compreender que o fato de ensejar indenização por danos morais ao assunto, seja uma das maneiras de coibir essas práticas, tornando o assunto como exemplo social, ao passo de que as organizações estejam cientes dos aspectos punitivos.[(20)]

---

(17) RODARTE, W. S. O. *Adoecimento mental no trabalho e a ideia do nexo interseccional [manuscrito]:* racismo, sexismo e LGBTfobia no trabalho em *call center*. Dissertação (mestrado) – Universidade Federal de Minas Gerais, Faculdade de Direito, Belo Horizonte, 2022. Disponível em: <https://www.repositorio.ufmg.br/handle/1843/45408>. Acesso em: 25 jan. 2023.

(18) BAPTISTINI, L. B; CORRÊA, M. I. S. Diversidade Sexual e LGBTfobia nas Cozinhas Profissionais. (Internet), *Doity*, 2018. Disponível em: <https://doity.com.br/media/doity/submissoes/artigo-08d96181f8c043cb024474b8b927efd8c6f5e5d2-arquivo.pdf>. Acesso em: 22 abr. 2023.

(19) PEREIRA, R. S. *Dano moral decorrente da homofobia no ambiente de trabalho:* posicionamento da Justiça do Trabalho. Trabalho de Conclusão de Curso apresentado ao Curso de Direito da Universidade do Sul de Santa Catarina como requisito parcial à obtenção do título de Bacharel em Direito, Tubarão, 2022. Disponivel em: <https://www.repositorio.animaeducacao.com.br/handle/ANIMA/25948>. Acesso em: 25 jan. 2023.

(20) *Idem.*

Conforme observado no capítulo 3, as pessoas que compõem a sigla T dentro da comunidade podem possuir dificuldades ainda mais contundentes para a obtenção de emprego formal. Quando tais pessoas conseguem a inclusão profissional, contudo, se deparam com um cenário insólito de transfobia. Isso se confirma em estudos como o de Costa, Paulino e Lacerda (2021, p. 2)[(21)], constatando que o "estudo da transfobia como fenômeno social que caracteriza o ambiente de trabalho foi de significativa importância para problematizar debates sobre a necessidade de as organizações planejarem e executarem projetos" que valorizem a diversidade como um todo e combatam a discriminação e preconceito contra pessoas T. Os autores defendem indispensabilidade de tomar iniciativas e ações nesse sentido, já que a LGBTfobia pode inclusive gerar responsabilidade civil (objetiva ou subjetiva) em relação ao empregador.

Dentro da perspectiva da LGBTfobia, Figueira *et al.* (2023)[(22)] buscaram analisar a vivência de mulheres da comunidade LGBT+ dentro do ambiente de trabalho, versando sobre questões relacionadas à autoestima, à segurança e à saúde mental. As autoras apontam que essas mulheres costumam se deparar com o sofrimento e segregação dentro do ambiente profissional, gerando impactos severos em sua qualidade de vida e bem-estar, bem como precarizando as relações de trabalho e o desempenho profissional. Para solucionar a problemática, as autoras sugerem a criação de espaços de diálogo e instrução, conscientizando todas as pessoas sobre a gravidade da LGBTfobia no mundo do trabalho, as repercussões da mesma na vida LGBT+ e consequências do preconceito.

Em sua obra, Padrenosso (2019)[(23)] buscou analisar as percepções de LGBTfobia dentro dos ambientes de trabalho e trouxe outra informação preocupante envolvendo o fenômeno: não é incomum que pessoas LGBT+ se apresentem como cis e heterossexuais tanto para obterem mais chances de acesso às vagas de emprego, como também para que não sofram discriminação dentro das empresas. Destaca ainda que a inação das empresas/ empregadores acaba agravando o problema:

> O fator de maior negatividade no estudo foi a percepção de ausência de esforço coletivo para tornar os ambientes organizacionais mais inclusivos.

---

(21) COSTA, F. V.; PAULINO, B. C.; LACERDA, L. C. Responsabilidade civil por danos morais decorrente da transfobia no ambiente de trabalho: um estudo crítico dos critérios de quantificação do dano. *Revista de Gênero, Sexualidade e Direito* | e-ISSN: 2525-9849 | Encontro Virtual | v. 7 | n. 2 | p. 01 – 22 | jul./dez. 2021. Disponível em: <https://indexlaw.org/index.php/revistagsd/article/view/8095>. Acesso em: 22 abr. 2023.

(22) FIGUEIRA, V. C.; SCHINKEL, L. A.; SOARES, E. A.; KERN, L. T.; PEGO, A. C.; BIGLIARDI, A. M. Vivência de mulheres LBTQIAP+ no ambiente de trabalho: autoestima, segurança e saúde mental. *COR LGBTQIA+*, [S. l.], v. 1, n. 4, p. 118–127, 2023. Disponível em: <https://revistas.ceeinter.com.br/CORLGBTI/article/view/577>. Acesso em: 14 mar. 2023.

(23) PADRENOSSO, I. E. *Percepções de LGBTfobia dentro do mercado de trabalho*. Monografia apresentada como requisito parcial à obtenção do grau de Bacharel em Administração à Faculdade de Administração e Ciências Contábeis da Universidade Federal do Rio de Janeiro (FACC/UFRJ), Rio de Janeiro, 2019. Disponível em: <https://www.pantheon.ufrj.br/handle/11422/12538>. Acesso em: 12 fev. 2023.

> Isso pode vir da sensação de exclusão de LGBTs em suas empresas, visto que muitas vezes são quantitativamente minorias em comparação com seus colegas e precisam lutar pelos seus direitos sozinhos. É importante disseminar uma cultura onde a LGBTfobia não é tolerada e seus atos são devidamente punidos em toda a empresa, onde a liderança seja o principal patrocinador da causa.[(24)]

Dentre os autores utilizados na elaboração do presente estudo, há consenso sobre a existência de LGBTfobia dentro do ambiente de trabalho e do mercado de trabalho de um modo geral. Tais autores também costumam relatar, a exemplo de Padrenosso (2019)[(25)] e Figueira *et al.* (2023)[(26)] que as empresas não costumam tomar iniciativas e campanhas de respeito à diversidade sexual e de gênero dentro dos ambientes profissionais. Embora o problema possa por vezes ser enxergado como um 'problema silencioso' ele constitui uma escancarada e insólita realidade que transforma a permanência nas empresas como um desafio ainda mais intenso para pessoas LGBT+.

Na visão da autora do presente estudo, é possível equiparar a LGBTfobia na sociedade ao ambiente de trabalho, uma vez que as organizações acabam representando o modelo social vigente (Rodarte, 2022)[(27)]. Assim, uma vez que a sociedade repercute preconceitos e discriminações contra pessoas LGBT+, o mesmo ocorre dentro dos ambientes profissionais, os tornando inóspitos para uma comunidade que não se enquadra dentro dos parâmetros da heteronormatividade.

O fato de existirem pessoas LGBT+ que 'escondem' sua identidade de gênero e/ou orientação sexual, conforme relatado por Padrenosso (2019)[(28)], é outro dado preocupante. Para que as pessoas possam acessar o mercado de trabalho e permanecerem em uma empresa sem sofrer preconceito e discriminação, elas passam a fingir que são alguém que na

---

(24) PADRENOSSO, I. E. *Percepções de LGBTfobia dentro do mercado de trabalho*. Monografia apresentada como requisito parcial à obtenção do grau de Bacharel em Administração à Faculdade de Administração e Ciências Contábeis da Universidade Federal do Rio de Janeiro (FACC/UFRJ). Rio de Janeiro, 2019. Disponível em: <https://www.pantheon.ufrj.br/handle/11422/12538>. Acesso em: 12 fev. 2023.

(25) Ibidem.

(26) FIGUEIRA, V. C.; SCHINKEL, L. A.; SOARES, E. A.; KERN, L. T.; PEGO, A. C.; BIGLIARDI, A. M. Vivência de mulheres LBTQIAP+ no ambiente de trabalho: autoestima, segurança e saúde mental. *COR LGBTQIA+*, [S. l.], v. 1, n. 4, p. 118–127, 2023. Disponível em: <https://revistas.ceeinter.com.br/CORLGBTI/article/view/577>. Acesso em: 14 mar. 2023.

(27) RODARTE, W. S. O. *Adoecimento mental no trabalho e a ideia do nexo interseccional [manuscrito]:* racismo, sexismo e LGBTfobia no trabalho em *call center*. Dissertação (mestrado) – Universidade Federal de Minas Gerais, Faculdade de Direito, Belo Horizonte, 2022. Disponível em: <https://www.repositorio.ufmg.br/handle/1843/45408>. Acesso em: 25 jan. 2023.

(28) PADRENOSSO, I. E. *Percepções de LGBTfobia dentro do mercado de trabalho*. Monografia apresentada como requisito parcial à obtenção do grau de Bacharel em Administração à Faculdade de Administração e Ciências Contábeis da Universidade Federal do Rio de Janeiro (FACC/UFRJ), Rio de Janeiro, 2019. Disponível em: <https://www.pantheon.ufrj.br/handle/11422/12538>. Acesso em: 12 fev. 2023.

realidade não sou, apenas para se estabelecer na dinâmica heteronormativa das empresas brasileiras na sociedade contemporânea.

Figueira *et al.* (2023)[29] reconhecem que avanços importantes foram realizados ao longo dos últimos anos para a superação da LGBTfobia no ambiente de trabalho. Entretanto, as autoras reconhecem a existência de um longo caminho a ser percorrido, considerando a análise do caso das mulheres LGBT+ dentro da ação de criação de um espaço de diálogo permanente para promover a diversidade e a inclusão:

> Ficou evidente que o preconceito quanto à sexualidade dos indivíduos ainda existe em diversos contextos, inclusive no ambiente de trabalho. Mesmo com avanços graduais, a homofobia, lesbofobia, bifobia e violências se perpetuam na sociedade em atitudes e falas preconceituosas. Espera-se que a realização de ações como esta possam contribuir não apenas para levantar a problematização da segregação de mulheres homoafetivas nos diferentes ambientes de trabalho, mas que possam contribuir efetivamente para que todas as mulheres possam sentir-se inteiramente seguras nos diferentes ambientes que frequentam.[30]

O enfrentamento dos desafios envolvendo a LGBTfobia no ambiente de trabalho é complexo, e demanda o emprego de esforços com o intuito de solucionar os problemas e construir empresas verdadeiramente inclusivas. No quadro 1, abaixo, são apresentadas as possibilidades de melhoria envolvendo os desafios relacionados à problemática, contando tanto com o respaldo dos autores já apresentados ao longo do estudo, como também de uma análise própria da autora:

Quadro 1 — Possibilidades de enfrentamento dos problemas da LGBTfobia no ambiente de trabalho.

AÇÃO/INICIATIVA A SER IMPLEMENTADA	DESCRIÇÃO DA AÇÃO/INICIATIVA A SER IMPLEMENTADA
Criação de espaços de diálogo dentro do ambiente de trabalho	A criação de espaços que favoreçam o diálogo dentro das empresas brasileiras não contribui tão somente para o combate à LGBTfobia nas organizações, mas para enfrentar todas as formas de preconceito e discriminação dentro do segmento empresarial, incluindo o racismo e o machismo.

(29) FIGUEIRA, V. C.; SCHINKEL, L. A.; SOARES, E. A.; KERN, L. T.; PEGO, A. C.; BIGLIARDI, A. M. Vivência de mulheres LBTQIAP+ no ambiente de trabalho: autoestima, segurança e saúde mental. *COR LGBTQIA+*, [S. l.], v. 1, n. 4, p. 118–127, 2023. Disponível em: <https://revistas.ceeinter.com.br/CORLGBTI/article/view/577>. Acesso em: 14 mar. 2023.

(30) *Idem.*

AÇÃO/INICIATIVA A SER IMPLEMENTADA	DESCRIÇÃO DA AÇÃO/INICIATIVA A SER IMPLEMENTADA
Criação de um canal de denúncia anônima para pessoas LGBT+	Com um canal de denúncia anônima, possibilitado pelo meio digital, as pessoas LGBT+ podem relatar casos de LGBTfobia dentro da empresa, para a apuração e punição dos responsáveis. Pessoas que não fazem parte da comunidade também podem fazer uso desse meio para relatar casos de LGBTfobia, como piadas inapropriadas e intimidações.
Palestras e *Workshops* para a ampliação do nível de conscientização dos gestores/empregadores	As pessoas nos mais altos cargos hierárquicos devem assumir sua responsabilidade ante à criação de ambientes de trabalho inclusivos. Com a participação dessas figuras em *workshops* e palestras, é possível não apenas ampliar a conscientização desses sujeitos, como também apresentar medidas que podem ser adotadas.
Oferecimento de benefícios equivalentes e lideranças LGBT+	Como observado, pessoas LGBT+ costumam também passar por dificuldades envolvendo o crescimento profissional, não sendo cogitadas para a ocupação de cargos hierarquicamente superior, como os de gestão/chefia. Estabelecer uma política organizacional na qual os benefícios são equivalentes a todos os trabalhadores pode ser um caminho para a resolução.
Realização de processos seletivos inclusivos	As empresas podem criar programas de seleção e recrutamento voltados para a comunidade LGBT+, ampliando o nível de participação das mesmas e obtendo os melhores talentos possíveis.
Celebração do Dia do Orgulho LGBTQIA+	A Celebração do Dia do Orgulho LGBTQIA+ também pode contribuir para o enfrentamento do problema, com a realização de dinâmicas e a distribuição de cartilhas para os demais trabalhadores.
Adoção de critérios rigorosos para a contratação de colaboradores	Em uma empresa inclusiva, temas como o racismo, machismos e LGBTfobia devem ser abordados dentro das entrevistas de emprego, evitando que sujeitos LGBTfóbicos possam acessar as vagas de emprego.
Punições rigorosas aos infratores	LGBTfobia é crime e seu combate nas empresas é mais do que uma questão inclusiva, sendo também uma questão legal, uma vez que os próprios gestores/empregadores podem ser responsabilizados por atos cometidos por colaboradores. A conivência não deve ser tolerada e punições exemplares devem ser estabelecidas para punir trabalhadores LGBTfóbicos.

Fonte: elaborado pela autora.

As ações apresentadas no Quadro 1 representam um caminho para o enfrentamento da LGBTfobia dentro das empresas e dos ambientes de trabalho. É notório, a partir da análise realizada ao longo do estudo, que devemos compreender a LGBTfobia como um fenômeno social histórico e complexo, de modo que mesmo com os avanços recentes ocorridos ao longo das últimas décadas, ela persiste como um fantasma a ser exorcizado. Se consolidarmos a busca pela construção de uma sociedade mais justa e igualitária para todos, devemos combater a LGBTfobia em todos os espaços sociais. As empresas, dentro dessa equação, devem empenhar esforços para impedir que essa forma de preconceito ocorra no interior de seus ambientes de trabalho, uma vez que é através do exercício profissional que as pessoas obtêm a sua autonomia e os recursos necessários para a manutenção de sua subsistência.

5. Conclusão

Ao longo dos últimos anos a intensificação dos debates e maior participação de movimentos sociais transformou questões como a LGBTfobia como um compromisso de toda a sociedade, o que naturalmente inclui as empresas. O trabalho acessível e que permite a permanência de pessoas LGBT+ promove o empoderamento da comunidade e amplia a sua participação social, atendendo ao princípio da dignidade da pessoa humana e fortalecendo as identidades dentro do contexto contemporâneo.

Considerando especificamente o recorte temporal de 2019-2023, foi constatado um grande volume de publicações, pesquisas e matérias que buscaram discutir a LGBTfobia como um todo e o preconceito contra bissexuais, lésbicas, gays, pessoas trans, dentre outros componentes da sigla. O aumento do volume de estudos sobre o tema pode ser um caminho para denunciar a gravidade do problema, democratizando espaços como as universidades e empresas e ampliando seu acesso e permanência para a população LGBT+.

Conforme, observado, o preconceito contra essa comunidade, assim como as outras formas de preconceito contra minorias, tem fruto na criação de um parâmetro de heteronormatividade, de modo que as pessoas que fogem desse modelo ou que não se enquadram nele acabaram sofrendo historicamente com estigmas e marginalização. Ao longo da história, pessoas LGBT+ foram enxergadas como doentes, criminosas, amaldiçoadas, marginais. Embora os avanços sociais tenham sido contundentes para o enfrentamento desse problema, há ainda um longo caminho a ser percorrido, o que passa também pela utilização das empresas como mecanismos de inclusão social, sexual e de gênero.

A literatura científica sobre o tema, a partir dos autores consultados, apresentou consenso sobre a persistente existência da LGBTfobia dentro das empresas no Brasil e no mundo. Isso promove também o 'apagamento' das identidades, como no caso das pessoas que ocultam suas identidades de gênero e/ou orientações sexuais não apenas para facilitar seu acesso ao emprego, mas também para que possam permanecer neles sem sofrer com o preconceito. Verificou-se também uma omissão generalizada das empresas, que não costumam contar com ações, iniciativas e políticas afirmativas envolvendo o respeito à diversidade e o combate ao preconceito.

Deste modo, a autora do presente estudo elaborou uma relação de ações/iniciativas que podem ser utilizadas pelas organizações, incluindo os seguintes elementos: Criação de espaços de diálogo dentro do ambiente de trabalho; Criação de um canal de denúncia anônima para pessoas LGBT+; Palestras e Workshops para a ampliação do nível de conscientização dos gestores/empregadores; Oferecimento de benefícios equivalentes e lideranças LGBT+; Realização de processos seletivos inclusivos; Celebração do Dia do Orgulho LGBTQIA+; Adoção de critérios rigorosos para a contratação de colaboradores; e Punições rigorosas aos infratores. Essas são apenas algumas dentre as inúmeras possibilidades que devem ser consideradas na construção de empresas inclusivas para pessoas LGBT+.

Diante de uma conclusão verdadeiramente aplicável ao problema de pesquisa proposto, cumpre-se destacar que o presente estudo não buscou esgotar o tema ou torna-lo acabado, mas sim ater-se à demonstração dos desafios e possibilidades de superação da LGBTfobia dentro das organizações brasileiras.

Isso posto, são apresentadas abaixo as sugestões de estudos futuros. Recomenda-se a realização de estudos de caso dentro de empresas que não possuem políticas pró-LGBT+, verificando os impactos desse tipo de iniciativa tanto para as pessoas LGBT+ atuantes nas organizações, como os efeitos no nível de conscientização dos colaboradores.

Ademais, verificou-se que algumas minorias podem sofrer com um maior nível de preconceito, a exemplo de pessoas trans e mulheres lésbicas. Diante disso, é sugerida a elaboração de estudos de caso realizados com as siglas que compõem a comunidade LGBT+ dentro das empresas, verificando os casos mais corriqueiros de LGBTfobia e conhecendo as opiniões desses sujeitos para o enfrentamento do problema.

Referências

AMANDO, M. R.; CUSATI, I. C.; CARVALHO, O. F. de. Normatividade cultural e marginalização das sexualidades: o preconceito no ambiente escolar contra a pessoa LGBT. *Momento – Diálogos em Educação*, [S. l.], v. 28, n. 3, p. 128–147, 2019. DOI: 10.14295/momento.v28i3.9162. Disponível em: <https://periodicos.furg.br/momento/article/view/9162>. Acesso em: 14 mar. 2023.

BAPTISTINI, L. B; CORRÊA, M. I. S. Diversidade Sexual e LGBTfobia nas Cozinhas Profissionais. (Internet), *Doity*, 2018. Disponível em: <https://doity.com.br/media/doity/submissoes/artigo-08d96181f8c043cb024474b8b927efd8c6f5e5d2-arquivo.pdf>. Acesso em: 22 abr. 2023.

CACERES GONÇALVES, M.; PERES GONÇALVES, J. Gênero, identidade de gênero e orientação sexual: conceitos e determinações de um contexto social. *Revista Ciências Humanas*, [S. l.], v. 14, n. 1, 2021. DOI: 10.32813/2179-1120.2021.v14.n1.a600. Disponível em: <https://www.rchunitau.com.br/index.php/rch/article/view/600>. Acesso em: 22 abr. 2023.

COSTA, F. V; PAULINO, B. C; LACERDA, L. C. Responsabilidade civil por danos morais decorrente da transfobia no ambiente de trabalho: um estudo crítico dos critérios de quantificação do dano. *Revista de Gênero, Sexualidade e Direito* | e-ISSN: 2525-9849 | Encontro Virtual | v. 7 | n. 2 | p. 01 – 22 | jul./dez. 2021. Disponível em: <https://indexlaw.org/index.php/revistagsd/article/view/8095>. Acesso em: 22 abr. 2023.

DE TILIO, R.; GOMES SILVEIRA, F. Integrantes de movimentos LGBT+ e enfrentamento da LGBTfobia. *Revista Sociais e Humanas*, [S. l.], v. 34, n. 1, 2021. DOI: 10.5902/2317175834922. Disponível em: <https://periodicos.ufsm.br/sociaisehumanas/article/view/34922>. Acesso em: 16 mar. 2023.

FIGUEIRA, V. C.; SCHINKEL, L. A.; SOARES, E. A.; KERN, L. T.; PEGO, A. C.; BIGLIARDI, A. M. Vivência de mulheres LBTQIAP+ no ambiente de trabalho: autoestima, segurança e saúde mental. *COR LGBTQIA+*, [S. l.], v. 1, n. 4, p. 118–127, 2023. Disponível em: <https://revistas.ceeinter.com.br/CORLGBTI/article/view/577>. Acesso em: 14 mar. 2023.

JITSUMORI, C. I. de Oliveira; NASCIMENTO OSÓRIO, A. C. do. Do preconceito LGBT para a prática de si. *Rascunhos Culturais*, v. 12, n. 23, 30 jun. 2021. Disponível em: <https://periodicos.ufms.br/index.php/rascunhosculturais/article/view/17802>. Acesso em: 10 fev. 2023.

PADRENOSSO, I. E. *Percepções de LGBTfobia dentro do mercado de trabalho*. Monografia apresentada como requisito parcial à obtenção do grau de Bacharel em Administração à Faculdade de Administração e Ciências Contábeis da Universidade Federal do Rio de Janeiro (FACC/UFRJ), Rio de Janeiro, 2019. Disponível em: <https://www.pantheon.ufrj.br/handle/11422/12538>. Acesso em: 12 fev. 2023.

PEREIRA, R. S. *Dano Moral decorrente da homofobia no ambiente de trabalho: posicionamento da Justiça do Trabalho*. Trabalho de Conclusão de Curso apresentado ao Curso de Direito da Universidade do Sul de Santa Catarina como requisito parcial à obtenção do título de Bacharel em Direito, Tubarão, 2022. Disponivel em: <https://www.repositorio.animaeducacao.com.br/handle/ANIMA/25948>. Acesso em: 25 jan. 2023.

RODARTE, W. S. O. *Adoecimento mental no trabalho e a ideia do nexo interseccional [manuscrito]:* racismo, sexismo e LGBTfobia no trabalho em *call center*. Dissertação (mestrado) – Universidade Federal de Minas Gerais, Faculdade de Direito, Belo Horizonte, 2022. Disponível em: <https://www.repositorio.ufmg.br/handle/1843/45408>. Acesso em: 25 jan. 2023.

SANTOS, L. R. de L.; BARROS, M. A. J.; FERREIRA, M. C. de M.; GIULIANI, C. D. Políticas Públicas voltadas para a população LGBT: história, conceitos e fragilidades. *Caderno Espaço Feminino*, [S. l.], v. 32, n. 1, p. 363–375, 2019. DOI: 10.14393/CEF-v32n1-2019-16. Disponível em: <https://seer.ufu.br/index.php/neguem/article/view/50720>. Acesso em: 14 abr. 2023.

SILVA, A.; FONSECA, A. G.; COSTA, A.; SOUZA, B.; NASCIMENTO, J. W.; SANTOS, L.; SOARES, M. V.; MACHADO, A. L. Acesso e permanência da população LGBT no mercado de trabalho: revisão integrativa. *Conjecturas*, [S. l.], v. 21, n. 4, p. 663–676, 2021. Disponível em: <http://www.conjecturas.org/index.php/edicoes/article/view/246>. Acesso em: 14 jan. 2023.

VALE, M. A. do; VITORINO, E. V. Fontes de informação online para comunidade LGBT+. *Revista Brasileira de Biblioteconomia e Documentação*, [S. l.], v. 15, p. 50–71, 2019. Disponível em: <https://rbbd.febab.org.br/rbbd/article/view/1338>. Acesso em: 14 abr. 2023.

Mercado de Trabalho e Empregabilidade para Transexual e Travesti

Carmen Ribeiro

Noélia Sampaio

Resumo: O ambiente de trabalho contemporâneo tem a necessidade de ser bastante diversificado em razão das mudanças pelas quais tem passado nossa sociedade. Fora da janela de oportunidades, inclusive a maioria das travestis e transexuais é jogada à margem da sociedade, restando-lhes a prostituição como único meio de subsistência. No Brasil, o preconceito e a discriminação contra pessoas LGBTQIA+ constituem uma das barreiras que impedem esse segmento de se inserirem no mercado de trabalho. O presente artigo aborda a realidade destas pessoas no mundo do trabalho e recupera a legislação anti-discriminatória, já publicada, como meio de mitigar as desvantagens sofridas por essas pessoas.

Palavras Chave: Discriminação — transexualidade — Sexualidade e trabalho — Discriminação sexual.

1. Introdução

O trabalho é um motor que move toda e qualquer sociedade, é o meio pelo qual o indivíduo aplica seus esforços, conhecimentos e experiências. Podemos compreendê-lo como uma troca, uma via de mão dupla onde, de um lado, tem um ser humano que presta um determinado serviço ou trabalho e, de outro, alguém que lhe fornece a contraprestação, que pode ser material ou financeira. O trabalho, como já foi dito por Max Weber, dignifica o homem, contudo é preciso compreender que isso só acontece quando este pode usar seu fruto a seu favor e tirar proveito dele(1).

No Brasil, o preconceito e a discriminação contra pessoas LGBTQIA+ constituem uma das barreiras que impedem esse segmento de se inserirem no mercado de trabalho. Essa assertiva é potencializada quando se trata de pessoas travestis e transexuais. Fora

(1) Max Weber (1968).

da janela de oportunidades, inclusive na área da educação, a maioria das travestis e transexuais é jogada à margem da sociedade, restando-lhes a prostituição como único meio de vida. E, nessa toada, talvez seja afirmado que hoje o maior problema se inicia na ausência de conhecimento sobre o significado de identidade de gênero, causando, assim, mais invisibilidade. Isso prejudica tanto a compreensão dos problemas específicos na sociedade quanto o reconhecimento de sua existência[(2)].

Em nosso país, a Constituição Federal (CF) prediz como objetivo fundamental a promoção do bem de todas as pessoas, sem preconceitos com base em qualquer forma de discriminação (art. 3º, IV)[(3)]. Outrossim, a igualdade é garantida sem distinção de qualquer natureza, cabendo punição a qualquer discriminação atentatória aos direitos e liberdades fundamentais (art. 5º, XLI, da CF)[(4)]. Há também leis esparsas, como a Lei n. 10.948/2001 do estado de São Paulo, Lei federal n. 9.029/1995[(5)], decretos estaduais e anteprojetos tramitando no Congresso, como o 672/19, que tramita na Câmara Federal, prevendo regulamentar e alterar a Lei n. 7.716/89[(6)]. O art. 5º, 223-C e 461 da CLT[(7)] visam garantir tais direitos.

A Convenção n. 111 da Organização Internacional do Trabalho (OIT) trata a discriminação como "toda distinção, exclusão ou preferência fundada na raça, cor, sexo, religião, opinião política, ascendência nacional ou origem social que tenha por efeito destruir ou alterar a igualdade de oportunidades ou de tratamento em matéria de emprego ou profissão"[(8)].

O ambiente de trabalho contemporâneo tem a necessidade de ser bastante diversificado em razão das mudanças pelas quais tem passado nossa sociedade. Entre essas modificações, não podem ser deixados de fora o trabalho e a empregabilidade para essas

---

(2) CAVALCANTI, Ana Mary. 2023. *Brasil segue sendo o país com mais pessoas assassinadas. Agência Brasil.* Disponível em: <https://agenciabrasil.ebc.com.br/radioagencia-nacional/direitos-humanos/audio/2023-01/brasil-segue-como-pais-com-maior-numero-de-pessoas-lgbt-assassinadas>. Acesso em: 31 jan. 2023.

(3) BRASIL. *Constituição da República Federativa do Brasil, de 1988.* Brasília, DF: Senado Federal, 2016.

(4) *Idem.*

(5) SÃO PAULO. *Lei n. 10.948/2001, de 05 de novembro de 2001.* Dispõe sobre as penalidades a serem aplicadas à prática de discriminação em razão de orientação sexual. Disponível em: <https://www.al.sp.gov.br/repositorio/legislacao/lei/2001/lei-10948-05.11.2001.html>. Acesso em: 26 jul 23.

BRASIL. *Lei n. 9.029/1995, de 13 de abril de 1995.* Proíbe a exigência de atestados de gravidez e esterilização, e outras práticas discriminatórias, para efeitos admissionais ou de permanência da relação jurídica de trabalho, e dá outras providências. Disponível em: <https://www.planalto.gov.br/ccivil_03/leis/l9029.htm>. Acesso em: 26 jul. 23.

(6) BRASIL. *Lei n. 7.716/89, de 5 de janeiro de 1989.* Define os crimes resultantes de preconceito de raça ou de cor. Disponível em: <https://www.planalto.gov.br/ccivil_03/leis/l7716.htm>. Acesso em: 26 jul. 23.

(7) BRASIL. *Decreto-lei n. 5.452, de 1º de maio de 1943.* Aprova a Consolidação das Leis do Trabalho. Disponível em: <https://www.planalto.gov.br/ccivil_03/decreto-lei/del5452.htm>. Acesso em: 07 ago. 2023

(8) ORGANIZACAO INTERNAICONAL DO TRABALHO — OIT. Disponível em: <https://www.ilo.org/brasilia/convencoes/WCMS_235325/lang--pt/index.htm>. Acesso em: 21 mar. 2023.

pessoas transexuais e travestis. Esse tipo de preocupação ou questionamento tem chegado aos tribunais de forma mais recorrente, tratando-se de uma discriminação pela orientação sexual. Esse tipo de discriminação e, a um tempo, essa barreira são um tema bastante polêmico e necessitam mais discussão para maior conhecimento.

Segundo o levantamento feito pela Faculdade de Medicina de Botucatu (FMB) da Universidade Estadual Paulista (UNESP), publicado na *Nature Scientific Reports*, em 2021, 2% da população adulta brasileira são pessoas transgênero e não binárias, ou seja, identificam-se com um gênero diferente daquele que lhes foi atribuído ao nascer ou não se percebem como pertencentes exclusivamente ao gênero feminino ou masculino. Os dados da referida pesquisa também apontam que muitas pessoas trans costumam abandonar a vida escolar antes de concluir a educação básica devido ao preconceito. Além disso, 88% dos entrevistados fazem tratamentos de terapia hormonal pelo Sistema Único de Saúde (SUS)(9).

Em maio de 2021, o jornal *Edição do Brasil* publicou que há uma estimativa de que 90% da população trans no Brasil tem a prostituição como fonte de renda e única possibilidade de subsistência(10). A pesquisa foi realizada por meio da Associação Nacional de Travestis e Transexuais (Antra). Segundo o levantamento, esse índice é causado por diversos fatores, entre os quais a dificuldade de inserção no mercado formal de trabalho e a deficiência na qualificação profissional causada pela exclusão social, familiar e escolar. É sabido que pessoas desse grupo, em geral, são expulsas de casa pelos pais com a média de 13 anos de idade.

Transfobia é crime no Brasil desde 2019, referendado pelo Superior Tribunal Federal (STF)(11), mas ainda é o país que mais mata pessoas trans e travestis em todo o mundo pelo 13º ano consecutivo.

Apesar dos avanços em relação aos direitos da população LGBTQIA+, a orientação sexual e a identidade de gênero ainda se mantêm como fatores motivadores do preconceito e da exclusão, e o respeito pelas diferentes identidades de gênero e orientações sexuais dentro das organizações tem sido um grande desafio para a sociedade e para as organizações. No entanto, ainda se constata uma baixa representatividade de pessoas trans e travestis em empregos formais e isso mostra que ainda é preciso acelerar as políticas públicas e adotar procedimentos para caminhar rumo à equidade de oportunidades.

---

(9) UNESP. *Estudo pioneiro na América Latina mapeia adultos transgêneros e não binários no Brasil.* Disponível em: <https://jornal.unesp.br/2021/11/12/estudo-pioneiro-na-america-latina-mapeia-adultos-transgeneros-e-nao-binarios-no-brasil/>. Acesso em: 21 mar. 2023.

(10) HAJE, Lara. 2021. 90% da população trans no Brasil tem prostituição como fonte de renda. *Edição do Brasil* (*online*). Brasil, 28 maio 2021. Disponível em: <https://edicaodobrasil.com.br/2021/05/28/90-da-populacao-trans-no-brasil-tem-prostituicao-como-fonte-de-renda/>. Acesso em: 21 mar. 2023.

(11) BRASIL. Supremo Tribunal Federal. *Ação Direta de Inconstitucionalidade por Omissão (ADO) 26.* Relator: Ministro Celso Melo. Processos. 23 set. 2019. Disponível em: <https://portal.stf.jus.br/processos/detalhe.asp?incidente=4515053>. Acesso em: 04 ago. 2023, p. 84.

Percebemos que, ao longo do tempo, para discutir gênero é preciso superar as distinções básicas comumente ensinadas que se baseiam em corpos, jeitos de ser e de se comportar, bem como em discursos normatizadores e reguladores da sexualidade, sobretudo para alcançar os instrumentos de poder que se constroem mediante essas definições[(12)], sem atentar para a importância do desenvolvimento da personalidade e do arbítrio.

Para Nancy Fraser, "o gênero não é somente uma diferenciação econômico-política, mas também uma diferenciação de valoração cultural"[(13)].

Ainda de acordo com essa pesquisa do jornal *Edição do Brasil*, percebemos que a injustiça de gênero se reverte de uma injustiça distributiva. Por essa razão, faz-se necessário pensarmos numa compensação redistributiva, o que exige transformações socioeconômicas e políticas.

No caso, travestis e mulheres transexuais ainda são classificadas como subgrupo de uma população, mesmo dentro do grupo de mulheres ou da população LGBTQIA+. Por essa razão, merecem ser compreendidas ante suas particularidades, sob o risco de serem invisibilizadas por qualquer grupo social.

É de suma importância darmos atenção a um grupo cuja expectativa de vida é apenas de 35 anos, o que representa menos da metade da média nacional, que é de 75,5 anos, segundo o Instituto Brasileiro de Geografia e Estatística (IBGE)[(14)].

2. Transexualidade, travestilidade e suas identidades de gênero

Transgênero são pessoas que nascem com um sexo atribuído como masculino ou feminino e têm identidade de gênero feminina ou masculina, assumindo papéis de gênero diferentes daqueles impostos pela sociedade. Portanto, há homens trans, mulheres trans e travestis. Depois que elas se percebem de um gênero diferente do que lhes foi atribuído no nascimento, começam a enfrentar uma luta para viver sua identidade.[(15)]

Em relatório divulgado pela Associação Nacional de Travestis e Transexuais, o Brasil continua sendo campeão violência com pessoas trans e de desrespeito a elas. Pelo décimo quarto ano seguido, é o país que mais mata pessoas desses gêneros no mundo[(16)].

---

(12) BORTOLINI, A. S. Diversidade sexual e de gênero na escola — Uma perspectiva Intercultural e Interrelacional. *Revista Espaço Acadêmico* (UEM), ano XI, n. 123, ano 2011, p. 29.

(13) FRASER, Nancy. Da redistribuição ao reconhecimento? Dilemas da justiça numa era "pós-socialista". Trad. Júlio Assis Simões. *Cadernos de Campo*, São Paulo, n. 14/15.

(14) BRASIL. Senado Federal. *Expectativa de vida de transexuais*. Disponível em: <http://www12.senado.leg.br/noticias/especiais/especial-cidadania/expectativa-de-vidade-transexuais-e-de-35-anos-metade-da-media-nacional/expectativa-de-vida-de-transexuais-e-de-35-anos-metade-da-media-nacional>. Acesso em: 26 fev. 2023.

(15) BAHIA. Defensoria Pública do Estado. Entendo a diversidade sexual. *Defensoria Pública do Estado da Bahia*. 1. ed. Salvador: ESDEP, 2018, 24 p.

(16) CAVALCANTI, Ana Mary. 2023. *Brasil segue sendo o país com mais pessoas assassinadas. Agência Brasil*. Disponível em: <https://agenciabrasil.ebc.com.br/radioagencia-nacional/direitos-humanos/audio/2023-01/brasil-segue-como-pais-com-maior-numero-de-pessoas-lgbt-assassinadas>. Acesso em: 31 jan. 2023..

Desde 1993, pela Classificação Internacional de Doenças (CID-10), os(as) transexuais são pessoas que apresentam um Transtorno de Identidade Sexual (Organização Mundial da Saúde, 1993). Posteriormente, em 1994, com a publicação do DSM IV (Manual Diagnóstico e Estatístico das Doenças Mentais), o termo transexualismo até então utilizado foi substituído por Transtorno de Identidade de Gênero(17).

De acordo com essas classificações, esse transtorno é tido como uma caracterização de alguém que sente o desejo de viver e ser aceito como pessoa do sexo oposto. Tal desejo é acompanhado por um sentimento de mal-estar ou de inadaptação, muitas vezes não aceito pela própria pessoa, pela família e pela sociedade. Essas pessoas transgêneros se sentem referenciados pelo sexo anatômico, e muitos têm um desejo afincado de se submeterem a uma intervenção cirúrgica ou a um tratamento hormonal, com o objetivo de tornar seu corpo tão conforme quanto possível ao sexo desejado.

Então, podemos dizer que, em absoluto, o tema transexualidade é definido como o desacordo entre o sexo biológico e o sexo psicológico.

A transexualidade já foi compreendida como uma patologia, que poderia ser "tratada" e "curada". Posteriormente, surgiu a necessidade de regulamentar esses procedimentos, pois, segundo(18) o diagnóstico de Transtorno de Identidade de Gênero, foi uma forma de regulamentar a demanda de transexuais por mudanças de sexo, e a própria definição de transexualidade somente se tornou possível nesse contexto.

Com o passar do tempo, o Manual de Distúrbios Mentais (DSM), o DSM-V, trocou a nomenclatura de Transtorno de Identidade de Gênero(19) por Disforia de Gênero, o que entendemos por condição e não transtorno. Essas alterações possibilitam-nos pensar que, com o passar do tempo, as questões trans vêm sendo renomeadas e reinventadas por um conjunto de saberes, imersas em relações de poder, as quais possibilitaram a legitimação da transexualidade como um fenômeno do âmbito da medicina, em geral o psiquiátrico. Contudo, a ciência vem produzindo esse conhecimento, instituindo verdades mediante a materialidade biológica dos sujeitos transexuais, avançando com as questões trans e buscando naturalizá-las como algo do biológico, ou seja, natural.

---

(17) SAMPAIO, Liliana Lopes Pedral; COELHO, Maria Thereza Ávila Dantas. A transexualidade na atualidade: discurso científico, político e histórias de vida. *Repositório UFBA*. Disponível em: <https://repositorio.ufba.br/simple-search?query=https%3a%2f%2frepositorio.ufba.br%2fbitstream%2fri%2f15770%2f1%2fa%2520transexualidade%2520na%2520atualidade.pdf>. Acesso em: 20 ago. 2023.

(18) LEITE JR., Jorge. *Nossos corpos também mudam a invenção das categorias "travesti" e "transexual" no discurso científico.* São Paulo: Annablume, 2011. 240 p.

(19) SILVA, Matheus; MAGALHÃES Joanalira; RIZZA Juliana. Analisando alguns estudos científico: Em Foco a Transexualidade.Anais eletrônicos do VII Seminário Corpo, Gênero e Sexualidade. In: RIBEIRO, Paula Regina Costa *et al.* (Orgs.). *III Seminário Internacional Corpo, Gênero e Sexualidade e do III Luso-Brasileiro Educação em Sexualidade, Gênero, Saúde e Sustentabilidade [recurso eletrônico].* Rio Grande: Edaitora da FURG, 2018. Disponível em: <https://7seminario.furg.br/images/arquivo/269.pdf>. Acesso em: 1º mar. 2023.

É preciso que compreendamos e aprendamos a orientação sexual, para não incorrer em erros, discriminações e até crimes.

Transgênero é uma expressão que contempla vários casos de pessoas que se identificam com um gênero diferente do sexo biológico, a saber: transexuais — aquelas pessoas que não se identificam com o sexo biológico e podem trocar de nome e sexo, utilizar hormônios e até realizar cirurgia para adequação do gênero; travestis — pessoas que vivenciam papéis de gênero diferentes do seu, mas não se reconhecem como homens nem mulheres, são de uma identidade diferente, porém preferem ser tratadas no feminino; é considerado insulto o uso de adjetivos masculinos para nos referirmos a elas(20).

Por isso, deve ser considerada a forma como a pessoa se vê, seja mulher, homem, seja outra denominação dentro do espectro de gênero. É bom que esclareçamos que não é uma ideologia. Ideologia seria um conjunto de ideias, pensamentos, doutrinas ou visões de mundo de um indivíduo ou de determinado grupo, orientado para suas ações sociais e políticas.

Pessoas cujo sexo biológico, ou seja, os genitais, estão de acordo com a forma que elas se veem e são consideradas cisgênero, conhecido, de forma abreviada, como pessoas civis.

A aversão social direcionada às pessoas trans (travestis, transexuais e transgêneros) e a tudo que remeta a seu modo de vida (comportamento, vestimenta, preferência artística) é considerado transfobia.

Em 2019, o Supremo Tribunal Federal(21) decidiu pela criminalização da homofobia e da transfobia, que passaram a ser enquadradas pela Lei de Racismo. Portanto, pessoas que praticam condutas que envolvam aversão odiosa à orientação sexual ou à identidade de gênero de alguém passam a responder pelo crime de transfobia.

A transfobia é estrutural, impregnada nos comportamentos da sociedade brasileira. Um levantamento feito pela Associação Nacional de Travestis e Transexuais (Antra)(22) mostrou que 131 pessoas trans foram mortas no país em 2022. E outras 20 cometeram suicídio por conta da discriminação e do preconceito que sofriam. Logo, ela está impregnada na sociedade brasileira, pois não se trata de um fenômeno meramente individual ou localizado em algumas regiões específicas do país.

---

(20) DOR CONSULTORIA. *Identidade de gênero e orientação sexual:* entenda as diferenças. Disponível em: <https://dorconsultoria.com.br/2021/06/09/identidade-de-genero-e-orientacao-sexual/>. Acesso em: 21 mar. 2023.

(21) BRASIL. Supremo Tribunal Federal. *Ação Direta de Inconstitucionalidade por Omissão (ADO) 26.* Relator: Ministro Celso Melo. Processos. 23 set. 2019. Disponível em: <https://portal.stf.jus.br/processos/detalhe.asp?incidente=4515053>. Acesso em: 04 ago. 2023, p. 84.

(22) ASSOCIACAO NACIONAL DE TRAVESTIS E TRANSEXUAIS — ANTRABRASIL. *Assassinato de Pessoas Trans voltam a subir em 2020.* Disponível em: <https://antrabrasil.org/category/violencia/>. Acesso em: 21 mar. 2023.

O Superior Tribunal Federal, ao tomar a referida decisão, pontuou que a repressão penal por homofobia ou transfobia não restringiria nem limitaria o exercício da liberdade religiosa, pois o fato de fiéis e ministros de qualquer religião pregarem e divulgarem suas convicções religiosas não poderia configurar discurso de ódio que comprovadamente incite a discriminação, hostilidade ou violência contra essas pessoas.

3. Políticas públicas para a empregabilidade de pessoas transexuais e travestis

Vários segmentos da sociedade hoje necessitam de uma política pública mais específica e mais coerente, de acordo com suas necessidades. A vulnerabilidade desse segmento aqui citado, especialmente no que diz respeito à empregabilidade, precisa de ações que vão além do combate à homofobia e transfobia, sobretudo necessita de ações voltadas para a inclusão no mercado de trabalho.

Criar convênios, parcerias, ações que estimulem o poder público e privado a contratar ajudam a transformar vidas dessas pessoas, mudando suas realidades.

Sabemos que o índice de transexuais e travestis que vivem nas ruas ainda é grandioso e eles correm grande risco na marginalização social, que vão desde os riscos de saúde até as violências a que se submetem, e há uma indicação alta de criminalidade, uma vez que se trata de um grupo historicamente excluído da sociedade e, assim, busca outras formas de atuação e o sustento.

Travestis e transexuais também são considerados uma população não tão economicamente ativa, visto que, devido a sua vida em marginalização, nem sempre lhe é permitido o acesso a bens e serviços.

A diversificação no mercado de trabalho trará um resultado muito positivo tanto para esse grupo de pessoas quanto para as empresas e a sociedade. Todos ganham com uma sociedade mais justa, menos desigual e com mais acesso à cidadania.

As políticas públicas voltadas para transexuais e travestis devem ser de implementação programada, com metas e objetivos determinados, baseados em um diagnóstico prévio da situação da população LGBTQIA, bem como da vulnerabilidade e marginalização dos que compõem essa parcela da população no mercado de trabalho. É preciso atentarmos que esse público, em geral, é fruto de maior discriminação e preconceito e está submetido a esses comportamentos e julgamentos da sociedade, em escala mundial, nacional, estadual, municipal e até em grupos da sociedade.

Os projetos de inclusão e diversidade existentes nos setores público e privado vigentes no país nem sempre abarcam as necessidades dessas pessoas, pois trata-se de um segmento populacional excluído e invisibilizado por convencionalismos preconcebidos da sociedade, de acordo com Zani, Programa TransCidadania é uma política pública interdisciplinar e interinstitucional desenvolvida pela Prefeitura de São Paulo em parceria com instituições privadas, sociedade civil organizada, bem como outros programas nacionais e estaduais de capacitação profissional (ZINI, 2019, p. 132).(23)

Com base no pensamento de Berman(24), é importante analisarmos as políticas públicas desde os parâmetros situacionais pertinentes ao contexto, o que contribui para a redução dos problemas na fase de implementação. Para esse objetivo, o autor define alguns parâmetros situacionais que, de certa forma, retêm as possibilidades da situação dessas políticas e estabelecem os aspectos da natureza da política, bem como a situação institucional do contexto e a interação entre eles.

Entre os pressupostos acima citados, frisamos que é importante a representatividade, para que, entre os profissionais envolvidos nas atividades, a equipe técnica seja constituída ante a própria comunidade, empregando também profissionais transexuais, bem como de outras identidades abrangidas pela população LGBTQIA. Não basta só possibilitarmos a geração de emprego e renda para essas pessoas, é preciso que elas se sintam bem representadas e incluídas de verdade.

Incluir esse grupo de pessoas nos projetos de empregabilidade, sejam públicos, sejam privados, traz certa garantia da preservação da política dos assistidos em médio ou longo prazo.

É cediço que vivemos num país onde há grande desigualdade no campo do mercado de trabalho, quando há diferenciação explícita e comprovada entre homens e mulheres, principalmente para classes que não se enquadram em nenhuma dessas duas identidades.

A transfobia e a travestifobia manifestam-se em vários aspectos da vida dessas pessoas. A discriminação leva inclusive a violências, como os assassinatos praticados todos os anos e em grande número. A segregação também está aliada à grande evasão escolar, ao baixo grau de instrução e à falta de representatividade no mercado de trabalho.

A falta de políticas públicas mais incisivas e voltadas com exclusividade para travestis e transexuais deixa essas pessoas em maior vulnerabilidade e invisibilidade social. Assim como Fraser chama a atenção, a invisibilidade a essas pessoas é manifestada por via de três maneiras: a "marginalização econômica", que faz com que várias dessas pessoas fiquem fora do mercado de trabalho, a depender do que elas tentam desempenhar; " a privação", que se caracteriza pela falta de um padrão de vida adequado; e, por fim, o

(23) CAVALCANTI, João Felipe Zini. *"E travesti trabalha?"*: divisão transexual do trabalho e messianismo patronal. Dissertação de Mestrado. Universidade Federal de Minas Gerais, fevereiro de 2019. Disponível em: <https://repositorio.ufmg.br/browse?type=author&value=Joao+Felipe+Zini+Cavalcante+de+Oliveira>. Acesso em: 19 mar. 23.

(24) BERMAN, Paul. *Designing implementation to match policy situation:* a contingency analysis of programmed and adaptive implementation. Out. 1978. Disponível em: <https://www.rand.org/content/dam/rand/pubs/papers/2008/P6211.pdf>. Acesso em: 20 ago. 2023.

"desrespeito", que retrata a estereotipagem pejorativa rotineira, que está sempre desqualificando esses seres[25].

A Organização das Nações Unidas (ONU) elenca medidas de proteção dos indivíduos contra a discriminação, garante o acesso das pessoas LGBTQIA[26], elaboração, implementação e monitoramento de leis, políticas públicas e programas que lhes afetem, o acesso a treinamentos públicos e o combate à discriminação contra adultos LGBTQIA que tentam se inserir no mercado de trabalho.

Um aspecto relevante para aceitação e inclusão dessas pessoas consideradas invisibilizadas no mercado de trabalho e na sociedade é a necessidade de mais discussões acerca de gênero e de suas possibilidades, seja em casa no meio familiar, seja com amigos e principalmente nas escolas, considerando a idade em que os cidadãos estão em formação.

A relevância dessa discussão reside na possibilidade de levar as pessoas e toda a sociedade em geral a refletir sobre a forma como querem uma sociedade mais justa e igualitária.

Apesar de vagarosas, algumas políticas públicas têm sido implementadas para ajudar no desenvolvimento social das pessoas transexuais, como direito de usar o nome social e realização de cirurgia pelo Sistema Único de Saúde (SUS). A exemplo disso, a Resolução n. 270/18 do Conselho Nacional de Justiça (CNJ), dispõe sobre o uso de nome social pelas pessoas trans, travestis e transexuais quando usuários dos serviços da justiça. Algumas universidades, como a Universidade do Estado da Bahia (Uneb), criaram um programa com criação de cotas para essa população. Essas políticas efetivam a construção da cidadania. No entanto, como aludido, essas políticas públicas precisam ser ampliadas, em especial para o mercado de trabalho, uma inclusão que traz reflexos em outas áreas. O mercado de trabalho ainda não assume essa população como deveria, porque há empresas que contratam, mas percebemos, pelos resultados e pesquisas, que muitos evitam incluir no currículo ou demonstrar sua condição de transexual ou travesti com medo da exclusão na vaga.

Ressaltamos que as políticas públicas também devem envolver, além de formação, contornar e promover conscientização de empregadores. É preciso que essa população tenha um currículo qualificável para diversas aptidões, seja incluída de forma tão natural, a ponto de não ser enxergada pelo nome social ou condição de gênero.

4. Considerações finais

O Conselho Nacional de Justiça (CNJ) aprovou, em fevereiro de 2021, o Protocolo para Julgamento com Perspectiva de Gênero, que se tornou uma Recomendação sob o

(25) FRASER, Nancy. Da redistribuição ao reconhecimento? Dilemas da justiça numa era "pós-socialista". Trad.: Júlio Assis Simões. *Cadernos de Campo*. São Paulo, n. 14/15.

(26) ORGANIZAÇÃO DAS NACOES UNIDAS. *ONU quer medidas efetivas para proteção dos direitos humanos da população LGBT.* Disponível em: <https://nacoesunidas.org/onu-apresenta-recomendacoes-sobre-a-protecao-dosdireitos- de-lgbt/>. Acesso em: 05 mar. 2023.

n. 128/22(27), com o objetivo de que os magistrados julguem, sob uma nova concepção, o que ali foi chamado de lente de gênero. O objetivo é avançar na efetivação da igualdade e nas políticas de equidade de gênero garantidas pela Constituição Federal. Em março de 2023, o referido protocolo passou a ser obrigatório no Judiciário Brasileiro,(28) mediante a Resolução n. 492.

A jurisprudência trabalhista já vinha repercutindo, ainda que indiretamente, essas questões de gênero, quando se tratava de mães com filhos deficientes, por exemplo. Contudo, com a Resolução do Conselho Nacional de Justiça (CNJ), provavelmente haverá maior impacto nos próximos anos, também em casos de empregabilidade de transexuais e travestis.

A Constituição Federal de 1988 assim determina, no art. 3º, inciso XLI: "Constituem objetivos fundamentais da República Federativa do Brasil: promover o bem de todos, sem preconceitos de origem, raça, sexo, cor, idade e quaisquer outras formas de discriminação".

Destarte, considerando que o Judiciário deverá aplicar o referido protocolo, logo qualquer situação específica que tenha tratamento diferenciado por parte da lei deverá ser analisada por essas lentes. Assim também, como cabe às empresas revisitar seus procedimentos internos, treinar os empregados, com o objetivo de reconhecer as desigualdades históricas, sociais, culturais e políticas, mas, sobretudo, as questões de gênero, evitando, consequentemente, discriminações e possíveis crimes. É de suma importância essa adequação ao tratamento esperado pela sociedade, garantindo o direito mais importante de todos: a dignidade da pessoa humana.

A transexualidade não é um tema recente, contudo é uma questão social que necessita de olhar especial. E ela existe desde a existência do ser humano, mas, somente a partir de 1997, as mulheres transexuais passaram a ocupar espaço social e se mobilizar na forma de um movimento depois que o Conselho Federal de Medicina deixou de considerar como "mutilações" as mudanças que essas pessoas realizavam em seus corpos, na tentativa de se identificarem com seu gênero(29).

Já dos travestis há registros mais antigos, mas sempre presentes à beira da marginalidade. Por essa razão, é preciso reconhecermos que a marginalização social é ainda uma realidade na vida daqueles que não se encaixam no reducionista e enrijecedor binário dos gêneros, quais sejam, masculino e feminino.

---

(27) BRASIL. CONSELHO NACIONAL DE JUSTIÇA — CNJ. *Recomendação n. 128*. Publicada em 15 de fevereiro de 2022. Disponível em: <https://atos.cnj.jus.br/atos/detalhar/4377>. Acesso em: 21 mar. 2023.

(28) ______. CONSELHO NACIONALDE JUSTIÇA. *Protocolo para Julgamento com Perspectiva de Gênero 2021*. Grupo de Trabalho instituído pela Portaria CNJ n. 27, de 2 de fevereiro de 2021. Disponível em: <https://www.cnj.jus.br/wp-content/uploads/2021/10/protocolo-18-10-2021-final.pdf>. Acesso em: 20 fev. 2022.

(29) PEDRA, Caio Benevides. *Acesso a cidadania por travestis e transexuais no Brasil:* um panorama da atuação do Estado no enfrentamento das exclusões. 2018. 274, p. 119.

Tudo isso perpassa por várias discussões e vão além das biológicas. E, como realidade social, a segregação e a invisibilidade precisam ser combatidas pelo Estado e pela sociedade.

Percebemos, ainda, que, além dos preconceitos, descasos e ignorância, há esse quadro de negligência estatal, atraso legislativo, desorientação judicial e marginalização social reinante, que obstaculizam o exercício da cidadania, segregam e invisibilizam quando deveriam incluir. Tal quadro precisa ser modificado inicialmente com a educação, oportunidades e políticas públicas, para poder finalmente intervir na realidade de forma eficaz e efetiva dessa população.

Em um contexto de exclusão social e vulnerabilidade de travestis e transexuais, vem o défice de empregabilidade, por isso há ações que são imprescindíveis para a mudança dessa realidade, como a aplicação pelo Judiciário Brasileiro, do Protocolo com Perspectiva de Gênero, criado pelo Conselho Nacional de Justiça (CNJ). Da mesma maneira, uma política pública aplicada especificamente a esse grupo social pode proporcionar diversos viés, como capacitação e inclusão no mercado de trabalho da população atingida, possibilitando a emancipação econômica e a transformação da realidade dessas pessoas que estarão assistidas dessa maneira, trazendo a real proteção dos direitos humanos.

Mercado de trabalho e empregabilidade para pessoas transexuais e travestis, operacionalizado por meio da capacitação, oportunidade e inclusão nesse mercado, fortalece a cidadania. Ademais, proporcionar a inclusão dessa parcela da sociedade no mercado de trabalho é provocar também mudanças culturais em favor da tolerância à diversidade e do respeito às identidades de gênero.

Referências

ASSOCIACAO NACIONAL DE TRAVESTIS E TRANSEXUAIS — ANTRABRASIL. *Assassinato de pessoas trans voltam a subir em 2020*. Disponível em: <https://antrabrasil.org/category/violencia/>. Acesso em: 21 mar. 2023.

BAHIA. Defensoria Pública do Estado Entendo a diversidade sexual. *Defensoria Pública do Estado da Bahia*. 1. ed. Salvador: ESDEP, 2018. 24 p.

BERMAN, Paul. *Designing implementation to match policy situation:* a contingency analysis of programmed and adaptive implementation, Out. 1978. Disponível em: <https://www.rand.org/content/dam/rand/pubs/papers/2008/P6211.pdf>. Acesso em: 20 ago. 2023.

BORTOLINI, A. S. Diversidade sexual e de gênero na escola — Uma perspectiva Intercultural e Interrelacional. *Revista Espaço Acadêmico* (UEM), ano XI, n. 123, ano 2011, p. 29.

BRASIL. CONSELHO NACIONAL DE JUSTIÇA — CNJ. *Recomendação n. 128*. Publicada em 15 de fevereiro de 2022. Disponível em: <https://atos.cnj.jus.br/atos/detalhar/4377>. Acesso em: 21 mar. 2023.

______. CONSELHO NACIONALDE JUSTIÇA. *Protocolo para Julgamento com Perspectiva de Gênero 2021*. Grupo de Trabalho instituído pela Portaria CNJ n. 27, de 2 de fevereiro de 2021.

Disponível em: <https://www.cnj.jus.br/wp-content/uploads/2021/10/protocolo-18-10-2021-final.pdf>. Acesso em: 20 fev. 2022.

______. *Constituição da República Federativa do Brasil (1988).* Brasília, DF: Senado Federal, 2016.

______. *Decreto-lei n. 5.452, de 1º de maio de 1943.* Aprova a Consolidação das Leis do Trabalho. Disponível em: <https://www.planalto.gov.br/ccivil_03/decreto-lei/del5452.htm>. Acesso em: 07 ago. 2023.

______. *Lei n. 9.029/1995, de 13 de abril de 1995.* Proíbe a exigência de atestados de gravidez e esterilização, e outras práticas discriminatórias, para efeitos admissionais ou de permanência da relação jurídica de trabalho, e dá outras providências. Disponível em: <https://www.planalto.gov.br/ccivil_03/leis/l9029.htm>. Acesso em: 26 jul. 2023.

______. *Lei n. 7.716/89, de 5 de janeiro de 1989.* Define os crimes resultantes de preconceito de raça ou de cor. Disponível em: <https://www.planalto.gov.br/ccivil_03/leis/l7716.htm>. Acesso em: 26 jul. 2023.

______. Senado Federal. *Expectativa de vida de transexuais.* Disponível em: <http://www12.senado.leg.br/noticias/especiais/especial-cidadania/expectativa-de-vidade-transexuais-e-de-35-anos-metade-da-media-nacional/expectativa-de-vida-de-transexuais-e-de-35-anos-metade-da-media-nacional>. Acesso em: 26 fev. 2023.

______. Supremo Tribunal Federal. *Ação Direta de Inconstitucionalidade por Omissão (ADO) n. 26.* Relator: Ministro Celso Melo. Processos. 23 de setembro de 2019. Disponível em: <https://portal.stf.jus.br/processos/detalhe.asp?incidente=451505>. Acesso em: 04 ago. 2023.

CAVALCANTI, Ana Mary. Brasil segue sendo o país com mais pessoas assassinadas. *Agência Brasil.* 30 jan. 2023. Disponível em: <https://agenciabrasil.ebc.com.br/radioagencia-nacional/direitos-humanos/audio/2023-01/brasil-segue-como-pais-com-maior-numero-de-pessoas-lgbt-assassinadas>. Acesso em: 19 mar. 23.

CAVALCANTI, João Felipe Zini. *"E travesti trabalha?":* divisão transexual do trabalho e messianismo patronal. Dissertação de Mestrado. Universidade Federal de Minas Gerais, fevereiro de 2019. Disponível em: <https://repositorio.ufmg.br/browse?type=author&value=Joao+Felipe+Zini+Cavalcante+de+Oliveira>. Acesso em: 19 mar. 2023.

DOR CONSULTORIA. *Identidade de gênero e orientação sexual: entenda as diferenças.* Disponível em: <https://dorconsultoria.com.br/2021/06/09/identidade-de-genero-e-orientacao-sexual/>. Acesso em: 21 mar. 2023.

FRASER, Nancy. Da redistribuição ao reconhecimento? Dilemas da justiça numa era "pós-socialista". Trad. Júlio Assis Simões. *Cadernos de Campo*, São Paulo, n. 14/15.

HAJE, Lara. 2021. *EDIÇÃO DO BRASIL* (*online*). 90% da população trans no Brasil tem prostituição como fonte de renda. Brasil. 28 maio 2021 Disponível em: <https://edicaodobrasil.com.br/2021/05/28/90-da-populacao-trans-no-brasil-tem-prostituicao-como-fonte-de-renda/>. Acesso em: 21 mar. 2023.

LEITE JR., Jorge. *Nossos corpos também mudam a invenção das categorias "travesti" e "transexual" no discurso científico.* São Paulo: Annablume, 2011. 240 p.

ORGANIZAÇÃO DAS NACOES UNIDAS. *ONU quer medidas efetivas para proteção dos direitos humanos da população LGBT.* Disponível em: <https://nacoesunidas.org/onu-apresenta-recomendacoes-sobre-a-protecao-dosdireitos- de-lgbt/>. Acesso em: 05 mar. 2023.

ORGANIZACAO INTERNACIONAL DO TRABALHO – OIT. Disponível em: <https://www.ilo.org/brasilia/convencoes/WCMS_235325/lang--pt/index.htm>. Acesso em: 21 mar. 2023.

PEDRA, Caio Benevides. *Acesso a cidadania por travestis e transexuais no Brasil:* um panorama da atuação do Estado no enfrentamento das exclusões. 2018. 274.

SAMPAIO, Liliana Lopes Pedral; COELHO, Maria Thereza Ávila Dantas. A transexualidade na atualidade: discurso científico, político e histórias de vida. *Repositório UFBA*. Disponível em: <https://repositorio.ufba.br/simple-search?query=https%3a%2f%2frepositorio.ufba.br%2fbitstream%2fri%2f15770%2f1%2fa%2520transexualidade%2520na%2520atualidade.pdf>. Acesso em: 20 ago. 2023

SÃO PAULO. *Lei n. 10.948/2001, de 05 de novembro de 2001*. Dispõe sobre as penalidades a serem aplicadas à prática de discriminação em razão de orientação sexual. Disponível em: <https://www.al.sp.gov.br/repositorio/legislacao/lei/2001/lei-10948-05.11.2001.html>. Acesso em: 26 jul. 23.

SILVA, Matheus; MAGALHÃES Joanalira; RIZZA Juliana. Analisando alguns estudos científico: Em Foco a Transexualidade. In: Paula Regina Costa Ribeiro *et al.* (Orgs.). *Anais eletrônicos do VII Seminário Corpo, Gênero e Sexualidade.* III Seminário Internacional Corpo, Gênero e Sexualidade e do III Luso-Brasileiro Educação em Sexualidade, Gênero, Saúde e Sustentabilidade [recurso eletrônico]. Rio Grande: Ed. da FURG, 2018. Disponível em: <https://7seminario.furg.br/images/arquivo/269.pdf>. Acesso em: 1º mar. 2023.

UNESP. *Estudo pioneiro na América Latina mapeia adultos transgêneros e não binários no Brasil.* Disponível em: <https://jornal.unesp.br/2021/11/12/estudo-pioneiro-na-america-latina-mapeia-adultos-transgeneros-e-nao-binarios-no-brasil/>. Acesso em: 21 mar. 2023.

"Motherhood Penatalty": Uma Análise da Discriminação em Face da Trabalhadora Mãe à Luz dos Modelos de Conciliação e Corresponsabilidade

Carolina de Castro Miranda

Joana Rêgo da Silva Rodrigues

Resumo: O presente estudo busca analisar e elucidar as desigualdades enfrentadas pelas trabalhadoras mães no mercado de trabalho a partir de conceitos como a expressão "*motherhood penalty*", conciliação e corresponsabilidade. Assim, ao demonstrar a inexistência de neutralidade no Direito do Trabalho, que foi construído sob pilares patriarcais, sobretudo no que diz respeito ao trabalho das mulheres, aborda a importância de utilização da lente de gênero no enfrentamento dos temas levados tanto ao judiciário quanto ao legislativo a respeito da discriminação em face das mulheres, principalmente a partir do advento da maternidade.

Palavras-chave: Maternidade — Discriminação — Trabalho — Conciliação — Corresponsabilidade.

1. Introdução

O mercado de trabalho no Brasil, apesar alguma evolução nos últimos anos, sempre refletiu uma realidade de subalternização e vulnerabilizarão da mulher em face do homem. Assim, essa construção sociocultural, estruturada pela dimensão analítica da divisão sexual do trabalho, pauta a desigualdade de gênero dentro das relações de trabalho e enseja a reprodução de inúmeras práticas discriminatórias no ambiente laboral contra as mulheres.

Dentro de um universo de plural de identidades e subjetividades a que formam as mulheres trabalhadoras, o presente estudo pretende abordar a problemática das trabalhadoras gestantes e ou daquelas que são mães de filhos pequenos (aqui compreendidos como aqueles em idade pré-escolar, tendo em vista que nessa faixa etária precisam de mais cuidados e consequentemente demandam mais das mãe) no que toca a discriminação no ambiente laboral, qual seja; a discriminação em face da maternidade ou também originariamente denominado como *"motherhood penalty"*.

O presente artigo busca analisar os estereótipos de gênero como indicadores determinantes da percepção subjetiva negativa acerca das trabalhadoras mães no ambiente laboral, o que as tornam frequentemente vítimas de discriminação, bem assim pretende refletir criticamente como a proteção jurídica dada a maternidade, viabilizada pelo modelo de conciliação, tende a contribuir, ainda que indiretamente, para legitimação e perpetuação desses cenários discriminatórios.

A teoria da corresponsabilidade será abordada neste estudo como uma importante ferramenta na superação das desigualdades de gênero, uma vez que busca imbuir os homens de responsabilidades com o trabalho reprodutivo não remunerado e de cuidado, o qual sempre foi invisibilizado, eis que historicamente atribuído tão somente às mulheres.

Desse modo, o presente artigo se estrutura a partir da construção de três capítulos, além da introdução e das considerações finais, onde, no primeiro capítulo se busca analisar a influência dos estereótipos de gênero na discriminação em face das trabalhadoras mães e exploração conceitual da expressão *"motherhood penalty"*, que tem origem no campo da sociologia. Já no capítulo seguinte, será analisado o modelo de conciliação a que estão submetidas as mulheres, demonstrando que este modelo influencia o campo jurídico no plano normativo e interpretativo, de modo que acaba por legitimar ou reproduzir discriminações em face da mulher dentro das relações laborais. Neste mesmo momento, o estudo refletirá ainda acerca da importância da ratificação da Convenção n. 156.

E por fim, no quarto capítulo se avança no ponto central do presente texto, onde será abordada a corresponsabilidade como ferramenta no enfrentamento à discriminação de gênero no ambiente laboral, mas detidamente em relação às trabalhadoras mães, assim como a importância da utilização da lente de gênero quando os temas aqui retratados chegam ao judiciário e ao legislativo.

Dessa maneira, destaca-se a pertinência do presente estudo pela sua grande relevância social, uma vez que o exercício da maternidade dialoga com todos os cidadãos, seja de maneira direta ou indireta. Assim, o presente trabalho, através do método hipotético-dedutivo, que se dará por meio de análise documental e revisão de bibliografia nacional e estrangeira sobre o tema, buscará demonstrar tanto histórica quando conceitualmente as razões que fazem as mães serem penalizadas no mercado de trabalho e quais as medidas necessárias de serem tomadas pelo poder público para dirimir os efeitos discriminatórios em face das trabalhadoras mães.

2. Estereótipos de gênero e efeitos discriminatórios em face da trabalhadora mãe no ambiente laboral

Ao longo da história, o tratamento social possibilitado à mulher sempre foi permeado pela desigualdade e pela discriminação. A construção social da posição da mulher subordinada, subalterna, dominada-explorada(1) sempre foi objeto de naturalização seja no âmbito público e no privado. Todos os espaços de aprendizado, os processos de socialização vão reforçar os preconceitos e estereótipos dos gêneros como próprios de uma suposta natureza (feminina e masculina), apoiando-se, sobretudo, na determinação biológica.

No mercado de trabalho também não seria diferente e a divisão sexual do trabalho serve aqui como categoria analítica fundamental para explicar a posição hierarquizada que se estabelece entre homens e mulheres, posicionando os homens em ocupações de forte valor social agregado e destinado as mulheres à esfera reprodutiva ou às tarefas desvalorizadas, precárias e invisibilizadas socialmente. Estabelece-se com isso a naturalização de uma divisão do trabalho entre homens e mulheres forjada em uma relação de poder de um sobre o outro, relação sexista que encontrará respaldo e legitimidade inclusive nas próprias legislações trabalhistas.

Todo esse cenário de exclusão, de desigualdade de gênero e de discriminação é intensificado quando adensadas as questões atinentes à maternidade. Dentre todas as desigualdades no ambiente de trabalho que, natural ou culturalmente, delimitam, portanto, a relação entre homens e mulheres, a gestação e a maternidade se demonstram as mais resistentes de ultrapassar.

O termo *"Motherhood Penalty"*, que dá título ao presente artigo, se originou a partir de estudos no campo da sociologia na década de 1980 no Estados Unidos, e diz respeito aos obstáculos e preconceitos que as mulheres se deparam no mercado de trabalho a partir do nascimento de um filho, ou até mesmo durante a gestação, em comparação aos homens e às mulheres que não possuem filhos.

Uma das explicações para a ocorrência da *"motherhood penalty"*, diz respeito à existência de uma espécie de viés cognitivo, que produz discriminação no trabalho contra as mães. Esse viés é descrito por Benard, Paik e Correll(2) (2008), por exemplo, como uma tendência a associações mentais subjetivas entre categorias (neste caso, mãe) e atributos (neste caso, dedicação, competência e comprometimento ao trabalho). A existência de tal viés, em geral, desencadeia penalidades à mulher no trabalho ao tornar-se mãe, uma vez que a percepção relacionada à categoria "mãe" é vinculada à atributos de afeto e dedicação aos filhos, e em contrapartida, menor dedicação e comprometimento ao trabalho.

---

(1) SAFIOTTI, Heleieth Iara Bongiovani. *A mulher na sociedade de classes:* mito e realidade. Prefácio de Antônio Cândido de Mello & Souza. Petrópolis: Vozes, 1976.

(2) BENARD, stephen; SHELLEY; J. Correll. Normative discrimination and the motherhood penalty. *Gender and Society* 24, n. 5 (2010): 616–46. Disponível em: <http://www.jstor.org/stable/25741207>.

Em um estudo experimental, Cuddy, Fiske e Glick[3], constataram que mulheres sem filhos seriam percebidas como mais competentes do que as mulheres com filhos, que por sua vez, são vistas como mais afetivas, porém menos comprometidas e competentes para o trabalho. Para melhor elucidação quanto ao tema, apenas a inclusão da informação "tem um filho de dois anos", por exemplo, ao perfil da participante de um processo seletivo foi suficiente, segundo a pesquisa mencionada, para que a percepção acerca da competência da trabalhadora já recebesse um olhar enviesado quanto às competências.

Os participantes da pesquisa, demonstraram maior interesse na contratação, promoção e na educação daquelas vistas como mais frias e, portanto, competentes, ou seja, das mulheres sem filhos, conforme a classificação do referido estudo em questão. Como reflexo de tal estereotipagem das mães trabalhadoras, estas, portanto, se deparam com obstáculos em processos de contratação, em receber promoções e nas oportunidades educacionais, como treinamentos e especializações, que demandam tempo fora de seus lares e a delegação do dever de cuidado (geralmente a outras mulheres).

2.1. Estereótipos de gênero e o preconceito em face da trabalhadora mãe

Não há dúvidas, portanto, que a inserção e permanência das mulheres no mercado de trabalho se desenvolve em meio a esses estereótipos de gênero que contribuem para a construção de um preconceito em face dessas trabalhadoras, as expondo a riscos de discriminação bastante superior a de outros trabalhadores no ambiente laboral.

Conforme aponta Texeira[4], a distinção entre preconceito e discriminação não é valorizada na seara jurídica e muitas vezes esses termos são utilizados como sinônimos, mas considerando o objeto ora estudado, oportuno é o esclarecimento feito pela autora:

> Entretanto, o preconceito é um sentimento, uma ideia, uma pré-disposição mental para lidar com um sujeito ou grupo. A discriminação é o comportamento, a concretização da ideia no mundo real; é a ação do sujeito de acordo com o preconceito, de maneira agressiva e hostil para com a pessoa discriminada.

Importante compreender ainda que na base do preconceito está a informação veiculada pelo estereótipo. De modo que o estereótipo fornece os elementos cognitivos (as crenças) que, acrescidos dos componentes afetivos (avaliativos), formam o preconceito.

Assim, de acordo com a realidade de trabalho das mães trabalhadoras, o arranjo sexista da relação empregatícia, onde se desenvolvem regras e rotinas de trabalho estabelecidos a partir do paradigma masculino (do "homem-médio"), acaba corroborando com

(3) CUDDY, Amy J.; FISKE, Susan; GLICK, Peter (2004). When professionals become mothers, warmth doesn't cut the ice. *Journal of Social Issues* , v. 60, p. 701-718.

(4) TEIXEIRA, Aysla Sabine Rocha. *As mulheres-mães do direito do trabalho:* crítica à colonialidade de gênero nas normas de tutela da maternidade [*e-book*]. Belo Horizonte: Editora Expert, 2021.

a reprodução de *crenças* de que essa trabalhadoras diminuirão a sua produtividade, ficarão mais lentas no trabalho, mais desconcentradas, produzindo por sua vez a *avaliação* negativa acerca da gravidez, particularidade que conforme menciona Severi (Protocolo do CNJ, p. 111) se constitui enquanto atributo exclusivo da mulher e assim, uma diferença em relação ao padrão para o qual o ambiente de trabalho foi projetado (homem), quebrando a expectativa não declarada na qual as pessoas precisam se encaixar.

Ainda considerando que a rotina ideal masculina de trabalho invisibiliza quaisquer necessidades de atenção com demandas reprodutivas e de cuidado, a trabalhadoras mães passam ainda vivenciar a desconfiança por parte de chefes e colaboradores em relação à possíveis faltas ao trabalho no período gestacional e ou ainda em face de eventuais demandas de cuidado com filhos.

Esses preconceitos estruturados a partir da visão negativamente estereotipada das trabalhadoras mães, conduzem à construção de um cenário de inúmeras violências de gênero e de discriminações/penalidades.

Uma das penalidades que acaba sendo mais evidenciada em consequência da maternidade diz respeito às diferenças salariais observadas entre mulheres com e sem filhos, mas é importante ressaltar que essa penalidade também é encontrada em processos de contratação, promoções e oportunidades de desenvolvimento.

Trazendo a referida análise para a realidade brasileira, os pesquisadores da UFMG, Muniz e Veneroso, no artigo "Diferenciais de Participação Laboral e Rendimento por Gênero e Classes de Renda: uma Investigação sobre o Ônus da Maternidade no Brasil"(5), constataram, ainda, diferenças na penalidade sofrida quando o olhar se volta para a classe dentro da qual as trabalhadoras estão inseridas, indo ao encontro dos resultados preconizados internacionalmente, no sentido de que mulheres inseridas em ocupações com maiores rendimentos tendem a ser menos afetadas ao terem filhos do que as mulheres de baixa renda.

Isto porque, a maior renda permite acesso facilitado à contratação de serviços domésticos, como empregadas, babás, creches, alimentação, entre outros – e em contrapartida, permite maior dedicação a especializações e treinamentos, e, portanto, maior facilidade em conciliar as demandas do trabalho e da casa.

3. O modelo de conciliação e as implicações na tutela jurídica protetiva da trabalhador mãe

As origens dos direitos às licenças-maternidade e paternidade são claramente ligadas às condições biológicas de cada gênero, mas também aos papéis historicamente

(5) MUNIZ, Jerônimo Oliveira; VELOSO, Carmelita Zilah. Diferenciais de Participação Laboral e Rendimento por Gênero e Classes de Renda: uma Investigação sobre o Ônus da Maternidade no Brasil. *Revista de Ciências Sociais*, Rio de Janeiro, vol. 62(1):e20180252, 2019. Disponível em: <https://doi.org/10.1590/001152582019169>.

desempenhados por homens e mulheres na sociedade. Dessa maneira, a progressiva inserção da mulher no mercado de trabalho fez surgir a necessidade de criação de normas que garantissem o cuidado com o recém-nascido, mas sempre sob a ótica de que o dever de cuidar era atribuição exclusiva da mulher, enquanto se manteve o entendimento de que caberia precipuamente ao homem prover o sustento da família.

A existência dos filhos, portanto, como visto, sobretudo em idade pré-escolar, afeta significativamente a condição de inserção das mulheres no mercado de trabalho, como já demonstrado ao longo do presente trabalho, diminuindo a probabilidade de participação e elevando as chances de trabalho precário, de jornada parcial e de trabalho autônomo.

Para os homens, as consequências da paternidade são menos consistentes e a presença de filhos não se mostra estatisticamente significativa, uma vez que sempre se parte do pressuposto que existirá uma mulher que tomará a responsabilidade pelo dever de cuidar. Nesse passo, o que se concluí é que se faz necessário redefinir os papéis de gênero, de modo a acomodar os distintos papéis sociais desempenhados pelas mulheres, para que sejam atenuadas as penalidades a que estão submetidas quando buscam conciliar trabalho e família.

Como exemplo, após o fim da licença-maternidade, com duração, em regra, de 120 (cento e vinte dias) conforme a previsão da Consolidação das Leis do Trabalho (CLT)[(6)], fato é que um cenário de insegurança se forma para as mulheres que necessitam retornar ao trabalho, como por exemplo: se permanecerão em suas antigas funções; se após o período de estabilidade serão demitidas, se conseguirão conciliar as demandas pessoais e profissionais, bem como avançar com a amamentação para além dos 6[(7)] (seis) meses do bebê etc., sendo que tais questionamentos e receios não acometem os homens que retornam de suas licenças de 5 dias, chegando a no máximo 20 dias, caso a empresa participe do Programa Empresa Cidadã[(8)] (Lei n. 11.770/2008).

Nesse sentido, em seu livro "Direito e Desigualdade: uma análise da discriminação das mulheres no mercado de trabalho a partir do uso dos tempos", a magistrada do TRT da 1ª Região, Bárbara Ferrito[(9)], apresenta a ideia de que apesar do Direito buscar atuar

---

(6) Na CLT, o instituto está regulamentado nos arts. 392 a 393. BRASIL. Decreto-lei n. 5.452, de 1º de maio de 1943. Aprova a Consolidação das Leis do Trabalho. 1943. Importante ressaltar, que caso a empresa participe do Programa Empresa Cidadã (Lei n. 11.770/2008), o tempo de licença poderá ser prorrogado por mais 60 dias.

(7) UNICEF, Brasil. *O leite materno tem tudo de que o bebê precisa até o sexto mês de vida*. Disponível em: <https://www.unicef.org/brazil/aleitamento-materno>.

(8) Em relação ao Programa Empresa Cidadã, importante pontuar que a adesão das empresas ainda é baixa. Em pesquisa realizada pela *Family Talks* e pela *4Daddy*, foi constatado que a ampliação das licenças maternidade e paternidade por meio do programa Empresa Cidadã é oferecida por apenas 12% das cerca de 200 mil companhias elegíveis no Brasil, e isto 12 anos após o benefício ser estendido à iniciativa privada. Disponível em: <https://familytalks.org/pdf/ebooks/relatorio_pesquisa_parentalidade_nas_empresas.pdf>.

(9) FERRITO, Bárbara. *Direito e desigualdade:* uma análise da discriminação das mulheres no mercado de trabalho a partir dos usos dos tempos. São Paulo: LTr Editora, 2021. p. 23.

para compreender e reduzir a desigualdade salarial e discriminação das mulheres no mercado de trabalho, não obteve sucesso, e na verdade, acaba promovendo e instituindo mais desigualdades, pois mesmo com a celebração de tratados e convenções internacionais estabelecendo a igualdade entre os sexos, a elaboração de leis visando tutelar o trabalho da mulher em determinados momentos, como o período da licença-maternidade, não se mostram suficientemente fortes para descontruir a constatação de que "mulheres são prejudicadas em suas carreiras pelo simples fato de serem mulheres" [(10)], e quando se tornam mães, esta discriminação fica ainda mais evidente.

A este fenômeno da norma que pretende proteger, mas na verdade discrimina, a autora denomina *efeito boomerang*. Ferrito[(11)], apresentando ainda, o conceito que muito influencia na relação entre as mulheres e o trabalho e que é o ponto chave de seu livro e sua pesquisa — a *pobreza de tempo*. A magistrada trata do referido conceito promovendo uma reflexão quanto a acumulação do trabalho produtivo e reprodutivo pelas mulheres, o que lhes acarreta a falta de disponibilidade total de seu tempo e que afeta sobremaneira as relações laborais, uma vez que elas possuem mais dificuldade em prestarem horas extras, possuem menos disponibilidade para viagens, mais restrições quanto ao labor em turnos, sobreaviso, entre outros, tendo em vista a dificuldade de conciliar a vida familiar e pessoal com a laboral.

Em sua visão, a autora demonstra que os estudos tradicionais sobre pobreza ignoram os impactos negativos da falta de tempo em razão da distribuição desigual entre os sexos[(12)]. Sendo certo que o trabalho reprodutivo é essencial para a sobrevivência familiar e geração de renda, o tempo afetaria, portanto, as duas dimensões do trabalho: produtiva e reprodutiva. A pobreza de tempo *"demonstra o custo fixo para ingressar no mercado de trabalho, principalmente entre pessoas que possuem grande demanda de trabalho doméstico e de cuidado ou de deslocamento"*.

Dessa maneira, como o mercado trabalho demanda uma ampla disponibilidade de tempo das mulheres, os parâmetros sexistas que regem o mercado geram a exclusão das mulheres de determinadas profissões e cargos de comando.

Sendo certo que tornar-se mãe é um aspecto de extrema relevância para as movimentações profissionais das mulheres e, consequentemente, razão para uma persistente desigualdade salarial e de gênero, apesar dos avanços nos últimos anos, a realidade da trabalhadora mãe ainda é marcada por preconceitos e desigualdades, verificados, por exemplo, no olhar desconfiado do empregador em relação à manifestação de desejo pela maternidade, que rapidamente torna aquela trabalhadora alguém que em breve poderá "deixar o trabalho de lado e não reder o esperado para cuidar do filho", o que por vezes acaba acontecendo já no momento que antecede a contratação.

---

(10) FERRITO, Bárbara. *Direito e desigualdade:* uma análise da discriminação das mulheres no mercado de trabalho a partir dos usos dos tempos. São Paulo: LTr Editora, 2021. p. 23.

(11) *Ibidem*, p. 26-27.

(12) *Ibidem*, p. 125-126

Conforme destaca a autora Silvia Federici(13), em seu livro *"O Patriarcado do Salário"*, historicamente, a família é, em essência, a institucionalização do trabalho não assalariado, da dependência não assalariada dos homens e a institucionalização de uma divisão no interior da classe trabalhadora que disciplinou a sociedade, uma vez que a condição de não assalariadas e a dependência econômica das mulheres, manteve os homens presos a seus empregos, garantindo que, se quisessem recusar trabalho, seriam confrontados com a esposa e filhos que dependiam de seu salário. Eis, portanto, a base dos "velhos hábitos — dos homens e dos nossos", que Lopate(14) considera tão difíceis de romper, de modo que não por acaso é difícil para um homem solicitar escalas especiais para que possa se envolver e conciliar de forma proporcional nos cuidados das crianças, por exemplo.

Independentemente do espaço (na esfera pública ou privada) e da forma (remunerada ou não) pela qual o trabalho de cuidado é desenvolvido, ele é predominantemente realizado por mulheres e, em geral, desvalorizado e invisibilizado.

A naturalização da atribuição da responsabilidade prioritária das mulheres sobre o cuidado também leva, no cotidiano concreto da vida à desigualdade de oportunidades e de salários no mercado de trabalho. Como mulheres têm menos tempo livre para se dedicarem à criação de contatos e à capacitação, muitas vezes esbarram no chamado "teto de vidro"(15) ou "piso pegajoso"(16).

Nesse sentido, se destaca o posicionamento da professora e pesquisadora Maria Cecília Máximo Teodoro(17), a qual expõe que a legislação brasileira, além de não ser eficaz para diminuir o quadro de preconceito em relação às mulheres, muitas vezes, na verdade, colabora para o acirramento do problema:

---

(13) FEDERICI, Silvia. *O patriarcado do salário:* notas sobre Marx, gênero e feminismo. v. 1. São Paulo: Boitempo Editorial, 2021. p. 33-37.

(14) LOPATE, Carol. Women and pay for housework. *Liberation*, 18.8 (1974): 8-11.

(15) A expressão teto de vidro — *glass ceiling*, em inglês — foi usada pela primeira vez em 1978 por Marilyn Loden. A consultora norte-americana da área de gestão utilizou a metáfora durante um painel de discussão para tratar sobre as barreiras invisíveis que impedem as mulheres de ascender aos cargos mais altos das organizações. Disponível em: <https://www.bbc.com/news/world-42026266>.

(16) Na literatura sobre discriminação de gênero, o conceito de "piso pegajoso" complementa o conceito de teto de vidro. Pisos pegajosos podem ser descritos como o padrão de que as mulheres são, em comparação com os homens, menos propensas a começar a subir na carreira. Assim, esse fenômeno está relacionado aos diferenciais de gênero na base da distribuição salarial. Com base no estudo seminal de Booth e co-autores da European Economic Review, durante a última década, os economistas tentaram identificar pisos rígidos no mercado de trabalho. Eles encontraram evidências empíricas da existência de pisos pegajosos em países como Austrália, Bélgica, Itália, Tailândia e Estados Unidos. Disponível em: <https://journals.sagepub.com/doi/10.1177/0019793915625213>.

(17) VILLA VERDE, Guilherme. Pesquisadora da PUC-MG avalia impacto da legislação para a proteção da mulher no mercado de trabalho. Disponível em: <https://www.trt4.jus.br/portais/trt4/modulos/noticias/161735>.

> Muitas normas jus trabalhistas baseiam-se na divisão sexual do trabalho e, sob o intuito de proteger as mulheres, acabam as deixando mais desprotegidas. Isso é o que chamamos de impacto adverso da norma. Ela parece ter um fim nobre, de gerar igualdade, mas seu verdadeiro resultado é causar mais discriminação.

A inclusão dos homens no cuidado dos filhos a partir de políticas públicas que ampliem sua possibilidade de afastamento poderia implicar significativamente na redução da disparidade de gênero no mercado de trabalho, enfraquecendo argumentos como, por exemplo, o encarecimento da mão de obra feminina em decorrência das prerrogativas legais e constitucionais.

Nesse passo, fundamental mencionar também a importância de trazer ao foco a importância da Convenção n. 156 da OIT para a superação das desigualdades, a qual foi recentemente enviada à Câmara dos Deputados para ratificação e que visa demonstrar e eliminar a discriminação contra trabalhadores que, por possuírem responsabilidades familiares e que em decorrência disto enfrentam conflitos entre a vida familiar e a carreira profissional, como já mencionado ao longo do presente trabalho.

A importância desta Convenção repousa na necessidade de debater o trabalho das mulheres e como os estereótipos de gênero afetam a sua disponibilidade para o mercado de trabalho. Quer diante da erupção de debates feministas, quer por causa do crescimento da participação das mulheres no mercado de trabalho, esse tema assume sua relevância e, com ele, o debate sobre a conciliação dos tempos.

A adesão brasileira aos preceitos da referida convenção é uma demanda antiga, a qual foi brilhantemente demonstrada também pela magistrada Bárbara Ferrito em seu artigo denominado "A falta que faz: Convenção n. 156, OIT, conciliação dos tempos e corresponsabilidade", publicado em agosto de 2019 na *Revista Eletrônica do Tribunal Regional do Trabalho da 9ª Região*.

No referido artigo, a magistrada apresenta justamente a ideia de que as mulheres tentam se adaptar a um mercado de trabalho que não foi feito para e nem a partir delas, tendo em vista que não podem se dedicar com exclusividade ao trabalho remunerado. É necessário conciliar a vida laboral com a vida familiar e com a pessoal, o que gera as dificuldades enfrentadas para se adequarem aos anseios capitalistas do mercado.

Nesse viés, fato é que diversos tempos precisam se conciliar na rotina do indivíduo. A centralidade do trabalho faz com que o tempo de trabalho siga sendo o principal, sendo certo que o homem pode se dedicar com mais liberdade para esta esfera da vida, uma vez que se encontra liberto das demandas de outros tempos, como o tempo de trabalho de cuidado e doméstico. As mulheres não têm a mesma sorte. Por isso, para essas, a conciliação sempre se colocava como uma questão que condicionava o "quando", o "como" e o "se" na decisão de ingressar no mercado de trabalho remunerado.

Diante dessa realidade feminina, a ideia de conciliação da vida laboral com a vida familiar e pessoal foi cunhada como tentativa de minimizar os efeitos das intercorrências da vida familiar e pessoal na vida laboral, a fim de evitar prejuízos às mulheres e suas carreiras. Portanto, objetiva a Convenção n. 156 fazer com que os arranjos dos tempos familiares saiam da esfera familiar e tornem-se um problema público e social, uma vez que causam exclusão das mulheres do mercado de trabalho, além de outros prejuízos.

Não há dúvidas, portanto, que a ratificação da Convenção n. 156 pelo Brasil será um importante passo para colocar em foco questões como a discriminação de gênero e a reflexão a respeito de papéis e estereótipos de gênero e igualdade, debates que não podem mais ser adiados, uma vez que *"é preciso pautar a questão da conciliação dos tempos a partir da corresponsabilidade"*[(18)].

4. A corresponsabilidade como mecanismo de enfrentamento da discriminação em face da trabalhadora mãe

No Brasil, de modo geral, não há medidas relevantes que visem a corresponsabilidade, diferentemente da conciliação, cujo principal exemplo seria a licença-maternidade, que permite o afastamento das mulheres para o parto e para os meses iniciais de criação dos filhos, sem prejuízo para sua carreira (ao menos no âmbito legal). A insuficiência desse tipo de normatização, portanto, é patente.

A inclusão do homem no cuidado dos filhos a partir de políticas públicas que ampliem sua possibilidade de afastamento pode implicar significativamente na redução da disparidade de gênero no mercado de trabalho, enfraquecendo argumentos como, por exemplo, o encarecimento da mão de obra feminina em decorrência das prerrogativas legais e constitucionais.

As premissas da Convenção n. 156, portanto, são no intuito de modificação dos paradigmas. Nela, diz textualmente que "*os Estados Membros reconhecem que, para alcançar a plena igualdade entre homens e mulheres, é necessário modificar o papel tradicional tanto dos homens quanto das mulheres na sociedade e na família*". Papéis sociais, estereótipos de gênero, dados sociais que estruturam a inserção de homens e mulheres na sociedade. Quando tal adição é feita de forma deficiente, como no caso das mulheres no mercado de trabalho, cabe ao Direito também, além de outros sistemas, agir para alterar esse desenho. A Convenção trabalha, pois, com a ideia de divisão sexual do trabalho, tentando superá-la. Se o documento anterior a ela presumia que os encargos familiares recaíam sobre os ombros femininos, a Convenção n. 156 não traz essa suspeita, adotando uma abordagem mais fluída.

---

(18) FERRITO, Bárbara. A falta que faz: Convenção n. 156, OIT, conciliação dos tempos e corresponsabilidade. *Revista eletrônica [do] Tribunal Regional do Trabalho da 9ª Região*, Curitiba, v. 8, n. 81, ago. 2019. Disponível em: <https://juslaboris.tst.jus.br/handle/20.500.12178/162918>. Acesso em: 28 abr. 2023.

O conceito de corresponsabilidade, por sua vez, é constatado a partir da necessidade de conciliação da vida laboral com a pessoal e familiar por parte dos homens também, os quais sempre tiveram o privilégio de dedicarem mais tempo à vida laboral sem qualquer receio, uma vez que existiria uma mulher para exercer o papel de cuidado na esfera familiar, por exemplo. Assim, o instituto da corresponsabilidade se mostra ferramenta fundamental à uma divisão equânime do trabalho para que as mulheres possam gozar da igualdade substancial.

Como visto, com os avanços, têm sido revistos desenhos de institutos como o da licença paternidade e fala-se sobre uma licença parental, a qual inclusive foi abordada em projeto de lei (n. 1.974/2021[(19)]) e disponibilizadas medidas de afastamento também para os homens, o que é fundamental para um modelo de organização familiar mais sustentável e igualitário, como por exemplo, a recente alteração no art. 473 da lei celetista, cuja nova redação passou a prever a dispensa do horário de trabalho pelo tempo necessário para acompanhar sua esposa ou companheira em até seis consultas médicas, ou exames complementares, durante o período de gravidez, quando a antiga redação previa somente 2 (duas) dispensas e a preferência das ocupação das vagas que podem ser exercidas através do teletrabalho por aqueles que possuem filhos menores do que seis anos de idade[(20)] ou portadores de alguma deficiência (estes sem limite de idade). Todavia, o desafio ainda é enorme.

No mesmo caminho de Bárbara Ferrito, como já abordado nas linhas pretéritas, se posiciona a Professora Maria Cecília Máximo Teodoro[(21)], ao afirmar que o Direito do Trabalho, ao proteger o trabalho feminino, acaba na verdade desprotegendo as mulheres e gerando discriminação, fazendo, portanto, que a legislação trabalhista tenha um impacto adverso sobre elas. Cite-se como exemplo, o art. 6º da Constituição Federal[(22)],

---

(19) BRASÍLIA. Câmara dos Deputados. *Projeto de Lei n.1974/2021*. Dispõe sobre o instituto da Parentalidade em todo Território Nacional e altera as Leis ns. 5.452, de 1º de Maio de 1943 (Consolidação das Leis do Trabalho), 8.112/1990 (Regime Jurídico dos Servidores), 8.212/1991 (Lei Orgânica da Seguridade Social), 8.213/1991 (Regime Geral da Previdência Social) e 11.770/2008 (Empresa Cidadã). Disponível em: <https://www.camara.leg.br/propostas-legislativas/2284867>.

(20) Lei n. 14.457/2022 – **Art. 7º** Na alocação de vagas para as atividades que possam ser efetuadas por meio de teletrabalho, trabalho remoto ou trabalho a distância, nos termos do Capítulo II- A do Título II da Consolidação das Leis do Trabalho, aprovada pelo Decreto-lei n. 5.452, de 1º de maio de 1943, os empregadores deverão conferir prioridade:

I – às empregadas e aos empregados com filho, enteado ou criança sob guarda judicial com até 6 (seis) anos de idade; e

II – às empregadas e aos empregados com filho, enteado ou pessoa sob guarda judicial com deficiência, sem limite de idade.

(21) VILLA VERDE, Guilherme. Pesquisadora da PUC-MG avalia impacto da legislação para a proteção da mulher no mercado de trabalho. Disponível em: <https://www.trt4.jus.br/portais/trt4/modulos/noticias/161735>. Acesso em: 23 jul. 2022.

(22) **Art. 6º** São direitos sociais a educação, a saúde, a alimentação, o trabalho, a moradia, o transporte, o lazer, a segurança, a previdência social, a proteção à maternidade e à infância, a assistência aos desamparados, na forma desta Constituição.

que pertencente ao capítulo dedicado aos direitos sociais, elenca somente a proteção à maternidade e a infância, como um desses direitos, mas não a paternidade, abrindo espaço para que se questione: Por que a paternidade não é considerada um direito social? Ou mesmo a parentalidade? Será que se a paternidade fosse tratada como a maternidade, existiria esse grande abismo entre pais e mães no mercado de trabalho? E se a estabilidade provisória assim como ocorre com as mulheres desde a concepção até 150 dias após o parto também alcançasse os homens?

A incongruência das normas desagua em um dos pontos nodais da desigualdade de gênero, que é o abismo entre a duração dos tempos das licenças maternidade e paternidade. Ora, partindo da lógica da divisão sexual do trabalho não deveria então a estabilidade no emprego ser dirigida aos homens, já que eles são os provedores e então não poderiam correr o risco de serem demitidos após o nascimento dos filhos?

Adicionalmente, Bárbara Ferrito destaca que a licença-maternidade seria um caso claro do direito atuando como "*tecnologia de gênero*", trazendo consequências distintas para homens e mulheres. Os 120 dias trazem inúmeras complicações à mulher, como demissão após o término da estabilidade e assédio, sendo importante acrescentar também os quadros de ansiedade, depressão e *Burnout*.

É, portanto, o próprio direito que insiste em afirmar e reafirmar que o trabalho reprodutivo cabe à mulher quando concede 5 (cinco) dias de licença aos homens, quando na realidade, nada impede que a mulher tire o leite e o homem o oferte por outras vias como a mamadeira ou colher dosadora. Enfim, há vários arranjos possíveis que o direito não considera porque presume que quem deve estar com o bebê é a mulher e não o homem.

4.1. A corresponsabilidade e seus aspectos judiciais e legislativos

Dessa maneira, não restam dúvidas que a partir do momento que há uma incorporação do viés da corresponsabilidade ao ordenamento, este tem o condão de influenciar tanto aspectos judiciais quanto legislativos, tendo em vista que o olhar para as mais diversas situações a partir de uma ótica da transversalidade de gênero, seria possível refutar a desigual necessidade de conciliação e a efetivação de mudanças através de ações voltadas para a corresponsabilidade, como seria o caso da implantação de uma licença parental, realidade já em diversos países[(23)].

Nesse passo, é fundamental que o judiciário trabalhista se atente aos estereótipos de gênero, identificando-os, refletindo sobre eventuais prejuízos destes, visando promover a igualdade substantiva e desmantelar desigualdades estruturais fruto de assimetrias de poder, buscando um resultado que as neutralize.

---

(23) Países como o Canadá, Dinamarca, Espanha, Finlândia, Islândia, Noruega, Nova Zelândia, Portugal e Suécia já reconhecem o direito da Licença parental.

O conceito de um julgamento com perspectiva de gênero, posto que publicado recentemente, ainda se mostra como um terreno nebuloso para muitos, pois quando apresentado, muitos ainda colocam em xeque se existiria conflito entre julgar com a perspectiva, a neutralidade e a imparcialidade. A resposta é não.

Dessa maneira, como demonstrado ao longo dos tópicos tratados, é necessário que as particularidades e assimetrias de gênero nas relações de trabalho não passem desapercebidas pelo Poder Judiciário. A condição peculiar das mulheres exige que o exame das matérias que elas levam ao conhecimento do judiciário seja realizado sob perspectiva diferenciada, qual seja, a utilização das lentes de gênero, nos termos em que foi discorrido no presente trabalho.

Nesse passo, é de suma importância que haja algum meio de fomentar a corresponsabilidade de homens e mulheres nas tarefas de cuidado com crianças e do lar, bem como a adoção de políticas públicas baseadas na transversalidade de gênero, uma vez que incorporar a perspectiva de gênero em todas as etapas da construção das políticas públicas e privadas, o que significa analisar como as políticas podem impactar de forma desigual homens e mulheres e, assim, criar políticas que não reforcem estereótipos e desigualdades.

5. Considerações finais

Tendo em vista o impacto do tornar-se mãe na vida das mulheres e todas as suas repercussões, sobretudo na esfera profissional, fazendo-as passar por diversas situações que podem ser enquadradas como fruto da *"motherhood penalty"*, expressão cunhada no campo da sociologia, mas que se enquadra dentro da seara jus laboral, ao retratar as dificuldades enfrentadas pelas mães ao se depararem com um mercado de trabalho hostil e despreparado para recebê-las e incluí-las.

Nesse passo, é de suma importância que haja algum meio de fomentar a corresponsabilidade de homens e mulheres nas tarefas de cuidado com crianças e do lar, como seria o caso da implantação de uma licença parental, bem como a adoção de políticas públicas baseadas na transversalidade de gênero, uma vez que incorporar a perspectiva de gênero em todas as etapas da construção das políticas públicas e privadas, significa analisar como as políticas podem impactar de forma desigual homens e mulheres e, assim, criar políticas que não reforcem ainda mais estereótipos e desigualdades.

Dessa maneira, como demonstrado ao longo dos tópicos tratados, é fundamental que as particularidades e assimetrias de gênero nas relações de trabalho, fruto de uma histórica e desigual divisão sexual do trabalho, não passem desapercebidas pelo Poder Judiciário. A condição peculiar das mulheres exige que o exame das matérias que elas levam ao conhecimento do judiciário seja realizado sob perspectiva diferenciada, qual seja, a utilização das lentes de gênero, nos termos em que foi discorrido no presente trabalho.

Relativamente aos temas abordados, o arcabouço teórico, tomando como base as autoras Barbara Ferrito e Maria Cecilia Máximo Teodoro, tem-se que a utilização da perspectiva de gênero visa aprofundar a análise em relação às desigualdades enfrentadas pelas mulheres no ingresso, manutenção e progressão na carreira, possibilitando a discussão de forma abrangente das consequências e dilemas, até então invisíveis para muitos, oriundas da injusta divisão sexual propagada ao longo dos anos.

Ou seja, o presente trabalho ao colocar foco em conceitos como a escassez de tempo, conciliação e corresponsabilidade, abordando inclusive o impacto negativo da norma, oportuniza ao jurisdicionado compreender as origens de muitas das ações discriminatórias existentes no ambiente de trabalho para que a partir desta tomada de consciência possa fazer do direito meio de promoção de justiça e igualdade e não de diferenças.

Referências

AMBROS, Fernanda. *Direito da antidiscriminação:* o problema da discriminação em face da empregada gestante. Criciúma, 2021. Disponível em: <http://repositorio.unesc.net/handle/1/7808>.

ANTUNES, Leda. *O Direito reforça as desigualdades de gênero no mercado de trabalho?* Sim, e uma juíza explica como isso acontece. Disponível em: <https://www.amatra1.org.br/wp-content/uploads/2021/04/O-Direito-reforca-as-desigualdades-de-genero-no-mercado-de-trabalho_-Sim-e-uma-juiza-explica-como-isso-acontece-Jornal-O-Globo.pdf>. Acesso em: 23 jul. 2022.

BRASIL. *Cartilha Protocolo para Julgamento com perspectiva de gênero.* Disponível em: <https://ejud.trt22.jus.br/portal/blog/2022/3/seminario-sobre-julgamento-com-perspectiva-de-genero/CartilhaPerspectivaGenero_Digital2.pdf>. Acesso em: 28 abr. 2023.

FEDERICI, Silvia. *O patriarcado do salário:* notas sobre Marx, gênero e feminismo. v. 1. São PULO: Boitempo Editorial, 2021.

FEIJÓ, Janaína e col. Maternidade e a participação feminina no mercado de trabalho. *FGV.* Disponível em: <https://blogdoibre.fgv.br/posts/maternidade-e-participacao-feminina-no-mercado-de-trabalho>. Acesso em: 30 abr. 2023.

FERRITO, Bárbara. A falta que faz: Convenção n. 156, OIT, conciliação dos tempos e corresponsabilidade. *Revista eletrônica [do] Tribunal Regional do Trabalho da 9ª Região*, Curitiba, v. 8, n. 81, p. 73-85, ago. 2019. Disponível em: <https://juslaboris.tst.jus.br/handle/20.500.12178/162918>. Acesso em: 28 abr. 2023.

______. *Direito e desigualdade:* uma análise da discriminação das mulheres no mercado de trabalho a partir dos usos dos tempos. São Paulo: LTr Editora, 2021.

FIGUEIRÊDO, Ediliane Lopes Leite. A tradição jurídica sexista brasileira: manifesto da discriminação e desigualdade das mulheres. In: MELO, Ezilda (Org.). *Maternidade e direito* [livro eletrônico]. 1. ed. São Paulo: Tirant lo Blanch, 2020.

GUIGINSKI, J.; WAJNMAN, S. A penalidade pela maternidade: participação e qualidade da inserção no mercado de trabalho das mulheres com filhos. *Revista Brasileira de Estudos de População*, v. 36, p. 1-26, 2019. Disponível em: <https://www.scielo.br/j/rbepop/a/YqqJqjPwYW33k6GFLknY4sS/?lang=pt>.

HIRATA, Helena. Gênero, classe e raça Interseccionalidade e consubstancialidade das relações sociais. *Tempo social*, v. 26, p. 61-73, 2014.

KEMMELEMEIER, Carolina. A violência laboral e o julgamento em uma perspectiva de gênero. *Revista da Faculdade Mineira de Direito*. Disponível em: <http://periodicos.pucminas.br/index.php/Direito/article/view/26022>.

MOLITOR, Thamíris Evaristo. *Proteção à maternidade pelo direito do trabalho:* uma crítica à forma jurídica. Belo Horizonte: Editora RTM, 2021. p. 15-20/79-92.

MUNIZ, J. O.; VENEROSO, C. Z. Diferenciais de Participação Laborai e Rendimento por Gênero e Classes de Renda: uma Investigação sobre o Ônus da Maternidade no Brasil. *Dados*, v. 62, n. 1, 2019. Disponível em: <https://www.scielo.br/j/dados/a/y5gC4JLvrQRTTGb7zfz4Hc-Q/?format=pdf&lang=pt>. Acesso em: 30 abr. 2023.

SEVERO, Valdete Souto. *Trabalho e violência contra a mulher*. Disponível em: <https://www.hseditora.com.br/acervo/doutrina/view/297>. Acesso em: 28 abr. 2023.

TEIXEIRA, Aysla Sabine Rocha. *As Mulheres-Mães do Direito do Trabalho:* Crítica à Colonialidade de Gênero nas Normas de Tutela da Maternidade [*e.book*]. Belo Horizonte: Editora Expert, 2021. p. 171 -205.

TEODORO, Maria Cecília Máximo. *O direito do trabalho da mulher enquanto "teto de vidro" no mercado de trabalho brasileiro*. 2020. Disponível em: <https://www.migalhas.com.br/arquivos/2017/5/art20170515-10.pdf>. Acesso em: 30 abr. 2023.

"Relação Familiar" como Fato Impeditivo do Vínculo Empregatício Doméstico: A Jurisprudência Discriminatória Contra as Trabalhadoras do Cuidado

Bruna Salles Carneiro

Resumo: Este artigo pretende investigar como o Tribunal Regional do Trabalho da 3ª Região vem decidindo nos casos de reconhecimento de vínculo de emprego doméstico, quando o trabalho doméstico é exercido por alguém da família de forma remunerada. Por meio da pesquisa jurisprudencial qualitativa, discutimos os resultados à luz da teoria crítica feminista e questionamos como as noções da "relação familiar" e do "afeto" são reivindicados nas decisões para impedir o reconhecimento do vínculo empregatício doméstico e conformar precedentes discriminatórios contra as trabalhadoras do cuidado. Ao final, defendemos que os preceitos de um Direito do Trabalho Antidiscriminatório só serão efetivados se combinados ao princípio da proteção.

Palavras chave: Cuidado — Trabalho doméstico — Relação familiar — Discriminação de gênero — Princípio da proteção.

1. Introdução

Este artigo tem como objetivo investigar o posicionamento do Tribunal Regional do Trabalho da 3ª Região[(1)] diante de casos de reconhecimento de vínculo de emprego doméstico em que o trabalho é exercido por alguém da família de forma remunerada. Por meio da pesquisa jurisprudencial qualitativa, pretendemos identificar como os supostos argumentos relacionados à "relação familiar" e ao "afeto" são reivindicados nas decisões

(1) A escolha pelo Tribunal Regional da Terceira Região se dá em razão de ser onde essa advogada e pesquisadora que lhes escreve reside, trabalha e vive.

judiciais para impedir o reconhecimento do vínculo empregatício doméstico, mesmo após a publicação da Lei Complementar n. 150/2015, que finalmente reconheceu os direitos trabalhistas das empregadas e empregados domésticos.

Não temos a intenção de analisar profundamente cada um dos processos, resultados da pesquisa, em todas suas circunstâncias fáticas e jurídicas, produção probatória e atuação dos(as) advogados(as), ou verificar e contestar a veracidade das alegações das trabalhadoras e das teses defensivas. Mas, partimos desses casos, com base nos acórdãos proferidos pelo Tribunal Regional do Trabalho da 3ª Região, para problematizar as perspectivas dos julgadores(as) sobre o cuidado enquanto (não) trabalho e o papel que a Justiça do Trabalho exerce ao chancelar — ou não — a divisão sexual do trabalho e a naturalização das funções de cuidado atribuídas às mulheres.

Ao reler os julgados com as lentes feministas, esperamos trazer outros elementos para o debate justrabalhista sobre o trabalho doméstico e a proteção conferida às mulheres que cuidam-trabalham. Utilizamos a terminologia "trabalhadoras do cuidado" porque envolve diferentes atrizes, seja do cuidado remunerado ou não remunerado: empregadas domésticas, mães, donas de casa, babás, diaristas, cuidadoras. Partimos de uma concepção ampla do cuidado como trabalho no sentido de abranger: "um conjunto de atividades materiais e de relações que consistem em oferecer uma resposta concreta às necessidades dos outros", e que é "relação de serviço de responsabilidade, apoio e assistência, remunerada ou não, que implica um sentimento de responsabilidade em relação à vida e ao bem estar de outrem"(2).

Consideramos, desde já, que o trabalho de cuidado é invisibilizado, só é visto quando não é realizado, e historicamente desvalorizado, além de ser desigualmente exercido e distribuído na sociedade capitalista ocidental: são as mulheres, principalmente negras, quem mais prestam — e menos recebem — o cuidado.

A Classificação Brasileira das Ocupações — CBO, elaborada pelo Ministério do Trabalho, prevê em seu código n. 5.162, o registro "Cuidadores de crianças, jovens, adultos e idosos" que inclui: babá, cuidador(a) de idosos, mãe social (mãe crecheira) e cuidador(a) em saúde, e exclui expressamente os e as técnicas e auxiliares de enfermagem. Com base nas mais de setenta atividades atribuídas a essa ocupação, listadas na CBO, percebemos suas várias dimensões do trabalho de cuidado, física, cognitiva, relacional e emocional. Também há a previsão na CBO, sob o código 512: "trabalhadores dos serviços domésticos em geral" que abrange serviços gerais, arrumador(a), faxineiro(a), diarista. Na descrição sumária da ocupação também está previsto: o preparo de refeições, "prestar assistência às pessoas", "cuidar de roupas e sapatos", "colaborar na administração da casa, conforme orientações recebidas"; arrumar e faxinar, e até mesmo "cuidar de plantas do ambiente interno e de animais domésticos".

---

(2) KERGOAT, Danièlle. O cuidado e a imbricação das relações sociais. In: ABREU, Alice Rangel de Paiva; HIRATA, Helena; LOMBARDI, Maria Rosa. *Gênero e Trabalho no Brasil e França:* perspectivas interseccionais. São Paulo: Boitempo, 2016. p. 18.

Assim, inicialmente apresentamos alguns aspectos dos casos e da jurisprudência analisada, em suas semelhantes e diferenças, destacando quem são as trabalhadoras e quais os parâmetros utilizados nos acórdãos. Após, com base na teoria crítica feminista, reafirmamos a necessidade de superar a discriminação sexista no Direito do Trabalho e de reivindicar o princípio da proteção como basilar a esse ramo jurídico inclusive ao tratarmos de um direito antidiscriminatório.

2. Relações familiares e de (não) emprego diante do Tribunal Regional do Trabalho da Terceira Região

Como não havia mais ninguém para cuidar de um casal de idosos que demandavam cuidados especiais e atenção, Alice mudou-se para a casa dos sogros, mediante o pagamento de um salário mínimo. De domingo a domingo, durante três anos, cuidava da limpeza da casa e vestuário, fazia o almoço, o café da tarde e o jantar, auxiliava na higiene pessoal do casal e ministrava medicamentos na dosagem e horários prescritos. Alice não teve sua carteira de trabalho assinada. Diante dessa breve narrativa nem tão fictícia, extraída a partir de elementos dos acórdãos investigados, questionamos: Como a jurisprudência lida quando o trabalho doméstico é permeado pelas relações familiares? O que os e as julgadoras ponderam para chancelar a proteção juslaboral?

Desenvolvemos pesquisa jurisprudencial junto ao site oficial do Tribunal Regional do Trabalho da 3ª Região, situado em Belo Horizonte/MG, utilizando na opção de busca todos os termos "vínculo empregatício", "relação familiar" e "doméstico", e delimitação para as publicações/disponibilização o período de 1º.06.2015 (data de publicação da Lei Complementar n. 150/2015) a 23.01.2023, encontramos 93 resultados. Considerando que a presente investigação não pretende analisar quantitativa, mas qualitativamente, optamos por acrescentar a palavra "empregado" ao "doméstico", naqueles mesmos termos, o que trouxe um resultado de nove acórdãos. Por curiosidade, registramos que o termo "emprego doméstico" resultou em menos resultados do que "empregado doméstico", num total de cinco acórdãos.

Ressaltamos que não se trata de uma investigação exaustiva de cada um dos autos, mediante a análise de todas as peças processuais, atas de audiência e documentos, mas sim do que ficou registrado nos acórdãos e referenciados das sentenças. Isto é, analisamos os pontos convergentes e divergentes em cada uma das decisões a partir dos seguintes indicadores: 1) Qual o gênero da(o) Reclamante? 2) Qual o tipo de relação familiar entre a trabalhadora do cuidado e a pessoa cuidada? 3) Havia contraprestação monetária pelo serviço prestado? 4) Havia um contrato escrito entre as partes? 5) O vínculo empregatício foi reconhecido pelo Tribunal? Além disso, destacamos alguns trechos das decisões que sintetizavam as questões ora levantadas.

Dos nove acórdãos analisados, de seis diferentes Turmas do Tribunal, descartamos um(3) por fugir da abordagem da presente investigação, que versava sobre acúmulo de função, indenização por danos morais, jornada de trabalho e grupo econômico, com empresas figurando no polo passivo da lide. Dos oito restantes(4), todos possuíam o pedido principal de reconhecimento do vínculo empregatício em razão do exercício das mais variadas atividades reprodutivas e de cuidado no âmbito doméstico, como limpar, lavar roupas, cozinhar, até o cuidado dirigido diretamente a pessoas idosas, como forma de garantia de seu bem estar físico e mental e, no limite, da sua própria sobrevivência.

Desses acórdãos, apenas dois reconheceram o vínculo empregatício doméstico e os outros cinco negaram a existência da relação de emprego e consequente proteção conferida pelo Direito do Trabalho. Ou seja, a jurisprudência do Tribunal Regional do Trabalho da 3ª Região diante dos parâmetros aqui estabelecidos, estatisticamente, decide em 75% dos casos por negar o vínculo de emprego a trabalhadoras do cuidado no âmbito doméstico, quando há algum tipo de relação familiar entre a reclamante, a pessoa cuidada e/ou os(as) reclamados(os).

Em todos os casos, as reclamantes são mulheres e a contraprestação monetária, ou seja, o pagamento de salários está comprovado ou restou incontroverso nos autos dos processos. Verifica-se a presença da onerosidade, enquanto um elemento fático jurídico, previsto no art. 3º da CLT, que diz não apenas sobre a efetiva contraprestação, mas sobre a intenção e expectativa do recebimento do salário.

Estamos falando sobre filhas e netas que se mudam para a residência dos pais e avôs, noras que cuidam dos sogros, sobrinhas que dão conta dos tios. Assim, são sujeitos(as) do nosso estudo mulheres que recebem uma contraprestação monetária para cuidar de seus familiares, como considerados pelos julgadores, no âmbito doméstico.

Se, historicamente, a ausência de pagamento de salários para o trabalho doméstico desenvolvido no seio familiar foi o fator decisivo para se considerar o cuidado exercido pelas mulheres, mães, esposas, avós, filhas e netas como um “não trabalho”, nesses casos sequer é possível reivindicar tal justificativa.

Percebemos, então, que os percursos decisórios utilizados pelos julgadores tomam outros rumos: a onerosidade como fato impeditivo da proteção juslaboral às trabalhadoras do cuidado dá lugar ao conceito de “relações familiares”. Nesses casos, os sobrenomes comuns entre as reclamantes e reclamados(as) parecem blindar a interferência do Direito

---

(3) BRASIL. Tribunal Regional do Trabalho (3ª Região). Acórdão. *Recurso Ordinário n. 0010809-80.2017.5.03.0184*. Recorrentes: Pizzaria Mangabeiras Limitada — Epp, Mangabeiras Alimentos Ltda., Geloso Participações Ltda., Ana Paula Martins de Souza, Sergio Martins de Souza e Recorridos: Belve Pizza Ltda. – Epp, Gutierrez Pizza Ltda. – Epp, Professional Pizza Ltda – Epp, Pizzaria Mangabeiras Ltda. – Epp, Mangabeiras Alimentos Ltda., Gelosoparticipações Ltda., Ana Paula Martins de Souza, Sergio Martins de Souza. Relator: Oswaldo Tadeu Barbosa Guedes. Belo Horizonte, 24 de março de 2020. Disponível em: <https://juris.trt3.jus.br/juris/detalhe.htm?conversationId=1322>. Acesso em: 06 abr. 2023.

(4) As referências de todos os acórdãos analisados provenientes do Tribunal Regional da Terceira Região estão ao final, nas referências bibliográficas.

do Trabalho, o que, vale registrar, não acontece quando estamos lidando com relações familiares em outros espaços e atividades, notadamente a atividade empresarial. É difícil para nós, operadores do direito, imaginarmos os julgadores e julgadoras reivindicarem a "relação familiar", a presença de afetos e a necessidade de cooperação em casos de trabalhadores(as) que prestam serviços para empresas, ainda que seus sócios sejam "da família" do(a) reclamante.

Vejamos as semelhanças nos trechos dos acórdãos no sentido de colocar o "laço familiar" em oposição à relação de emprego, proferidos por diferentes Turmas e desembargadores(as):

> a) [...] Ressalta-se que, apesar da notória relação conturbada entre os integrantes da família, entendo que a ajuda concedida pela reclamante aos sogros, ao menos inicialmente, configurava-se em hipótese de cooperação a pessoas com idades avançadas e enfermas do grupo familiar.
>
> Portanto, a relação decorrente de vínculo familiar, movida, em tese, por laços de afeto e cuidados mútuos decorrentes de parentesco, impossibilita o reconhecimento de vínculo de emprego.[5]
>
> b) [...] Constata-se, portanto, que a relação existente entre as partes decorreu de vínculo familiar, movido por laços de afeto e cuidados mútuos decorrentes do parentesco (sobretudo em razão da proximidade de moradia com o tio falecido), de modo que não há falar em reconhecimento de vínculo de emprego.[6]
>
> c) [...] Na verdade, a prova indica que o que houve entre as partes foi um elo de relação efetivamente familiar, sendo a reclamante responsável, mediante o recebimento de ajuda financeira da família e moradia, por auxiliar, como membro da família, nos cuidados do próprio avô. Simplesmente auxiliava o pai nas obrigações cotidianas, o que se mostra plenamente justificável, considerando as notórias dificuldades pela idade avançada.[7]

---

(5) BRASIL. Tribunal Regional do Trabalho (3ª Região). Acórdão. *Recurso Ordinário n. 0010001-96.2021.5.03.0164*. Recorrente: Ana Claudia Bispo do Nascimento e Recorridos: Maria de Fatima do Nascimento, Paulo Pereira da Silva, Eliseu da Silva,Terezinha de Jesus Fernandes da Silva, Maria Geralda de Mendonca, Mario Pereira da Silva, Claudinei da Silva, Angela Cristina da Silva. Relator: Des. Marco Antonio Paulinelli de Carvalho. Belo Horizonte, 24 de novembro de 2022. Disponível em: <https://juris.trt3.jus.br/juris/detalhe.htm?conversationId=522>. Acesso em: 06 abr. 2023.

(6) BRASIL. Tribunal Regional do Trabalho (3. Região). Acórdão. *Recurso Ordinário n. 0010483-96.2020.5.03.0061*. Recorrente: Leunice de Fatima Pereira e Recorridos: Maria Izaulina de Jesus e outros. Relator: Juiz Convocado Paulo Emílio Vilhena da Silva. Belo Horizonte, 27 de outubro de 2021. Disponível em: <https://juris.trt3.jus.br/juris/detalhe.htm?conversationId=539>. Acesso em: 06 abr. 2023.

(7) BRASIL. Tribunal Regional do Trabalho (3ª Região). Acórdão. *Recurso Ordinário n. 0010123-89.2021.5.03.0009*. Recorrente: Elizabete Barbosa da Conceição e Recorridos: Gladys Christina Franco de Castro, Anércio Polônio Teixeira. Relator: Desembargador Vicente De Paula Maciel Júnior. Sessão Ordinária Virtual realizada em 12, 13 e 16 de agosto de 2021. Disponível em: <https://juris.trt3.jus.br/juris/detalhe.htm?conversationId=756>. Acesso em: 06 abr. 2023.

Há em comum nos acórdãos analisados uma verdadeira idealização da cooperação dentro dos lares, desconsiderando a materialidade da exploração da força de trabalho feminina nas atividades reprodutivas e de cuidado, isto é, da divisão sexual do trabalho, modulada histórica e socialmente, que tem como característica: "a designação prioritária dos homens à esfera produtiva e das mulheres à esfera reprodutiva e, simultaneamente, a apropriação pelos homens das funções com maior valor social adicionado (políticos, religiosos, militares etc.)"[(8)].

Para os desembargadores(as), a carga de trabalho executada por essas mulheres é substituída pelas noções do "auxílio" e "ajuda", sempre justificado e motivado pelos "afetos" que, nesses casos, são atribuídos automaticamente pela mera relação de parentesco[(9)]. E por causa da "cooperação" e "ajuda", em alguns casos, os julgadores referenciam automaticamente a ausência do elemento fático-jurídico da subordinação[(10)].

Vale dizer que, em três dos casos analisados em que o vínculo empregatício não foi reconhecido, as reclamantes não possuíam laços sanguíneos com as pessoas cuidadas, mas duas eram esposas — do filho do casal de idosos[(11)] e do sobrinho do idoso[(12)] — e uma era enteada[(13)].

---

(8) KERGOAT, Danièle. Divisão sexual do trabalho e relações sociais de sexo. In: HIRATA, Helena; LABORIE, Françoise; LE DOARÉ, Hélène; SENOTIER, Danièle (Orgs.). *Dicionário Crítico do Feminismo*. São Paulo: Editora Unesp, 2009. p. 67- 75.

(9) Interessante retomar as problematizações de Judith Butler sobre as relações de parentesco sempre serem tomadas como heterossexuais, suas questões estarem relacionadas às "relações de propriedade (concebendo pessoas como propriedade) e o papel do Estado e do direito na regulamentação das famílias e casamentos, ver mais em: BUTLER, Judith. O parentesco é sempre tido como heterossexual?. *Cadernos Pagu*, [S. l.], n. 21, p. 219–260, 2016. Disponível em: <https://periodicos.sbu.unicamp.br/ojs/index.php/cadpagu/article/view/8644619>. Acesso em: 6 abr. 2023.

(10) Formulei uma crítica feminista à subordinação no Direito do Trabalho a partir do trabalho de cuidado na minha pesquisa de mestrado, ver mais em: CARNEIRO, Bruna Salles. *Cuidado (In)subordinado:* convergências para uma crítica feminista à subordinação no direito do trabalho. Dissertação (Mestrado), Faculdade de Direito da UFMG. Disponível em: <http://hdl.handle.net/1843/47308>. Acesso em: 20 mar. 2023.

(11) BRASIL. Tribunal Regional do Trabalho (3ª Região). Acórdão. *Recurso Ordinário n. 0010001-96.2021.5.03.0164*. Recorrente: Ana Claudia Bispo do Nascimento e Recorridos: Maria de Fatima do Nascimento, Paulo Pereira da Silva, Eliseu da Silva,Terezinha de Jesus Fernandes da Silva, Maria Geralda de Mendonca, Mario Pereira da Silva, Claudinei da Silva, Angela Cristina da Silva. Relator: Des. Marco Antonio Paulinelli De Carvalho. Belo Horizonte, 24 de novembro de 2022. Disponível em: <https://juris.trt3.jus.br/juris/detalhe.htm?conversationId=522>. Acesso em: 06 abr. 2023.

(12) BRASIL. Tribunal Regional do Trabalho (3ª Região). Acórdão. *Recurso Ordinário n. 0010886-29.2019.5.03.0052*. Recorrente: Valdirene de Souza Santos e Recorridos: (1) Espólio de Áurea Maria do Couto, (2) Ediel Martins do Couto, (3) José Alberto Martins do Couto, (4) Maria Inês Martins do Couto, (5) Marilene Martins de Oliveira, (6) Marlene Martins do Couto Senra, (7) Marli Martins do Couto Senra, (8) Marlúcia Martins do Couto Cardoso. Relator: Desembargador Emerson José Alves Lage. Belo Horizonte, 11 de novembro de 2019. Disponível em: <https://juris.trt3.jus.br/juris/detalhe.htm?conversationId=822>. Acesso em: 06 abr. 2023.

(13) BRASIL. Tribunal Regional do Trabalho (3ª Região). Acórdão. *Recurso Ordinário n. 0010942-26.2018.5.03.0140*. Recorrente: Tatiana Gomes da Silva e Recorridos: 1) Mônica Maria Demas Alves Cabral, 2) José Eustáquio de Medeiros, 3) Espólio de Inez Curi Demas. Relator: Alexandre Wagner De Morais Albuquerque. Belo Horizonte,

Infelizmente, percebemos que esse malabarismo discursivo acaba se aproximando da infame frase "como se fosse da família" que carrega as marcas de uma abolição inacabada no Brasil, reiteradamente trazida a público pelos escândalos de trabalho doméstico análogo ao escravo(14) e continua sendo utilizada, à revelia da Lei n. 150/2015, ainda que no senso comum, para negar direitos a mulheres trabalhadoras, principalmente negras, que exercem o trabalho doméstico em lares de classes sociais mais altas.

Na contramão da jurisprudência majoritária, merece distinta menção o registro de voto vencido da Desembargadora Adriana Goulart de Senna Orsini do TRT da 3ª Região, nos autos do processo n. 0011023-22.2019.5.03.0113, ao desnaturalizar as atividades de cuidado como uma atribuição feminina e obrigatória(15):

> [...] Cuidar de um idoso é uma profissão, cada vez mais necessária e bem remunerada, face aos inúmeros cuidados e afetos que estão envolvidos. Ao dizer que está ajudando a sobrinha, na realidade está-se, data vênia, discriminando o trabalho realizado por uma jovem, pelo fato de ser neta, de ter um filho e precisar de uma casa para morar. Ela poderia, como neta que era, ser ajudada com o apoio em casa, comida e abrigo, como muitos fazem e sem exigir que houvesse um trabalho de cuidado com o avô e remunerado, inclusive.
>
> Veja-se que ao colocar a ajuda no lugar da ajuda, percebe-se que o pagamento recebido pela recorrente, foi um pagamento pelo trabalho realizado. Portanto, presente o elemento da onerosidade. (...)
>
> Não se pode considerar e nem é normal no seio familiar o pagamento de salário mínimo, com décimo terceiro salário, mediante a assinatura de recibos.

Também vale registrar que os dois casos, nos quais foi reconhecida a relação de emprego doméstico, guardam particularidades que os distanciam dos demais. O primeiro em razão da existência de "Termo de Acordo e Quitação de Obrigação Trabalhista", reconhecido pelas partes reclamadas e do fato de que a reclamante, segundo termos da sentença, era tratada como "filha de criação", não havendo outra informação no acórdão sobre a relação familiar entre elas(16). Já o segundo caso se distingue dos demais pelo

---

23 de junho de 2020. Disponível em: <https://juris.trt3.jus.br/juris/detalhe.htm?conversationId=805>. Acesso em: 06 abr. 2023.

(14) Ver mais em: PEREIRA, Marcela Rage. *A invisibilidade do trabalho escravo doméstico e o afeto como fator de perpetuação.* Belo Horizonte, 2021. Dissertação (Mestrado em Direito). Universidade Federal de Minas Gerais, 2021.

(15) BRASIL. Tribunal Regional do Trabalho (3ª Região). Acórdão. *Recurso Ordinário n. 0011023-22.2019.5.03.0113.* Recorrente: Ianna Resende Silva e Recorridos: (1) Mhaatma Lima; (2) Espólio de Sebastião Conegundes de Lima. Relator: Desembargador Emerson José Alves Lage. Disponível em: <https://juris.trt3.jus.br/juris/detalhe.htm?conversationId=739>. Acesso em: 06 abr. 2023.

(16) BRASIL. Tribunal Regional do Trabalho (3ª Região). Acórdão. *Recurso Ordinário n. 0010021-68.2021.5.03.0041.* Recorrente: Ana Paula Rodrigues Alves e Recorridas: Heloísa Alves da Silva , Juliana Alves da Silva. Relatora: Maria Lúcia Cardoso de Magalhães. Belo Horizonte, 5 de outubro de 2022. Disponível em: <https://juris.trt3.jus.br/juris/detalhe.htm?conversationId=533>. Acesso em: 06 abr. 2023.

fato de que a trabalhadora era enfermeira, "desempenhava atividades típicas de enfermagem"(17).

Apesar de não termos como objetivo investigar detidamente o posicionamento do Tribunal Superior do Trabalho diante da matéria em discussão, até mesmo por causa da vedação em rediscutir fatos e provas em sede de recurso de revista prevista na Súmula n. 126 do TST, interessante registrar que a pesquisa naquela Corte, utilizando os mesmos parâmetros na pesquisa junto ao TRT da 3ª Região, quais sejam "vínculo empregatício", "relação familiar" e "empregado doméstico", no campo "Contendo as palavras (e)", resultou em 5 acórdãos(18), sendo que dois, referentes ao mesmo processo — um em sede de agravo de instrumento e outro em agravo interno —, não versavam sobre emprego doméstico.

Todos os três restantes confirmaram os acórdãos regionais que negaram a relação de emprego. Dentre as justificativas aparecem: a ausência de transcendência por estar presente "relação familiar de auxílio mútuo sem a existência de subordinação típica da relação de emprego"(19); e o fato de "as tarefas eram desempenhadas pelo reclamante em razão da relação familiar existente entre as partes, de tio e sobrinho" (mas neste, segundo a decisão, não haveria um pagamento contraprestativo)(20).

2.1. O trabalho de cuidado e o elemento fático-jurídico da onerosidade

Se tradicionalmente a contraprestação monetária apareceu como um fator para o não reconhecimento das atividades reprodutivas e de cuidado como trabalho, exercidas por mulheres, membros da família, no âmbito doméstico, colocando-as como "trabalhadoras graciosas"(21), o que percebemos a partir dos resultados da pesquisa jurisprudencial é uma lógica contrária.

---

(17) BRASIL. Tribunal Regional do Trabalho (3ª Região). Acórdão. *Recurso Ordinário n. 0010275-33.2020.5.03.0152.* Recorrente: Estela Mara da Silva e Recorridos: Antonio Borges da Silva, Stella Borges da Silva, Norma Gomes Borges. Relator: Danilo Siqueira de Castro Faria. Belo Horizonte, 30 de junho de 2021. Disponível em: <https://juris.trt3.jus.br/juris/detalhe.htm?conversationId=790>. Acesso em: 06 abr. 2023.

(18) Os acórdãos do Tribunal Superior do Trabalho ora citados estão listados ao final nas referências bibliográficas.

(19) BRASIL. Tribunal Superior do Trabalho. Acórdão. *Agravo de Instrumento em Recurso de Revista n. 532-05.2018.5.21.0043.* Agravante Albanisa Silva dos Santos e Agravados Monica da Silva Garcia e Jose Barbosa do Nascimento. 6ª Turma. Relator Ministro Aloysio Correa da Veiga. *DEJT* 14.0.2020. Disponível em: <https://jurisprudencia.tst.jus.br/#8079123e9171dd9e82033c930d73b98>. Acesso em: 07 abr. 2023.

(20) BRASIL. Tribunal Superior do Trabalho. Acórdão. *Agravo de Instrumento em Recurso de Revista n. 20195-59.2016.5.04.0761.* Agravante Clóvis Altair da Silva e Agravado Espólio de João de Moraes Silva. 3ª Turma. Relator Ministro Mauricio Godinho Delgado. *DEJT* 16.03.2018. Disponível em: <https://jurisprudencia.tst.jus.br/#8079123e9171dd9e82033c930d73b98>. Acesso em: 07 abr. 2023.

(21) Discuto mais sobre como a onerosidade toma o lugar de centralidade que a subordinação ocupa no reconhecimento do vínculo de emprego no trabalho de cuidado exercido pelas donas de casas, mães e esposas em seus lares, em: CARNEIRO, Bruna Salles. *Cuidado (In)subordinado:* convergências para uma crítica feminista à subordinação no direito do trabalho. Dissertação (Mestrado), Faculdade de Direito da UFMG. Disponível em: <http://hdl.handle.net/1843/47308>. Acesso em: 20 mar. 2023.

Como constatamos, nos casos que chegam à segunda instância da Justiça do Trabalho mineira marcados pela relação familiar, há o pagamento de pelo menos um salário mínimo para as trabalhadoras do cuidado, mesmo que de forma compartilhada, parcelada e descontínua pelos empregadores — fato este incontroverso nas decisões. Mesmo que não nomeado como salário, mas muitas vezes revestidos sob a noção de "ajuda de custo" ou "mesada".

A onerosidade, por sua vez, é classificada pela doutrina, enquanto elemento fático-jurídico da relação de emprego, a partir de duas perspectivas: a objetiva: se há o efetivo pagamento pelo serviço prestado; e, se não há, a partir da do plano subjetivo, bastando a mera intenção contraprestativa pelo(a) trabalhador(a). Segundo Mauricio Godinho Delgado[(22)]: "Existirá o elemento fático-jurídico da onerosidade no vínculo firmado entre as partes caso a prestação de serviços tenha sido pactuada, pelo trabalhador, com o intuito contraprestativo trabalhista, com o intuito essencial de auferir um ganho econômico pelo trabalho ofertado."

Assim, ainda que a contraprestação onerosa ou a sua mera intenção esteja presente, reconhecido nos acórdãos, constata-se um esforço de descaracterização da onerosidade nas relações de trabalho em questão pela naturalização do cuidado como uma atribuição feminina e pelos afetos envolvidos no trabalho.

Nesse contexto, convém situar que a discussão sobre a remuneração do trabalho de cuidado e reprodutivo exercido por mulheres no seio familiar remonta a décadas atrás[(23)] e persiste nas disputas políticas atuais sobre renda mínima, contabilização do tempo de trabalho de cuidado para a aposentadoria das mulheres. De modo que, pela ausência da contraprestação monetária, "na relação entre trabalho, tempo e valor, as economias políticas (as clássicas e as críticas) historicamente deixaram a reprodução social e o cuidado de fora"[(24)] e, portanto, ignoraram grande parte do trabalho exercido por mulheres.

Por sua vez, as teorias juslaborais tradicionais continuaram seguindo essa noção sexista de que só é trabalho quando remunerado e realizado "fora de casa", negando de

---

(22) DELGADO, Mauricio Godinho. *Curso de direito do trabalho:* obra revista e atualizada conforme a lei da reforma trabalhista e inovações normativas e jurisprudenciais posteriores. 18. ed. São Paulo: LTr, 2019. p. 347

(23) Merece destaque a luta de mulheres forjada em torno da "Campanha dos Salários para o Trabalho Doméstico", principalmente no contexto italiano e estadunidense na década de 1970, na qual, segundo Silvia Federici (2019, p. 25), em seu texto "Salários contra o trabalho doméstico" de 1975: "A principal preocupação era demonstrar as diferenças fundamentais entre tarefas domésticas e outros tipos de trabalho; desmascarar o processo de naturalização que esse trabalho sofreu por causa de sua condição não remunerada; apresentar a natureza e a função especificamente capitalistas do salário; e demonstrar que historicamente a questão da "produtividade" sempre esteve relacionada a luta pelo poder social." Ver mais em: FEDERICI, Silvia. *O ponto zero da revolução:* trabalho doméstico, reprodução e luta feminista. Tradução de Coletivo Sycorax. São Paulo: Elefante, 2019.

(24) PEREIRA, Flávia Souza Máximo; NICOLI, Pedro Augusto Gravatá. Os segredos epistêmicos do direito do trabalho. *Revista Brasileira de Políticas Públicas*, Brasília, v. 10, n. 2, p. 519-544, 2020.

antemão a possibilidade de existência de vínculo empregatício entre cônjuges e companheiros(as)[25]. E a jurisprudência, mesmo diante da contraprestação onerosa, segue o mesmo caminho.

3. A divisão sexual do trabalho e a discriminação sexista validadas pela jurisprudência

A conclusão majoritária dos julgadores(as) é que: a relação familiar aparece como fator impeditivo do reconhecimento da relação de emprego entre a cuidadora e contratante/empregador(a), ainda que por vezes os e as julgadoras remetam a outras justificativas para tanto. Os resultados da pesquisa jurisprudencial nos fornecem uma série de elementos que reafirmam as noções sexistas de que toda a carga de atividades domésticas e de cuidado não se classificaria como trabalho digno de proteção pelo Direito. Isto é, validam a divisão sexual do trabalho e assimetrias estruturadas pelo gênero no sistema capitalista.

As jornadas de trabalho, exaustivas e sem direitos, exercidas por mulheres se transformam, no contexto dos acórdãos, em atos de benevolência e amor, ainda que o (des)valor econômico do trabalho esteja presente, pois há a contraprestação monetária pelos(as) contratantes nos casos em questão. Sobre a desvalorização e invisibilização do trabalho de cuidado no âmbito doméstico, apontam Flávia Máximo e Pedro Nicoli[26]:

Muito do que constitui esses universos femininos de trabalho na reprodução social e no cuidado é transmutado em outra coisa. Em afeto, em mágica, em amor, em obrigação, naturalização, em candura, em instinto, em destino, em mil expectativas e papéis sociais, morais e religiosos que tentam ocultar a força desses tempos e valores para a produção e sustentação da vida e da economia.

A divisão sexual do trabalho diz sobre a organização do trabalho no capitalismo que desvaloriza e inferioriza o trabalho de cuidado e reprodutivo. O conceito possui dois princípios basilares: o princípio de separação, no qual os trabalhos são atribuídos a homens e mulheres de modo diverso e delimitado, e o princípio hierárquico, que coloca o trabalho masculino valorativamente superior em relação ao feminino. E, com base nessa hierarquização das atividades, também se constitui o sistema desigual de gênero[27].

O modelo heterossexista do "homem provedor" e "mulher cuidadora" é denunciado amplamente pela crítica feminista, em suas diversas vertentes, eis que as mulheres trabalhadoras e negras sempre trabalharam dentro e fora dos lares e o capitalismo sempre se

(25) DELGADO, Mauricio Godinho. *Curso de direito do trabalho:* obra revista e atualizada conforme a lei da reforma trabalhista e inovações normativas e jurisprudenciais posteriores. 18. ed. São Paulo: LTr, 2019. p. 444.

(26) PEREIRA, Flávia Souza Máximo; NICOLI, Pedro Augusto Gravatá. Os segredos epistêmicos do direito do trabalho. *Revista Brasileira de Políticas Públicas*, Brasília, v. 10, n. 2, p. 519-544, 2020, p. 529.

(27) HIRATA, Helena; KERGOAT, Danièle. Novas configurações da divisão sexual do trabalho. *Cadernos de Pesquisa*, v. 37, n. 132, p. 595-609, 2007, p. 596.

aproveitou da mão de obra feminina mais barata para reduzir salários e acumular ainda mais capital[(28)]. Até mesmo porque é justamente o trabalho de cuidado e reprodutivo que garante o funcionamento das engrenagens industriais e de todo o mercado capitalista, já que preserva a existência de mão de obra, ou seja, de trabalhadores e trabalhadoras no âmbito da esfera produtiva do capitalismo.

A valorização e o reconhecimento do trabalho doméstico e de cuidado só podem vir acompanhados da rejeição a toda idealização do cuidado como uma atribuição feminina, realizada por suposto amor e altruísmo, como uma obrigação moral socialmente construída e tradicionalmente explorado pela sociedade patriarcal capitalista[(29)] e validado pela jurisprudência trabalhista. Assim, as lentes feministas do cuidado fornecem perspectivas críticas para questionar os preceitos que embasam os acórdãos analisados na medida em que afirmam o cuidado como trabalho e, não somente, como "amor", "afeto" e "cooperação".

Nesse sentido, ao abordarmos um Direito do Trabalho Antidiscriminatório, que proteja as mulheres trabalhadoras, precisamos denunciar os estereótipos da "feminilidade", condenando a divisão sexual do trabalho que legitima a ausência de proteção juslaboral no trabalho de cuidado e doméstico exercido por pessoas da família, em oposição ao entendimento majoritário do Tribunal Regional do Trabalho da 3ª Região.

3.1. Reivindicar o Princípio da Proteção para a conformação de um Direito do Trabalho Antidiscriminatório

No campo de discussão sobre a não discriminaçao no trabalho, entendemos ser imperioso reivindicar o Princípio da Proteção, ou seja, a noção de um Direito do Trabalho Antidiscriminatório deve estar vinculada ao princípio da proteção, basilar ao Direito do Trabalho.

O Direito do Trabalho se diferencia de outros ramos jurídicos justamente por reconhecer a desigualdade material entre os sujeitos que participam do contrato de trabalho, em oposição ao Direito Civil que, de modo geral, se prestam a proteger a propriedade, regulando a relação das pessoas com as coisas. Isto é, o Direito do Trabalho é destinado a "proteger a energia humana do trabalho" e assegurar a cada um(a) uma posição social adequada[(30)].

---

(28) CARNEIRO, Bruna Salles. *Cuidado (In)subordinado:* convergências para uma crítica feminista à subordinação no direito do trabalho. Dissertação (Mestrado), Faculdade de Direito da UFMG. Disponível em: <http://hdl.handle.net/1843/47308>: Acesso em: 20 mar. 2023.

(29) CARRASCO, Cristina. El cuidado como eje vertebrador de una nueva economía. *Cuadernos de relaciones laborales*, Madrid, v. 31, n. 1, p. 39-56, 2013.

(30) LA CUEVA, Mario de. *Derecho Mexicano del Trabajo*. Tomo I. 4. ed. reimp. Mexico: Editorial Porrua,1959. p. 453.

O jurista mexicano Mario de La Cueva(31) afirma que o Direito do Trabalho rompeu com a divisão entre direito público e privado, adquirindo contornos próprios. Dentre as características citadas pelo autor mexicano, destacamos o fato de o Direito do Trabalho ser um direito inconcluso, ou seja, não deve possuir um rol exaustivo de proteção, mas sim está em constante formação, é expansivo, sendo a legislação apenas o patamar mínimo vital de proteção.

Assim, um Direito do Trabalho Antidiscriminatório só pode ser efetivado, além das imprescindíveis previsões legais e normativas, se estiver acompanhado da proteção das trabalhadoras e trabalhadores, em toda sua diversidade e particularidades. Especialmente num momento de ruptura democrática e de um direito de exceção(32), com a vigência de reformas legislativas, como a Reforma Trabalhista (Lei n. 13.467/2017), a Lei da Terceirização (Lei n. 13.429/2017), e a Reforma da Previdência (EC n. 103/2019) que negam não só o princípio da proteção, como também o princípio do não retrocesso social, é central resgatarmos a razão de ser do Direito do Trabalho, sua história calcada na auto-organização da classe trabalhadora.

Não é demais afirmar que o Direito do Trabalho não se vincula apenas ao proletariado, aos trabalhadores(as) assalariados(as), mas à toda classe trabalhadora. Sendo que as suas disputas também devem estar ancoradas nas pautas feministas e nas relações de gênero, ainda que envolva frações não sujeitas à lógica do assalariamento, como ocorre com as trabalhadoras domésticas não remuneradas. Isto com a intenção justamente de dobrar suas margens, explorar ainda mais as contradições do sistema capitalista e atuar em prol das trabalhadoras e trabalhadores(33).

4. Conclusão

Apesar de o debate sobre a discriminação das mulheres no mercado de trabalho estar alcançando cada vez mais espaços, inclusive no Judiciário, como demonstra o "Protocolo para Julgamento com base na Perspectiva de Gênero" pelo Conselho Nacional de Justiça(34), aprovado pela Resolução n. 492, de 17 de março de 2023, como adoção obrigatória para magistrados e magistradas, o posicionamento majoritário do Tribunal Regional do Trabalho da 3ª Região e do Tribunal Superior do Trabalho em relação ao trabalho doméstico, marcado pela imbricação de gênero, raça e classe, continua sendo de discriminação e reafirmação de estereótipos sexistas.

---

(31) LA CUEVA, Mario de. *Derecho Mexicano del Trabajo*. Tomo I. 4. ed. reimp. Mexico: Editorial Porrua,1959. p. 249-250.

(32) FERREIRA, António Casimiro. A sociedade de austeridade: poder, medo e direito do trabalho de exceção. *Revista Crítica de Ciências Sociais*, 95, 2011, p. 119-136.

(33) CARNEIRO, Bruna Salles. *Cuidado (In)subordinado:* convergências para uma crítica feminista à subordinação no direito do trabalho. Dissertação (Mestrado), Faculdade de Direito da UFMG. Disponível em: <http://hdl.handle.net/1843/47308>. Acesso em: 20 mar. 2023.

(34) CONSELHO NACIONAL DE JUSTIÇA. *Protocolo para julgamento com perspectiva de gênero*. Brasília: Conselho Nacional de Justiça — CNJ; Escola Nacional de Formação e Aperfeiçoamento de Magistrados. Enfam, 2021.

O resultado da pesquisa jurisprudencial qualitativa demonstrou que, nos casos em que a trabalhadora do cuidado é membro da família de quem recebe a prestação de serviço, mesmo sem laços sanguíneos e com a presença do elemento fático-jurídico da onerosidade, as decisões concluem pela "relação familiar" como um verdadeiro fato impeditivo para o reconhecimento do vínculo empregatício doméstico, referenciando a "cooperação" e o "afeto" como aspectos contrários ao emprego.

Nesses casos, o trabalho de cuidado e reprodutivo exercido no interior dos lares para as famílias não é considerado como trabalho pelos(as) julgadores do Direito do Trabalho, sendo invisibilizado seja pela sua suposta "natureza não econômica", seja pelo "amor e afeto", seja pelo espaço de prestação do serviço: "a intimidade do lar".

Trazer o trabalho de cuidado ao centro da análise é dar luz a uma jurisprudência majoritária sexista, que deve ser encarada ao tratarmos das bases para a formulação de um Direito do Trabalho Antidiscriminatório que, por sua vez, só terá efetividade se estiver relacionado ao Princípio da Proteção.

Referências

BRASIL. Tribunal Regional do Trabalho (3ª Região). Acórdão. *Recurso Ordinário n. 0010001-96.2021.5.03.0164*. Recorrente: Ana Claudia Bispo do Nascimento e Recorridos: Maria de Fatima do Nascimento, Paulo Pereira da Silva, Eliseu da Silva,Terezinha de Jesus Fernandes da Silva, Maria Geralda de Mendonca, Mario Pereira da Silva, Claudinei da Silva, Angela Cristina da Silva. Relator: Des. Marco Antonio Paulinelli De Carvalho. Belo Horizonte, 24 de novembro de 2022. Disponível em: <https://juris.trt3.jus.br/juris/detalhe.htm?conversationId=522>. Acesso em: 06 abr. 2023.

______. Tribunal Regional do Trabalho (3ª Região). Acórdão. *Recurso Ordinário n. 0010021-68.2021.5.03.0041*. Recorrente: Ana Paula Rodrigues Alves e Recorridas: Heloísa Alves da Silva, Juliana Alves da Silva. Relatora: Maria Lúcia Cardoso de Magalhães. Belo Horizonte, 5 de outubro de 2022. Disponível em: <https://juris.trt3.jus.br/juris/detalhe.htm?conversationId=533>. Acesso em: 06 abr. 2023.

______. Tribunal Regional do Trabalho (3ª Região). Acórdão. *Recurso Ordinário n. 0010483-96.2020.5.03.0061*. Recorrente: Leunice de Fatima Pereira e Recorridos: Maria Izaulina de Jesus, Cleunisse Aparecida Pereira Campos, Benedito Valdair Pereira, Sueli das Graças Pereira Silva, André Luiz Pereira, Noceli Aparecida Pereira de Lima, Luiz Gonzaga Pereira, Elaine Justino Pereira, Marina de Fatima Pereira, Imaculada Conceicao Pereira, Sueli Justino Pereira, Vera Lucia Pereira, Maria Izabel Pereira Honorio, Julio Cesar Pereira. Relator: Juiz Convocado Paulo Emílio Vilhena da Silva. Belo Horizonte, 27 de outubro de 2021. Disponível em: <https://juris.trt3.jus.br/juris/detalhe.htm?conversationId=539>. Acesso em: 06 abr. 2023.

______. Tribunal Regional do Trabalho (3ª Região). Acórdão. *Recurso Ordinário n. 0011023-22.2019.5.03.0113*. Recorrente: Ianna Resende Silva e Recorridos: (1) Mhaatma Lima; (2) Espólio de Sebastião Conegundes de Lima. Relator: Desembargador Emerson José Alves Lage. Belo Horizonte, 06 de setembro de 2021. Disponível em: <https://juris.trt3.jus.br/juris/detalhe.htm?conversationId=739>. Acesso em: 06 abr. 2023.

______. Tribunal Regional do Trabalho (3ª Região). Acórdão. *Recurso Ordinário n. 0010123-89.2021.5.03.0009*. Recorrente: Elizabete Barbosa da Conceição e Recorridos: Gladys Christina Franco de Castro, Anércio Polônio Teixeira. Relator: Desembargador Vicente De Paula Maciel Júnior. Sessão Ordinária Virtual realizada em 12, 13 e 16 de agosto de 2021. Disponível em: <https://juris.trt3.jus.br/juris/detalhe.htm?conversationId=756>. Acesso em: 06 abr. 2023.

______. Tribunal Regional do Trabalho (3ª Região). Acórdão. *Recurso Ordinário n. 0010275-33.2020.5.03.0152*. Recorrente: Estela Mara da Silva E Recorridos: Antonio Borges da Silva, Stella Borges da Silva, Norma Gomes Borges. Relator: Danilo Siqueira de Castro Faria. Belo Horizonte, 30 de junho de 2021. Disponível em: <https://juris.trt3.jus.br/juris/detalhe.htm?conversationId=790>. Acesso em: 06 abr. 2023.

______. Tribunal Regional do Trabalho (3ª Região). Acórdão. *Recurso Ordinário n. 0010942-26.2018.5.03.0140*. Recorrente: Tatiana Gomes da Silva e Recorridos: 1) Mônica Maria Demas Alves Cabral, 2) José Eustáquio de Medeiros, 3) Espólio de Inez Curi Demas. Relator: Alexandre Wagner De Morais Albuquerque. Belo Horizonte, 23 de junho de 2020. Disponível em: <https://juris.trt3.jus.br/juris/detalhe.htm?conversationId=805>. Acesso em: 06 abr. 2023.

______. Tribunal Regional do Trabalho (3ª Região). Acórdão. *Recurso Ordinário n. 0010809-80.2017.5.03.0184*. Recorrentes: Pizzaria Mangabeiras Ltda. – Epp, Mangabeiras Alimentos Ltda., Geloso Participações Ltda., Ana Paula Martins de Souza, Sergio Martins de Souza e Recorridos: Belve Pizza Ltda. – Epp, Gutierrez Pizza Ltda. – Epp, Professional Pizza Ltda. – Epp, Pizzaria Mangabeiras Ltda. – Epp, Mangabeiras Alimentos Ltda., Geloso Participações Ltda., Ana Paula Martins de Souza, Sergio Martins de Souza. Relator: Oswaldo Tadeu Barbosa Guedes. Belo Horizonte, 24 de março de 2020. Disponível em: <https://juris.trt3.jus.br/juris/detalhe.htm?conversationId=1322>. Acesso em: 06 abr. 2023.

______. Tribunal Regional do Trabalho (3ª Região). Acórdão. *Recurso Ordinário n. 0010886-29.2019.5.03.0052*. Recorrente: Valdirene de Souza Santos e Recorridos: (1) Espólio de Áurea Maria do Couto, (2) Ediel Martins do Couto, (3) José Alberto Martins do Couto, (4) Maria Inês Martins do Couto, (5) Marilene Martins de Oliveira, (6) Marlene Martins do Couto Senra, (7) Marli Martins do Couto Senra, (8) Marlúcia Martins do Couto Cardoso. Relator: Desembargador Emerson José Alves Lage. Belo Horizonte, 11 de novembro de 2019. Disponível em: <https://juris.trt3.jus.br/juris/detalhe.htm?conversationId=822>. Acesso em: 06 abr. 2023.

______. Tribunal Superior do Trabalho. Acórdão. *Agravo de Instrumento em Recurso de Revista n. 616-59.2014.5.21.0006*. Agravante Francisca Pereira de Souza Dias e Agravada Lindaura dos Anjos de Melo. 5ª Turma. Relator Ministro Joao Batista Brito Pereira. *DEJT* 16.09.2016. Disponível em: <https://jurisprudencia.tst.jus.br/#8079123e9171dd9e82033c930d73b98>. Acesso em: 07 abr. 2023.

______. Tribunal Superior do Trabalho. Acórdão. *Agravo de Instrumento em Recurso de Revista n. 434-30.2010.5.02.0075*. Agravante Ventura Pereira Macedo e Agravada Construtora Wasserman S.A. Órgão Especial. Relator Ministro Emmanoel Pereira. *DEJT* 14.08.2017. Disponível em: <https://jurisprudencia.tst.jus.br/#8079123e9171dd9e82033c930d73b98>. Acesso em: 07 abr. 2023.

______. Tribunal Superior do Trabalho. Acórdão. *Agravo de Instrumento em Recurso de Revista n. 20195-59.2016.5.04.0761*. Agravante Clóvis Altair da Silva e Agravado Espólio de João de Moraes Silva. 3ª Turma. Relator Ministro Mauricio Godinho Delgado. *DEJT* 16.03.2018. Disponível em: <https://jurisprudencia.tst.jus.br/#8079123e9171dd9e82033c930d73b98>. Acesso em: 07 abr. 2023.

______. Tribunal Superior do Trabalho. Acórdão. *Agravo de Instrumento em Recurso de Revista n. 532-05.2018.5.21.0043*. Agravante Albanisa Silva dos Santos e Agravados Monica da Silva Garcia e Jose Barbosa do Nascimento. 6ª Turma. Relator Ministro Aloysio Correa da Veiga. *DEJT* 14.02.2020. Disponível em: <https://jurisprudencia.tst.jus.br/#8079123e9171dd9e82033c930d73b98>. Acesso em: 07 abr. 2023.

BUTLER, Judith. O parentesco é sempre tido como heterossexual? *Cadernos Pagu*, [S. l.], n. 21, p. 219–260, 2016. Disponível em: <https://periodicos.sbu.unicamp.br/ojs/index.php/cadpagu/article/view/8644619>. Acesso em: 6 abr. 2023.

CARNEIRO, Bruna Salles. *Cuidado (In)subordinado:* convergências para uma crítica feminista à subordinação no direito do trabalho. Dissertação (Mestrado), Faculdade de Direito da UFMG. Disponível em: <http://hdl.handle.net/1843/47308>. Acesso em: 20 mar. 2023.

CARRASCO, Cristina. El cuidado como eje vertebrador de una nueva economía. *Cuadernos de relaciones laborales*, Madrid, v. 31, n. 1, p. 39-56, 2013.

CONSELHO NACIONAL DE JUSTIÇA. *Protocolo para julgamento com perspectiva de gênero.* Brasília: Conselho Nacional de Justiça — CNJ; Escola Nacional de Formação e Aperfeiçoamento de Magistrados. Enfam, 2021.

DELGADO, Mauricio Godinho. *Curso de direito do trabalho:* obra revista e atualizada conforme a lei da reforma trabalhista e inovações normativas e jurisprudenciais posteriores. 18. ed. São Paulo: LTr, 2019.

FEDERICI, Silvia. *O ponto zero da revolução:* trabalho doméstico, reprodução e luta feminista. Tradução de Coletivo Sycorax. São Paulo: Elefante, 2019.

FERREIRA, António Casimiro. A sociedade de austeridade: Poder, medo e direito do trabalho de exceção. *Revista Crítica de Ciências Sociais*, 95, 2011, p. 119-136.

HIRATA, Helena; KERGOAT, Danièle. Novas configurações da divisão sexual do trabalho. *Cadernos de Pesquisa*, v. 37, n. 132, p.595-609, 2007.

______; ______. Novas configurações da divisão sexual do trabalho. *Cadernos de Pesquisa*, v. 37, n. 132, p. 595-609, 2007, p. 596.

KERGOAT, Danièle. O cuidado e a imbricação das relações sociais. In: ABREU, Alice Rangel de Paiva; HIRATA, Helena; LOMBARDI, Maria Rosa. *Gênero e Trabalho no Brasil e França:* perspectivas interseccionais. São Paulo: Boitempo, 2016. p. 16-36.

LA CUEVA, Mario de. *Derecho Mexicano del Trabajo.* Tomo I. 4. ed. reimp. Mexico: Editorial Porrua,1959.

PEREIRA, Flávia Souza Máximo; NICOLI, Pedro Augusto Gravatá. Os segredos epistêmicos do direito do trabalho. *Revista Brasileira de Políticas Públicas*, Brasília, v. 10, n. 2, p. 519-544, 2020.

PEREIRA, Marcela Rage. *A invisibilidade do trabalho escravo doméstico e o afeto como fator de perpetuação.* Belo Horizonte, 2021. Dissertação (Mestrado em Direito). Universidade Federal de Minas Gerais, 2021.

Desigualdades de Gênero no Mercado de Trabalho: Uma Perspectiva da Economia do Cuidado

Jaqueline Büttow Signorini
Maria Emília Valli Büttow

Resumo: O artigo destaca a importância da economia do cuidado para a sociedade e a economia em geral, enfatizando que a prestação de cuidados é essencial para o bem-estar das pessoas e da sociedade. No entanto, é tratado como um trabalho invisível e pouco valorizado. Majoritariamente exercido por mulheres. O artigo aponta que a desigualdade de gênero acaba perpetuando estigmas de desvalorização e falta de reconhecimento destra trabalho em todo o mundo, fazendo com que as mulheres suportem baixas ou nenhuma remuneração e enfrentem barreiras no acesso ao mercado de trabalho devido à sobrecarga que muitas vezes recai sobre elas. A falta de políticas públicas que promovam a igualdade de oportunidades para homens e mulheres agrava ainda mais essa situação.

Palavras-chave: Economia do cuidado — Desigualdades de gênero — Mercado de trabalho.

"mãe preta, ontem eu lembrei de ti.
lembrei daquele dia que olhei para sua mão e perguntei porque ela tinha tanta cicatriz.
você falou que corpo de mulher preta era marcado nessa vida, disse que era herança do
trabalho pesado, do esforço contínuo em dias de chuva e de sol.
hoje fico pensando nesse tanto de marca que era sua e eu trouxe comigo sem perceber.
ao meu lado sempre esteve você:
na hora em que chorei com medo do futuro,
eu precisava cuidar da cria,
tinha aquele emprego que ia começar,
e o pai do menino que só fez me abandonar.
eu me tão senti sozinha.
numa solidão profunda.
foi aí que você sentou ao meu lado,
e o silêncio daquele abraço trouxe à memória a sua história,
a sua história que é a minha também.
deixar a terra natal, o medo do pão faltar na mesa, a água que foi cortada.
a patroa que só fazia te humilhar, o dinheiro que você se apertou tanto para guardar.
a venda que abriu na esquina e o orgulho da casa que construiu aos poucos.
tu criou os filhos, os sobrinhos, os netos.
eu lembro da tua comida ser repleta de amor.
e do seu sorriso danado a despejar carinho em quem tava por perto.
sua existência sempre foi abundante.
é por isso que mesmo na sua falta, não existe ausência.
porque seu legado de cuidado foi remédio para cura.
cura que fez a nossa família preta permanecer viva.
pois nas dores ancestrais que trouxemos conosco,
o afeto gerado por ti, nos ensinou que estarmos juntos
é a solução para lidarmos com todas elas.
no corpo marcado pela dor, seguimos compartilhando afetos.
e afeto de mulher preta para com os seus é pura potência.
é geração de vida e resistência.
afinal, mulher preta nunca existiu sozinha.
a gente tá sempre rodeada umas das outras.
e no hoje que é feito por todas nós.
saudemos as que vieram antes.
celebremos as que virão depois."

Cuidado que é remédio pra cura, de Rita Romão

1. Introdução

A economia do cuidado ou "care economy" se traduz pelo conjunto de atividades relacionadas ao cuidado de pessoas, incluindo crianças, idosos, doentes e pessoas com deficiência dentro dos lares das famílias de todo o mundo. Ainda que cada cultura tenha suas especificidades, a prestação de cuidados é uma atividade essencial tanto para o desenvolvimento e manutenção sociedade quanto para o avanço do capitalismo. Mesmo assim muitas vezes invisível e não remunerado ou pouco remunerado, relegando muitas mulheres a situações de vulnerabilidade emocional e social.

A desigualdade de gênero está intrinsicamente relacionada ao trabalho de cuidado e à economia do cuidado, já que a maior parte do trabalho não remunerado ou mal remunerado é realizado por mulheres.

Desta forma, a perspectiva de gênero é fundamental para compreender a economia do cuidado. A divisão sexual do trabalho e a distribuição desigual do trabalho de cuidado entre homens e mulheres guarda relação direta à desigualdade de gênero e à falta de oportunidades para as mulheres no mercado de trabalho. Portanto, esta também é uma forma de discriminação de gênero, a qual perpetua o estereotipo de que as mulheres são naturalmente melhores cuidadoras do que os homens.

Ademais, a pandemia acelerou transformações e aprofundou desigualdades, dentre estas a divisão do trabalho de cuidado entre homens e mulheres, desigualdades econômicas e raciais. A necessidade de isolamento social fez com que algumas atividades econômicas fossem desaceleradas ou interrompidas e transformou a dinâmica das famílias drasticamente.

Ao mesmo tempo, foi de vital importância manter em funcionamento atividades como saúde, assistência social, alimentação e educação, por exemplo. Atividades estas que estão dentro do conceito de trabalho de cuidado ou "*care economy*". Assim, o tema se mostra atual e seu debate é essencial para garantir os avanços necessários na proteção dos direitos das mulheres.

Neste contexto, este artigo busca explorar a economia do cuidado a partir de uma perspectiva de gênero. Serão apresentados e explicados os conceitos que envolvem os estudos sobre o tema, como gênero, recorte de raça, economia do cuidado e apontamentos sobre o capitalismo. Após, serão apresentados dados e estudos sobre tema demonstrando a realidade enfrentada pelas mulheres no mundo do trabalho, remunerado ou não. O objetivo é destacar a importância da economia do cuidado e promover uma discussão sobre as questões de gênero relacionadas a essa atividade fundamental para a sociedade e para o avanço das políticas públicas sobre o tema.

Para realizar este artigo foram selecionados estudos sobre o tema economia do cuidado e perspectiva de gênero, pesquisas realizadas pela OIT e ONU Mulheres e também a dissertação de Mestrado da coautora Maria Emília Valli Büttow: "Trabalho doméstico: as percepções sociais sobre a luta por reconhecimento e a nova legislação trabalhista em audiências na Justiça do Trabalho de Pelotas" que estudou a luta por reconhecimento das empregadas domésticas em processos ajuizados na Justiça do Trabalho de Pelotas.

2. *Care*: economia do cuidado

O trabalho de cuidado é aquele realizado no âmbito da residência, muitas vezes invisibilizado, envolve o auxílio no desenvolvimento das capacidades do outro com dedicação e vigilância. Especialmente crianças, pessoas doentes e idosos necessitam deste tipo de atenção e cuidado (trabalho) para poderem se manter dignamente e saudáveis.

Todo o ser humano necessita de cuidados, desde antes do nascimento até o final da vida. Dentro dos lares, o cuidado envolve a maternidade, limpeza, alimentação, compras e até a responsabilidade pelo lazer e conhecimento. Além disso, o afeto muitas vezes é central para que o dever do cuidado se cumpra completamente. Todos os demais setores da sociedade se beneficiam do cuidado.

Este trabalho, também denominado de *care,* corresponde a um tipo de trabalho que remete ao "cuidado com o outro" e dando "atenção a outrem", "visando melhorar o seu bem-estar" e historicamente, por vezes, foi gratuito e invisível, nem sempre considerado digno de reconhecimento social e compensação financeira (HIRATA, 2012).

Quando falamos do trabalho de cuidado não remunerado, sabemos que culturalmente este trabalho recai sobre as mulheres, baseado no senso comum de comum que para as mulheres o afeto pelos familiares é natural, em lado oposto ao trabalho remunerado assumido pelos homens.

O trabalho de cuidado remunerado também é permeado e definido pela divisão sexual do trabalho, pois aqueles que são desempenhados massivamente por mulheres tem menores remunerações e jornada mais intensa de trabalho:

> "Os trabalhos de cuidado remunerados, normalmente profissões da área da saúde, também reforçam a divisão sexual do trabalho com salários mais baixos para cargos tradicionalmente considerados femininos. Profissões nas quais as mulheres são maioria, como enfermagem, hotelaria, alimentação, limpeza, e assistência social, pagam salários inferiores em comparação às profissões majoritariamente masculinas, ainda que na área de **cuidado**" (LEGNAIOLI, 2021).

Não raras vezes desempenhado após uma jornada de trabalho fora de casa, num terceiro turno de trabalho, o cuidado é atrelado ao maternar e a características de cuidado e amor feminino, desconsiderando a carga exaustiva que isso pode significar e ainda abnegações pessoais e profissionais que precisaram ser feitas para o seu desenvolvimento.

É essencial à vida humana e invisível para o capital. Realizado no ambiente doméstico, em alguns casos desempenhado por empregadas, embora não tenha como finalidade conferir lucro a quem lhe contrata, e sim, prestar serviços em prol do empregador e de sua família, tem valor econômico agregado pois a atividade de cuidado permite que outras atividades no mercado de trabalho sejam desenvolvidas.

Para tanto, é necessário reconhecer a importância deste tipo de serviço para a economia dos países. Sem o trabalho exercido pelas mulheres, de cuidado com a casa e família seria difícil que a indústria, os bancos e o setor de serviços pudessem ter se desenvolvido da maneira como se desenvolveram no mundo moderno. O fato de o *care*, quando da divisão das tarefas domésticas, recair usualmente nas mulheres as impede de ter um trabalho em período integral que permita uma remuneração decente, impede que elas tenham como garantia uma aposentadoria e independência, embora exerçam papel fundamental ao desenvolvimento da sociedade.

O envelhecimento da população e a diminuição da taxa de natalidade em diversos países apontam para o fato de que, cada vez mais, a sociedade precisará de pessoas desempenhando este papel de cuidado.

Para a organização ONU Mulheres, é necessário um reconhecimento formal da importância desse tipo de trabalho, tanto o *care* não remunerado, quanto o trabalho doméstico exercido pelas empregadas, historicamente vêm suprindo serviços públicos e infraestruturas defasadas e carentes, como serviços de creches, escolas e saúde pública e são estatisticamente realizados por mulheres. Isto representa, além de uma carga injusta, uma barreira para a profissionalização e inserção das mulheres no mercado de trabalho, refletindo, inclusive na igualdade de remuneração (ONU Mulheres, 2017).

Igualmente, a responsabilidade de administração do lar, consistente em uma combinação diária de cuidado, afeto e também atividade econômica para gerir os recursos da família faz com que a mulher viva uma relação de cooperação e conflito incessantes com a própria família (ZELIZER, 2011).

Para Hirata (2016), o trabalho de cuidado é desvalorizado pelos salários baixos e ausência de reconhecimento social. Ademais não se pode olvidar da reflexão das causas de o trabalho doméstico ainda hoje ser majoritariamente feminino (ANGELIN; TRUZZI, 2013) e ainda demasiadamente desvalorizado. No mais, no estudo do tema há de ser levado em consideração que a maioria das mulheres empregadas domésticas no Brasil são negras (ANGELIN; TRUZZI, 2013) e de origem pobre. Além disso, é comum que o trabalho doméstico permaneça por gerações nas famílias, replicando-se a cada nova geração, sendo extremamente difícil para que as mulheres rompam com esta lógica, conforme reafirma o excerto abaixo.

> Conforme se observa, o trabalho doméstico é uma forma de ocupação muito comum no Brasil entre meninas adolescentes negras e provenientes, sobretudo, de famílias pobres. Consiste numa extensão do trabalho doméstico de adultos, tendo as mesmas características, escancarando o forte sistema estratificado de gênero, classe e cor assentado sob ele [...] (ANGELIN; TRUZZI, 2013, p. 64).

Neste contexto, é necessário compreender as diferenças históricas entre trabalhos considerados masculinos e trabalhos considerados femininos. Estas diferenças foram construídas a partir de uma hierarquia social em que o trabalho doméstico, via de regra desempenhado por mulheres, sempre foi desvalorizado e colocado aquém de outros trabalhos. Esta escala hierárquica não favoreceu o reconhecimento das tarefas domésticas como trabalho em si, sendo considerado apenas uma condição de uma vida doméstica organizada para possibilitar que homens e mulheres pudessem, fora de casa, exercer atividades laborais lucrativas e com relevância econômica (ANGELIN; TRUZZI, 2013).

Considerado um trabalho do *care* (cuidado), o trabalho doméstico está fortemente relacionado ao feminino, guardando também íntima relação com questões de raça e classe.

> É importante ressaltar que a questão de gênero estabelece padrões determinados dentre as relações sociais entre homens e mulheres, ou seja, consiste em uma ferramenta apta a explicar as interações sociais entre os sujeitos (ANGELIN; TRUZZI, 2013), fundamentalmente aquelas que dizem respeito ao fato deste tipo de trabalho ser usualmente exercido por mulheres pobres e, com bastante frequência, negras, o que implica fortes recortes de gênero, classe e de raça.

Ainda, é imperativo compreender a questão gênero como uma construção histórica e social que manteve ao longo do tempo ligação íntima com o desenvolvimento econômico da sociedade em geral. Neste sentido, as questões e relações de gênero trabalham como estruturas e organizam as sociedades naturalizando e justificando fatos sociais, como o trabalho doméstico (ANGELIN; TRUZZI, 2013).

O trabalho doméstico guarda estrita relação com aquilo que é tido por feminino, ou seja, as qualidades de cuidado, amor e afeto comumente ligados ao comportamento feminino. O estudo desta relação é necessário para compreender os motivos que fizeram com que este tipo de relação de trabalho encontrasse tantos obstáculos na luta pelo reconhecimento jurídico-trabalhista e reconhecimento social.

Após a proibição do tráfico de escravos em 1850, através da lei Eusébio de Queiroz, iniciou-se no Brasil uma preocupação em regular estas relações entre patrões e empregados e senhores de escravos e escravos, bem como pautar as relações de trabalho doméstico e escravidão, passando ambos a serem vistos a partir de uma abordagem contratualista. Ou seja, a legislação que amparava e regulava esta prestação de serviços era civil, sem qualquer viés trabalhista.

Após, desde o advento da CLT em 1943 até o ano de 2015, o trabalho doméstico ficou à margem das garantias e direitos sociais dos demais cidadãos, perpetuando características e estigmas do trabalho escravo. As trabalhadoras domésticas precisaram lutar arduamente para conquistar alguns direitos que para os demais trabalhadores já estavam dados e garantidos pelo menos na legislação trabalhista.

A Lei Complementar n. 150/2015, conhecida como PEC das domésticas, foi resultado de um longo processo de luta das trabalhadoras e de setores da sociedade brasileira sensíveis à necessidade do reconhecimento jurídico dos direitos e garantias sociais desta modalidade de emprego que historicamente foi exercido na informalidade e, de modo recorrente, sem o acesso a garantias mínimas de direitos trabalhistas, com bastante frequência permeadas por relações de abusos patronais.

> A nova legislação não **se** trata apenas de garantias trabalhistas e retribuição financeira com salários dignos, mas de um necessário equilíbrio social de respeito mútuo entre empregadas e patrões e fim da opressão e marginalização do trabalho doméstico, uma necessária "reinvenção da sociedade, baseada em novos valores e princípios" (Bernardino-Costa, 2015, p. 59), pois o trabalho doméstico que mantém a organização da casa das famílias e o cuidado com as crianças e idosos se mostrou indispensável para o desenvolvimento econômico ao longo do tempo, pois possibilita e facilita o trabalho fora do lar, promovendo um ambiente digno para toda a família, estando sim inserido na cadeia produtiva.

No caso das empregadas domésticas, o fato de não produzirem riquezas para a economia nacional inabilitava o acesso ao guarda-chuva protetivo da CLT, exatamente por entender-se, que o trabalho doméstico não se inscrevia na estrutura produtiva da modernização urbano-industrial que se impunha à economia brasileira da época. Desse modo, o trabalho doméstico foi deixado à mercê de uma sociabilidade privada guiada pelas relações pessoais hierarquizadas entre patrões e empregadas.

3. O que os dados nos dizem sobre a economia do cuidado e as desigualdades de gênero

Debruçada sobre o tema, a Organização Internacional do Trabalho (OIT) investe em pesquisas e estudos sobre a economia do cuidado e os trabalhadores, remunerados ou não, que realizam estas atividades.

Em recente estudo, foi verificado que em 2018, 314 milhões de pessoas exerceram o trabalho de cuidado não remunerado. Se este trabalho fosse pago com base num salário mínimo por hora, representariam 23,8% do PIB na Alemanha e 8,3% do PIB na Romênia[(1)].

De acordo com o Banco Mundial, o impacto econômico do trabalho de cuidado não remunerado é significativo: As estimativas demonstram que se o trabalho não remunerado fosse remunerado e incluído no PIB, o valor agregado seria de US$ 10 trilhões, o que representa cerca de 13% do PIB global[(2)].

---

(1) ILO. (2020) *Care work and care jobs for the future of decent work:* Key findings and messages Europe and Central Asia, página 1. Disponível em: <https://www.ilo.org/wcmsp5/groups/public/---dgreports/---dcomm/documents/publication/wcms_633356.pdf>. Acesso em: 29 abr. 2023.

(2) Banco Mundial. *Women, Business and the Law 2020.* Disponível em: <https://openknowledge.worldbank.org/bitstream/handle/10986/33255/9781464816001.pdf?sequence=2&isAllowed=y>. Acesso em: 29 abr. 2023.

Não causa surpresa que a OIT tenha apresentado outro dado alarmante: Na Europa e Ásia Central, as mulheres realizam 67% do trabalho de cuidado não remunerado, sendo que este indicador aumenta quando envolve crianças pequenas. Este dado representa que as mulheres gastam 2,1 vezes de tempo em trabalho de cuidado não remunerado a mais que os homens(3).

Além disso, quando dentro dos lares, homens e mulheres possuem trabalhos remunerados, o trabalho não remunerado de cuidado (cuidar da casa, filhos, idosos e incapazes) recai mais tempo sobre as mulheres, o que faz com que elas tenham menos tempo disponíveis que os homens para outras atividades.

Já especificamente no Brasil, o Instituto Brasileiro de Geografia e Estatística (IBGE) demonstra que, em 2020, as mulheres brasileiras gastaram, em média, 20,9 horas por semana com afazeres domésticos, enquanto os homens gastaram apenas 10,6 horas por semana(4).

O trabalho não remunerado e a desigualdade de gênero possuem relação direta. Isto porque esta responsabilidade maior pelo trabalho de cuidado que recai sobre as mulheres acaba se tornando mais uma barreira para o ingresso no mercado de trabalho. Por outro lado, as mulheres muitas vezes tem menos oportunidades de educação e emprego, o que as torna mais propensas a realizar trabalho não remunerado em casa(5). Ou seja, a estrutura de desigualdade de gênero se retroalimenta da vulnerabilidade das mulheres. Todos estes fatores limitam a participação das mulheres no mercado de trabalho, afetando a sua independência financeira e seguridade social.

A OIT confirma esta percepção, de que a barreira entre os indivíduos e o mercado de trabalho é maior para as mulheres, especialmente para as que tem filhos. Isto se dá pela falta de estrutura dos países no fornecimento de creches e escolas de tempo integral e trabalhadores especializados no cuidado de crianças, idosos e portadores de necessidades especiais(6).

Em março de 2023 a Organização Internacional do Trabalho desenvolveu e lançou o *"Jobs Gap"*, um indicador e informe que identifica pessoas que querem, mas que não conseguem vagas no mercado de trabalho, por diferentes motivos. Neste estudo é

---

(3) ILO. (2020) *Care work and care jobs for the future of decent work:* Key findings and messages Europe and Central Asia, página 1. Disponível em: <https://www.ilo.org/wcmsp5/groups/public/---dgreports/---dcomm/documents/publication/wcms_633356.pdf>. Acesso em: 29 abr. 2023.

(4) Instituto Brasileiro de Geografia e Estatística. (2021). *PNAD Contínua 2020.* Disponível em: <https://www.ibge.gov.br/estatisticas/sociais/trabalho/17270-pesquisa-nacional-por-amostra-de-domicilios-continua-mensal.html?=&t=o-que-e>. Acesso em: 15 abr. 2023.

(5) ONU. Mulheres. (2015). *Progress of the World's Women 2015-2016:* Transforming economies, realizing rights. Disponível em: <https://www.unwomen.org/-/media/headquarters/attachments/sections/library/publications/2015/progress-of-the-worlds-women-2015-2016-en.pdf?vs=5176>. Acesso em: 20 abr. 2023.

(6) ILO. (2020) *Care work and care jobs for the future of decent work:* Key findings and messages Europe and Central Asia, página 1. Disponível em: <https://www.ilo.org/wcmsp5/groups/public/---dgreports/---dcomm/documents/publication/wcms_633356.pdf>. Acesso em: 29 abr. 2023.

possível analisar as dificuldades de acesso ao emprego enfrentada pelas mulheres e como a desigualdade de gênero é uma lamentável realidade em todo o mundo.

De acordo com o estudo, as mulheres enfrentam mais dificuldades para conquistar vagas de emprego do que os homens. A pesquisa demonstra que existe uma diferença de ocupação entre as homens e mulheres de 25 até 54 anos de idade de 29.2%. Ou seja, nesta faixa etária, as mulheres apresentam uma taxa de ocupação remunerada de 61,4% enquanto que os homens apresentam uma taxa de ocupação remunerada de 90.6%(7). Para a OIT, este fenômeno pode ser explicado pela maternidade e o fato de que o cuidado dos filhos recai majoritariamente para as mulheres:

> As mães de crianças pequenas têm menos chance de participar no mercado de trabalho do que os seus pares (a "penalização da maternidade"), enquanto os pais apresentam taxas de participação mais elevadas (um "prémio de paternidade"). Embora a participação das mulheres seja reduzida pela presença de filhos pequenos em todos os níveis de rendimento, existem grandes variações na penalização da maternidade entre os diferentes níveis de renda. A proporção de penalização da maternidade mais elevada, de 19,8%, é observada nos países de rendimento médio-alto, o que significa que as mães participam quase 20% menos do que a média entre as pessoas com idades compreendidas entre os 25 e os 54 anos. A penalização nos países de renda elevado é de 13,2%. As proporções mais baixas são observadas nos países de renda média-baixa, com 4,3%, seguidos dos países com baixa renda, com 5,4% (Tradução livre, ILO, 2023).

Neste sentido, as mulheres que são mães sofrem uma dura penalização dentro do mercado de trabalho, enfrentando mais dificuldades do que as mulheres que não são mães. Mas esta diferença fica ainda maior quando comparada com homens da mesma idade, sendo eles pais ou não. O estudo ainda demonstra que tais indicadores permaneceram inalterados nas últimas duas décadas, demonstrando a urgência de estudos e providências para reduzir estas desigualdades(8).

A responsabilidade que recai sobre as mulheres quando falamos de trabalhos que envolvem cuidados ainda reflete na possibilidade de as mulheres conseguirem empregos de mais qualidade e com melhor remuneração. O trabalho de cuidado não remunerado,

---

(7) ILO. (2023) *Diferenças de gênero no emprego são maiores do que se pensava, segundo relatório da OIT.* Disponível em: <https://www.ilo.org/brasilia/noticias/WCMS_870795/lang--pt/index.htm>. Acesso em: 20 abr. 2023.

(8) *Idem.*

de acordo com a OIT, na Europa e Ásia central, é o maior obstáculo para as mulheres conquistarem melhores vagas de emprego e melhor remuneração[9].

Nas regiões acima mencionadas, as mulheres, mesmo que trabalhem fora de casa, não conseguem trabalhar o mesmo número de horas que os homens, em virtude de suas responsabilidades com o cuidado da casa, filhos e idosos. Estas mulheres também estão mais propensas a trabalharem de forma autônoma, sem vínculo de emprego e seguridade social, em comparação com homens com ou sem filhos ou outras mulheres que não carregam tais responsabilidades[10].

A pandemia da Covid-19 agravou a desigualdade de gênero, pois as mulheres foram as mais afetadas pelas consequências da pandemia e tiveram que lidar com um aumento na carga de trabalho não remunerado, principalmente devido ao fechamento de escolas e creches[11].

Além disso, os estudos demonstram que os trabalhadores que estão inseridos na economia do cuidado acabam recebendo uma remuneração menor pelo seu trabalho, em virtude do estigma que tais atividades carregam. Usualmente ocupadas por mulheres, estas vagas exigem longas horas de trabalho e pouca remuneração[12].Na Europa estas vagas são ocupadas por mulheres imigrantes e muitas vezes de maneira informal. Elas trabalham com cuidado de crianças e idosos, saúde e trabalho social.

Na área da saúde, as mulheres ocupam majoritariamente as funções de enfermeiras e parteiras, percebendo uma remuneração até 60% menor que médicos e assistentes de médicos na Polônia, por exemplo[13].

Quanto ao trabalho doméstico, dados apontam que no Brasil há aproximadamente 7,2 milhões de empregados domésticos, sendo que, entre estes, aproximadamente 93% são mulheres, sendo que a maioria destas trabalhadoras não possuem carteira assinada[14]. Assim, são trabalhadoras com baixa renda, sem proteção social e, por vezes, submetidas a condições extremas de trabalho.

---

(9) ILO. (2020) *Care work and care jobs for the future of decent work:* Key findings and messages Europe and Central Asia, página 1. Disponível em: <https://www.ilo.org/wcmsp5/groups/public/---dgreports/---dcomm/documents/publication/wcms_633356.pdf>. Acesso em: 29 abr. 2023.

(10) ILO. (2020) *Care work and care jobs for the future of decent work:* Key findings and messages Europe and Central Asia, página 1. Disponível em: <https://www.ilo.org/wcmsp5/groups/public/---dgreports/---dcomm/documents/publication/wcms_633356.pdf>. Acesso em: 29 abr. 2023.

(11) ONU Mulheres. (2020). *COVID-19 and Gender Equality:* Countering the Regressive Effects. Disponível em: <https://www.unwomen.org/-/media/headquarters/attachments/sections/library/publications/2020/issue--brief-covid-19-and-gender-equality-en.pdf?la=en&vs=1406>. Acesso em: 20 abr. 2023.

(12) ILO. (2020) *Care work and care jobs for the future of decent work:* Key findings and messages Europe and Central Asia, página 1. Disponível em: <https://www.ilo.org/wcmsp5/groups/public/---dgreports/---dcomm/documents/publication/wcms_633356.pdf>. Acesso em: 29 abr. 2023.

(13) *Idem*.

(14) Instituto Doméstica Legal. *Senadores "Salvem o emprego doméstico brasileiro".* Disponível em: <http://www.domesticalegal.org.br/Senadores%20%20-20Salvem%20o%20emprego%20dom%C3%A9stico%20brasileiro.pdf>. Acesso em: 28 abr. 2023.

Outro fator importante é o significativo recorte de raça, dentre as trabalhadoras domésticas, temos um número significativo de mulheres negras, pardas e mestiças, correspondente a 4,5 milhões, isto é, a 70% do universo dos empregados domésticas[(15)].

Não se pode ignorar o fato de que no Brasil o trabalho doméstico guarda íntima relação com o trabalho escravo. Historicamente, a escrava "de casa" possuía privilégios que os demais escravos não tinham acesso. No entanto, esta relação mais próxima a submetia a maior controle e fiscalização, que não raro, era acompanhado também de violência , de acordo com Bernardino-Costa[(16)].

Com o advento da de Lei Áurea, a abolição da escravidão no Brasil se deu de forma cruel pois não existiram na época políticas de inserção na sociedade e no mercado de trabalho. Consequentemente, a relação de trabalho escravo doméstico sofreu transformações e se tornou no que hoje conhecemos como trabalho doméstico. Infelizmente, com características que podem ser identificadas até hoje:

> Desse modo, é possível compreender porque mesmo após o período escravista, as negras continuaram a ocupar esses postos de trabalho: não se tratou apenas de um recurso para a ocupação de postos de trabalho assalariado diante da concorrência frente à mão de obra imigrante, mas representou a possibilidade da classe dominante em manter a estrutura política, social e econômica vigente, impossibilitando de forma subjetiva e objetiva a distribuição de renda e a ascensão da insurgente classe trabalhadora negra (SANTOS, 2014. p. 8).

No âmbito do trabalho doméstico remunerado a informalidade e baixa remuneração é exponencial. Assim, a luta destas trabalhadoras pelo reconhecimento profissional e reconhecimento de seus direitos ainda está longe de terminar.

> Entender o reconhecimento como uma questão de *status* significa examinar os padrões institucionalizados de valoração cultural em função de seus efeitos sobre a posição relativa dos atores sociais. Se e quando tais padrões constituem os atores como *parceiros* capazes de participar como iguais, com os outros membros, na vida social, aí nós podemos falar de reconhecimento recíproco e igualdade de *status*. Quando, ao contrário, os padrões institucionalizados de valoração cultural constituem alguns atores como inferiores, excluídos, completamente "os outros" ou simplesmente invisíveis, ou seja, como menos do que parceiros integrais na interação social, então nós po-

(15) *Idem.*

(16) BERNARDINO-Costa, Joaze. *Saberes subalternos e decolonialidade:* os sindicatos das trabalhadoras domésticas no Brasil. Brasília: Editora Universidade de Brasília, 2015.

> demos falar de não reconhecimento e subordinação de *status* (FRASER, Nancy, 2007, p. 108).

Ainda hoje as empregadas domésticas não são consideradas "parceiros capazes de participar como iguais" como elucida Fraser (2007). Se é difícil hoje encontrar um exemplo de um trabalhador comum que esteja em pé de igualdade com seu empregador, para as domésticas isto se torna praticamente impossível.

Esta situação é imposta por uma injusta valoração que foi institucionalizada na cultura capitalista: a discriminação do trabalho feminino e do trabalho doméstico. Como consequência disso percebemos uma parcela de mulheres trabalhadoras que sofrem com baixa ou nenhuma remuneração, jornadas exaustivas ou dupla jornada (trabalho fora e dentro dos lares) e pouco descanso.

Em pesquisa realizada em 2017 na Justiça do Trabalho de Pelotas, nos processos envolvendo empregadas domésticas foi possível constatar que em todas as demandas em que foram observadas as audiências o principal pedido era de reconhecimento do vínculo de emprego entre a empregada e a patroa. Logo após vinha o pedido de pagamento do salário mínimo e férias(17).

Foi realizado o acompanhamento de 29 audiências trabalhistas envolvendo demandas de empregadas domésticas. Dentre estas, em 16 demandas o principal pedido era de reconhecimento de vínculo de emprego. Em 15 destes processos havia o pedido de agamento do salário mínimo. Por fim, entre os 29 processos, 4 tiveram sentenças procedentes e foram realizados acordos em mais 13 processos(18).

Os diversos estudos e dados apontados nos ajudam a perceber e constatar como o trabalho envolvendo o cuidado, remunerado ou não, pode perpetuar os estereótipos de gênero, que coloca as mulheres como responsáveis por cuidados e atividades domésticas em virtude da suposta natureza afetuosa destas atividades, e os homens como provedores financeiros. Essa divisão desigual de trabalho leva a uma desvalorização do trabalho das mulheres e subestima o valor de suas contribuições para a economia e a sociedade.

4. Considerações finais

A economia do cuidado é um tema complexo e de grande importância para a sociedade e a economia em geral. Por um lado, a prestação de cuidados é essencial para o bem-estar de todas as pessoas e da sociedade, por outro, é tratado como um trabalho

---

(17) BÜTTOW, Maria Emilia Valli. *Trabalho doméstico:* as percepções sociais sobre a luta por reconhecimento e a nova legislação trabalhista em audiências na Justiça do Trabalho de Pelotas. Pelotas. 2017. Dissertação (Mestrado em Sociologia) – Instituto de Ciências Humanas, Programa de Pós-Graduação em Sociologia, Universidade Federal de Pelotas. Pelotas. Disponível em: <http://guaiaca.ufpel.edu.br:8080/handle/prefix/4005>. Acesso em: 10 abr. 2023.

(18) *Idem.*

invisível, tanto de forma remunerada quanto não remunerada e normalmente realizado por mulheres.

Mesmo com tamanha importância, a desigualdade de gênero acaba perpetuando estigmas de desvalorização e falta de reconhecimento em todo o mundo. As mulheres enfrentam baixas ou nenhuma remuneração, barreiras significativas no mercado de trabalho devido à sobrecarga do trabalho de cuidado que muitas vezes recai sobre elas somada ao trabalho fora de casa que muitas vezes é informal.

Além disso, a desigualdade de gênero também é perpetuada pela falta de políticas públicas que promovam a igualdade de oportunidades para homens e mulheres. Tal realidade permanece praticamente imutável há pelo menos duas décadas, de acordo com a OIT.

Jogar luz sobre estes temas é fundamental para que sejam adotadas medidas e políticas públicas para promover a valorização do trabalho de cuidado e a distribuição mais justa e equitativa desse trabalho entre homens e mulheres. O reconhecimento por parte de governos e empresas é essencial para que possamos ver a diminuição da desigualdade de gênero em relação ao trabalho que envolve o cuidado.

Para que o futuro apresente melhores respostas a estas questões é essencial a promoção de políticas que promovam maior igualdade na divisão deste trabalho. Por exemplo licença parental mais igualitária, assistência à infância e ao cuidado de idosos, assistência financeira, além de investimentos em serviços de cuidado como saúde e educação que sejam acessíveis e de qualidade.

Quanto ao trabalho de cuidado remunerado, este deve ser valorizado com maiores remunerações, condições mais dignas de trabalho e qualificação. É essencial que mais pessoas estejam dispostas a desempenhar este papel tão importante para a manutenção e desenvolvimento da nossa sociedade.

Referências

ANGELIN, Paulo Eduardo; TRUZZI, Oswaldo Mário Serra. Patroas e adolescentes trabalhadoras domésticas: Relações de trabalho, gênero e classes sociais. *Revista Brasileira de Ciências Sociais*, vol. 30. n. 89, out. 2015.

BANCO MUNDIAL. *Women, Business and the Law 2020.* Disponível em: <https://openknowledge.worldbank.org/bitstream/handle/10986/33255/9781464816001.pdf?sequence=2&isAllowed=y>. Acesso em: 29 abr. 2023.

BRASIL. *Lei n. 581, de 04 de setembro de 1850.* Lei Euzébio de Queiroz. Disponível em: <https://www.planalto.gov.br/ccivil_03/leis/lim/lim581.htm#:~:text=Estabelece%20medidas%20para%20a%20repress%C3%A3o,N%C3%B3s%20Queremos%20a%20Lei%20seguinte>. Acesso em: 29 abr. 2023.

______. *Decreto-lei n. 5.452, de 1º de maio de 1943.* Consolidação das Leis do Trabalho. Disponível em: <https://www.planalto.gov.br/ccivil_03/decreto-lei/del5452.htm>. Acesso em: 29 abr. 2023.

______. *Lei Complementar n. 150, de 1º de junho de 2015*. PEC das Domésticas. Disponível em: <https://www.planalto.gov.br/ccivil_03/leis/lcp/lcp150.htm>. Acesso em: 29 abr. 2023.

BERNARDINO-COSTA, Joaze. *Saberes subalternos e decolonialidade:* os sindicatos das trabalhadoras domésticas no Brasil. Brasília: Editora Universidade de Brasília, 2015.

BIT – Bureau Internacional do Trabalho. Trabalho digno para o trabalho doméstico: quarto ponto da ordem de trabalhos. *Relatório*. Genebra. BIT. (2010) Disponível em: <http://www.ilo.org/public/portugue/region/eurpro/lisbon/pdf/pub_trabdomestico.pdf>. Acesso em: 30 maio 2016.

BRESSIANI, Nathalie. Redistribuição e reconhecimento — Nancy Fraser entre Jürgen Habermas e Axel Honneth. Cad. *CRH*, Salvador, v. 24, n. 62, p. 331-352, ago. 2011.

BÜTTOW, Maria Emilia Valli. *Trabalho doméstico:* as percepções sociais sobre a luta por reconhecimento e a nova legislação trabalhista em audiências na Justiça do Trabalho de Pelotas. Pelotas. 2017. Dissertação (Mestrado em Sociologia) – Instituto de Ciências Humanas, Programa de Pós-Graduação em Sociologia, Universidade Federal de Pelotas. Pelotas. Disponível em: <http://guaiaca.ufpel.edu.br:8080/handle/prefix/4005>. Acesso em: 10 abr. 2023.

FRASER, Nancy. Reconhecimento Sem Ética? 70, São Paulo: *Lua Nova*: 101-138, 2007.

HIRATA Helena, «Mulheres brasileiras: relações de classe, de "raça" e de gênero no mundo do trabalho». *Confins* [*Online*], 26 | 2016, *post online* no dia 22 fev. 2016. Disponível em: <http://confins.revues.org/1075>. DOI: 10.4000/confins.10754.

HIRATA, Helena; GUIMARÃES, Nádya Araujo. *Cuidado e cuidadoras:* As várias faces do trabalho do *care*. São Paulo: Atlas, 2012.

HONNETH, Axel. *Luta por reconhecimento: a gramática moral dos conflitos sociais*. 2. ed. São Paulo: Editora 34, 2009.

ILO. (2020). *Care work and care jobs for the future of decent work Key findings and messages Europe and Central Asia*, página 1. Disponível em: <https://www.ilo.org/wcmsp5/groups/public/---dgreports/---dcomm/documents/publication/wcms_633356.pdf>. Acesso em: 29 abr. 2023.

______. (2023). *Diferenças de gênero no emprego são maiores do que se pensava, segundo relatório da OIT*. Disponível em: <https://www.ilo.org/brasilia/noticias/WCMS_870795/lang--pt/index.htm>. Acesso em: 20 abr. 2023.

INSTITUTO BRASILEIRO DE GEOGRAFIA E ESTATÍSTICA. (2021). *PNAD Contínua 2020*. Disponível em: <https://www.ibge.gov.br/estatisticas/sociais/trabalho/17270-pesquisa-nacional-por-amostra-de-domicilios-continua-mensal.html?=&t=o-que-e>. Acesso em: 15 abr. 2023.

INSTITUTO DOMÉSTICA LEGAL. Senadores *"Salvem o emprego doméstico brasileiro"*. Disponível em: <http://www.domesticalegal.org.br/Senadores%20%20-%20Salvem%20o%20emprego%20dom%C3%A9stico%20brasileiro.pdf>. Acesso em: 28 abr. 2023.

LEIGNAIOLI, Stella. *Economia do cuidado:* o trabalho invisível feminino. Disponível em: <https://www.ecycle.com.br/economia-do-cuidado/>. Acesso em: 20 abr. 2023.

MULLER, Eliane Fransieli; MOSER, Liliane. *Economia do Cuidado:* um debate conceitual. Disponível em: <https://repositorio.ufsc.br/handle/123456789/242785>. Acesso em: 14 abr. 2023.

ONU Mulheres. (2015). *Progress of the World's Women 2015-2016:* Transforming Economies, Realizing Rights. Disponível em: <https://www.unwomen.org/-/media/headquarters/attachments/sections/library/publications/2015/progress-of-the-worlds-women-2015-2016-en.pdf?vs=5176>. Acesso em: 20 abr. 2023.

______. (2020). *COVID-19 and Gender Equality:* Countering the Regressive Effects. Disponível em: <https://www.unwomen.org/-/media/headquarters/attachments/sections/library/publications/2020/issue-brief-covid-19-and-gender-equality-en.pdf?la=en&vs=1406>. Acesso em: 20 abr. 2023.

______. *Organização das Nações Unidas. Trabalho doméstico não remunerado representa até 39% do PIB dos países*, diz ONU Mulheres. Publicado em 06 mar. 2017. Disponível em: <https://nacoesunidas.org/trabalho-domestico-nao-remunerado-representa-ate-39-do-pib-dos-paises-diz-onu-mulheres/>. Acesso em: 23 abr. 2023.

ORGANIZAÇÃO INTERNACIONAL DO TRABALHO. Escritório no Brasil. *Convenção e Recomendação sobre Trabalho Decente para as Trabalhadoras e os Trabalhadores Domésticos.* Disponível em: <https://www.ilo.org/wcmsp5/groups/public/---ed_protect/---protrav/---travail/documents/publication/wcms_169517.pdf>. Acesso em: 29 abr. 2023.

ROMÃO, Rita. 2020. *Quem cuida de quem cuida?* Disponível em: <https://lab.thinkolga.com/quem-cuida-de-quem-cuida/>. Acesso em: 25 abr. 2023.

SANTOS, Denise do Nascimento. Senhores e escravos, patrões e empregados: heranças escravistas em questão no momento em que se regulamenta o trabalho doméstico. *Revista Libertas.* UFJF. 2014. Disponível em: <http://libertas.ufjf.emnuvens.com.br/libertas/article/view/2886>. ISSN: 19808518. Acesso em: 29 abr. 2023.

SANTOS, W. G. *Cidadania e justiça social:* a política social na ordem brasileira. Rio de Janeiro: Campus, 1987.

SOUZA, Jessé. *Ralé brasileira:* quem é e como vive. Jessé Souza: colaboradores André Grillo... [*et al.*] – Belo Horizonte: Editora UFMG, 2009.

ZELIZER, Viviana A. *A negociação da intimidade.* Tradução de Daniela Barbosa Henriques. Petrópolis: Vozes, 2011 – (Coleção Sociologia).

Um Discrímen Necessário: O Art. 386 da CLT

Adriana L. Saraiva Lamounier Rodrigues

Meilliane Pinheiro Vilar Lima

Resumo: O presente artigo, cuja metodologia é por revisão bibliográfica e análise legislativa e jurisprudencial, terá como objetivo analisar o direito das mulheres ao descanso aos domingos, como determinado no art. 386 da CLT. Diante disso, faz-se uma análise acerca do trabalho feminino no Brasil e do trabalho de cuidado e da necessidade da discriminação positiva por meio de normas protetivas às mulheres trabalhadoras, propondo a manutenção do entendimento do Tribunal Superior do Trabalho, de modo a se preservar interpretação conforme o Direito Constitucional do Trabalho e o Direito Antidiscriminatório do Trabalho.

Palavras-chave: Discriminação positiva — Descanso aos domingos — Direitos celetistas das mulheres.

"O 'cuidar da casa' (ou 'tomar conta da casa'), assim como o 'cuidar das crianças' (ou 'tomar conta das crianças') ou até mesmo o 'cuidar do marido', ou 'dos pais', têm sido tarefas exercidas por agentes subalternos e femininos, os quais (talvez por isso mesmo) no léxico brasileiro têm estado associados com a submissão, seja dos escravos (inicialmente), seja das mulheres, brancas ou negras (...)"

Guimarães, Hirata e Sugita, 2012, p. 82.

1. Introdução

As mulheres ocupam um espaço essencial no capitalismo, especialmente, porque respondem pela reprodução, pelo cuidado e pela manutenção da força de trabalho, em grande parte explorada e espoliada. A sofisticada estratégia de dominação feminina, cujas raízes se entrelaçam com cercamento da primeira propriedade privada, naturalizou a obrigação da mulher em manter, nutrir e reproduzir a mão de obra futura.

Todavia, a história demonstra que as mulheres conseguiram alcançar variadas posições no mercado de trabalho, ainda que obrigadas a assumirem também o trabalho de cuidado.

De acordo com Molinier[1], os conceitos de cuidado abrangem uma constelação de estados físicos ou mentais e de atividades ligadas à gravidez, criação e educação das crianças, aos cuidados com as pessoas, ao trabalho doméstico e, de forma mais abrangente, qualquer trabalho realizado a serviço das necessidades dos outros.

É patente que o trabalho de cuidado é central para o funcionamento do sistema capitalista, pois se constitui como "uma condição de possibilidade de fundo indispensável"[2], sendo ainda realizado majoritariamente por mulheres.

Segundo dados de 2020 da Oxfam[3], é estimado que mulheres e meninas, no mundo todo, dedicam gratuitamente 12,5 bilhões de horas todos os dias ao trabalho de cuidado, comprovando estatisticamente, que "o cuidar cotidiano da casa, das crianças, dos idosos, dos pais, dos maridos, das famílias tem sido tarefas exercidas por atrizes femininas e subordinadas"[4].

Hoje, no contexto brasileiro, os poucos e valiosos direitos trabalhistas conquistados são frequentemente atacados sob a justificativa de uma igualdade jurídica, apartada da realidade social, política e econômica das mulheres brasileiras, especialmente as de baixa renda ocupantes de postos formais de trabalho.

É nesse contexto que se propõe discutir a aplicabilidade do art. 386 da CLT, com as lentes da discriminação legal positiva e à luz da mais recente jurisprudência sobre o tema. A referida norma legal trata do trabalho feminino aos domingos e estatui que deve haver uma escala de revezamento quinzenal para mulheres que trabalham aos domingos, ou seja, a cada domingo trabalhado o próximo, necessariamente, será de descanso.

O presente artigo partirá de uma breve análise do conceito de discriminação positiva sustentado na intepretação do art. 386 da CLT como norma de discrímen necessário e à luz do princípio da igualdade.

Em seguida, serão apresentadas breves considerações sobre o trabalho feminino no Brasil atual e sobre a intepretação do art. 386 da CLT com base nas recentes decisões do TST e do STF.

---

(1) MOLINIER, Pascale. O ódio e o amor, caixa preta do feminismo? Uma crítica da ética do devotamento. *Psicologia em Revista*, Belo Horizonte, v. 10, n. 16, p. 227-242, dez. 2004, p. 229.

(2) FRASER, Nancy. Por Trás do laboratório secreto de Marx: por uma concepção expandida do Capitalismo. *Direito e Práxis*, Rio de Janeiro, vol. 06, n. 10, 2015, p. 713.

(3) OXFAM. Tempo de cuidar: o trabalho de cuidado não remunerado e mal pago e a crise global da desigualdade. Relatório, janeiro de 2020. Disponível em: <https://www.oxfam.org.br/publicacoes/>. Acesso em: 10 jun. 2023.

(4) CARNEIRO, Bruna Salles. *Cuidado (In)subordinado:* convergências para uma crítica feminista à subordinação no direito do trabalho. Dissertação (Mestrado), Faculdade de Direito da UFMG. Disponível em: <http://hdl.handle.net/1843/47308>, p.16.

Por fim, serão discutidos os aspectos os aspectos sociais e econômicos que justificam a escala de repouso quinzenal da mulher aos domingos no contexto de desproteção feminina no mercado de trabalho.

2. O discrímen necessário

A temática subjacente à análise da aplicabilidade do art. 386 da CLT no presente estudo, reside na interpretação do princípio da igualdade e de sua aplicação como instrumento de redução das desigualdades que afetam as mulheres no trabalho.(5)

Fala-se em ação afirmativa, discriminação positiva ou discrímen necessário. Todas essas expressões apesar de distintas, remetem à necessidade de criação ou manutenção de normas, condutas ou ações estatais que visem a criar um patamar mínimo de igualdade entre homens e mulheres no trabalho.

A Constituição Federal de 1988, com vocação social e humanística, acertou ao estabelecer incentivos específicos para promover o acesso e a manutenção da mulher no mercado de trabalho, a par das normas celetista até então existentes. Pode-se dizer que o texto constitucional e as normas celetistas relacionadas ao trabalho da mulher são discrímens necessários, visto que visam a proporcionar um mínimo de igualdade para a mulheres.

Teixeira Filho, ao tecer comentários sobre o trabalho feminino tutelado pela CR, afirma que não há mais justificativas para que sejam mantidos privilégios normativos femininos onde não há mais diferenças biológicas entre o homem e a mulher. Em outras palavras, para o autor somente se justificaria a manutenção de discrímens legais se houver diferenças, baseadas na fragilidade física da mulher em detrimento da masculina na execução de um mesmo trabalho.(6)

Essa visão estritamente biológica parece não ser suficiente para igualar homens e mulheres no trabalho na medida de suas desigualdades. Trata-se de visão maniqueísta que exclui por completo as discussões interpretativas mais profundas de normas com o art. 386 da CLT, que permite que as mulheres estejam aos domingos em casa, segundo uma escala quinzenal.

A interpretação normativa não se sustenta somente sob o ponto vista biológico se se pretende respeitar o princípio constitucional da igualdade. A norma também deve ser interpretada considerando-se as desigualdades sociais vividas pelas mulheres, diante da ausência histórica de políticas públicas sociais direcionadas a arrefecer o desgaste feminino pelo acúmulo socialmente imposto entre o trabalho de cuidado e o formal.

---

(5) VIEGAS, Tiago Machado; ARAUJO, Luis Claudio Martins. Discriminação positiva e as ações afirmativas: Equalização e reparação histórica das minorias estigmatizadas pelas medidas positivas de inclusão no serviço público. *Revista Quaestio Iuris*, [S.l.], v. 9, n. 1, p. 181-204, fev. 2016. Disponível em: <https://www.e-publicacoes.uerj.br/index.php/quaestioiuris/article/view/18102/15799>. Acesso em: 16 abr. 2023.

(6) SÜSSEKIND, Arnaldo; TEIXEIRA, Lima. *Instituições de direito do trabalho*. 22. ed. São Paulo: LTr, 2005. 2 v., p. 986.

As discriminações positivas normativas — art. 386 da CLT — são legitimamente justificadas pelo texto constitucional, quando interpretado segundo uma visão social e humanística, assim como por normas internacionais de direito humanos.(7) Para uma melhor análise desse viés interpretativo, convém tecer alguns comentários prévios sobre a evolução do trabalho feminino no Brasil.

3. Trabalho feminino no Brasil e trabalho de cuidado

O processo industrial brasileiro teve início no final do século XIX e se consolidou no século XX, muito tempo depois da Revolução Industrial na Europa no século XVIII. Apenas em 1930, com a chegada de Vargas ao poder, que os direitos das mulheres no trabalho se tornaram relevantes.

Antes desse período, as trabalhadoras nas fábricas não tinham direito à remuneração pelo trabalho noturno, não tinham proteção pelo trabalho insalubre e chegavam a entrar em trabalho de parto no local de trabalho.(8)

Apenas em 1932, após longas discussões, foi criado o Decreto n. 21.417-A, considerado a primeira lei a tratar do trabalho feminino no Brasil e símbolo do avanço no cenário legal até então estabelecido. O decreto cuidou de temas que afligiam a mão de obra feminina nas fábricas. Proibiu o trabalho noturno, o trabalho em minas de subsolo, em pedreira, em obras publicas e em serviços perigosos/insalubres, além de conferir às mulheres a licença maternidade, o intervalo intrajornada, as horas para amamentação e a guarda das crianças no local de trabalho.(9) Esse fluxo de mudanças foi coroado pela entrada em vigor da Consolidação das Leis Trabalhistas em 1942, que reafirmou a necessidade da tutela do trabalho feminino por meio do capítulo III, integralmente dedicado ao trabalho da mulher.

Na regulação do trabalho no Brasil, desde a década de 1930, a criação das crianças, atenção com a casa e cuidado geral com a família são tratados como de responsabilidade, predominantemente, das mulheres. Ademais, a maternidade, ou a potencialidade de as trabalhadoras serem mães, é uma preocupação da legislação trabalhista desde as primeiras normas votadas ao trabalho feminino(10).

---

(7) O TST no julgamento do E-ED-RR-1606-46.2016.5.12.0001 adotou as seguintes normas para declarar a especialidade do art. 386 da CLT sobre o padrão geral normativo. Vejamos: O art. 7º *caput* e inciso XX da Constituição Federal de 1988; o art. 4º do Pacto Internacional sobre Direitos Econômicos, Sociais e Culturais); o art. 2º.1 do Pacto Internacional sobre Direitos Econômicos, Sociais e Culturais; o art. 26 da Convenção Americana de Direitos Humanos.

(8) SÜSSEKIND, Arnaldo; TEIXEIRA, Lima. *Instituições de direito do trabalho*. 22. ed. São Paulo: LTr, 2005. 2 v., p. 980.

(9) *Ibidem*, p. 986.

(10) VIEIRA, Regina Stela Corrêa. *Saúde e Segurança no Trabalho das Mulheres:* A perspectiva de gênero para a proteção e promoção do meio ambiente laboral equilibrado. São Paulo. 221 f. Dissertação [mestrado]. Faculdade de Direito da Universidade de São Paulo, 2014.

Afirma Bila Sorj que "no que se refere às medidas de conciliação entre trabalho e vida familiar, a legislação trabalhista brasileira é muito tímida, apresenta um claro viés natalista e é desigual em relação às responsabilidades esperadas de mães e pais"(11).

Na nossa sociedade, cabe, predominantemente, às mulheres o trabalho doméstico, o cuidado direto, a gestão da casa e das relações emocionais(12), ou seja, o trabalho não remunerado necessário para cozinhar alimentos, limpar a casa, lavar as roupas e cuidar de corpos, trabalho este que é geralmente ignorado pelas análises do sistema econômico e dos sistemas de contabilidade nacional(13).

Diante disso, fez-se necessária a existência de normas protetivas, de uma discriminação positiva em relação às mulheres trabalhadoras no Brasil para que se amenizasse, ao menos, em parte, a tripla jornada com o trabalho na empresa, o trabalho doméstico e o trabalho de cuidar de pessoas.

Com o passar do tempo, as normas protetivas do trabalho feminino têm sido colocadas à prova nos Tribunais, mediante o resgate de uma falsa ideia de igualdade entre homens e mulheres que é respaldada pela premissa de que a Constituição Federal de 1988 igualou os homens e as mulheres num mesmo patamar legal.

Há um movimento acentuado que visa a supressão dessas disposições legais. Alguns casos sustentam que a igualdade de tratamento decorre do princípio constitucional que proíbe diferenças por motivo de raça, cor e sexo. Outros pleiteiam a supressão ou a redução de direitos sob a alegação de que medidas protecionistas, na verdade, importam na redução de amplitude do mercado de trabalho para as mulheres.(14)

Dentre as normas protetivas implementadas pela CLT que estão no alvo dessa onda supressiva, está o art. 386, que permite o descanso dominical na escala quinzenal para as mulheres que trabalham aos domingos. As razões que levam à redução dos direitos das mulheres são de ordem histórica, social, política e econômica. No caso brasileiro, a conjuntura dos últimos nove anos serviu para acirrar a sanha supressora dos direitos e dos corpos femininos.

Passaremos à análise atualizada do contexto jurídico em que se discute a aplicabilidade do art. 386 da CLT.

---

(11) SORJ, Bila. Legislação trabalhista, políticas públicas e igualdade de gênero. In: CFEMEA. *Perspectivas e críticas feministas sobre as reformas trabalhista e sindical.* Brasília: CEFEMEA, 2006

(12) CARRASCO, Cristina; BORDERÍAS, Cristina; TORNS, Teresa (ed.). *El trabajo de cuidados:* historia, teoría y políticas. Madrid: Catarata, 2011. p. 31.

(13) PICCHIO, Antonella. La economía política y la investigación sobre las condiciones de vida. In: CAIRÓ I CÉSPEDES, Gemma; MAYORDOMO RICO, Maribel (Comps.). *Por una economía sobre la vida:* aportaciones desde un enfoque feminista. Barcelona: Icaria editorial, 2005. p. 24.

(14) SÜSSEKIND, Arnaldo; TEIXEIRA, Lima. *Instituições de direito do trabalho.* 22. ed. São Paulo: LTr, 2005. 2 v., p. 981.

4. A escala quinzenal para o repouso dominical feminino: o art. 386 da CLT

De acordo com Süssekind, o repouso dominical ou hebdomadário tem origem ora em questões religiosas, ora em questões festivas, mas, independentemente da origem, afirma-se que o descanso aos domingos possui fundamental importância e se assenta em três justificativas distintas. A primeira de fundo biológico, que visa a "eliminar a fadiga"; a segunda de aspecto social que visa a "propiciar a prática de atividades recreativas e físicas e o convivo familiar". A terceira e última se refere ao aspecto econômico, que se assenta no "aumento da produtividade e na restrição do desemprego".[(15)]

O legislador brasileiro ao tratar do repouso semanal remunerado no art. 67 da CLT, optou por preservar o domingo como dia preferencial de descanso. A norma assegura que esse descanso semanal de 24h consecutivas deve coincidir com o domingo, no todo ou em parte, salvo "motivo de conveniência pública ou necessidade imperiosa do serviço, como é o caso dos trabalhadores e trabalhadoras nos hospitais, no comércio e na indústria de entretenimento e demais atividades que demandam o trabalho aos domingos.

Em que pese a generalidade da norma, para as mulheres há regramento especifico para o trabalho aos domingos. O art. 386 da CLT diz que em "havendo trabalho aos domingos, será organizada uma escala de revezamento quinzenal, que favoreça o repouso dominical."[(16)] Em termos mais claros, a cada domingo trabalhado, o seguinte deve ser necessariamente de descanso.

A norma celetista é especialíssima e se aplica somente às mulheres por estar inserida no Capítulo III da CLT reservado ao trabalho da mulher. Esse critério especifico de aplicabilidade tem suscitado embates jurídicos nos tribunais, sob o fundamento de que a norma é inconstitucional por beneficiar o trabalho feminino em detrimento do masculino, com suporte na premissa de que homens e mulheres são iguais perante a lei.

A discussão sobre o art. 386 da CLT veio à tona mais recentemente devido à uniformização feita pelo TST quanto à aplicabilidade da norma. Nessa oportunidade, o Tribunal houve por bem dar plena aplicabilidade à norma adotando a fundamentação do Tema n. 528 em repercussão geral, que afirma a constitucionalidade do art. 384 da CLT. A análise conjunta dessas decisões no presente estudo aponta para a consistência e a permanência de discriminações legais positivas ou ações afirmativas em matéria de gênero no ordenamento jurídico brasileiro.

---

(15) SÜSSEKIND, Arnaldo; TEIXEIRA, Lima. *Instituições de direito do trabalho*. 22. ed. São Paulo: LTr, 2005, 2 v., p. 849.

(16) BRASIL. Decreto-lei n. 5.452 de 01 de maio de 1943. Aprova a Consolidação das Leis do Trabalho. Rio de Janeiro, RJ: Diário Oficial da União, 1943.

Já no STF, a discussão tem sido feita no bojo do AgRE 1.403.90[(17)] onde se discute a aplicabilidade do art. 386 da CLT e o consequente pagamento de horas extras no percentual de 100% em razão do descumprimento da escala 1x1 (um domingo trabalhado e outro em seguido de descanso).

A justificativa da empresa para a inaplicabilidade da norma celetista está baseada na interpretação do art. 6º da Lei n. 10.101/2000, que autoriza o trabalho ao domingos no "comércio em geral observada a legislação municipal, nos termos do art. 30, inciso I, da Constituição", acrescentada pelo parágrafo único: "O repouso semanal remunerado deverá coincidir, pelo menos uma vez no período máximo de três semanas, com o domingo, respeitadas as demais normas de proteção ao trabalho e outras a serem estipuladas em negociação coletiva."[(18)] Outro fundamento utilizado pela empresa para afastar aplicabilidade do art. 386 da CLT no caso, é o principio da igualdade entre homens e mulheres, inscrito no art. 5º, I da Constituição Federal de 1988, descolado da realidade da sobrecarga feminina em razão do trabalho de cuidado.

Apesar dos fundamentos apresentados pela empresa, constata-se que eles não foram suficientes para aplacar a interpretação constitucional, social e humanística prestada pelo Tribunal Superior do Trabalho na solução da antinomia. Extraem se da decisão múltiplos fundamentos para justificar a aplicabilidade do art. 386 da CLT, com por exemplo, o art. 7º, XX da Constituição de 1988 que preconiza a proteção do mercado de trabalho da mulher, mediante incentivos específicos. A antinomia foi resolvida pelo critério da especialidade contido no art. 2º, § 2º, da LINDB, diante da compreensão de que o art. 6º da Lei n. 10.101/2000 é genérico para todos os trabalhadores no comércio, exceto para as mulheres que possuem regramento específico no art. 386 da CLT. Transcreve-se o trecho do acórdão nesse sentido:

> É importante ressaltar que a aplicação das regras protetivas da CLT em relação às trabalhadoras do comércio tem como único propósito garantir a igualdade material das trabalhadoras, em razão das necessidades e particularidades mencionadas, guardando sintonia com o princípio da especialidade previsto no art. 2º, § 2º, da LINDB. É evidente, ao meu olhar, que o princípio da especialidade, como método de solução de antinomias entre normas jurídicas, não socorre a tese contrária.[(19)]

---

(17) BRASIL. Tribunal Superior do Trabalho (SDI-I). *Recurso de Embargos, E-ED-RR-1606-46.2016.5.12.0001*. Relator: Augusto César Leite de Carvalho. Julgamento: 02.12.2021. Disponível em: <https://consultaprocessual.tst.jus.br/consultaProcessual/consultaTstNumUnica.do?consulta=Consultar&conscsjt=&numeroTst=1606&digitoTst=46&anoTst=2016&orgaoTst=5&tribunalTst=12&varaTst=0001&submit=Consultar>. Acesso em: 08 abr. 2023.

(18) BRASIL. *Lei n. 10.101/2000, de 19 de dezembro de 2000*. Dispõe sobre a participação dos trabalhadores nos lucros ou resultados da empresa e dá outras providências. Brasília, DF: Diário Oficial da União, 2000.

(19) BRASIL. Tribunal Superior do Trabalho (SDI-I). *Recurso de Embargos, E-ED-RR-1606-46.2016.5.12.0001*. Relator: Augusto César Leite de Carvalho. Julgamento: 02.12.2021. Disponível em: <https://consultaprocessual.tst.jus.br/consultaProcessual/consultaTstNumUnica.do?consulta=Consultar&conscsjt=&numeroTst=1606&digitoTst=46&anoTst=2016&orgaoTst=5&tribunalTst=12&varaTst=0001&submit=Consultar>. Acesso em: 08 abr. 2023.

Superada a contraposição entre a especialidade do art. 386 da CLT e a generalidade do art. 6º da Lei n. 10.101/2000, foram apresentados outros fundamentos justificadores que contemplam a atualidade da norma celetista no contexto econômico e social do país. Vejamos:

> a) o art. 7º, XX da Constituição prevê, entre os direitos fundamentais, a "proteção mercado de trabalho da mulher, mediante incentivos específicos, nos termos da lei", o que induz à relevância de preceitos de lei que viabilizem progressivamente o ingresso das mulheres no mundo institucional do trabalho, sem embargo do tempo maior que dedicam à reprodução, formação e sociabilização da força de trabalho (cabe redarguir, como argumento ad terrorem e em desalinho com dados estatísticos, a ilação de ser a proteção das condições de trabalho da mulher um fator de redução da sua empregabilidade);
>
> b) em respeito à tridimensionalidade da norma jurídica, e agora sob o prisma histórico-cultural, é tempo de o Direito inverter a lógica perversa de desconsiderar ou comprometer o tempo dedicado à reprodução (trabalho reprodutivo) da fonte de trabalho mediante a atribuição à mulher de trabalho produtivo em condição incompatível com a sua função biológica, econômica e social;
>
> c) o art. 386 da CLT revela um estágio evolutivo na concretização do art. 7º, XX da Constituição que não comporta retrocesso se a restrição que se busca, por meio da atividade jurisdicional e de lege ferenda, não atende à exigência de ser "medida compatível com a natureza desses direitos e exclusivamente com o objetivo de favorecer o bem-estar geral em uma sociedade democrática" (art. 4º do Pacto Internacional sobre Direitos Econômicos, Sociais e Culturais);
>
> d) a progressividade dos direitos humanos e fundamentais – prevista no art. 2º.1 do Pacto Internacional sobre Direitos Econômicos, Sociais e Culturais, no art. 26 da Convenção Americana de Direitos Humanos e, na espécie, no caput do art. 7º da Constituição – reveste-se de caráter normativo e se submete ao controle jurisdicional, consoante vem de decidir a Corte Interamericana de Direitos Humanos desde o caso Acevedo Buendía e outros vs Peru;
>
> e) o critério da especialidade, entre aqueles que servem à resolução de antinomias entre normas jurídicas, não é oponível à prevalência do art. 386 da CLT, em lugar do art. 6º da Lei n. 10.101/2000, dado que é aquele, e não este, o dispositivo que veicula a norma especial, vale dizer: da norma generalíssima contida na Lei n. 605/1949, raiz de todo o debate, destacam-se os destinatários da Lei n. 10.101/2000 (art. 6º), ou seja, todos os trabalhadores do comércio, e, dentre estes, destacam-se as mulheres trabalhadoras no comércio em geral — tuteladas, com maior especificidade, pelo art. 386 da CLT.[20]

É relevante destacar que, a decisão da Corte Trabalhista está em estreita consonância com a jurisprudência do STF na análise da constitucionalidade do art. 384 da CLT, pois ficou estabelecido nesse julgamento que a realidade do "ônus da dupla missão, familiar e profissional, que despenha uma mulher trabalhadora" assim como "o peso maior da administração da casa e da educação dos filhos acaba recaindo sobre a mulher".[21]

---

(20) BRASIL. Tribunal Superior do Trabalho (SDI-I). *Recurso de Embargos, E-ED-RR-1606-46.2016.5.12.0001*. Relator: Augusto César Leite de Carvalho. Julgamento: 02.12.2021.

(21) BRASIL. Tribunal Superior do Trabalho (Tribunal Pleno). *Incidente de Inconstitucionalidade em Recurso de Revista, IIN-1606-46.2016.5.12.0001*. Relator: Ives Gandra Martins Filho. Julgamento: 13.02.09. Disponível em: <https://jurisprudencia.tst.jus.br/#57fe502c010d61a7a87ebe4c3a89cd75>. Acesso em: 08 abr. 2023.

A decisão segue a mesma fundamentação do RE n. 658.312 julgado pelo Supremo Tribunal Federal que decidiu pela recepção do art. 384 da CLT que conferia 15 minutos de descanso antes da jornada extraordinária para as mulheres. A corte estabeleceu parâmetros concretos que servem perfeitamente para interpretar o art. 386 da CLT. Vejamos:

> i) em primeiro lugar, levou em consideração a histórica exclusão da mulher do mercado regular de trabalho e impôs ao Estado a obrigação de implantar políticas públicas, administrativas e/ou legislativas de natureza protetora no âmbito do direito do trabalho;
>
> ii) considerou existir um componente orgânico a justificar o tratamento diferenciado, em virtude da menor resistência física da mulher; e iii) observou um componente social, pelo fato de ser comum o acúmulo pela mulher de atividades no lar e no ambiente de trabalho — o que é uma realidade e, portanto, deve ser levado em consideração na interpretação da norma.[22]

Em decisão recente de outubro de 2022, o STF, na pessoa da Ministra Carmen Lúcia, teve a primeira oportunidade de se debruçar diretamente sobre a temática do art. 386 da CLT, no Agravo Regimental em Recurso Extraordinário n. 1.403.904.

Na decisão monocrática, a Ministra destacou que não há que se falar em ofensa ao principio da isonomia, haja visto que se abordagem do tema é a mesma do Tema n. 528 de repercussão geral que trata da constitucionalidade do art. 384 da CLT. E que, o "caso é de adoção de critério legitimo de discrímen", pois é necessária a proteção ao trabalho feminino em virtude das "condições especificas impostas pela realidade social e familiar".

Percebe-se que as questões sociais implícitas que determinam a necessidade de preservação da escala quinzenal para o trabalho aos domingos, não escapam à análise do STF quando da interpretação do art. 386 da CLT.

Diante dessa conclusão, interessa a essa pesquisa, que seja respondida ao menos uma pergunta, a fim de que se torne clara a correta incidência do princípio da igualdade sobre o art. 386 da CLT. Por qual razão as mulheres devem ficar mais em casa aos domingos do que os homens?

5. Considerações finais

A análise do direito do trabalho brasileiro sob a perspectiva da realidade feminina no mercado de trabalho é bastante desafiadora, na medida em que o cenário de retrocesso tem sido a tônica ao longo dos anos. Diante dessa realidade é que se optou por analisar os aspectos históricos mais importantes do trabalho feminino no Brasil, a fim de justificar o necessário tratamento antidiscriminatório que deve ser dispensado às mulheres no mercado de trabalho.

A temática do trabalho de cuidado também foi objeto de análise no presente texto haja vista que as mulheres trabalhadoras, seja no setor formal , seja no setor informal,

---

(22) BRASIL. Supremo Tribunal Federal (Tribunal Pleno). *Recurso Extraordinário, RE 658312 2ºJULG*. Relator: Dias Toffoli. Julgado: 15.09.2021.

são fortemente implicadas pelo acúmulo de atividades de cuidado do lar e da família e o trabalho. Essa constatação acaba por justificar a atualidade de normas celetistas, como a do art. 386 da CLT, que considerando as características físicas e sociais femininas no mercado de trabalho, propiciam que se amenize, ao menos, em parte, a tripla jornada da mulher, qual seja, o trabalho na empresa juntamente com o trabalho doméstico e o trabalho de cuidar de pessoas.

Por ultimo, optou-se por analisar a jurisprudência do TST e STF sobre o tema, a fim de se reafirmar a constitucionalidade da norma celetista como reflexo do discrímen necessário. Insere-se nessa análise o Tema em Repercussão Geral n. 528 do STF, cuja tese se aplica perfeitamente ao caso do art. 386 da CLT. Convém ressaltar que o STF ainda não decidiu expressamente sobre a aplicabilidade dessa norma como discrímen necessário, mas que em está em vias de julgar o Agravo Regimental em Recurso Extraordinário n. 1.403.904 que versa sobre a escala quinzenal do trabalho ao domingos para as mulheres.

Assim, o presente artigo espera e propõe que o Supremo Tribunal Federal mantenha o entendimento do Tribunal Superior do Trabalho, de modo a se preservar interpretação conforme a Constituição da República, conforme as bases do Direito Constitucional do Trabalho e do Direito Antidiscriminatório do Trabalho.

Referências

BRASIL. Tribunal Superior do Trabalho (Tribunal Pleno). *Incidente de Inconstitucionalidade em Recurso de Revista, IIN-1606-46.2016.5.12.0001*. Relator: Ives Gandra Martins Filho. Julgamento: 13/02/09. Disponível em: <https://jurisprudencia.tst.jus.br/#57fe502c010d61a7a87ebe4c3a89cd75>. Acesso em: 08 abr. 2023.

______. *Lei n. 10.101/2000, de 19 de dezembro de 2000*. Dispõe sobre a participação dos trabalhadores nos lucros ou resultados da empresa e dá outras providências. Brasília, DF: Diário Oficial da União, 2000.

______. Supremo Tribunal Federal (Tribunal Pleno). *Recurso Extraordinário, RE n. 658.312 2º JULG*. Relator: Dias Toffoli. Julgado: 15/09/2021. Disponível em: <https://jurisprudencia.stf.jus.br/pages/search?base=acordaos&sinonimo=true&plural=true&page=1&pageSize=10&queryString=art%20384%20clt&sort=_score&sortBy=desc>. Acesso em: 10 abr. 2023.

______. Tribunal Superior do Trabalho (SDI-I). *Recurso de Embargos, E-ED-RR-1606-46.2016.5.12.0001*. Relator: Augusto César Leite de Carvalho. Julgamento: 02.12.2021. Disponível em: <https://consultaprocessual.tst.jus.br/consultaProcessual/consultaTstNumUnica.do?consulta=Consultar&conscsjt=&numeroTst=1606&digitoTst=46&anoTst=2016&orgaoTst=5&tribunalTst=12&varaTst=0001&submit=Consultar>. Acesso em: 08 abr. 2023.

CARRASCO, Cristina. La economía feminista: Un recorrido a través del concepto de reproducción. EKONOMIAZ. *Revista vasca de Economía*, Gobierno Vasco / Eusko Jaurlaritza / Basque Government, vol. 91(01), p. 50-75, 2017.

CARNEIRO, Bruna Salles. Cuidado *(In)subordinado:* convergências para uma crítica feminista à subordinação no direito do trabalho. Dissertação (Mestrado), Faculdade de Direito da UFMG. Disponível em: <http://hdl.handle.net/1843/47308>.

FRASER, Nancy. Por Trás do laboratório secreto de Marx: por uma concepção expandida do Capitalismo. *Direito e Práxis*, Rio de Janeiro, vol. 06, n. 10, 2015, p. 704-728.

GUIMARÃES, Nadya Araujo; HIRATA, Helena Sumiko; SUGITA, Kurumi. Cuidado e cuidadoras: o trabalho do care no Brasil, França e Japão. In: GUIMARÃES, Nadya Araujo; HIRATA, Helena (Orgs.). *Cuidado e cuidadoras: as várias faces do trabalho do* care. São Paulo: Atlas, 2012.

MOLINIER, Pascale. O ódio e o amor, caixa preta do feminismo? Uma crítica da ética do devotamento. *Psicologia em Revista*, Belo Horizonte, v. 10, n. 16, p. 227-242, dez. 2004.

OIT – Organização internacional do Trabalho. Inciativa mulheres no Trabalho: um impulso para a igualdade. *Relatório do Diretor-Geral.* Relatório I (B). Conferência Internacional do Trabalho, 107ª Sessão, 2018. Disponível em: <https://www.ilo.org/wcmsp5/groups/public/---europe/---ro-geneva/---ilo-lisbon/documents/publication/wcms_715121.pdf>. Acesso em: 08 abr. 2023.

OXFAM. Tempo de cuidar: o trabalho de cuidado não remunerado e mal pago e a crise global da desigualdade. *Relatório*, jan. 2020. Disponível em: <https://www.oxfam.org.br/publicacoes/>. Acesso em: 10 jun. 2023.

PICCHIO, Antonella. La economía política y la investigación sobre las condiciones de vida. In: CAIRÓ I CÉSPEDES, Gemma; MAYORDOMO RICO, Maribel (Comps.). *Por una economía sobre la vida:* aportaciones desde un enfoque feminista. Barcelona: Icaria Editorial, 2005.

SÜSSEKIND, Arnaldo, TEIXEIRA, Lima. *Instituições de direito do trabalho.* 22. ed. São Paulo: LTr, 2005. 2 v.

VIEGAS, Tiago Machado; ARAUJO, Luis Claudio Martins. Discriminação positiva e as ações afirmativas: Equalização e reparação histórica das minorias estigmatizadas pelas medidas positivas de inclusão no serviço público. *Revista Quaestio Iuris*, [S.l.], v. 9, n. 1, p. 181-204, fev. 2016. Disponível em: <https://www.e-publicacoes.uerj.br/index.php/quaestioiuris/article/view/18102/15799>. Acesso em: 16 abr. 2023.

VIEIRA, Regina Stela Corrêa. *Saúde e Segurança no Trabalho das Mulheres:* A perspectiva de gênero para a proteção e promoção do meio ambiente laboral equilibrado. São Paulo. 221 f. Dissertação [mestrado]. Faculdade de Direito da Universidade de São Paulo, 2014.

______. *O Cuidado como Trabalho:* uma interpelação do Direito do Trabalho a partir da perspectiva de gênero. São Paulo. 253 f. Tese de doutorado. Faculdade de Direito da Universidade de São Paulo, 2018.

Direito Antidiscriminatório para Trabalhadora com Medidas Protetivas de Urgência: Implicações Trabalhistas e Previdenciárias

Gabriela Piardi dos Santos

Isadora Cunha de Souza

Resumo: Este artigo traz o enlace do direito antidiscriminatório que funda a Organização Internacional do Trabalho (OIT), ligado à justiça social e à dignidade da pessoa humana, com os direitos das mulheres vítimas de violência doméstica e familiar no Brasil. O objetivo geral é tratar das aplicação do direito antidiscriminatório para a mulher trabalhadora em situação de violência doméstica, tendo como parâmetro as normativas da OIT, bem como objetivo específico o desvelar das implicações laborais, quanto à estabilidade trabalhista, e previdenciárias, via reconhecimento da incapacidade laboral e concessão de benefício previdenciário para assegurar a prestação alimentar enquanto ativas medidas protetivas de urgência da Lei Maria da Penha. A metodologia é analítico-descritiva, concluindo pela imposição do princípio da OIT da adoção e aplicação da abordagem inclusiva, integrada e sensível no tocante ao gênero, de forma antidiscriminatória, na legislação ao trabalho, entre outros, para a prevenção e eliminação da violência doméstica inclusive no mundo do trabalho.

Palavras-chave: Violência doméstica e familiar — Estabilidade laboral — Benefício previdenciário.

1. Introdução

O impacto da violência doméstica e familiar no mercado de trabalho é um tema complexo diante da diversidade econômica, social e cultural, bem como diferenças de acesso à educação e capacitação profissional entre mulheres e homens no Brasil. A violência contra as mulheres não se limita a classe social, mas a posse de recursos econômicos pode significar mais acesso aos direitos e serviços para a saída da situação de violência[1]. A condição imposta pela violência doméstica também traz impactos negativos no âmbito da capacidade laboral, produtividade e autonomia, capacidade de decisão, estresse e outras.[2]

Deste modo, o presente artigo busca responder quais as implicações trabalhistas e previdenciárias do direito antidiscriminatório previsto no sistema de controle normativo da Organização Internacional do Trabalho (OIT) para as trabalhadoras em situação de violência doméstica e familiar no Brasil. O método utilizado é o analítico-descritivo, considerando as normativas internacionais da OIT, Constituição Federal e a legislação nacional especial de violência doméstica.

O primeiro capítulo abordará o direito antidiscriminatório no âmbito da OIT, expondo a vinculação do Brasil ao panorama internacional. No segundo será analisada a Lei Maria da Penha (LMP) em conformidade com o sistema da OIT, especialmente quanto a imposição das medidas antidiscriminatórias de sexo e gênero a fim de proteger essas trabalhadoras nas esferas laboral, via estabilidade do contrato de trabalho, e previdenciária, via reconhecimento da incapacidade física e mental advinda da violência doméstica e familiar.

A conclusão, considerando os resultados da pesquisa analítica, é pela existência de normativas que impõem a aplicação do direito antidiscriminatório no âmbito laboral e previdenciário para as trabalhadoras em situação de violência doméstica, com o reconhecimento da estabilidade trabalhista e do benefício previdenciário por incapacidade, tratando de medida estratégica que pode ser provocada via *Advocacy* dos movimentos feministas brasileiros nos processos judiciais e legislativos.

2. Direito antidiscriminatório no sistema da OIT

A Declaração Referente aos Fins e Objetivos da Organização Internacional do Trabalho (Declaração da Filadélfia), de 1944, convencida de que a paz, para ser duradoura, deve estar assentada sobre a justiça social, afirma que "todos os seres humanos de qualquer raça, crença ou sexo, têm o direito de assegurar o bem-estar material e o desenvolvimento espiritual dentro da liberdade e da dignidade, da tranqüilidade econômica e com as mesmas possibilidades"[3].

Para tanto, a OIT possui o dever de auxiliar as nações do mundo na execução de programas que visem, por exemplo, a adoção de "normas referentes aos salários e às remunerações, ao horário e às outras condições de trabalho, a fim de permitir que todos

---

(1) INSTITUTO MARIA DA PENHA. *Pesquisa de condições socioeconômicas e violência doméstica e familiar contra a mulher*. 1. ed. Fortaleza, Ceará, 2019. p. 3. Disponível em: <https://assets-dossies-ipg-v2.nyc3.digitaloceanspaces.com/sites/3/2018/04/IMP_UFCE_RelatorioPCSVDFMul her2VDTrabalho2016.pdf>. Acesso em: 10 abr. 2023.

(2) *Idem*.

(3) ORGANIZAÇÃO INTERNACIONAL DO TRABALHO. *Declaração da Filadelfia*. Art. II, alíena a. Disponível em: <https://www.ilo.org/wcmsp5/groups/public/---americas/---ro-lima/---ilo-brasilia/documents/genericdocument/wcms_336957.pdf>. Acesso em: 28 abr. 2023.

usufruam do progresso e, também, que todos os assalariados, que ainda não o tenham, percebam, no mínimo, um salário vital"[(4)], e "ampliar as medidas de segurança social, a fim de assegurar tanto uma renda mínima e essencial a todos a quem tal proteção é necessária, como assistência médica completa"[(5)]. Estes princípios interessam ao conjunto do mundo civilizado, com a necessidade de aplicação progressiva[(6)].

Considerando que existem condições de trabalho que implicam, para grande número de indivíduos, miséria e privações, e que é urgente melhorar essas condições no que se refere, por exemplo à proteção das mulheres, fora aprovada a Constituição da Organização Internacional do Trabalho[(7)], ratificada pelo Brasil via Decreto de Promulgação n. 25.696, de 20 de outubro de 1948[(8)].

A referida Constituição determina que, após aprofundado preparo técnico e consulta adequada dos Estados-Membros, o Conselho de Administração da OIT elaborará diretrizes para a adoção de uma convenção ou recomendação[(9)]. As propostas tomadas em forma de convenção internacional serão dadas a conhecimento para ratificação dos Estados-Membros, que são comprometidos a submeter a normativa, dentro de 12 meses, contados a partir do encerramento da sessão da Conferência, podendo em circunstância excepcionais ser prorrogado para o máximo de 18 meses, a fim de que se transforme em lei ou sejam tomadas medidas de outra natureza[(10)]. Este procedimento também ocorre quando a proposta é tratada via recomendação[(11)]. Com a ratificação de qualquer convenção cria-se a obrigação dos Estados-Membros que a tenham ratificado[(12)].

---

(4) ORGANIZAÇÃO INTERNACIONAL DO TRABALHO. *Declaração da Filadelfia*. Art. II, alíena a. Disponível em: <https://www.ilo.org/wcmsp5/groups/public/---americas/---ro-lima/---ilo-brasilia/documents/genericdocument/wcms_336957.pdf>. Acesso em: 28 abr. 2023.

(5) *Idem.*

(6) *Idem.*

(7) ORGANIZAÇÃO INTERNACIONAL DO TRABALHO. *Constituição da Organização Internacional do Trabalho*. Preâmbulo. Disponível em: <https://www.ilo.org/wcmsp5/groups/public/---americas/---ro-lima/---ilo-brasilia/documents/genericdocument/wcms336957.pdf>. Acesso em: 28 abr. 2023.

(8) BRASIL. *Decreto de Promulgação n. 25.696, de 20 de outubro de 1948*. Disponível em: <http://www.planalto.gov.br/ccivil_03/atos/decretos/1948/d25696.html>. Acesso em: 28 abr. 2023.

(9) ORGANIZAÇÃO INTERNACIONAL DO TRABALHO. *Constituição da Organização Internacional do Trabalho*. Art. 14. Disponível em: <https://www.ilo.org/wcmsp5/groups/public/---americas/---ro-lima/---ilo-brasilia/documents/genericdocument/wcms336957.pdf>. Acesso em: 28 abr. 2023. Decreto de Promulgação n. 25.696, Brasil.

(10) ORGANIZAÇÃO INTERNACIONAL DO TRABALHO. *Constituição da Organização Internacional do Trabalho*. Art. 19, 5, b. Disponível em: <https://www.ilo.org/wcmsp5/groups/public/---americas/---ro-lima/---ilo-brasilia/documents/genericdocument/wcms336957.pdf>. Acesso em: 28 abr. 2023. Decreto de Promulgação n. 25.696, Brasil.

(11) ORGANIZAÇÃO INTERNACIONAL DO TRABALHO. *Constituição da Organização Internacional do Trabalho*. Art. 19, 6, b. Disponível em: <https://www.ilo.org/wcmsp5/groups/public/---americas/---ro-lima/---ilo-brasilia/documents/genericdocument/wcms336957.pdf>. Acesso em: 28 abr. 2023.

(12) ORGANIZAÇÃO INTERNACIONAL DO TRABALHO. *Constituição da Organização Internacional do Trabalho*. Art. 20. Disponível em: <https://www.ilo.org/wcmsp5/groups/public/---americas/---ro-lima/---ilo->. Acesso em: 28 abr. 2023.

Em 1960 foi aprovada a Convenção de Discriminação em Matéria de Emprego e Ocupação n. 111 (C111)[(13)], promulgada pelo Brasil em 1968, via Decreto n. 62.150/1968[(14)] e atualmente disposta no Decreto n. 10.088/2019[(15)], que conceitua discriminação:

> Art. 1 – 1. Para os fins da presente convenção o termo "discriminação" compreende:
>
> a) toda distinção, exclusão ou preferência fundada na raça, cor, sexo, religião, opinião política, ascendência nacional ou origem social, que tenha por efeito destruir ou alterar a igualdade de oportunidade ou de tratamento em matéria de emprego ou profissão;
>
> b) qualquer outra distinção, exclusão ou preferência que tenha por efeito destruir ou alterar a igualdade de oportunidades ou tratamento em matéria de emprego ou profissão que poderá ser especificada pelo Membro interessado depois de consultadas as organizações representativas de empregadores e trabalhadores, quando estas existam, e outros organismos adequados.
>
> 2. As distinções, exclusões ou preferências fundadas em qualificações exigidas para um determinado emprego não são consideradas como discriminação.
>
> 3. Para os fins da presente convenção as palavras 'emprego' e 'profissão' incluem o acesso à formação profissional, ao emprego e às diferentes profissões, bem como às condições de emprego.

Aliada a outras medidas, a Convenção n. 111[(16)] determina a revogação de normas e a modificação das disposições ou práticas administrativas que sejam incompatíveis com a não discriminação, além de explicitar o que é não discriminação:

> Art. 5 – 1. As medidas especiais de proteção ou de assistência previstas em outras convenções ou recomendações adotadas pela Conferência Internacional do Trabalho não são consideradas como discriminação.
>
> 2. Qualquer Membro pode, depois de consultadas as organizações representativas de empregadores e trabalhadores, quando estas existam, definir como não discriminatórias quaisquer outras medidas especiais que tenham por fim salvaguardar as necessidades particulares de pessoas em relação às quais a atribuição de uma proteção ou assistência especial seja, de uma maneira geral, reconhecida como necessária, por motivos tais como o sexo, a invalidez, os encargos de família ou o nível social ou cultural.

---

(13) ORGANIZAÇÃO INTERNACIONAL DO TRABALHO. *Convenção sobre Discriminação em Matéria de emprego e Ocupação n. 111*. Disponível em: <https://www.ilo.org/brasilia/convencoes/WCMS_235325/lang--pt/index.htm>. Acesso em: 28 abr. 2023.

(14) BRASIL. *Decreto n. 62.150, de 19 de janeiro de 1968*. Disponível em: <https://www.planalto.gov.br/ccivil_03/decreto/1950-1969/d62150.htm>. Acesso em: 29 abr. 2023.

(15) BRASIL. *Decreto n. 10.088, de 5 de novembro de 2019*. Disponível em: <https://www.planalto.gov.br/ccivil_03/_Ato2019-2022/2019/Decreto/D10088.htm#art5>. Acesso em: 29 abr. 2023.

(16) ORGANIZAÇÃO INTERNACIONAL DO TRABALHO. *Convenção sobre Discriminação em Matéria de emprego e Ocupação n. 111*. Disponível em: <https://www.ilo.org/brasilia/convencoes/WCMS_235325/lang--pt/index.htm>. Acesso em: 28 abr. 2023.

Em 1998, a OIT publicou a Declaração sobre Princípios e Direitos Fundamentais no Trabalho(17), na qual é reafirmada a essencialidade da justiça social para garantia da paz universal e permanente, o que envolve trabalho decente. E disto se extrai, entre quatro pontos relatados pela declaração, a eliminação da discriminação em matéria de emprego e ocupação, vide art. 2, alínea e, da Declaração(18).

Mais recentemente, na 108ª Conferência Internacional da OIT, já em junho de 2019, foi publicada a Declaração para o Futuro do Trabalho, apelando aos Estados-Membros pelo desenvolvimento ainda maior da abordagem centrada no ser humano para o futuro do trabalho, por meio, inclusive, da "efetiva realização da igualdade de gênero em matéria de oportunidades e tratamento", "acesso universal a uma proteção social, abrangente e sustentável" e "medidas ativas para apoiar as pessoas durante as transições, que irão enfrentar ao longo da sua vida profissional".(19)

Nessa mesma conferência foi adotado o primeiro tratado internacional sobre violência e assédio no mundo do trabalho, consistente na Convenção Sobre a Eliminação da Violência e do Assédio no Mundo do Trabalho de 2019 (C190) e a Recomendação que a complementa (R206). A convenção considera que a violência doméstica pode afetar o emprego, a produtividade, a saúde e a segurança, e que os governos, as organizações de empregadores e de trabalhadores e as instituições do mercado de trabalho podem ajudar, como parte de outras medidas, a reconhecer, enfrentar e abordar os impactos da violência doméstica, sendo dever de cada membro tomar medidas adequadas para "reconhecer os efeitos da violência doméstica e, na medida do possível, mitigar o seu impacto no mundo do trabalho"(20).

A Recomendação n. 206, que complementa a Convenção n. 190, considerando o princípio da adoção e aplicação da abordagem inclusiva, integrada e sensível no tocante ao gênero, na legislação ao trabalho e à não discriminação, entre outros, para a prevenção e eliminação da violência e do assédio no mundo do trabalho, determina entre as medidas de mitigação, a inclusão de licença para as vítimas de violência doméstica, acordos de trabalho flexíveis e proteção, além de proteção temporária contra o despedimento destas.(21)

(17) ORGANIZAÇÃO INTERNARCIONAL DO TRABALHO. *Declaração Sobre Princípios e Direitos Fundamentais no Trabalho*. Disponível em: <https://www.dgert.gov.pt/declaracao-da-oit-relativa-aos-principios-e-direitos-fundamentais-no-trabalho-1998-tal-como-emendada-em-2022>. Acesso em: 28 abr. 2023.

(18) *Idem*.

(19) ORGANIZAÇÃO INTERNARCIONAL DO TRABALHO. *Declaração Centário da OIT Para o Futuro do Trabalho*. Disponível em: <https://www.ilo.org/wcmsp5/groups/public/---europe/---ro-geneva/---ilo-lisbon/documents/pu blication/wcms749807.pdf>. Acesso em: 8 abr. 2023.

(20) ORGANIZAÇÃO INTERNARCIONAL DO TRABALHO. *Convenção Sobre a Eliminação da Violência e do Assédio no Mundo do trabalho n. 190*. Art. 10, f. Disponível em: <https://www.ilo.org/wcmsp5/groups/public/---europe/---ro-geneva/---ilo-lisbon/documents/genericdocument/wcms_729459.pdf>. Acesso em: 8 abr 2023.

(21) ORGANIZAÇÃO INTERNARCIONAL DO TRABALHO. *Recomendação Sobre a Eliminação da Violência e do Assédio no Mundo do Trabalho n. 206*. Art. 18, a, b e c. Disponível em: <https://www.ilo.org/wcmsp5/groups/public/---europe/---ro-geneva/---ilo-lisbon/documents/genericdocument/wcms729461.pdf>. Acesso em: 8 abr. 2023.

Dessa forma, o direito antidiscriminatório está presente na Declaração da Filadélfia, sendo a Constituição da OIT norma internacional que instrumenta tal direito, vinculando o Brasil por intermédio de suas convenções e recomendações, expressamente por conta dos arts. 26[(22)] e 27[(23)] da Convenção de Viena sobre Direito dos Tratados, ratificada pelo Brasil via Decreto n. 7.030/2009[(24)].

Para além das normativas citadas, existem outras que tratam da questão de gênero, ratificadas e não ratificadas, de modo que, conforme TOSS (2022)[(25)], até mesmo as pendentes de ratificação, figuram como uma espécie de molde para as legislações e orientam o desenvolvimento de políticas nacionais e locais.

Assim, SEVERI (2018)[(26)] expõe que, incluindo ações afirmativas de caráter temporário, se for o caso, o sistema internacional vem enfatizando o dever dos Estados em ações apropriadas para a aceleração da igualdade entre os sexos e/ou gêneros e para a eliminação da discriminação contra a mulher em todas as esferas.

3. A Lei Maria da Penha aplicada conforme parâmetros da OIT

A reprodução social e divisão sexual do trabalho estão na origem do problema da vulnerabilidade do trabalho feminino, permanecendo constitutivo das relações entre os sexos o caráter reprodutivo do trabalho das mulheres, ao passo que a proletarização da força de trabalho não foi concomitante à equidade no espaço doméstico. Se aliarmos a isso a total supressão de diálogo social, as mulheres continuam sendo as mais penalizadas.[(27)]

Federicci expõe que o crescimento do emprego feminino e a reestruturação do trabalho reprodutivo não eliminaram as hierarquias de gênero no âmbito laboral, ao passo que apesar do crescimento do desemprego mascilino, as mulheres permanecem ganhando salários menores que os homens. A autora também relaciona ao aumento da violência masculina contra as mulheres com o medo da competição econômica e com a frustração que os homens experimentam ao não serem capazes de cumprir seus papéis como provedores da família, além de estes terem menor controle sobre o corpo e o trabalho

---

(22) Art. 26. *Pacta sunt servanda*: Todo tratado em vigor obriga as partes e deve ser cumprido por elas de boa fé.

(23) Art. 27. Direito Interno e Observância de Tratados: Uma parte não pode invocar as disposições de seu direito interno para justificar o inadimplemento de um tratado. Esta regra não prejudica o art. 46.

(24) BRASIL. *Decreto n. 7.030, de 14 de dezembro de 2009*. Disponível em: <https://www.planalto.gov.br/ccivil_03/_ato2007-2010/2009/decreto/d7030.htm>. Acesso em: 28 abr. 2023.

(25) TOSS, Luciane. Direitos Humanos das Mulheres. In: *O Conteúdo Jurídico dos Direitos Humanos:* Direitos Civis e Plíticos nos Instrumentos Internacionais. Brasilia: ENADPU, 2022. p. 269-299, p. 295.

(26) SEVERI, Fabiana Cristina. *Lei Maria da Penha e o projeto jurídico feminista brasileiro*. Rio de Janeiro: Lumen Juris, 2018. p. 153.

(27) TOSS, Luciane. Direitos Humanos das Mulheres.In: *O Conteúdo Jurídico dos Direitos Humanos:* Direitos Civis e Plíticos nos Instrumentos Internacionais. Brasilia: ENADPU, 2022. p. 269-299, p. 295.

das mulheres, haja vista que essas dispõem do próprio dinheiro e passam mais tempo fora de do âmbito doméstico.(28)

Severi (2018) pontua que o Controle de convencionalidade ou a adoção de marcos jurídicos dos direitos humanos na análise do direito e quando da elaboração de decisões judiciais, especialmente para a qualidade das decisões do sistema de justiça brasileiro, relaciona o compromisso de não reprodução de estereótipos tendentes a reforçar desigualdades(29)

Nesse contexto, o controle de convencionalidade deve ser realizado de ofício pelo juízo, de forma preliminar a análise do mérito, já que sua aplicação na modalidade difusa e obrigatória decorre dos compromissos empenhados pelo Brasil perante a comunidade internacional.(30)

No Relatório n. 54/01(31), do caso 12.051, denominado Maria da Penha Maia Fernandes x Brasil, de 4 de abril de 2001, da Comissão Interamericana de Direitos Humanos da Organização dos Estados Americanos, com a indicação do art. 7 da Convenção Interamericana para Prevenir, Punir e Erradicar a Violência contra a Mulher (Convenção do Belém do Pará)(32), restou relembrado o compromisso do Brasil de prosseguir e intensificar o processo de reforma que evite a tolerância estatal e o tratamento discriminatório com respeito à violência doméstica contra mulheres no Brasil, com o dever de tomar providências compatíveis, inclusive no âmbito legislativo, além de outras medidas relacionadas.

Nesse cenário foi criada a Lei n. 11.340/2006(33), denominada Lei Maria da Penha (LMP), materializando o "resultado de uma litigância estratégica feminista, ou de *advocacy* de movimentos de mulheres brasileiros e latino-americano"(34). Na ementa da lei consta a criação de mecanismos para coibir a violência doméstica e familiar contra

---

(28) FEDERICI, Silva. *O Ponto Zero da Revolução:* Trabalho doméstico, reprodução e luta feminista. Tradução de Coletivo Sycorax. São Paulo: Elefante, 2019. p. 228.

(29) SEVERI, Fabiana Cristina. *Lei Maria da Penha e o projeto jurídico feminista brasileiro*. Rio de Janeiro: Lumen Juris, 2018. p. 185.

(30) AZEVEDO NETO, Platon Teixeira de. *Controle de convencionalidade em matéria trabalhista.* 1. ed. Brasília: Editora Venturoli, 2021. p. 68.

(31) ORGANIZAÇÃO DOS ESTADOS AMERICADOS. Comisão Internamericana de Direitos Humanos. *Relatório n. 54/01, Caso n. 12.051, Maria da Penha Maia Fernandas x Brasil, de 4 de abril de 2001*. Disponível em: <https://www.cidh.oas.org/annualrep/2000port/12051.htm>. Acesso em: 10 abr. 2023.

(32) ORGANIZAÇÃO DOS ESTADOS AMERICADOS. *Convenção Interamericana para Prevenir, Punir e Erradicar a Violência contra a Mulher.* Disponível em: <https://www.oas.org/juridico/portuguese/treaties/a-61.htm>. Acesso em: 28 abr. 2023.

(33) BRASIL. *Lei n. 11.340, de 7 de agosto de 2006.* Disponível em: <http://www.planalto.gov.br/ccivil_03/ato2004-2006/2006/lei/l11340.htm>. Acesso em: 28 abr. 2023.

(34) GARGARELLA, Francesca. Desnaturalizando a (Historia da) Lei Maria da Penha: Mobilização Legal e Lutas por Direitos do Campo Feminista Brasileiro. In: SEVERI, Fabiana Cristina. *Lei Maria da Penha e o projeto jurídico feminista brasileiro*. Rio de Janeiro: Lumen Juris, 2018. p. 87.

a mulher, nos termos do § 8º, do art. 226 da Constituição Federal[35], da Convenção sobre a Eliminação de Todas as Formas de Discriminação contra as Mulheres[36] e da Convenção Interamericana para Prevenir, Punir e Erradicar a Violência contra a Mulher[37].

No art. 2º, a lei ressalta que o gozo dos direitos fundamentais inerentes à pessoa humana é direito de toda mulher, independentemente de classe, raça, etnia, orientação sexual, renda, cultura, nível educacional, idade e religião, sendo asseguradas as oportunidades e facilidades para viver sem violência, preservar sua saúde física e mental e seu aperfeiçoamento moral, intelectual e social. Já o art. 3º sustenta que serão asseguradas as condições para o exercício efetivo dos direitos à vida, à segurança, à saúde, à alimentação, à moradia, ao trabalho, à liberdade, à dignidade e outros às mulheres. No seu parágrafo, consta que o poder público desenvolverá políticas que visem a garantia dos direitos humanos das mulheres no âmbito das relações domésticas e familiares, resguardando-as de toda forma de discriminação, por exemplo. Já o segundo parágrafo é cristalino quanto ao envolvimento do poder público na criação de condições necessárias para o efetivo exercício dos direitos referidos.[38]

O art. 4º, por sua vez, impõe que a interpretação da LMP considerará os fins sociais aos quais ela se destina, levando em conta as condições peculiares das mulheres em situação de violência doméstica e familiar. No art. 5º e seus incisos, há conceituação da violência doméstica e familiar, referindo que para os efeitos da LMP, esta será considerada como qualquer ação ou omissão baseada no gênero que cause morte, lesão, sofrimento físico, sexual ou psicológico e dano moral ou patrimonial à mulher, no âmbito da unidade doméstica, da família e em qualquer relação íntima de afeto.[39]

No capítulo II, que trata da Assistência à mulher em situação de violência doméstica e familiar, a lei dispõe que tal assistência será prestada de forma articulada, sendo assegurado à mulher em situação de violência doméstica e familiar, para preservação de sua integridade física e psicológica, dentre outras medidas, a manutenção do vínculo trabalhista quando necessário o afastamento da trabalhadora do local de trabalho, por até seis meses, *vide* II, § 2º, art. 9º.[40]

---

(35) BRASIL. *Constituição da República Federativa do Brasil, de 05 de outubro de 1988.* Disponível em: <http://www.planalto.gov.br/ccivil_03/constituicao/constituicaocom pilado.htm>. Acesso em: 28 abr. 2023.

(36) BRASIL. *Decreto n. 4.377, de 13 de setembro de 2002.* Disponível em: <http://www.planalto.gov.br/ ccivil_03/decreto/2002/d4377.htm>. Acesso em: 28 abr. 2023.

(37) BRASIL. *Decreto n. 11.973, de 1º de agosto de 1996.* Disponível em: <https://www.planalto.gov.br/ccivil_03 /decreto/1996/d1973.htm>. Acesso em: 28 abr. 2023.

(38) BRASIL. *Lei n. 11.340, de 7 de agosto de 2006.* Disponível em: <http://www.planalto.gov.br/ccivil_03/ato2004-2006/2006/lei/l11340.htm>. Acesso em: 28 abr. 2023.

(39) *Idem.*

(40) *Idem.*

Dito isso, há implicações trabalhistas e previdenciárias para as mulheres, as quais demandam o uso do direito antidiscriminatório (e suas ferramentas) previsto no sistema de controle normativo da OIT para as trabalhadoras em situação de violência doméstica e familiar no Brasil.

3.1. A estabilidade trabalhista

Sobre a estabilidade trabalhista de pronto vale ratificar que o art. 9º, § 2º, inciso II da LMP, garante a "manutenção do vínculo trabalhista, quando necessário o afastamento do local de trabalho, por até seis meses" para a mulher em situação de violência doméstica.(41) Para tanto, o reconhecimento judicial de que tal afastamento é necessário para a preservação da integridade física e psicológica da vítima é o requisito para a medida.

Nesse passo se, no expediente das medidas protetivas de urgência (art. 18, LMP(42)), o juízo conhecer o pedido da necessidade de afastamento da vítima do local de trabalho e o conceder, cabe à empregadora cumprir a ordem judicial via preservação do vínculo empregatício. Logo, essa circunstância confere à trabalhadora vítima de violência a estabilidade do contrato de trabalho.

De observar que quando a norma determina a manutenção do vínculo trabalhista traz consigo a conservação do contrato de trabalho sem que haja, por exemplo, a suspensão contratual, que implicaria no não pagamento de salários da vítima. Isso porque, como já referido, a LMP tem o fim social de dar estabilidade e condições dignas à mulher, o que vai de encontro à hipótese de privação da verba remuneratória alimentar.

Portanto, imperiosa a prática antidiscriminatória, inclusive por meio de ações afirmativas de caráter temporário, sendo ônus da empregadora a manutenção do vínculo na sua integralidade, via interrupção, com pagamento de salários. É nesse sentido o desiderato do que é tratado na Convenção n. 111 e demais normas expostas no tópico 1, aliadas aos fins sociais da LMP expostos no tópico 2.

Ademais, o pagamento de salários pela empregadora em razão do afastamento do local de trabalho da mulher impedida do cumprimento da jornada laboral restou consolidado com a Lei n. 14.151/2021(43). Isso porque o art. 1º da referida norma, no auge do período pandêmico, no primeiro semestre de 2021, quando a vacinação contra a Covid-19 ainda se mostrava restrita, determinava o afastamento da empregada gestante das atividades de trabalho presencial, sem prejuízo da sua remuneração, mesmo quando não era possível exercer a atividade laboral à distância.

---

(41) BRASIL. *Lei n. 11.340, de 7 de agosto de 2006*. Disponível em: <http://www.planalto.gov.br/ccivil_03/ato2004-2006/2006/lei/l11340.htm>. Acesso em: 28 abr. 2023.

(42) *Idem*.

(43) BRASIL. *Lei n. 14.151, de 12 de maio de 2021*. Disponível em: <https://www.planalto.gov.br/ccivil_03/_ato2019-2022/2021/Lei/L14151.htm>. Acesso em: 28 abr. 2023.

Contudo, apesar dos preceitos advindos do sistema de controle normativo da OIT, o Tribunal Superior do Trabalho (TST) possui precedente que aplica a legislação de modo mais restritivo, vide teor do Agravo de Instrumento do Recurso de Revista (AIRR) n. 608-59.2017.5.10.0014(44), publicado em 14/12/2018. Naquela ocasião, a 2ª Turma do TST, com a relatoria do Ministro José Roberto Freire Pimenta, considerou que o afastamento da vítima de violência doméstica caracteriza suspensão do contrato de trabalho, ensejando ausência de remuneração em tal período.

Cabe pontuar que a suspensão do contrato de trabalho vai além do não pagamento da remuneração, ensejando a não contabilização do período para fins de percepção do 13º salário e período aquisito de férias (art. 471 e seguintes da CLT(45)), por exemplo. Tais efeitos restringem a estabilidade legalmente prevista, de modo oposto à finalidade social da LMP(46), consoante as disposições dos arts. 2º e 3º.

Em outra via, o Superior Tribunal de Justiça (STJ), conforme será tratado a seguir, possui precedente que assegura o pagamento da verba alimentar, desvelando a relação da estabilidade laboral com a incapacidade temporária para o trabalho.

3.2. A incapacidade laboral

ao reconhecer a necessidade da mulher trabalhadora e vítima de violência doméstica e familiar quanto ao afastamento do local de trabalho para a preservação da integridade física e psicológica, assegurando a manutenção do contrato de trabalho, a LMP também traz luz à incapacidade laboral da vítima, independente de doença ou quadro clínico incapacitante.

A pesquisa de Impactos Econômicos da Violência Contra a Mulher, da Gerência de Economia e Finanças Empresariais da Federação das Indústrias do Estado de Minas Gerais, de outubro de 2021, expõe o impacto da Violência Doméstica e Familiar contra a mulher para a economia e mundo do trabalho em âmbito nacional. Segundo o relatório, em 2019, a participação da mulher no mercado de trabalho somou 45,4%, sendo que, em 12 meses, cerca de 12,5% das mulheres com vínculos de trabalho ativos sofreram algum tipo de violência, culminando em média 18 dias de ausência anual no trabalho.(47)

A Pesquisa de Condições Socioeconômicas e Violência Doméstica e Familiar contra a Mulher, já de 2016, relativo a região nordestina, reportou que as mulheres vítimas

---

(44) BRASIL. Tribunal Superior do Trabalho. *Agravo Interno no Recurso de Revista n. 608-59.2017.5.10.0014*. Brasília, DF, 14 dez. 2018.

(45) BRASIL. *Decreto-lei n. 5.452, de 1º de maio de 1943*. Consolidação das Leis do trabalho. Disponível em: <htt ps://www.planalto.gov.br/ccivil_03/decreto-lei/del5452.htm>. Acesso em: 28 abr. 2023.

(46) BRASIL. *Lei n. 11.340, de 7 de agosto de 2006*. Disponível em: <http://www.planalto.gov.br/ccivil_03/ato2004-2006/2006/lei/l11340.htm>. Acesso em: 28 abr. 2023.

(47) FEDERAÇAO DAS INDÚSTRIAS DO ESTADO DE MINAS GERAIS. *Impactos Econômicos da Violência Contra a Mulher, 2019*. Disponível em: <https://www7.fiemg.com.br/Fiemg/noticias/detalhe/combater-violencia-contra-a-mulher-permitiria-ao-brasil-incrementar-pib-em-r-214-4-bilhoe>. Acesso em: 10 abr. 2023.

de violência doméstica afirmaram perdas de dias de trabalho por conta de tal violência, com faltas laborais de aproximadamente 18 dias, nos últimos 12 meses da pesquisa. Sendo 47% as que informaram ter perdido entre 1 e 3 dias de trabalho, 22% entre 4 e 7 dias, 20% entre 8 e 29 dias, e 12% de 30 dias ou mais.(48)

Por ocasião da Reforma da Previdência de 2019, a Emenda Constitucional n. 103 alterou o inciso I, do art. 201, da norma constitucional, quanto à cobertura das contingências pela Previdência Social, substituindo "doença e invalidez" por "incapacidade temporária ou permanente para o trabalho". Essa alteração também ensejou mudança no texto do Decreto n. 3.048/99, via Decreto n. 10.410/2020, que alterou a alínea "e", no inciso I, do art. 25, a nomenclatura do "auxílio-doença" para "auxílio por incapacidade temporária". Essa nova nomenclatura já consta na Instrução Normativa n. 128/2022 do Instituto Nacional do Seguro Social (INSS), que dispõe quanto aos procedimentos administrativos para tratamento dos benefícios previdenciários.

Antes mesmo dessas inovações da cobertura do seguro social brasileiro, em 2018, o Superior Tribunal de Justiça (STJ), via Recurso Especial n. 1.757.775-SP (2018/0193975-8)(49), decidiu que o afastamento laboral da vítima de violência doméstica e familiar tem natureza de interrupção do contrato de trabalho, fixando a competência do Juizado especializado para julgamento do pedido. Quanto ao pagamento da verba alimentar da trabalhadora, a decisão impôs que os primeiros 15 dias de afastamento sejam pagos pela empregadora, via salário, ficando à cargo da Previdência Social a partir do 16º dia, via prestação previdenciária. Isso porque, diante da falta de previsão legal quanto a verba de subsistência da trabalhadora neste período de afastamento do trabalho, deve ele ser equiparado aos casos de doença da segurada, por meio de interpretação extensiva da LMP.

A defesa de relações mais justas e democráticas no âmbito privado traz a reflexão quanto aos papéis convencionais de gênero e a divisão sexual do trabalho, expondo suas implicações para a participação paritária de mulheres e homens na vida pública.(50) Desse modo, é preciso garantir espaço social livre de violência e constrangimento sistemático à autonomia das mulheres e das desigualdades que potencializam o exercício da autoridade

---

(48) INSTITUTO MARIA DA PENHA. *Pesquisa de condições socioeconômicas e violência doméstica e familiar contra a mulher*. 1. ed. Fortaleza, Ceará, 2019. p. 3. Disponível em: <https://assets-dossies-ipg-v2.nyc3.digitaloceanspaces.com/sites/3/2018/04/IMP_UFCE_RelatorioPCSVDFMulher2VDTrabalho2016.p df>. Acesso em: 10 abr. 2023.

(49) BRASIL. Superior Tribunal de Justiça. *Recurso Especial n. 1.757.775-SP*. Brasília, DF, 20 ago. 2019. Disponível em: <https://processo.stj.jus.br/processo/revista/documento/mediado/?componente=ITA&sequencial=1854895&num_registro=201801939758&data=20190902&formato=PDF>. Acesso em: 17 abr. 2022. *RECURSO ESPECIAL N. 1.757.775 – SP* (2018/0193975-8), Relator Ministro Rogério Schietti Cruz, Superior Tribunal de Justiça.

(50) BIROLI, Flávia. O público e o privado. In: BIROLI, Flávia; MIGUEL, Luis Felipe (Orgs.). *Feminismo e Política*. 1. ed. São Paulo: Boitempo, 2014. p. 31-46, p. 34.

de uns e a vulnerabilidade e subordinação de outras[51], resultando na reorganização das normas, instituições e práticas sociais[52].

Portanto, a licença para as vítimas de violência doméstica[53], com a garantia da verba alimentar, dentro das medidas que devem estar inclusas para a mitigação dos efeitos da violência doméstica no mundo do trabalho, conforme Convenção n. 190 e sua Recomendação n. 206 da OIT, prática antidiscriminatória para salvaguardar as necessidade particulares necessária em razão de sexo da trabalhadora, tratada pela Convençã n. 111, aliada aos fins sociais aos quais a própria LMP se destina, impõe o pagamento do salário e da prestação previdenciária nesse período de incapacidade laboral decorrente da violência doméstica e familiar.

Desse modo, mesmo que silente a LMP quanto ao pagamento de salário ou prestação previdenciária para trabalhadora que se encontre nesta situação, a aplicação das medidas antidiscriminatórias do sistema da OIT demandam o uso do princípio da adoção e aplicação da abordagem inclusiva, integrada e sensível no tocante ao gênero, na legislação ao trabalho.

4. Conclusão

As implicações trabalhistas e previdenciárias expostas, decorrentes da aplicação das normativas internacionais demonstram o quanto o Estado brasileiro ainda precisa efetivar o direito antidiscriminatório para a proteção da mulher trabalhadora, bem como para que a desigualdade seja substituída pela igualdade substancial entre sexos e gêneros.

Considerando os altos índices de violência doméstica e familiar contra as mulheres, com todos os reflexos expostos para o mundo do trabalho e seguridade social, o Brasil deve empreender esforços para identificação das ações que corroboram a tamanha desigualdade com relação às mulheres, inclusive no âmbito laboral e previdenciário.

É necessário que se diga que as mulheres são agredidas duas vezes quando o sistema não garante acesso para denunciar violações e proteção imediata e eficiente para a mulher e sua prole.[54] Ao passo que não basta apenas um direito penal eficiente, é necessária a promoção de um ambiente social que ampare a vítima, reconhecendo suas necessidades, as quais envolvem a verba alimentar, trabalho e seguridade social dignos.

---

(51) BIROLI, Flávia. O público e o privado. In: BIROLI, Flávia; MIGUEL, Luis Felipe (Orgs). *Feminismo e Política*. 1. ed. São Paulo: Boitempo, 2014. p. 31-46, p. 46.

(52) BIROLI, Flávia; MIGUEL, Luis Felipe. A política do feminismo. In: BIROLI, Flávia; MIGUEL, Luis Felipe (Orgs.). *Feminismo e Política*. 1. ed. São Paulo:Boitempo, 2014. p. 147-152, p. 150.

(53) ORGANIZAÇÃO INTERNARCIONAL DO TRABALHO. *Recomendação Sobre a Eliminação da Violência e do Assédio no Mundo do Trabalho n. 206*. Art. 18, a, b e c. Disponível em: <https://www.ilo.org/wcmsp5/groups/public/---europe/---ro-geneva/---ilo-lisbon/documents/genericdocument/wcms729461.pdf>. Acesso em: 8 abr. 2023.

(54) TOSS, Luciane. Direitos Humanos das Mulheres. In: *O Conteúdo Jurídico dos Direitos Humanos:* Direitos Civis e Plíticos nos Instrumentos Internacionais. Brasilia: ENADPU, 2022, p. 269-299, p. 295.

Nesse caminho, o presente estudo demonstrou as implicações trabalhistas, via estabilidade trabalhista não restritiva, sem suspensão do contrato de trabalho, com percepção de remuneração da verba salarial (alimentar) e conservação das demais garantias advindas do contrato de trabalho, e previdenciárias, por intermédio do reconhecimento da incapacidade laboral, com o pagamento do benefício previdenciário, são medidas antidiscriminatórias, viáveis e derivadas do sistema normativo internacional da OIT em conjunto com a Constituição Federal e demais legislação doméstica, sendo necessárias e compatíveis com realidade social brasileira exposta.

Portanto, o resultado deste estudo desvela a existência de normativas que impõe a aplicação do direito antidiscriminatório sensíveis a sexo e gênero no âmbito laboral e previdenciário para as trabalhadoras em situação de violência doméstica, devendo ser incluída na prática da litigância estratégica feminista, em continuidade ao processo de *advocacy* que materializou a LMP.

Referências

AZEVEDO NETO, Platon Teixeira de. *Controle de convencionalidade em matéria trabalhista.* 1. ed. Brasília: Editora Venturoli, 2021.

BIROLI, Flávia. O público e o privado. In: BIROLI, Flávia; MIGUEL, Luis Felipe (Orgs.). *Feminismo e Política.* 1. ed. São Paulo: Boitempo, 2014.

______; MIGUEL, Luis Felipe. A política do feminismo. In: BIROLI, Flávia; MIGUEL, Luis Felipe (Orgs.). *Feminismo e Política.* 1. ed. São Paulo: Boitempo, 2014. p. 147-152, p. 150.

BRASIL. *Constituição da República Federativa do Brasil, de 05 de outubro de 1988.* Disponível em: <http://www.planalto.gov.br/ccivil_03/constituicao/constituicaocom pilado.htm>. Acesso em: 28 abr. 2023.

______. *Decreto n. 7.030, de 14 de dezembro de 2009.* Disponível em: <https://www.planalto.gov.br/ccivil_ 03/_ato2007-2010/2009/decreto/d7030.htm>. Acesso em: 28 abr. 2023.

______. *Decreto n. 4.377, de 13 de setembro de 2002.* Disponível em: <http://www.planalto.gov.br/ccivil_ 03/decreto/2002/d4377.htm>. Acesso em: 28 abr. 2023.

______. *Decreto n. 10.088, de 5 de novembro de 2019.* Disponível em: <https://www.planalto.gov.br/ccivil _03/_Ato2019-2022/2019/Decreto/D10088.htm#art5>. Acesso em: 29 abr. 2023.

______. *Decreto n. 11.973, de 1º de agosto de 1996.* Disponível em: <https://www.planalto.gov.br/ccivil_03 /decreto/1996/d1973.htm>. Acesso em: 28 abr. 2023.

______. *Decreto n. 62.150, de 19 de janeiro de 1968.* Disponível em: <https://www.planalto.gov.br/ccivil _03 /decreto/1950-1969/d62150.htm>. Acesso em: 29 abr. 2023.

______. *Decreto-lei n. 5.452, de 1º de maio de 1943.* Consolidação das Leis do trabalho. Disponível em: <htt ps://www.planalto.gov.br/ccivil_03/decreto-lei/del5452.htm>. Acesso em: 28 abr. 2023.

______. *Decreto de Promulgação n. 25.696, de 20 de outubro de 1948.* Disponível em: <http://www.planalto.gov.br/ccivil_03/atos/decretos/1948/d25696.html>. Acesso em: 28 abr. 2023.

______. *Lei n. 11.340, de 7 de agosto de 2006.* Disponível em: <http://www.planalto.gov.br/ccivil_03/ato2004-2006/2006/lei/l11340.htm>. Acesso em: 28 abr. 2023.

______. *Lei n. 14.151, de 12 de maio de 2021.* Disponível em: <https://www.planalto.gov.br/ccivil_03/_ato 2019-2022/2021/Lei/L14151.htm>. Acesso em: 28 abr. 2023.

______. Tribunal Superior do Trabalho. *Agravo Interno no Recurso de Revista n. 608-59.2017.5.10.0014.* Brasília, DF, 14 de dezembro de 2018. Disponível em: <https://www.jusbrasil.com.br/jurisprudencia/tst/859998304/inteiro-teor-859998323>. Acesso em: 10 abr. 2023.

______. Superior Tribunal de Justiça. *Recurso Especial n. 1.757.775-SP.* Brasília, DF, 20 ago. 2019. Disponível em: <https://processo.stj.jus.br/processo/revista/documento/mediado/?componente=ITA&sequencial=1854895&num_registro=201801939758&data=20190902&formato=pdf>. Acesso em: 17 abr. 2022.

FEDERAÇAO DAS INDUSTRIAS DO ESTADO DE MINAS GERAIS. *Impactos econômicos da violência contra a mulher, 2019.* Disponível em: <https://www7.fiemg.com.br/Fiemg/noticias/detalhe/combater-violencia-contra-a-mulher-permitiria-ao-brasil-incrementar-pib-em-r-214-4-bilhoe>. Acesso em: 10 abr. 2023.

FEDERICI, Silva. *O Ponto Zero da Revolução:* Trabalho doméstico, reprodução e luta feminista. Tradução de Coletivo Sycorax. São Paulo: Elefante, 2019.

GARGARELLA, Francesca. Desnaturalizando a (Historia da) Lei Maria da Penha: Mobilização Legal e Lutas por Direitos do Campo Feminista Brasileiro. In: SEVERI, Fabiana Cristina. *Lei Maria da Penha e o projeto jurídico feminista brasileiro.* Rio de Janeiro: Lumen Juris, 2018.

INSTITUTO MARIA DA PENHA. *Pesquisa de condições socioeconômicas e violência doméstica e familiar contra a mulher.* 1. ed. Fortaleza, Ceará, 2019. p. 3. Disponível em: <https://assets-dossies-ipg-v2.nyc3.digitaloceanspaces.com/sites/3/2018/04/IMP_UFCE_RelatorioPCSVDFMulher2VDTrabalho2016.pdf>. Acesso em: 10 abr. 2023.

ORGANIZAÇÃO DOS ESTADOS AMERICANOS. Comisão Internamericana de Direitos Humanos. *Relatório n. 54/01, Caso n. 12.051, Maria da Penha Maia Fernandas x Brasil, de 4 de abril de 2001.* Disponível em: <https://www.cidh.oas.org/annualrep/2000port/12051.htm>. Acesso em: 10 abr. 2023.

______. *Convenção interamericana para prevenir, punir e erradicar a violência contra a mulher.* Disponível em: <https://www.oas.org/juridico/portuguese/treaties/a-61.htm>. Acesso em: 28 abr. 2023.

ORGANIZAÇÃO INTERNACIONAL DO TRABALHO. *Constituição da Organização Internacional do Trabalho.* Preâmbulo. Disponível em: <https://www.ilo.org/wcmsp5/groups/public/---americas/---ro-lima/---ilo-brasilia/documents/genericdocument/wcms336957.pdf>. Acesso em: 28 abr. 2023.

______. *Convenção Sobre a Eliminação da Violência e do Assédio no Mundo do trabalho n. 190.* Art. 10, f. Disponível em: <https://www.ilo.org/wcmsp5/groups/public/---europe/---ro-geneva/---ilo-lisbon/documents/g enericdocument/wcms_729459.pdf>. Acesso em: 8 abr. 2023.

______. *Convenção sobre Discriminação em Matéria de emprego e Ocupação n. 111.* Disponível em: <https://www.ilo.org/brasilia/convencoes/WCMS_235325/lang--pt/index.htm>. Acesso em: 28 abr. 2023.

______. Declaração Centário da OIT Para o Futuro do Trabalho. Disponível em: <https://www.ilo.org/wcmsp5/groups/public/---europe/---ro-geneva/---ilo-lisbon/documents/publication/wcms749807.pdf>. Acesso em: 8 abr. 2023.

______. *Declaração da Filadelfia*. Disponível em: <https://www.ilo.org/wcmsp5/groups/public/---americas/---ro-lima/---ilo-brasilia/documents/genericdocu ment/wcms_336957.pdf>. Acesso em: 28 abr. 2023.

______. *Declaração Sobre Princípios e Direitos Fundamentais no Trabalho*. Disponível em: <https://www.dgert.gov.pt/declaracao-da-oit-relativa-aos-principios-e-direitos-fundamentais-no-trabalho-1998-tal-como-emendada-em-2022>. Acesso em: 28 abr. 2023.

______. *Recomendação Sobre a Eliminação da Violência e do Assédio no Mundo do Trabalho n. 206*. Art. 18, a, b e c. Disponível em: <https://www.ilo.org/wcmsp5/groups/public/---europe/---ro-geneva/---ilo-lisbon/documents/genericdocument/wcms729461.pdf>. Acesso em: 8 abr. 2023.

SEVERI, Fabiana Cristina. *Lei Maria da Penha e o projeto jurídico feminista brasileiro*. Rio de Janeiro: Lumen Juris, 2018.

TOSS, Luciane. Direitos Humanos das Mulheres. In: *O Conteúdo Jurídico dos Direitos Humanos:* Direitos Civis e Plíticos nos Instrumentos Internacionais. Brasilia: ENADPU, 2022. p. 269-299.

Demissão Discriminatória por Doença — A Mão de Obra Descartável

Caroline Ferreira Anversa

Resumo: O artigo analisa a dissolução do contrato de trabalho, por iniciativa do empregador, quando acometido por enfermidade que, mesmo que não inabilite, cause estigma ou mesmo dificulte ou exija readaptação nas suas funções laborais. O trabalho, assim, é visto como única utilidade de remunerar a força de trabalho hígida. Distante da função social e de seu objetivo principal do sistema social: trazer renda e dignidade, inclusive nos momentos em que necessário cuidados e tratamento médico.

Palavras-chave: Demissão discriminatória — Doença — Trabalhador descartável.

1. Introdução

A fragilidade das relações de trabalho e a condição de dependência do trabalhador a um sistema social que exige que a renda mínima para subsistência e garantia da dignidade seja a força de trabalho disponibilizada, traz inúmeras reflexões, principalmente quando se trata da função social e total impossibilidade de dissociar sobrevivência com dinheiro. É o salário, nas relações regidas pela Consolidação das Leis do Trabalho que aproximam a necessidade da manutenção do emprego e da renda.

Este entendimento se torna mais claro e evidente, quando consideramos que a demissão, mesmo podendo ser sem razão e por iniciativa do empregador, não deve ser utilizada como mote para a fragilização da pessoa trabalhadora, diante de características ou situações que criam um oportunismo estrutural, ensejando o rompimento do contrato de trabalho.

A Constituição Federal é o cerne do conceito do Estado Democrático de Direito e regulamenta os valores essenciais e as garantias principiológicas que regem todas as demais normas e decisões judiciais. Os atos que ferem o ordenamento jurídico e que se vislumbra afronta a ordem constitucional, devem sofrer a sanção correspondente, devem ser objeto de nulidade, devem ensejar reparação.

A vedação a demissão discriminatória encontra-se regulamentada e, a sua aplicação se dá pela Lei n. 9.929/95. O rompimento da relação de trabalho por ato discriminatório enseja, assim, o direito à reparação por danos morais, facultada a reintegração ao emprego com ressarcimento integral, e a percepção, em dobro, da remuneração do período do afastamento, corrigido monetariamente.

A discriminação apresenta vários recortes, formatos e procedimentos. Aqui neste artigo nos ateremos unicamente nos casos decorrentes do acometimento de doenças e seus estigmas. Os tratamentos e a dor do diagnóstico, a necessidade de afastamento e ausências justificadas para tratamento necessário, com o contraponto da total ausência de interessa da empresa em viabilizar a manutenção do trabalho nestes casos. A demissão ocorre como uma oportunidade de substituir a pessoa trabalhadora, substituído por alguém mais jovem, ou saudável, independentemente do vínculo formado entre as partes ou longos anos de labor para a mesma empresa.

A sensação do que chamamos de "descarte" é profundamente sentida pela pessoa demitida, que se dedica as suas funções na empresa e se envolve com o trabalho com expectativas de crescimento profissional. A busca por esclarecer seu estado de saúde e trazer ao conhecimento suas fragilidades, não pode ser autorizador de postura desgarrada do valor social do trabalho e da solidariedade humana. A demissão diante do acometimento de doença é obstativa, na maioria das vezes, a seguir tratamento médico e mesmo garantir o sustento.

Evidente que a dispensa denominada discriminatória traduz ato doloso e ilícito que lesa a dignidade da pessoa humana, atingindo seus direitos fundamentais constitucionalmente assegurados, como a dignidade da pessoa humana e o valor social do trabalho.

2. O que diz a lei sobre a de dispensa discriminatória?

A dispensa discriminatória é proibida por norma. A Lei n. 9.029, de 13 de abril de 1995[(1)], insere no ordenamento jurídico brasileiro a definição de quais práticas caracterizam-se como discriminatórias, tais como as correlatas ao impedimento ou acesso a manutenção ou ao início da relação de trabalho por sexo, origem, raça, cor, estado civil, situação familiar, deficiência, reabilitação profissional e idade. Não se trata, todavia, de rol taxativo.

Este dispositivo de lei, assim, proíbe a adoção de qualquer prática que discrimine e limite o acesso e manutenção ao emprego por motivo de sexo, origem, raça, cor, estado civil, situação familiar ou idade. Constitui-se em um texto legal de eficácia concreta e

(1) BRASIL. *Lei n. 9.029, de 13 de abril de 1995*. Proíbe a exigência de atestados de gravidez e esterilização, e outras práticas discriminatórias, para efeitos admissionais ou de permanência da relação jurídica de trabalho, e dá outras providências. Disponível em: <https://www.planalto.gov.br/ccivil_03/leis/l9029.htm>. Acesso em: 30 jun. 2023.

exemplificativo, já que abrange situações concretas que desvelam o tratamento distintivo e discriminatório da demissão, embora a doença não conste de textos legais sobre discriminação do trabalho ou corresponda a enfermidade ocupacional, correlata ou advinda de acidente do trabalho.

Entretanto, nos debruçamos especialmente no que dispõe o art. 4º[(2)] da Lei n. 9.029/95 e na sua aplicação prática. O rompimento da relação de trabalho por ato discriminatório, além de dar direito à reparação pelo dano moral, faculta ao empregado optar entre: a reintegração com ressarcimento integral de todo o período de afastamento, mediante pagamento das remunerações devidas, corridas monetariamente e acrescidas de juros legais e a percepção, em dobro, da remuneração do período de afastamento, corrigida monetariamente e acrescida também dos juros legais.

Nada mais é que uma forma de regulamentação de um dos princípios que estruturam o Estado Democrático de Direito em sentido amplo e as relações de trabalho em todas as suas construções. O Capítulo I da Constituição Federal Brasileira[(3)] dispõe sobre os direitos e deveres individuais e coletivos. Trata-se do *caput*, do art. 5º, que determina que todos são iguais perante a lei, sem distinção de qualquer natureza.

Conceitualmente, a dispensa discriminatória em decorrência de doença refere-se à condição de fragilidade do indivíduo, exposto a uma doença que, mesmo não o incapacitando para manter às suas atividades na empresa, causa um estigma e um preconceito que encaminham ao desligamento pelo empregador.

Essencialmente, tem-se que a doença é um limitador da atividade da pessoa trabalhadora e a informação de que inspira cuidados, afastamento e mesmo tratamento por si só movimentam uma postura que se assemelha ao descarte de um objeto que não está em boas condições para uso. É um caminho de perecimento da relação de trabalho centrada no individuo adoecido.

A Constituição Federal preserva a existência, no ordenamento jurídico, de mecanismos contra a despedida arbitrária no art. 7º, inciso I: São direitos dos trabalhadores urbanos e rurais, além de outros que visem à melhoria de sua condição social: I – relação de emprego protegida contra despedida arbitrária ou sem justa causa, nos termos de lei complementar, que preverá indenização compensatória, dentre outros direitos.

A garantia a dignidade da pessoa humana, disposta no art. 1, III e 4º, II da Constituição Federal Brasileira, assegura a garantia do respeito à pessoa como cerne de nosso

---

(2) Art. 4º O rompimento da relação de trabalho por ato discriminatório, nos moldes desta Lei, além do direito à reparação pelo dano moral, faculta ao empregado optar entre: I – a reintegração com ressarcimento integral de todo o período de afastamento, mediante pagamento das remunerações devidas, corrigidas monetariamente e acrescidas de juros legais; II – a percepção, em dobro, da remuneração do período de afastamento, corrigida monetariamente e acrescida dos juros legais. Disponível em: <https://www.planalto.gov.br/ccivil_03/leis/l9029.htm> Acesso em: 30 jun. 2023.

(3) BRASIL. *Constituição da República Federativa do Brasil.* Disponível em: <https://www.planalto.gov.br/ccivil_03/constituicao/constituicao.htm>. Acesso em: 30 jun. 2023.

ordenamento jurídico, conjuntamente com a não discriminação, forte no art. 5º, *caput*. Ademais, pode-se considerar a função social da empresa, no teor do art. 170, III e a proteção do mercado de trabalho da mulher, constante do art. 7º, XX. Todos da Constituição Federal como fundamentos jurídicos para a vedação da demissão discriminatória.

A Convenção n. 158(4) da Organização Internacional do Trabalho, em seu art. 6º, refere que a ausência temporal do trabalho por motivo de doença ou lesão não deverá constituir causa justificada de término da relação de trabalho.

Além da norma Constitucional da Convenção Internacional, a Súmula 443 do TST(5) viabiliza processualmente a configuração da demissão discriminatória fixando a presunção de discriminação a despedida do empregado portador do vírus HIV ou de outra doença grave que suscite estiga ou preconceito. Inválido o ato, o empregado tem direito à reintegração no emprego, tal como já estabelece a lei.

O critério de doenças graves e estigmatizantes, permite que se concentrem mais situações de evidente discriminação na demissão, bem como permite que se construa o entendimento de que os pedidos que versam sobre esta matéria, precisam de inversão do ônus probatório, diante da melhor aptidão da empresa e da clareza de que a proteção a que é hipossuficiente é premissa básica e inalterável dentro do processo judicial trabalhista.

O adoecimento, por si só, é estigmatizante. Mesmo diante de situações não tão claras e videntes, mas que doenças ensejam limitações e cuidados que são mal-recebidos por parte do empregador, há que se pleitear o reconhecimento da discriminação quando o vínculo de emprego é rompido.

3. Despedida discriminatória por doença — O reconhecimento judicial do direito

As decisões judiciais sobre o tema têm expandido a discussão e o conceito de despedida discriminatória, permitindo que outras situações fáticas e doenças que não são entendidas necessariamente como doenças graves ou estigmatizantes, mas que, ainda assim, dão causa exclusiva a rescisão do contrato de trabalho, diante da evidência de que a pessoa trabalhadora necessitará de tratamento, afastamento ou mesmo necessitará de mais tempo para o desempenho das suas atividades, reduzindo, assim, a capacidade de produção.

---

(4) OIT. *Convenção n. 158 da Organização Internacional do Trabalho*. Disponível em: <https://www.ilo.org/brasilia/convencoes/WCMS_236164/lang--pt/index.htm>. Acesso em: 19 abr. 2023.

(5) TST. *Súmula n. 443* – DISPENSA DISCRIMINATÓRIA. PRESUNÇÃO. EMPREGADO PORTADOR DE DOENÇA GRAVE. ESTIGMA OU PRECONCEITO. DIREITO À REINTEGRAÇÃO – Res. n. 185/2012, *DEJT* divulgado em 25, 26 e 27.09.2012. Presume-se discriminatória a despedida de empregado portador do vírus HIV ou de outra doença grave que suscite estigma ou preconceito. Inválido o ato, o empregado tem direito à reintegração no emprego. Disponível em: <https://www3.tst.jus.br/jurisprudencia/Sumulas_com_indice/Sumulas_Ind_401_450.html>. Acesso em: 19 abr. 2023.

A atenção das decisões a casos desta natureza permite que a própria natureza exemplificativa do disposto nos artigos da Lei n. 9.029/95, seja aplicado com efetividade com a plena e prática implementação da norma no caso concreto. Os critérios permeiam a essência da função social do trabalho e o respeito a dignidade da pessoa humana. Não somos máquinas e a estrutura empresarial não pode relegar a sua função social em prestígio a plena produção e rentabilidade.

A fragilidade da saúde decorrente de doença grave, ocupacional ou que motive a demissão no contexto do contrato realidade, afronta o ordenamento jurídico trabalhista e possui abordagem nos tribunais.

A demissão discriminatória pode ou não decorrer de enfermidade advinda do trabalho e com responsabilidade da reclamada. Recente decisão proferida no processo 1000376-38.2020.5.02.0017, pela juíza da 17ª Vara do Trabalho de São Paulo, Lorena de Mello Rezende Colnago, reconhece o direito da autora, portadora de doença ocupacional em ombros, coluna cervical, coluna lombar, joelhos e punhos e em tratamento quando de sua despedida.

A sentença observa que na data da dispensa, a autora encontrava-se capaz para o trabalho, mas doente e em tratamento médico. A decisão em comento foi proferida observando o protocolo de julgamento com perspectiva de gênero.

> Há nulidade na dispensa por ser discriminatória, uma vez que, muito embora o empregador detenha o poder potestativo de extinguir o contrato de trabalho de seus empregados (art. 7º, I, da CRFB), não deve fazê-lo em razão de doença da trabalhadora, quando ainda se encontra na recuperação, conforme os documentos de realização de fisioterapia. O poder diretivo do empregador e seu consequente direito potestativo de resilição unilateral do contrato de trabalho encontram limites em uma série de princípios e garantias constitucionalmente asseguradas, sobretudo a dignidade da pessoa humana, a não discriminação e a proteção do mercado de trabalho da mulher, bem como a função social da empresa.[6]

Sempre oportuno registar que o Conselho Nacional de Justiça publicou protocolo para julgamento com perspectiva de gênero[7], reconhecendo a necessidade de julgamento com a observação da condição das mulheres dentro da estrutura social brasileira. O referido protocolo é um instrumento que deve ser utilizado pelo poder judiciário e sua observação deve ser exigência da advocacia trabalhista, garantindo o direito da litigante, considerando o recorte de gênero, somado a hipossuficiência da pessoa trabalhadora.

---

(6) SÃO PAULO. Tribunal Regional do Trabalho da Segunda Região. *Reclamação Trabalhista 1000376-38.2020.5.02.0017*. Juíza Lorena de Mello Rezende Colnago. Publicado em 23.11.2022. Disponível em: <https://pje.trt2.jus.br/consultaprocessual/detalhe-processo1000376-38.2020.5.02.0017>. Acesso em: 29 abr. 2023.

(7) CONSELHO NACIONAL DE JUSTIÇA. *Protocolo para julgamento com perspectiva de gênero*. Brasília: Conselho Nacional de Justiça — CNJ. Disponível em: <http://www.cnj.jus.br>. Acesso em: 29 abr. 2023.

A depressão pode ser reconhecida como motivadora da dispensa discriminatória, considerando as recidivas da doença, o estigma de quem necessita de acompanhamento psiquiátrico e pode causar incapacidade. Decisão de lavra do Desembargador Ricardo Carvalho Fraga, da Terceira Turma do Tribunal Regional da Quarta Região traz esta perspectiva:

> Sabe-se ainda que as doenças psiquiátricas não têm caráter permanente, podendo haver surtos e crises em determinados momentos e remissão dos sintomas em outros. Assim, o atestado de saúde ocupacional realizado a menos de 180 (cento e oitenta) dias da despedida, não prova, por si só, que a autora estivesse capacitada por razões psiquiátricas à época da despedida. Nessas circunstâncias, há presunção de que a despedida da autora foi discriminatória, por se tratar de doença grave que gera estigma ou preconceito. No caso, contudo, considerando-se que não há notícia atual da capacidade ou incapacidade da reclamante par o labor, assim como o lapso decorrido desde a despedida (mais de 2 anos e meio) desaconselhada a reintegração postulada, cumprindo o pagamento, em dobro, da remuneração da autora desde o período de afastamento até a data do ajuizamento da ação, corrigida monetariamente e acrescida de juros legais, na forma prevista no art 4º, II, da Lei n. 9.029/1995(8).

A presunção da despedida não elidida pela empresa, bem como não necessitar que a enfermidade tenha causa laboral, devem ser observados como estruturadores da avaliação acerca da responsabilidade da empresa e reconhecimento da nulidade da demissão.

No que se refere a aplicação da Súmula n. 433 do TST, interessante referir julgamento pelo Tribunal Superior do Trabalho, de recurso ordinário em mandado de segurança, onde a pretensão da empresa não foi reconhecida, já que, determinada a reintegração imediata do trabalhador e a manutenção do plano de saúde empresarial:

> Portanto, o fato de estar o empregado apto para o trabalho no período de acompanhamento da doença não pode ser confundido com a cura da enfermidade. Dessa forma, a dispensa de empregado acometido com neoplasia maligna durante o período de acompanhamento da doença é considerada discriminatória quando não comprovado motivo suficiente par o ato demissional. Como no caso presente o impetrante apenas afirma ser legítima a dispensa sem justa causa porque o empregado estava apto para o trabalho, desconhecia que ele estava enfermo; e porque estava passando por readequações em razão da recuperação judicial e de crise financeira. No entanto, trata-se de fundamentos que não bastam a elidir a presunção de discriminação nos moldes da Súmula n. 433 do TST(9).

Assim, tem-se dois prismas: a garantia do trabalho no direito material, e a presunção de veracidade processual, viabilizadora da apreciação da matéria e julgamento da lide.

---

(8) RIO GRANDE DO SUL. Tribunal Regional da Quarta Região. *Reclamação Trabalhista 0020124-18.2021.5.04.0782*. Desembargador relator Ricardo Carvalho Fraga. Terceira Turma. Publicado em 22.02.2023. Disponível em: <http://www.ter4jus.br/portais/trt4/acordaos>.

(9) BRASIL. TRIBUNAL SUPERIOR DO TRABALHO. *Reclamação Trabalhista 1222-94.2021.5.09.0000*. Desembargador relator Luiz Jose Dezena da Silva. Subseção II Especializada em Dissídios Individuais. Publicado em: 28 abr. 2023. Disponível em: <http://jurisprudencia.tst.jus.br>.

4. Descartáveis ou substituíveis — O valor social do trabalho

Os trabalhadores e trabalhadoras não são descartáveis. Não se pode permitir que o sistema social e a estrutura capitalista viabilizem o entendimento de que as pessoas possam ser descartadas e, incapazes ou em um momento de saúde fragilizada, sejam transferidas a situação de informalidade, miséria e total desamparo.

Conforme diz Karl Marx(10), as mercadorias não podem ir por si mesmas ao mercado e trocarem-se umas pelas outras. Temos, portanto, de nos voltar para seus guardiões, os possuidores de mercadorias. Deter os meios de produção, não pode carregar, assim, a única benesse do lucro. A responsabilidade social da empresa deve ser conduta exigível em todas as circunstâncias, incluso o respeito com quem trabalha.

Segundo Camino (2004)(11), a dependência dos sujeitos no contrato de trabalho é recíproca e somente assim pode ser entendida como sistema regulamentado pela legislação. O trabalho, assim, é remunerado em decorrência do desempenho das funções laborais. A figura da empresa ou do empregador e empregadora de um lado, a figura da trabalhadora ou trabalhador de outro, é, sem dúvidas, de forma clara, o cerne da relação de trabalho.

Mesmo que a qualidade desta dependência seja distinta (para o empregado, o emprego é essencial garantidor de subsistência, para o empregador, a força de trabalho do empregado é necessária como fator componente do funcionamento da empresa), no sistema produtivo há uma expectativa de dependência mútua(12).

A inserção da pessoa trabalhadora na atividade produtiva, entretanto, não se basta nesta definição e é neste sentido que é essencial a análise da razão da inserção social da pessoa na atividade de produção e do intuito social de integração e subsistência. É a renda salarial familiar, portanto, que sustenta e permite a manutenção de uma vida digna.

Então, tem-se que a questão mais sensível, quando se trata da despedida de um trabalhador, é aquela correlata a função social da empresa. A dispensa discriminatória, desta forma, subverte o espírito que confere direitos como empregador, possibilita o lucro e estrutura socialmente seu crescimento econômico. Considerando que a dignidade da pessoa humana prevalece como critério rígido e principiológico, tem-se que o poder hierárquico do empregador não pode ser utilizado sem que se pondere os impactos sociais de considerar um trabalhador descartável em decorrência do acometimento de enfermidade.

---

(10) MARX, K. *O Capital* – Livro I – O Processo Global da Produção Capitalista. Tradução: Rubens Enderle. São Paulo: Boitempo, 2017.

(11) CAMINO, Carmem. *Direito Individual do Trabalho*. 4. ed. Porto Alegre: Síntese, 2004.

(12) VILHENA, Paulo Emilio Ribeiro. *Relação de Emprego: estrutura legal e supostos*. 2. ed. São Paulo: LTr, 1999.

Note-se que a demissão discriminatória é aquela que se caracteriza pelo descarte do trabalhador adoecido, que se comunica claramente com o afastamento de alguém que pode necessitar suspender seu contrato de trabalho diante da necessidade de encaminhamento de benefício por doença, ou mesmo não se afastar, mas necessitar atestar afastamentos para que mantenha tratamento médico.

É neste sentido que a função social da empresa deve viabilizar a manutenção do emprego. Como ensina Plá Rodrigues(13), tudo que vise a conservação da fonte de trabalho, a dar segurança ao trabalhador, constitui não apenas um benefício para ele, enquanto lhe transmite uma sensação de tranquilidade, mas também redunda em benefício da própria empresa e, através dela, da sociedade.

Explica Camino (2004), que a perenidade natural do contrato de trabalho possui diretrizes informadoras do direito do trabalho, consubstanciadas no princípio da continuidade a partir da sistematização de Plá Rodrigues:

A regra é a do contrato de trabalho por prazo indeterminado. Os contratos a prazo determinado somente são admitidos excepcionalmente. Salvo razões ponderáveis, quer no aspecto do sistema produtivo (de natureza técnica ou econômica), quer sob o enfoque das relações interpessoais (razões disciplinares), a denúncia dos contratos é uma anomalia porque vai de encontro aos objetivos comuns do empregado e do empregador. Mantida da atividade econômica, a alteração na estrutura jurídica oi a propriedade da empresa não afeta os contratos de trabalho em curso.(14)

O princípio da continuidade nas relações de trabalho, desta forma, constitui a essência da proteção contra a despedida arbitrária, disposto no art. 7º, inciso I, da Constituição Federal Brasileira(15) e da Convenção n. 158 da Organização Mundial do Trabalho, da qual o Brasil é signatário.

Alice Monteiro de Barros (2013)(16) ensina que tal princípio visa a preservação do emprego com o objetivo de proporcionar segurança econômica gerado pelo trabalho. Para compreensão desse princípio, cabe ressaltar que uma característica do contrato de trabalho é o trato sucessivo — o que não se esgota mediante realização de ato, mas é perene.

5. Conclusão

O poder hierárquico do empregador não ultrapassa os direitos da pessoa humana e as discriminações devem sempre ser rechaçadas e culpabilizadas, como medida para

(13) RODRIGUEZ. Américo Plá. *Curso de Direito do Trabalho*. São Paulo: LTr, 1982.

(14) *Idem*.

(15) BRASIL. *Constituição da República Federativa do Brasil*. Disponível em: <https://www.planalto.gov.br/ccivil_03/constituicao/constituicao.htm>. Acesso em: 30 jun. 2023.

(16) BARROS, Alice Monteiro. *Curso de Direito do Trabalho*. 9. ed. São Paulo: LTr, 2013.

garantir o bem-estar social. Inverossímil que se permita que os interesses da estrutura empresarial suplantem a condição da pessoa trabalhadora. Esta é a razão central para que se entenda que toda a sociedade se beneficia com a valorização do trabalhador e dos direitos protetivos, assim como as empresas, que se estruturam no sistema de disponibilização de vagas de trabalho e remuneração mediante salário, para desempenho de atividades de seu interesse.

Mesmo que exista a possibilidade de demissão sem justo motivo, a liberdade para que se descarte a mão de obra em razão de raça, gênero, idade e em razão do sofrimento advindo de uma enfermidade, não pode ser considerada uma liberalidade. Trata-se de atitude discriminatória, ato ilício e conduta anulável, com a necessidade de reparação moral e material.

No caso das doenças, as dispensas discriminatórias ocorrem na iminência da notícia do tratamento, ou mesmo após o afastamento com a suspensão do contrato de trabalho por concessão de benefício previdenciário por doença. São várias as condições que permitem, judicialmente, ter reconhecida a dispensa discriminatória em ração de doença.

A recolocação da pessoa afastada, a necessidade de remunerar ausências para tratamento, a preocupação com a produtividade após a ciência da necessidade de maior atenção e cuidados, submete a empregada ou empregado a uma condição de fragilidade e total sentimento de instabilidade. A consciência de que sua força de trabalho é condição essencial e a possibilidade, mesmo que não comprovada, de necessitar de cuidados, readaptação e mesmo atenção por período determinado, traz a pecha de que pode ser substituído, tal como uma peça de uma engrenagem. É essa, uma condição indigna e que macula o conceito de continuidade da relação de trabalho e da função social da empresa.

Referências

BRASIL. Conselho Nacional de Justiça. *Protocolo para julgamento com perspectiva de gênero.* Brasília: Conselho Nacional de Justiça — CNJ. Disponível em: <http://www.cnj.jus.br>. Acesso em: 29 abr. 2023.

______. Consolidação das Leis do Trabalho. *Decreto-lei n. 5.442, de 1º de maio de 1943.* Disponível em: <http://www.planalto.gov.br/ccivil_03/decreto-lei/del5452.htm>. Acesso em: 03 mar. 2023.

______. *Constituição da República Federativa do Brasil.* Disponível em: <https://www.planalto.gov.br/ccivil_03/constituicao/constituicao.htm>. Acesso em: 30 jun. 2023.

______. *Lei n. 9.029, de 13 de abril de 1995.* Disponível em: <https://www.planalto.gov.br/ccivil_03/leis/l9029.htm>. Acesso em: 30 jun. 2023.

______. Tribunal Superior Do Trabalho. *Reclamação Trabalhista 1222-94.2021.5.09.0000.* Desembargador relator Luiz Jose Dezena da Silva. Subseção II Especializada em Dissídios Individuais. Publicado em 28 abr. 2023. Disponível em: <http://jurisprudencia.tst.jus.br>.

BARROS, Alice Monteiro. *Curso de Direito do Trabalho.* 9. ed. São Paulo: LTr, 2013.

CAMINO, Carmem. *Direito Individual do Trabalho*. 4. ed. Porto Alegre: Síntese, 2004.

MARX, Karl. *O Capital* – Livro I – O Processo Global da Produção Capitalista. Tradução: Rubens Enderle. São Paulo: Boitempo, 2017.

OIT. *Convenção n. 158 da Organização Internacional do Trabalho*. Disponível em: <https://www.ilo.org/brasilia/convencoes/WCMS_236164/lang--pt/index.htm>. Acesso em: 19 abr. 2023.

RIO GRANDE DO SUL. Tribunal Regional da Quarta Região. *Reclamação Trabalhista 0020124-18.2021.5.04.0782*. Desembargador relator Ricardo Carvalho Fraga. Terceira Turma. Publicado em 22 fev. 2023. Disponível em: <http://www.ter4jus.br/portais/trt4/acordaos>.

RODRIGUEZ. Américo Plá. *Curso de Direito do Trabalho*. São Paulo: LTr, 1982.

SÃO PAULO. Tribunal Regional do Trabalho da Segunda Região. *Reclamação Trabalhista 1000376-38.2020.5.02.0017*. Juíza Lorena de Mello Rezende Colnago. Publicado em: 23 nov. 2022. Disponível em: <https://pje.trt2.jus.br/consultaprocessual/detalhe-proceso1000376-38.2020.5.02.0017>. Acesso em: 29 abr. 2023.

VILHENA, Paulo Emilio Ribeiro. *Relação de Emprego:* estrutura legal e supostos. 2. ed. São Paulo: LTr, 1999.

A Mulher Idosa e o Mercado de Trabalho: Proteção e Discriminação

Paula Pereira Pires

Sílvia Cristina Carvalho Sampaio

Resumo: O presente trabalho visa apresentar um estudo sobre a situação do idoso no mercado de trabalho, trazendo um olhar diferenciado para a mulher trabalhadora, verificando a sua condição de entrada, permanência até os aspectos que levam a sua saída da relação laboral.

Palavras-chave: Trabalhador idoso — Trabalhadora idosa — Etarismo — Dignidade da pessoa humana.

1. Introdução

Dados da Divisão de Características Gerais dos Domicílios e dos Moradores 2022 da Pesquisa Nacional por Amostra de Domicílios (PNAD) Contínua divulgada pelo IBGE em 16 de junho de 2023, indica que parcela idosa da população brasileira, com 60 anos ou mais, subiu para 15,1% em 2022. Dez anos antes, em 2012, o percentual era de 11,3%.(1)

A matéria informa ainda que a pesquisa do IBGE apontou uma redução das parcelas mais jovens da população brasileira. O percentual de pessoas abaixo dos 30 anos de idade em 2022 é de 43,3%, sendo que era 49,9% (2)em 2012. E, como consequência, a proporção de quem passou dos 30 anos subiu de 50,1% para 56,7% no período.

Diante do quadro apontado de aumento da população idosa e decréscimo dos jovens, torna-se importante à academia a discussão de problemáticas que porventura podem permear essa situação. Inicialmente, pode-se citar algumas recorrentes quanto ao desrespeito ao idoso. Fatos como: abandono físico e emocional pela família, discriminação

---

(1) População idosa sobe para 15,1% em 2022, diz IBGE. *G1 Globo*. 16 jun. 2023. Economia. Disponível em: <https://g1.globo.com/economia/noticia/2023/06/16/populacao-idosa-sobe-para-151percent-em-2022-diz-ibge.ghtml>. Acesso em: 20 jun.2023.

(2) *Idem*.

quanto à permanência e/ou até mesmo entrada no mercado de trabalho, ponto este que irá se debruçar esta pesquisa.

Mediante o escopo acima, desenvolveu-se o artigo com os seguintes tópicos: introdução, onde será apontada a problemática e, consequente, objeto de estudo; legislação protetiva ao idoso em âmbito internacional e nacional; identificação do etarismo e suas consequências junto ao mercado de trabalho; intensificação da discriminação quanto à mulher idosa trabalhadora. Também serão apresentados julgados para melhor identificação do preconceito existente em relação aos idosos junto ao mercado de trabalho.

2. Legislação

Para tratar sobre a legislação que versa sobre o idoso faz-se necessário falar sobre direitos humanos, vez que o reconhecimento de seus direitos e, consequente proteção, está intimamente relacionado a conceder-lhe uma velhice com dignidade.

E dentro dessa contextualização, afinal, o que são direitos humanos? Em um conceito bem simples, Flavia Piovesan apresenta: Esta indagação remete a inúmeras respostas possíveis, que buscam privilegiar os mais diversos valores, tais como a igualdade a liberdade, a solidariedade ou até mesmo a felicidade humana.(3)

A autora declara que foi na Declaração Universal dos Direitos Humanos de 1948 (DUDH) que foi introduzido, ineditamente, uma linguagem renovada aos Direitos Humanos. Pela primeira vez, o catálogo dos direitos civis e políticos é conjugado ao elenco dos direitos sociais, econômicos e culturais.

Por esta razão se apresenta porque a Declaração é fundamental no estabelecimento de direitos essenciais a todos os seres humanos, posto que luta contra quaisquer discriminações, seja por raça, cor, gênero, idioma, nacionalidade ou outra razão, como no caso do estudo aqui apresentado, a discriminação contra o trabalhador ou trabalhadora idoso ou idosa.(4) Senão, vejamos:

> Toda a pessoa tem direito ao trabalho, à livre escolha do trabalho, a condições equitativas e satisfatórias de trabalho e à proteção contra o desemprego. Todos têm direito, sem discriminação alguma, a salário igual por trabalho igual. Quem trabalha tem direito a uma remuneração equitativa e satisfatória, que lhe permita e à sua família uma existência conforme com a dignidade humana, e completada, se possível, por todos os outros meios de proteção social. Toda a pessoa tem o direito de fundar com outras pessoas sindicatos e de se filiar em sindicatos para defesa dos seus interesses. (Art. 23)(5)

(3) PIOVESAN, Flavia. *A indivisibilidade dos direitos humanos*. Disponível em: <http://www.dhnet.org.br/direitos/militantes/flaviapiovesan/piovesan1.html>. Acesso em: 03 jun. 2023.

(4) *Idem*.

(5) Declaração Universal dos Direitos Humanos. Disponível em: <https://www.ohchr.org/en/human-rights/universal-declaration/translations/portuguese?LangID=por>. Acesso em: 03 jun. 2023.

Ressaltando que foi a Declaração que enfatizou o alcance universal dos Direitos Humanos indicando que devem ser observados independentemente da diversidade cultural, política, econômica, religiosa de cada sociedade. Reforça ainda que a Declaração Universal, ao traduzir a mais significativa expressão do movimento internacional dos direitos humanos, representou o amplo consenso alcançado acerca dos requisitos minimamente necessários para uma vida com dignidade.(6)

A DUDH, em conjunto com o Pacto Internacional dos Direitos Civis e Políticos e seus dois Protocolos Opcionais (sobre procedimento de queixa e sobre pena de morte) e com o Pacto Internacional dos Direitos Econômicos, Sociais e Culturais e seu Protocolo Opcional, formam a chamada Carta Internacional dos Direitos Humanos.

No Brasil, ensina Mauricio Godinho Delgado que a Constituição de 1988 emergiu na história brasileira como a mais importante construção institucional, jurídica e cultural estruturada em vários séculos de existência do País.(7)

Importante aspecto destacado pelo autor é que a nova Constituição Federal colocou a pessoa humana no centro da ordem jurídica e da vida socioeconômica e, coerentemente, adotou o conceito de Estado Democrático de Direito.(8)

Conceito que, para Mauricio Delgado, se fundamenta em um tripé conceitual decisivo, em que a pessoa humana, com a sua dignidade ocupa o ápice do arquétipo conceitual, acompanhada do Estado e suas institucionais.(9)

Todos esses aspectos referenciam a proteção ao idoso, e de modo especial, ao trabalhador e trabalhadora idosos, objetos deste estudo.

Um dos aspectos trazidos pela Constituição Federal é que ela proibiu a discriminação, conforme se depreende do teor dos art. 1º, III; do art. 3º I e IV; do art. 5º, *caput* e inciso I e III.(10)

> Art. 1º A República Federativa do Brasil, formada pela união indissolúvel dos Estados e Municípios e do Distrito Federal, constitui-se em Estado Democrático de Direito e tem como fundamentos:
>
> (...)
>
> III – a dignidade da pessoa humana;
>
> Art. 3º Constituem objetivos fundamentais da República Federativa do Brasil:

---

(6) Declaração Universal dos Direitos Humanos. Disponível em: <https://www.ohchr.org/en/human-rights/universal-declaration/translations/portuguese?LangID=por>. Acesso em: 03 jun. 2023.

(7) DELGADO, Mauricio Godinho. *Direito do Trabalho no Brasil:* formação e desenvolvimento. Colônia, Império e República. São Paulo: JusPodivm, 2023. p. 165.

(8) *Ibidem*, p. 166.

(9) *Idem*.

(10) BRASIL. *Constituição da República Federativa do Brasil.* Disponível em: <https://www.planalto.gov.br/ccivil_03/constituicao/constituicaocompilado.htm>. Acesso em: 30 maio 2023.

> I – construir uma sociedade livre, justa e solidária; (...)
>
> IV – promover o bem de todos, sem preconceitos de origem, raça, sexo, cor, idade e quaisquer outras formas de discriminação.
>
> Art. 5º Todos são iguais perante a lei, sem distinção de qualquer natureza, garantindo-se aos brasileiros e aos estrangeiros residentes no País a inviolabilidade do direito à vida, à liberdade, à igualdade, à segurança e à propriedade, nos termos seguintes:
>
> I – homens e mulheres são iguais em direitos e obrigações, nos termos desta Constituição; (...)
>
> III – ninguém será submetido a tortura nem a tratamento desumano ou degradante;

Quando se trata da proteção ao idoso junto ao mercado de trabalho, outro marco referencial é a Consolidação das Leis do Trabalho (CLT), vez que traz no capítulo da Proteção do Trabalho da Mulher, dispõe sobre a vedação de discriminação por idade em seu art. 373-A, incisos I, II, III e V, conforme disposto abaixo:

> Art. 373-A. Ressalvadas as disposições legais destinadas a corrigir as distorções que afetam o acesso da mulher ao mercado de trabalho e certas especificidades estabelecidas nos acordos trabalhistas, é vedado: (Incluído pela Lei n. 9.799, de 26.5.1999)
>
> I – publicar ou fazer publicar anúncio de emprego no qual haja referência ao sexo, à **idade**, à cor ou situação familiar, salvo quando a natureza da atividade a ser exercida, pública e notoriamente, assim o exigir; (Incluído pela Lei n. 9.799, de 26.5.1999)
>
> II – recusar emprego, promoção ou motivar a dispensa do trabalho em razão de sexo, **idade**, cor, situação familiar ou estado de gravidez, salvo quando a natureza da atividade seja notória e publicamente incompatível; (Incluído pela Lei n. 9.799, de 26.5.1999)
>
> III – considerar o sexo, a **idade**, a cor ou situação familiar como variável determinante para fins de remuneração, formação profissional e oportunidades de ascensão profissional; (Incluído pela Lei n. 9.799, de 26.5.1999)
>
> V – impedir o acesso ou adotar critérios subjetivos para deferimento de inscrição ou aprovação em concursos, em empresas privadas, em razão de sexo, **idade**, cor, situação familiar ou estado de gravidez; (Incluído pela Lei n. 9.799, de 26.5.1999)(11) Grifamos

E, ainda citamos a Lei n. 9.029, de 13 de abril de 1995, que proíbe expressamente a adoção de toda e qualquer prática discriminatória para efeitos admissionais ou de permanência da relação jurídica de trabalho, e, dentre essas condutas, está inclusive a discriminação por idade.(12)

> Art. 1º É proibida a adoção de qualquer prática discriminatória e limitativa para efeito de acesso à relação de trabalho, ou de sua manutenção, por motivo de sexo, origem, raça, cor, estado civil,

---

(11) BRASIL. *Decreto-lei n. 5.452/1943.* Consolidação das Leis do Trabalho. Disponível em: <https://www.planalto.gov.br/ccivil_03/decreto-lei/del5452.htm>. Acesso em: 30 maio 2023.

(12) BRASIL. *Lei n. 9.029, de 13 de abril de 1995.* Proíbe a exigência de atestados de gravidez e esterilização, e outras práticas discriminatórias, para efeitos admissionais ou de permanência da relação jurídica de trabalho, e dá outras providências. Disponível em: <https://www.planalto.gov.br/ccivil_03/leis/l9029.htm>. Acesso em: 30 maio 2023.

situação familiar, deficiência, reabilitação profissional, **idade**, entre outros, ressalvadas, nesse caso, as hipóteses de proteção à criança e ao adolescente previstas no inciso XXXIII do art. 7º da Constituição Federal. *(Redação dada pela Lei n. 13.146, de 2015)* (Grifamos)

Ressalta-se ainda que o art. 4º, *caput* e incisos, da citada Lei n. 9.029/95, determina sanções que o empregador pode sofrer no caso de rompimento do vínculo empregatício com o empregado em razão de discriminação. Assim, além das possibilidades de ressarcimento trazidas pelos incisos I e II do dispositivo acima mencionado, há também previsão do pagamento de indenização por dano moral.[13] Nesse sentido é a previsão legal:

> Art. 4º O rompimento da relação de trabalho por ato discriminatório, nos moldes desta Lei, além do direito à reparação pelo dano moral, faculta ao empregado optar entre:
>
> I -a reintegração com ressarcimento integral de todo o período de afastamento, mediante pagamento das remunerações devidas, corrigidas monetariamente e acrescidas de juros legais;
>
> II -a percepção, em dobro, da remuneração do período de afastamento, corrigida monetariamente e acrescida dos juros legais.

Como legislação infraconstitucional brasileira apresenta-se, de forma especial, a Lei n. 10.741/2003, Estatuto da Pessoa Idosa, que tem previsão para os idosos no que se refere a condutas discriminatórias no trabalho, ao estabelecer nos arts. 4º e 27, *caput*, o seguinte:

> Art. 4: Nenhuma pessoa idosa será objeto de qualquer tipo de negligência, **discriminação**, violência, crueldade ou opressão, e todo atentado aos seus direitos, por ação ou omissão será punido na forma da lei.
>
> e
>
> Art. 27: Na admissão do idoso em qualquer trabalho ou emprego, **é vedada a discriminação e a fixação de limite máximo de idade**, inclusive para concursos, ressalvados os casos em que a natureza do cargo o exigir.[14] (Grifamos)

Como pode ser constatado, há legislações protetivas. Contudo, o que se constata é ausência de efetividade no cumprimento dessas leis. Ressaltando, a teor do que explica Vera Lúcia Almeida e outros, a não observação e o não cumprimento desses direitos e

(13) Martins Silva, D.; Tayanne Azarias de Oliveira, J.; Silva de Almeida, M.; Grossi Vieira Almeida Costa, N.; Ferreira de Souza Neto, S.; Elaine Carneiro de Moraes, B.; Maria dos Reis, F.; Dutra Franco, L.; de Fátima Alvarez Saraiva, M. (2021). A inserção do idoso no mercado de trabalho como instrumento garantidor da dignidade. *Revista Vianna Sapiens,* 12(2), 31. Disponível em: <https://doi.org/10.31994/rvs.v12i2.786>. Acesso em: 1º jun. 2023.

(14) BRASIL. *Lei n. 10.741/2003*. Estatuto da Pessoa Idosa. Disponível em: <http://www.planalto.gov.br/ccivil_03/leis/2003/l10.741.htm>. Acesso em: 30 maio 2023.

dos preceitos da Declaração Universal dos Direitos Humanos, por Estados ou Nações, são objeto de reprovação da comunidade internacional.(15)

3. Etarismo

Para tratar sobre etarismo importante inicialmente entender a discriminação nas relações laborais. Mauricio Godinho Delgado conceitua discriminação como a conduta pela qual se nega à pessoa, em face de critério injustamente desqualificante, tratamento compatível com o padrão jurídico assentado para a situação concreta por ela vivenciada.(16)

Continua o autor ressaltando que,

> a causa da discriminação reside no "cru preconceito", isto é, um juízo sedimentado desqualificador de uma pessoa em virtude de uma sua característica, determinada externamente, e identificadora de um grupo ou segmento de indivíduos, tais como: cor, etnia, sexo ou gênero, nacionalidade, origem, estado civil, deficiência, riqueza, orientação sexual e, no caso desta pesquisa, a idade.(17)

Pesquisadora do tema, Lucia Corrêa, afirma que existe na sociedade brasileira um forte preconceito social e discriminação quanto aos trabalhadores idosos. Esse preconceito é o chamado etarismo, que é oriundo da tradução do inglês *ageism*, termo cunhado em 1968 pelo gerontologista estadunidense Robert N. Butler para descrever a discriminação etária contra pessoas maduras e que, ao lado do sexismo e do racismo, tem sido apontado como um problema das sociedades pós-modernas.(18)

Em matéria escrita por Ricardo Calcini e Leandro Bocchi de Moraes, ao autores apresentaram que, segundo o Relatório Global sobre Etarismo elaborado pela Organização Mundial da Saúde (OMS) e pela Organização das Nações Unidas (ONU), o etarismo institucional relaciona-se ao conjunto de regras, normas e práticas de instituições que limitam indevidamente as oportunidades devido à idade, conquanto o etarismo interpessoal pode surgir na interação de duas ou mais pessoas.(19)

---

(15) ALMEIDA, Vera Lúcia V.; GONÇALVES, M. P.; LIMA, T. G. *Direitos Humanos e Pessoa Idosa:* publicação de apoio ao Curso de Capacitação para a Cidadania: Atenção e Garantia dos Direitos da Pessoa Idosa. Brasília: Secretaria Especial dos Direitos Humanos, 2005. p. 19.

(16) DELGADO, Mauricio Godinho. *Curso de Direito do Trabalho.* 20 ed., rev., atual. e ampl. São Paulo: JusPodivm, 2023. p. 913.

(17) *Ibidem*, p. 914.

(18) CORRÊA, Luciana Silva. Envelhecimento feminino e etarismo nas organizações: o desafio da mulher madura no mundo do trabalho. *ORGANICOM*, ano 20, n. 41, jan./abr. 2023. Disponível em: <https://www.revistas.usp.br/organicom/article/view/206721/192323>. Acesso em: jul. 2023.

(19) CALCINI, Ricardo; MORAES, Leandro Bocchi de. Etarismo: discriminação e preconceito no ambiente de trabalho. *CONJUR*. Prática Trabalhista. 27 jul. 2023. Disponível em: <https://www.conjur.com.br/2023-jul-27/pratica-trabalhista-etarismo-discriminacao-preconceito-ambiente-trabalho>. Acesso em: 27 jul. 2023.

No Brasil, pesquisa divulgada em 2021 pelo Departamento Intersindical de Estatística e Estudos Socioeconômicos (Dieese) aponta que 18,5% da população idosa do país continua trabalhando e 75% contribui financeiramente com a renda de onde mora.

Segundo o Relatório Mundial sobre o Idadismo, produzido pela Organização Mundial da Saúde (OMS), o etarismo ocorre em todo ciclo das operações: durante o recrutamento, a estada no emprego e na demissão, ou no processo de aposentadoria.(20)

A título de exemplo, pode acontecer no ambiente de trabalho quando a pessoa é julgada em virtude de sua idade, como o julgado explicitado abaixo, através de uma notícia, que demonstra de forma concreta a aplicação dessa vil prática:

> Uma mulher de 64 anos deve ser indenizada pela empresa onde trabalha após sofrer etarismo no local de trabalho. A decisão é da Sexta Vara do Trabalho de São Paulo.
>
> De acordo com a Organização Mundial da Saúde — OMS, o etarismo se refere a "estereótipos (como pensamos), preconceitos (como nos sentimos) e discriminação (como agimos) direcionadas às pessoas com base na idade que têm".
>
> De acordo com a profissional, desde que iniciou na empresa, onde prestava serviço como teleoperadora, recebia tratamento diferenciado por causa da idade e por ter dificuldades para operar computadores.
>
> Na ocasiao em que mudou para uma nova atividade, ela relata que recebeu apenas três dias de treinamento, quando o usual seriam de 15 a 20. A trabalhadora diz ainda que a falta de capacitação fez com que ela demandasse muito dos supervisores.
>
> No processo, ela narra que quando se reportava a eles recebia respostas como "**velha burra, incompetente**", "**não sei o que está fazendo aqui**", "**velha gagá**".
>
> Em audiência, a testemunha declarou que ouviu a empregada ser agredida verbalmente pelo supervisor "na frente de todo mundo na operação" e "que tiravam sarro da mesma".
>
> A depoente afirmou também que não havia outros funcionários da idade da reclamante na empresa, sendo que as pessoas tinham, em média, entre 18 a 34 anos.

---

(20) SBGG — Sociedade Brasileira de Geriatria e Gerontologia. *Etarismo no ambiente de trabalho*. 04 jul. 2022. Disponível em: <https://sbgg.org.br/etarismo-no-ambiente-de-trabalho/>. Acesso em: 10 jul. 2023.

> A empresa negou a ocorrência das situações descritas, mas não fez contraprova. Com isso, a justiça considerou que a situação se encaixa no caso de ofensa de natureza leve e fixou indenização em R$ 2,4 mil.(21) (Grifamos)

O Tribunal Superior do Trabalho (TST) também já se manifestou sobre situações de etarismo nas relações laborais.

> Após ação civil pública ajuizada pelo Ministério Público do Trabalho (MPT), o Tribunal Superior do Trabalho (TST), condenou a Energisa Paraíba S/A, a pagar R$ 100 mil de multa por danos morais coletivos por publicar vagas de emprego estabelecendo **limites de idade para os candidatos**.
>
> A empresa usou o Sistema Nacional de Emprego (Sine) para recrutar trabalhadores entre 19 e 35 anos de idade para a função de leiturista.(22) (Grifamos)

Estudos da SBGG também demonstraram que, para quem está empregado, o etarismo impacta o acesso às oportunidades de treinamento, sendo que os mais afetados são os trabalhadores idosos. Na Suíça, um estudo constatou que 53% dos funcionários de todas as idades acreditavam que os profissionais em idade avançada eram mais difíceis de treinar e que 52% acreditam que os trabalhadores idosos tinham menor interesse em posições mais desafiadoras.(23)

Conforme se vislumbra, o etarismo consiste em prática recorrente, mas que deve ser combatida nas relações contratuais. E nesse contexto, compete ao empregador proporcionar um meio ambiente laboral saudável, face previsão de suas obrigações contratuais. Por isso, é forçosa a implementação de mecanismos e estratégias para evitar a discriminação por idade nas empresas.

4. A trabalhadora idosa e seus desafios na relação laboral

Pesquisas realizadas por Luciana Silva Corrêa apontam que em 2100, a população acima de 60 anos chegará a 40,3% do total de brasileiros. Partindo dessa estimativa, a

---

(21) IBDFAM — Instituto Brasileiro de Direito de Família. *Idosa deve ser indenizada após sofrer etarismo no local de trabalho*. Publicado 22 jun. 2023. Disponível em: <https://ibdfam.org.br/noticias/10904/Idosa+deve+ser+indenizada+ap%C3%B3s+sofrer+etarismo+em+local+de+trabalho>. Acesso em: 23 jun. 2023.

(22) ACCARINI. André. TST condena empresa a pagar multa de R$ 100 mil por anunciar vagas só para jovens. 23 ago. 2022. *CUT – Central Única dos Trabalhadores*. Disponível em: <https://www.cut.org.br/noticias/tst-condena-empresa-a-pagar-multa-de-r-100-mil-por-anunciar-vagas-so-para-jovens-d243>. Acesso em: 23 ago. 2023.

(23) SBGG — Sociedade Brasileira de Geriatria e Gerontologia. *Etarismo no ambiente de trabalho*. 04 jul. 2022. Disponível em: <https://sbgg.org.br/etarismo-no-ambiente-de-trabalho/>. Acesso em: 10 jul. 2023.

autora destaca o envelhecimento das mulheres, alvo de duplo preconceito: o sexismo e o etarismo.(24)

Para a autora, as mulheres são as principais vítimas do etarismo, principalmente no contexto de trabalho, uma vez que homens maduros são mais valorizados, face a essa maturidade ser atrelada à "conhecimento". Diferente analise é realizada com as mulheres. Por exemplo, se se tomar como parâmetro as mulheres executivas, estas se sentem pressionadas a serem "sempre jovens", apesar de experimentarem assédio e comentários sexuais no trabalho. Para o mercado de trabalho, a mulher madura não é vista como "experiente", mas como "velha".(25)

Outros aspectos são apresentados na pesquisa quanto ao envelhecimento feminino. Como historicamente é dado à mulher a condição de pertencimento ao espaço privado, ou seja, do cuidado do lar, do companheiro, dos filhos, dos pais, fatos como: divórcio, viuvez, cuidados com filhos ainda dependentes e pais que envelhecem são situações que impactam a vida profissional desta trabalhadora.(26)

Também se torna importante destacar a menopausa e suas consequências para o bem-estar físico, mental e emocional da trabalhadora madura de qualquer nível hierárquico, vez que uma vez que são visíveis as mudanças de um corpo que se torna diferente, mais cansado e menos viçoso.(27)

O fim da vida reprodutiva de uma mulher acarreta profundas mudanças, que vão dos aspectos fisiológicos, como a qualidade do sono, as alterações do metabolismo, visão e audição, ressecamento de pele e unhas até a aspectos mentais e psicológicos, como esquecimentos, irritabilidade e problemas de concentração.(28)

Diante do que foi apresentado acima, constata-se que o envelhecimento da força de trabalho feminina ainda não é um tema efetivamente relevante para as empresas em termos de implementação de políticas e práticas efetivas, embora a obrigatoriedade da não discriminação apareça destacada como pauta de discussão internacional, quando se observa o compromisso com a aplicação da Agenda 2030.

5. Conclusão

Da finalização deste estudo, constata-se a importância de reconhecer que os idosos devem reconquistar seu espaço, conforme explica Adriana Pereira Dantas Carvalho e

(24) CORRÊA, Luciana Silva. Envelhecimento feminino e etarismo nas organizações: o desafio da mulher madura no mundo do trabalho. *ORGANICOM*, ano 20, n. 41, jan./abr. 2023. Disponível em: <https://www.revistas.usp.br/organicom/article/view/206721/192323>. Acesso em: jul. 2023.

(25) *Idem.*

(26) *Idem.*

(27) *idem.*

(28) *Idem.*

Fabiana Maria Simões Silva Vilar Alves, seja no trabalho, ao se reinserir no mercado de trabalho, na sociedade quando volta a ser sujeito de direito ativo e na família ao voltar a ser independente.(29)

A expectativa de vida aumentou e as pessoas da terceira idade precisam ser reinseridas no mercado de trabalho e com isso resgatar a sua dignidade. Para Mauricio Godinho Delgado, o princípio da dignidade da pessoa humana traduz a ideia de que o valor central das sociedades, do Direito e do Estado contemporâneos é a pessoa humana, em sua singeleza, independentemente de seu status econômico, social ou intelectual.(30)

E para que haja a efetividade na proteção ao trabalhador e trabalhadora idosos, é preciso combater a discriminação. Combate este reconhecido como uma das mais importantes áreas de avanço do Direito, ponto característico das modernas democracias ocidentais. Afinal, a sociedade democrática distingue-se por ser uma sociedade voltada para processos de inclusão social, contraponto às antigas sociedades, que se caracterizavam por serem reinos fortemente impermeáveis, marcados pela exclusão social e individual.(31)

Além do combate à discriminação ao idoso junto ao mercado de trabalho, outra sugestão seria criação de políticas públicas — políticas de geração de emprego e capacitação, onde o Estado oferecesse incentivos para que as empresas admitam idosos para seus postos de trabalho.

Conclui-se assim que todos devem ter oportunidades, e nesse contexto, estão os trabalhadores e trabalhadoras idosos, pois todos possuem direito à cidadania e, consequentemente à dignidade.

Referências

ACCARINI. André. TST condena empresa a pagar multa de R$ 100 mil por anunciar vagas só para jovens. *CUT – Central Única dos Trabalhadores*. 23 ago. 2022. Disponível em: <https://www.cut.org.br/noticias/tst-condena-empresa-a-pagar-multa-de-r-100-mil-por-anunciar-vagas-so-para-jovens-d243>. Acesso em: 23 ago. 2023.

ALMEIDA, Vera Lúcia V.; GONÇALVES, M. P.; LIMA, T. G. *Direitos Humanos e Pessoa Idosa:* publicação de apoio ao Curso de Capacitação para a Cidadania: Atenção e Garantia dos Direitos da Pessoa Idosa. Brasília: Secretaria Especial dos Direitos Humanos, 2005.

BRASIL. *Decreto-lei n. 5.452/1943*. Aprova a Consolidação das Leis do Trabalho. Disponível em: <https://www.planalto.gov.br/ccivil_03/decreto-lei/del5452.htm>. Acesso em: 30 maio 2023.

---

(29) CARVALHO, Adriana Pereira Dantas Carvalho; ALVES, Fabiana Maria Simões Silva Vilar. Direitos humanos e cosmopolitismo: o reconhecimento dos direitos dos idosos e o princípio da dignidade da pessoa humana. *RJLB*, ano 1 (2015), n. 1, 239-263. Disponível em: <https://www.cidp.pt/revistas/rjlb/2015/1/2015_01_0239_0263.pdf>. Acesso em: 04 jun. 2023.

(30) DELGADO, Mauricio Godinho. *Princípios constitucionais do trabalho e princípios de direito individual e coletivo*. 5. ed. São Paulo: LTr, 2017. p. 39.

(31) DELGADO, Mauricio Godinho. *Curso de Direito do Trabalho*. 20. ed., rev., atual, e ampl. São Paulo: JusPodivm, 2023. p. 913.

______. *Constituição da República Federativa do Brasil de 1988*. Brasília, DF: Presidência da República, [2020]. Disponível em: <https://www.planalto.gov.br/ccivil_03/constituicao/constituicao compilado.htm>. Acesso em: 30 maio 2023.

______. *Lei n. 10.741/2003*. Dispõe sobre o Estatuto da Pessoa Idosa e dá outras providências. Disponível em: <http://www.planalto.gov.br/ccivil_03/leis/2003/l10.741.htm>. Acesso em: 30 maio 2023.

______. *Lei n. 9.029, de 13 de abril de 1995*. Proíbe a exigência de atestados de gravidez e esterilização, e outras práticas discriminatórias, para efeitos admissionais ou de permanência da relação jurídica de trabalho, e dá outras providências. Disponível em: <https://www.planalto.gov.br/ccivil_03/leis/l9029.htm>. Acesso em: 30 maio 2023.

CALCINI, Ricardo; MORAES, Leandro Bocchi de. Etarismo: discriminação e preconceito no ambiente de trabalho. *CONJUR*. Prática Trabalhista. 27 jul. 2023. Disponível em: <https://www.conjur.com.br/2023-jul-27/pratica-trabalhista-etarismo-discriminacao-preconceito-ambiente-trabalho>. Acesso em: 27 jul. 2023.

CARVALHO, Adriana Pereira Dantas Carvalho; ALVES, Fabiana Maria Simões Silva Vilar. Direitos Humanos e Cosmopolitismo: o Reconhecimento dos Direitos dos Idosos e o Princípio da Dignidade da Pessoa Humana. *RJLB*, ano 1 (2015), n. 1, 239-263. Disponível em: <https://www.cidp.pt/revistas/rjlb/2015/1/2015_01_0239_0263.pdf>. Acesso em: 04 jun. 2023.

CORRÊA, Luciana Silva. Envelhecimento feminino e etarismo nas organizações: o desafio da mulher madura no mundo do trabalho. *ORGANICOM*, ano 20, n. 41, jan./abr. 2023. Disponível em: <https://www.revistas.usp.br/organicom/article/view/206721/192323>. Acesso em: jul. 2023.

DUDH. *Declaração Universal dos Direitos Humanos*. Disponível em: <https://www.ohchr.org/en/human-rights/universal-declaration/translations/portuguese?LangID=por>. Acesso em: 03 jun. 2023.

DELGADO, Mauricio Godinho. *Curso de Direito do Trabalho*. 20. ed., rev., atual, e ampl. São Paulo: JusPPodivm, 2023.

______. *Direito do Trabalho no Brasil:* formação e desenvolvimento. Colônia, Império e República. São Paulo: JusPodivm, 2023.

______. *Princípios constitucionais do trabalho e princípios de direito individual e coletivo*. 5. ed. São Paulo: LTr, 2017.

IBDFAM – Instituto Brasileiro de Direito de Família. Idosa deve ser indenizada após sofrer etarismo no local de trabalho. 22 jun. 2023. *Notícias*. Disponível em: <https://ibdfam.org.br/noticias/10904/Idosa+deve+ser+indenizada+ap%C3%B3s+sofrer+etarismo+em+local+de+trabalho>. Acesso em: 23 jun. 2023.

Martins Silva, D.; Tayanne Azarias de Oliveira, J.; Silva de Almeida, M.; Grossi Vieira Almeida Costa, N.; Ferreira de Souza Neto, S.; Elaine Carneiro de Moraes, B.; Maria dos Reis, F.; Dutra Franco, L.; de Fátima Alvarez Saraiva, M. (2021). A inserção do idoso no mercado de trabalho como instrumento garantidor da dignidade. *Revista Vianna Sapiens*, 12(2), 31. Disponível em: <https://doi.org/10.31994/rvs.v12i2.786>. Acesso em: 1º jun. 2023.

PIOVESAN, Flavia. *A indivisibilidade dos direitos humanos*. Disponível em: <http://www.dhnet.org.br/direitos/militantes/flaviapiovesan/piovesan1.html>. Acesso em: 03 jun. 2023.

G1. População idosa sobe para 15,1% em 2022, diz IBGE. *G1 Globo.* 16 jun. 2023. Economia. 0151percent-em-2022-diz-ibge.ghtml>. Acesso em: 20 jun. 2023.

SBGG — Sociedade Brasileira de Geriatria e Gerontologia. *Etarismo no ambiente de trabalho.* 04 jul. 2022. Disponível em: <https://sbgg.org.br/etarismo-no-ambiente-de-trabalho/>. Acesso em: 10 jul. 2023.

Padrão Ideal de Beleza: A Exteriorização do Preconceito no Trabalho

Isabel Cristina de Medeiros Tormes

Resumo: O capítulo tem como objetivo demonstrar como se revela a discriminação de gênero, pautada em padrões de beleza, nas relações de trabalho. Assim, tratar-se-á sobre como o estereótipo de beleza é utilizado como critério de contratação e manutenção do emprego e como se manifesta o preconceito. Além disso, será abordada a questão de como as experiências, pessoal e profissional têm o poder de afetar a saúde física e mental do indivíduo, minando sua força de trabalho. Nesse passo, a abordagem acerca da limitação do poder diretivo do empregador no julgamento estético do trabalhador se faz crucial e, da mesma forma, a necessidade constante de trazer ao debate medidas de combate à discriminação de modo à preservar a garantia constitucional da dignidade da pessoa humana do trabalhador, da igualdade de oportunidades e proteção e de fomento na construção de uma cultura institucional de não discriminação. A abordagem do capítulo também se dá quanto à obrigação do Estado, ante as realidades sociais, na implementação de políticas, ações e medidas especiais, com o propósito de dar efetividade à eliminação das desigualdades sociais fundadas no preconceito e na discriminação no mundo do trabalho, para o fim legítimo de preservação do Estado Democrático de Direito e, por conseguinte, de uma sociedade minimante justa e estável. Por fim, abordar-se-á como a Justiça Social do Trabalho, como espaço de cidadania, é instrumento capaz de extirpar preconceitos e atos discriminatórios. Conclui-se que o poder empregatício tem limites pautados principalmente na dignidade da pessoa humana e que a Justiça Social do Trabalho deve ser a censora para que seja definitivamente extirpada essa modalidade discriminatória de que trata o texto.

Palavras-chaves: Discriminação — Padrões de beleza — Gordofobia — Relações de trabalho — Limitação do poder diretivo do empregador.

"As mulheres gordas estão sob dupla vulnerabilidade por serem gordas e por serem mulheres, pois distintas formas de opressão se sobrepõem e se influenciam mutuamente."[1]

"[...] Uma Justiça do Trabalho para a democracia é efetiva, não no sentido de resolver um número grande de processos, mas de promover reposição tempestiva das perdas, dar lugar de fala à classe trabalhadora, além de tornar o processo um 'péssimo negócio' para quem agride a ordem jurídica."[2]

1. Introdução

A palavra discriminação é "[...] toda distinção, exclusão ou preferência fundada na raça, cor, sexo, religião, opinião política, ascendência nacional ou origem social, que tenha por efeito destruir ou alterar a igualdade de oportunidade ou de tratamento em matéria de emprego ou profissão" (Convenção n. 111 da OIT, art. 1º, a); ou "[...] qualquer outra distinção, exclusão ou preferência que tenha por efeito destruir ou alterar a igualdade de oportunidades ou tratamento em matéria de emprego ou profissão que poderá ser especificada pelo Membro interessado depois de consultadas as organizações representativas de empregadores e trabalhadores, quando estas existam, e outros organismos adequados." (Convenção n. 111 da OIT, art. 1º, b)[3].

Assim, pode ser definida por um tratamento desigual e/ou injusto direcionado a um indivíduo ou a um grupo de indivíduos, estabelecido em preconceitos e que pode envolver múltiplas questões, tais como as relacionadas a gênero, etnia, raça, cor, religiosidade, classe social, faixa etária, orientação sexual e padrões de beleza.

Sob quaisquer vieses, preferências e exclusões infundadas por pessoas ou grupo de pessoas, baseadas em critérios que colocam à margem e à risco a igualdade de direitos, configuram-se antijurídicas e nefastas. Daí a importância de trazer amiúde debates acerca das diversas formas de discriminação, de modo a abrir caminhos ao firme propósito de extirpar predileções injustificadas.

Condutas que interferem negativamente nos direitos dos indivíduos, que os impedem de exercer o pleno direito à igualdade de oportunidades são inadmissíveis e, assim, devem ser combatidas e rechaçadas, eis o propósito do presente artigo. Nesse trilhar, o que se traz, no capítulo I, é a problemática da discriminação por padrões de beleza, em especial, ligados ao feminino. Como "deve" ou "não deve" ser o corpo, a aparência da mulher, para o alcance de determinados cargos, patamar remuneratório, enfim, para o alcance do almejado sucesso profissional.

---

(1) RODRIGUES, Daisy Cristina; GUEDES, Giovanna Carolina; FERNANDES, Luciana Magnani; OLIVEIRA, João Lucas Campos de. *Estigmas dos profissionais de saúde frente ao paciente obeso:* uma revisão integrativa. Disponível em: <https://periodicos.ufjf.br/index.php/hurevista/article/view/2497/892. Acesso em: 02 maio 2023.

(2) SOUTO MAIOR, Jorge Luiz; SEVERO, Valdete Souto. *A Justiça do Trabalho como instrumento de Democracia.* Disponível em: <https://www.scielo.br/j/rdp/a/q9cs7WDPMqfZHZ4xGzW4XYp/?lang=pt–>. Acesso em: 19 abr. 2023.

(3) ORGANIZAÇÃO INTERNACIONAL DO TRABALHO. *Convenção n. 111.* Disponível em: <https://www.ilo.org/brasilia/convencoes/WCMS_235325/lang--pt/index.htm>. Acesso em: 14 maio 2023.

E tal qual sob outros feitios, a discriminação de gênero é patente, na medida em que os tais padrões de beleza não afetam os homens da mesma forma como afetam as mulheres. A beleza não é algo fundamental para o homem, como aponta Maria de Lourdes Borges (2015):

> [...] poder e inteligência são considerados, normalmente, atributos eróticos masculinos e beleza e juventude, atributos eróticos femininos. As virtudes femininas tradicionalmente não estão ligadas ao espírito ou à inteligência, mas à beleza do corpo" Há obrigação de estar esteticamente dentro dos padrões de beleza para ser aceita no meio em que vive, pois "[...] nossa sociedade ocidental segue um modelo feminino específico, da mulher esguia, para a qual acúmulos adiposos são considerados atestado de feiura ou exclusão social.(4)

Nessa linha de raciocínio, a sociedade de consumo deixa à margem os indivíduos que não se amoldam aos padrões socialmente impostos, tais como os obesos, os doentes, pessoas com deficiência, os que são considerados feios ou estranhos por um determinado padrão de beleza, os mais velhos(5).

Sob esse aspecto, partindo dessa premissa, Shyrley Bispo Guimarães (2015) dispõe:

> [...] que a medicina na contemporaneidade engendrada e fincada no biopoder atua de forma a intervir no corpo "como forma de compensação desses "desvios" e, ainda, "se constitui como importante intensificador das terapêuticas de combate ao envelhecimento, de adequação aos padrões de beleza, de cura de doenças, bem como de adiamento da morte".(6)

Em assim sendo, a passos largos, na sociedade de consumo, na qual a indústria da moda e da beleza são abalizadas constante e diuturnamente pelos veículos de comunicação social, são construídos estereótipos de corpo e padrão de beleza ideal, operando como fator determinante e como critério de seleção na contratação no mercado de trabalho e da manutenção do emprego. Mulheres fora dos padrões de beleza, acima do peso considerado ideal, ocupam, não raramente, trabalhos de menor ou quase nenhuma visibilidade, o que se consubstancia em indicador de como a beleza, frise-se, a considerada ideal, possui um valor simbólico e real no universo coorporativo.

---

(4) BORGES, Maria de Lourdes. Beleza e gênero. In: COLLING, A. M.; TEDESCHI, L. A. (Orgs.). *Dicionário crítico de gênero*. Dourados, MS: Ed. UFGD, 2015. p. 70-75.

(5) GUIMARÃES, Shyrley Bispo. Algumas práticas do biopoder sobre os corpos dos indivíduos contemporâneos. *Clínica & Cultura*, 2015, 3.2 18-27, p.24.

(6) *Idem*.

Nas palavras de Joana de Vilhena Novaes (2004):

> [...] a gordofobia é naturalizada na sociedade brasileira sendo, frequentemente, alvo de escárnio ou depreciações morais. O culto ao corpo uma, das mais importantes formas de sociabilidade contemporânea, observado através de gerações modeladas por aparelhos de ginástica e intervenções cirúrgicas, levou a uma relação persecutória com o espelho, ancorada em uma lógica punitivista. O que, por sua vez, resultou em um imaginário de profunda intolerância e severidade em relação a qualquer desvio estético. De um direito, a beleza transformou-se em dever.[7]

Assim é que, como critério e garantia de seleção está o "ser bela", dentro de um arquétipo construído, alicerçado pela cultura do capital, do consumo, da mercantilização dos corpos femininos. Há que se questionar em que medida padrões de beleza são termômetros da garantia de inclusão e balizador da exclusão nas contratações no universo coorporativo, em especial, o voltado à indústria da moda, justamente, aquela que ocupa considerável espaço no universo feminino. Se é certo que os padrões mudaram ao longo da história, é certo dizer que a influência das redes sociais praticamente globalizou as formas idealizadas de estética.

Mas essa realidade há de ser transformada. A eliminação de atos discriminatórios no mundo do trabalho é pauta de direitos humanos e premissa para o trabalho digno (ODS 8[8]), em condições de liberdade, igualdade de oportunidades, proteção, enfim, de garantia de preservação dos fundamentos constitucionais da dignidade da pessoa humana e dos valores sociais do trabalho (incisos III e IV, do art. 1º da CF)[9] e dos direitos da personalidade (vida, integridade corporal, honra, intimidade, imagem), previstos nos incisos V e X, do art. 5º, da CF).

2. Discriminação positiva

Antes de dar um passo adiante, é importante tecer algumas considerações acerca da discriminação positiva, ou seja, aquela permitida pelo ordenamento jurídico. Trata-se de ação positiva em oposição a atos discriminatórios. Isso é, a discriminação positivo envolve a possibilidade de se distinguir pessoas ou determinadas situações para correção de desigualdades sociais, e que deve ou deveria ser temporária, visando, justamente, igualar

(7) NOVAES, Joana de Vilhena. *Sobre o intolerável peso da feiúra. corpo, sociabilidade e regulação social.* Tese de doutorado de 2004. Disponível em: <http://ppg.psi.puc-rio.br/uploads/uploads/1969-12-31/2004_041da0ad1e25f0af42ae0b6c0573544a.pdf>. Acesso em: 25 abr. 2023.

(8) ONU. ODS 8. *O Trabalho Decente e o Crescimento Econômico fazem parte do Objetivo de Desenvolvimento Sustentável 8 da Agenda 2030.* Disponível em: <https://brasil.un.org/pt-br/sdgs/8>. Acesso em: 25 abr. 2023.

(9) BRASIL. *Constituição da República Federativa do Brasil, de 05 de outubro de 1988.* Disponível em: <https://www.planalto.gov.br/ccivil_03/constituicao/constituicao.htm>. Acesso em: 25 abr. 2023.

oportunidades e a busca pela equidade aos grupos historicamente excluídos, por meio de instrumentos e medidas político-sociais que assegurem proteção e benefícios aos desiguais, tudo em conformidade aos ditames constitucionais previstos no art. 1º, III e IV e art. 3º, III e IV(10).

De acordo com Amauri Mascaro Nascimento (2006),

> Não há necessidade de lei que as fundamente. Podem ser previstas por um programa de governo ou, mesmo sem este, por uma ação social. Desse modo, muitas vezes, quando não previstas em sua norma legal cominatória, carecem de exigibilidade jurídica e, não obstante, podem ter um grande efeito social. Mais que isso, podem contribuir para a criação ou ampliação de uma cultura de solidariedade ou de responsabilidade social. O trabalho voluntário é uma das suas alavancas, porém, por outros meios, também, podem concretizar-se. Uma empresa pode desenvolver ações afirmativas internas por sua iniciativa para implementar uma cultura propícia de combate à discriminação em suas diversas formas.(11)

É importante que se deixe claro, aliás, como bem asseverado por Álvaro Ricardo de Souza Cruz (2003), em sua obra "O direito à diferença: as ações afirmativas como mecanismo de inclusão social de mulheres, negros, homossexuais e pessoas portadoras de deficiência" que,

> [...]as ações afirmativas são atos de discriminação lícitos e necessários para o aperfeiçoamento da sociedade. Não são "esmolas" ou "clientelismos", mas elemento essencial à conformação do Estado Democrático de Direito, sendo exigência em Estados desenvolvidos, como os EUA, e em desenvolvimento, como o Brasil.(12)

De fato, as ações positivas ou afirmativas, ou seja, as discriminações lícitas, como dito por Cruz, "[...]são importantes e se constituem numa necessidade temporária de correção de rumos da sociedade de modo a impedir que relações sociais, culturais e econômicas sejam deterioradas em função da discriminação."(13) Ainda segundo Hamilton Vieira Ramos (2007),

---

(10) BRASIL. *Constituição da República Federativa do Brasil, de 05 de outubro de 1988.* Disponível em: <https://www.planalto.gov.br/ccivil_03/constituicao/constituicao.htm>. Acesso em: 25 abr. 2023.

(11) NASCIMENTO, Amauri Mascaro. *Curso de direito do trabalho.* 21. ed., rev. e atual. São Paulo: Saraiva, 2006.

(12) CRUZ, Álvaro Ricardo de Souza. *O direito à diferença: as ações afirmativas como mecanismo de inclusão social de mulheres, negros, homossexuais e pessoas portadoras de deficiência.* Belo Horizonte: Del Rey, 2003.

(13) *Idem.*

> [...] podemos dizer que a ideia de ações afirmativas reconhece na sociedade a existência de preconceito e discriminação e que na sua proposta de superação desses males pressupõe a transformação consciente e planejada dos costumes e comportamentos, estimulando os envolvidos a uma revisão nas formas de relacionamento, levando-os à percepção e valorização das diferenças que cada um traz em si sem deixar que quaisquer constatações produzam o sentimento de hierarquização ou de segregação(14)

No campo hipotético, nas nações em que há políticas públicas, como no Brasil, não haveria a necessidade de se implantar ações afirmativas ou positivas, no entanto, na realidade, as discriminações no âmbito laboral, objeto do capítulo, existem aos montes e é um problema a ser solucionado.

É certo que, a par da Declaração de Direitos Humanos, a Constituição Federal do Brasil prevê hipóteses de discriminações e as proíbe veementemente (art. 5º, *caput*, CF/88). Além disso, o art. 3º do Pacto de Direitos Econômicos e Sociais prevê que "Os Estados Partes do presente Pacto comprometem-se a assegurar a homens e mulheres igualdade no gozo de todos os direitos econômicos, sociais e culturais enumerados no presente Pacto"(15). Contudo, na prática, elas existem em seus mais diversos contornos e por vários espúrios motivos.

Nesse contexto, visando o combate a práticas discriminatórias no mundo do trabalho, necessário se faz, sim, muitas vezes, a implantação de ações afirmativas que podem ser introduzidas por meio, inclusive, de medidas jurídicas de modo a coibir atos discriminatórios. Citando novamente Hamilton Vieira Ramos (2007) "[...] Quando se luta pelo direito à diferença, luta-se pela igualdade e pela não discriminação"(16).

Destarte, as ações afirmativas têm como objetivo minimizar distorções impostas pelas desigualdades, instituídas e implantadas pelo Estado, via de regra, conquanto, podem e devem ser empreendidas, também, por inciativa privada, no ambiente empresarial, com a institucionalização de cotas e estímulos à contratação de indivíduos de grupos socialmente discriminados, como o caso dos que experimentam e são vítimas da discriminação estética.

---

(14) RAMOS, Hamilton Vieira. Diferenças sociais e ações afirmativas: A luta pela igualdade. *Revista de informação legislativa*, Brasília, v. 44, n. 173, jan./mar. 2007. Disponível em: <https://www2.senado.leg.br/bdsf/item/id/141289>. Acesso em: 25 abr. 2023.

(15) PRESIDÊNCIA DA REPÚBLICA. *Decreto n. 591, de 6 de julho de 1992*. Disponível em: <http://www.planalto.gov.br/ccivil_03/decreto/1990-1994/d0591.htm>. Acesso em: 14 maio 2023.

(16) RAMOS, Hamilton Vieira. Diferenças sociais e ações afirmativas: A luta pela igualdade. *Revista de informação legislativa*, Brasília, v. 44, n. 173, jan./mar. 2007. Disponível em: <https://www2.senado.leg.br/bdsf/item/id/141289>. Acesso em: 25 abr. 2023.

De importância fundamental ao combate à desigualdade social e segregações, as ações afirmativas não são apenas vantajosas aos indivíduos que, por meio delas, alcançam espaços, as instituições e a sociedade, da mesma forma, saem fortalecidas nesse processo de inclusão, nessa interconexão de pessoas.

Nesse sentido, o STF tem decisão emblemática sobre o tema, conforme ementa abaixo:

> DIREITO CONSTITUCIONAL. AÇÃO DIRETA DE CONSTITUCIONALIDADE. RESERVA DE VAGAS PARA NEGROS EM CONCURSOS PÚBLICOS. CONSTITUCIONALIDADE DA LEI N. 12.990/2014. PROCEDÊNCIA DO PEDIDO. 1. É constitucional a Lei n. 12.990/2014, que reserva a pessoas negras 20% das vagas oferecidas nos concursos públicos para provimento de cargos efetivos e empregos públicos no âmbito da administração pública federal direta e indireta, por três fundamentos. 1.1. Em primeiro lugar, a desequiparação promovida pela política de ação afirmativa em questão está em consonância com o princípio da isonomia. Ela se funda na necessidade de superar o racismo estrutural e institucional ainda existente na sociedade brasileira, e garantir a igualdade material entre os cidadãos, por meio da distribuição mais equitativa de bens sociais e da promoção do reconhecimento da população afrodescendente. 1.2. Em segundo lugar, não há violação aos princípios do concurso público e da eficiência. A reserva de vagas para negros não os isenta da aprovação no concurso público. Como qualquer outro candidato, o beneficiário da política deve alcançar a nota necessária para que seja considerado apto a exercer, de forma adequada e eficiente, o cargo em questão. Além disso, a incorporação do fator "raça" como critério de seleção, ao invés de afetar o princípio da eficiência, contribui para sua realização em maior extensão, criando uma "burocracia representativa", capaz de garantir que os pontos de vista e interesses de toda a população sejam considerados na tomada de decisões estatais. 1.3. Em terceiro lugar, a medida observa o princípio da proporcionalidade em sua tríplice dimensão. A existência de uma política de cotas para o acesso de negros à educação superior não torna a reserva de vagas nos quadros da administração pública desnecessária ou desproporcional em sentido estrito. Isso porque: (i) nem todos os cargos e empregos públicos exigem curso superior; (ii) ainda quando haja essa exigência, os beneficiários da ação afirmativa no serviço público podem não ter sido beneficiários das cotas nas universidades públicas; e (iii) mesmo que o concorrente tenha ingressado em curso de ensino superior por meio de cotas, há outros fatores que impedem os negros de competir em pé de igualdade nos concursos públicos, justificando a política de ação afirmativa instituída pela Lei n. 12.990/2014. 2. Ademais, a fim de garantir a efetividade da política em questão, também é constitucional a instituição de mecanismos para evitar fraudes pelos candidatos. É legítima a utilização, além da autodeclaração, de critérios subsidiários de heteroidentificação (e.g., a exigência de autodeclaração presencial perante a comissão do concurso), desde que respeitada a dignidade da pessoa humana e garantidos o contraditório e a ampla defesa. 3. Por fim, a administração pública deve atentar para os seguintes parâmetros: (i) os percentuais de reserva de vaga devem valer para todas as fases dos concursos; (ii) a reserva deve ser aplicada em todas as vagas oferecidas no concurso público (não apenas no edital de abertura); (iii) os concursos não podem fracionar as vagas de acordo com a especialização exigida para burlar a política de ação afirmativa, que só se aplica em concursos com mais de duas vagas; e (iv) a ordem classificatória obtida a partir da aplicação dos critérios de alternância e proporcionalidade na nomeação dos candidatos aprovados deve produzir efeitos durante toda a carreira funcional do beneficiário da reserva de vagas. 4. Procedência do pedido, para fins de declarar a integral constitucionalidade da Lei n. 12.990/2014. Tese de julgamento: "É constitucional a reserva de 20% das vagas oferecidas nos concursos públicos para provimento de cargos efetivos e empregos públicos no âmbito da administração pública direta e indireta. É legítima a

utilização, além da autodeclaração, de critérios subsidiários de heteroidentificação, desde que respeitada a dignidade da pessoa humana e garantidos o contraditório e a ampla defesa. (AÇÃO DECLARATÓRIA DE CONSTITUCIONALIDADE 41 – DISTRITO FEDERAL)[(17)]

Cite-se, por relevante, ainda que fora do ambiente laboral, o trabalho de Gdnia Sâmia Araújo Vera (2023), militante engajada no combate à gordofobia em Pernambuco. Ela percebeu, na literatura infanto-juvenil, uma forma efetiva de divulgação da causa e conscientização da sociedade. Em maio de 2023, lançará um livro infanto-juvenil direcionado à temática da gordofobia no Nordeste, com o intuito de mostrar ao público infantil a importância da inclusão e respeito. Segundo ela, o acesso à literatura desde a infância expande o universo da criança e a prepara para conviver em uma sociedade diversa e plural:

> A utilização da literatura como ferramenta educativa permite que as crianças tenham contato com realidades diferentes da sua, levando-as a refletir sobre como é importante tratar a todos com igualdade e respeito. Além disso, a leitura também contribui para o desenvolvimento da empatia, que é a capacidade de se colocar no lugar do outro e compreender suas angústias e dificuldades.[(18)]

A importância de se trazer o tema a reflexão, embora se possa presumir dissociado da questão do trabalho, reside no fato de que, sem a menor sombra de dúvidas, é por meio da educação que o indivíduo se torna capaz de se colocar no lugar do outro. A contrário senso, a ausência de conhecimento acerca de direitos fundamentais e sociais é agravante à exclusão de determinados grupos sociais discriminados.

Outrossim, também a título de exemplo, e bom que se pontue, que, como forma de combate à gordofobia está o chamado ativismo gordo, cujas pautas são construídas com o objetivo de inclusão dos indivíduos na dinâmica social, partindo, principalmente, das mulheres envolvidas nesse tipo de opressão.

Trata-se, o ativismo gordo, de iniciativa de coletivos que têm como foco extirpar o conceito arraigado na sociedade de que a preguiça, a inutilidade e a indolência são traços típicos dos gordos, de que a obesidade, como patologia, e a gordura corporal constituem-se empecilhos a viver com dignidade, tudo por meio do empoderamento e da autoaceitação. Ainda que o ativismo gordo vá além desse ponto, a autoaceitação, seguramente, é o

---

(17) SUPREMO TRIBUNAL FEDERAL. *Ação Declaratória de Constitucionalidade 41*. Distrito Federal. Disponível em: <https://redir.stf.jus.br/paginadorpub/paginador.jsp?docTP=TP&docID=13375729>. Acesso em: 14 maio 2023.

(18) LOPES, Alan. Pedagoga usa a literatura para conscientizar jovens sobre males da gordofobia. *Diário de Pernambuco*. 2023. Disponível em: <https://www.diariodepernambuco.com.br/noticia/viver/2023/04/pedagoga-usa-a-literatura-para-conscientizar-jovens-sobre-males-da-gor.html>. Acesso em: 03 maio 2023.

primeiro passo, na medida em que é no reconhecimento do próprio espaço no mundo e identificação com iguais que nasce o senso de justiça e a necessidade de lutar por direitos. Há espaços para várias estratégias, seja por políticas de reafirmação identitária das mulheres gordas, seja por instrumentos de informação para as pessoas não gordas sobre as pessoas gordas. Na visão de Natália Fonseca de Abreu Rangel (2017), já citada

> A militância anti-gordofóbica trata-se de um processo de desescolarização do saber sobre saúde relacionado aos corpos e de desescolarização dos próprios corpos. Apesar de não ser contra o saber institucionalizado, demonstra uma alternativa e a necessidade de uma outra relação entre os saberes escolarizados e os movimentos sociais que já vem sendo estabelecida há mais tempo entre teorias étnico-raciais acadêmicas e o movimento negro.[(19)]

Há que se atentar para a concepção e propagação de um movimento denominado *body positive*, que nasceu com o intuito de fortalecer a segurança das pessoas com os próprios corpos, que vem crescendo nos últimos anos, incentivando a criação de produtos para atender corpos gordos visando a abertura de mais espaço para se questionar quais os padrões de imagem são exaltados na mídia.

Algumas empresas vêm trabalhando com essa narrativa, a exemplo da Natura. Nesse sentido, em pequeno artigo publicado no site da referida empresa, a psicanalista Joana (2018) aponta que "o único perigo é exacerbar", de modo a esvaziar o propósito inicial. Ainda, finaliza a ideia ao afirmar que:

> Existe imensa diferença entre uma pessoa com sobrepeso se amar e não mais deixar de ir à praia por vergonha de não se encaixar em padrões e um corpo que mal se locomove e tem uma série de funções orgânicas comprometidas. Diversidade é uma coisa. Estímulo e ode à doença é outro.[(20)]

Nesse caminho de construção não se pode perder de vista que a igualdade se diferencia da equidade, na medida em que a equidade corresponde a tratar os diferentes na sua diferença para que a igualdade seja efetiva. Lado outro, olhando para as questões laborais, há que se considerar a existência do poder de direção, derivado do art. 2º da

---

(19) RANGEL, Natália Fonseca de Abreu. *A emergência do ativismo gordo no Brasil.* Disponível em: <http://www.en.wwc2017.eventos.dype.com.br/resources/anais/1499466334_ARQUIVO_AemergenciadoMovimentoGordonoBrasilNataliaRangel.pdf>. Acesso em: 03 maio 2023.

(20) NATURA. Movimento *body positive*: o que você precisa saber sobre ele. 02/10/2018. Disponível em: <https://www.natura.com.br/blog/mais-natura/movimento-body-positive-o-que-voce-precisa-saber-sobre-ele?gclId=CJ0KCQJwsIeJBhDOARIsANYqkD1PHPGVUWBgzMOaBmCgwVNxSY0OiNacK/16XWiQz1XJUUa5NEatgC8aAvknEALw_wcB&gclsrc=aw.ds>. Acesso em: 15 maio 2023.

CLT[(21)] (Consolidação das Leis do Trabalho) e da brecha que se abriu com a introdução do art. 456-A[(22)], pela Lei n. 13.467/2017[(23)], a chamada reforma trabalhista. Com isso, o que se questiona é se o empregador passou a ter ingerência sobre a aparência física de seus empregados durante a execução do contrato de trabalho ou não.

3. Da limitação do poder diretivo do empregador

Não se pretende com o presente trabalho, negar o exercício do direito, até porque ele existe. É inequívoco que o poder diretivo do empregador é balizado pelo princípio fundamental, constitucionalmente garantido, da dignidade da pessoa humana (art. 1º, inciso III da Constituição Federal)[(24)] — ao menos assim deve ser.

A atividade do trabalhador está protegida por tal direito inviolável, pelo que deve lhe ser preservado, por corolário, o direito à honra, à imagem, à liberdade de expressão, a não discriminação, à intimidade, à vida privada (art. 5º, *caput* e X, CF/88[(25)]). Destarte, estão vedadas, pela Constituição Federal as condutas do empregador que ofendam esses direitos fundamentais da dignidade humana de seu empregado.

Assim, fato é que o poder diretivo do empregador não é ilimitado, devendo cingir-se ao que é de fato essencial à prestação dos serviços objeto da contratação e às reais necessidades das atividades da empresa, sem interferência na vida privada do trabalhador e sem olvidar-se do dever de atendimento à função social da propriedade (5º, XXIII, e art. 170, III, ambos da Constituição Federal[(26)]).

É certo que a CLT, em seu art. 2º[(27)], atribui ao empregador o poder de direção, por conseguinte, o empregador pode conduzir a atividade do empregado estabelecendo normas e diretrizes internas. Conquanto, esse poder encontra restrições nos princípios constitucionais de dignidade da pessoa humana (art. 1º, III, CF[(28)]), igualdade (art. 5º, *caput*, CF[(29)]), não discriminação (art. 3º, IV, CF[(30)]) e razoabilidade implícito na Constituição Federal.

---

(21) BRASIL. *Decreto-lei n. 5.452, de 1º de maio de 1943*. Consolidação das Leis do Trabalho. Disponível em: <https://www.planalto.gov.br/ccivil_03/decreto-lei/del5452.htm>. Acesso em: 25 abr. 2023.

(22) *Idem*.

(23) BRASIL. *Lei n. 13.467, de 13 de julho de 2017*. Disponível em: <https://www.planalto.gov.br/ccivil_03/_ato2015-2018/2017/lei/l13467.htm>. Acesso em: 25 abr. 2013.

(24) BRASIL. *Constituição da República Federativa do Brasil, de 05 de outubro de 1988*. Disponível em: <https://www.planalto.gov.br/ccivil_03/constituicao/constituicao.htm>. Acesso em: 25 abr. 2023.

(25) *Idem*.

(26) *Idem*.

(27) BRASIL. *Decreto-lei n. 5.452, de 1º de maio de 1943*. Consolidação das Leis do Trabalho. Disponível em: <https://www.planalto.gov.br/ccivil_03/decreto-lei/del5452.htm>. Acesso em: 25 abr. 2023.

(28) BRASIL. *Constituição da República Federativa do Brasil, de 05 de outubro de 1988*. Disponível em: <https://www.planalto.gov.br/ccivil_03/constituicao/constituicao.htm>. Acesso em: 25 abr. 2023.

(29) *Idem*.

(30) *Idem*.

Enfim, conquanto detentor de prerrogativas pelas quais lhe é assegurado o direito de criar mecanismos para obrigar seu empregado ao cumprimento de regras diretamente ligadas à existência da atividade fim empresarial, de fiscalização e de preservação da segurança e integridade física, é vedado ao empregador a prática de quaisquer atos que invadam a esfera privada do empregado.

Nesse sentido, Alice Monteiro de Barros (2009) ensina que:

> A inserção do empregado no ambiente de trabalho não lhe retira dos direitos da personalidade, dos quais o direito à intimidade constitui uma espécie. O empregado, ao ser submetido ao poder diretivo do empregador, por certo sofre algumas limitações em seu direito à intimidade. É inadmissível, entretanto, que a ação do empregador se amplie a ponto de ferir a dignidade da pessoa humana. Como se vê, não é o fato de o empregado subordinar-se ao empregador ou de deter este último o poder diretivo que irá justificar a tutela à intimidade no local de trabalho, do contrário, haveria uma degeneração da subordinação jurídica em um estado de sujeição do empregado.(31)

Fato é, que essa racionalização e atenuação do poder diretivo não restringe o princípio da livre-iniciativa, apenas coloca a livre-iniciativa como valor social realmente ao lado — e não acima — do valor social do trabalho, permitindo assegurar a função social da empresa.(32) Desse modo, equacionar o binômio poder de direção do empregador e dever de subordinação do empregado não é questão de fácil solução.

Entretanto, não se pode olvidar, que o indivíduo, antes de ser ungido na condição de empregado, desde a contratação e no curso do contrato de trabalho, é detentor de direitos fundamentais personalíssimos irrenunciáveis, dos quais não é destituído quando desempenha o seu papel de trabalhador. Assim, nada obstante a existência do poder diretivo do empregador, não se pode admitir que a escolha de um trabalho e a manutenção de um emprego sejam parametrizadas por um despropositado estereótipo de beleza, sob pena de caracterização de ato discriminatório e abusivo (art. 187, CC(33)), que deve ser devidamente rechaçado. É o que se abordará a seguir.

4. O padrão ideal de beleza feminina *x* corpos gordos

O fenômeno da valorização de um padrão ideal de beleza feminina vem sendo cada vez mais disseminado, conquanto não se constitua em algo novo. As feições de

(31) BARROS, Alice Monteiro de. *Proteção à intimidade do empregado*. 2. ed. São Paulo: LTr, 2009

(32) DELGADO, Mauricio Godinho. *Curso de direito do trabalho*. 18. ed. São Paulo: LTr, 2019.

(33) BRASIL. *Lei n. 10.406, de 10 de janeiro de 2002*. Código Civil Brasileiro. Disponível em: <https://www.planalto.gov.br/ccivil_03/leis/2002/l10406compilada.htm>. Acesso em: 25 abr. 2023.

corpo feminino na sociedade brasileira culturalmente patriarcal são arquitetadas por estereótipos predefinidos. Corpos que foram dominados e oprimidos em uma cultura em que são reservados aos patriarcas (homens) plenos direitos e poderes e, dessa forma, a objetificação do corpo feminino se desdobra em inúmeras formas e manifestações de violências, dentre elas a moral e sexual.(34)

Paralelamente, a aparência física está associada à formação da identidade da mulher e à forma como é vista e julgada pelos outros, no que não é diferente no âmbito laboral. É importante que se diga que a gordofobia, por exemplo, também, afeta os homens, já que é um estigma com todos os corpos gordos, mas, muito mais as mulheres, uma vez que o controle do corpo da mulher, também, é institucionalizado.

Assim é que a sociedade contemporânea estabelece, de forma regulamentada, o que é aceito e o que é adequado em termos corporais femininos, impondo um "estar" no mundo valorizado e desejado, ao qual é atribuída a ideia de poder.

A autoimagem da mulher é agredida diariamente pela propagação de padrões de conceitos de belo e feio, adequado e inadequado, no que se refere a cor de pele, tipo de cabelo, a medidas do corpo, e a mídia exerce um poder violento de modo a impactar seu olhar sobre seu próprio corpo – imposições decorrentes do machismo estrutural.

Gabriela Leão (2010), em seu texto "As mulheres na sociedade do espetáculo" cita Maria Cecília Garcia, professora de Jornalismo e pesquisadora da Universidade Presbiteriana Mackenzie, no livro Gênero, Mídia e Sociedade (2007) que diz: "Quando os meios de comunicação comparam a mulher a uma garrafa de cerveja constroem um significante atrativo para ocultar um significado que coloca a mulher em posição subordinada aos interesses do homem".(35)

Nesse contexto, a busca por um padrão ideal de beleza e perfeição estética alimenta um mercado de produtos e serviços altamente monetizado e, como consequência imediata, está a exclusão das mulheres despojadas de meios para encaixarem-se no padrão exigido, que acabam relegadas ao exercício de atividades e funções de menor ou nenhuma visibilidade, normalmente as pretas e gordas.

Intimamente ligada ao padrão ideal de beleza a discriminação baseada no peso corporal é uma realidade, basta verificar como são retratadas nos meios de comunicação. Perder peso, como se pode ver nas mídias sociais vem sendo usado como sinônimo para ficar mais bonita e saudável, enquanto o gordo é representado como um personagem cômico ou repugnante. E no mercado de trabalho não é nada diferente.

---

(34) DE TILIO, Rafael; MORÉ, Isabella Alves Azevedo; SAMPAIO, Natália Prado; RIBEIRO-LEANDRO, Renata Cristina; COHEN, Carla Ribeiro; LEONIDAS, Carolina. *Corpo feminino e violência de gênero:* uma análise do documentário "chega de fiu fiu". 2021. Disponível em: <https://www.scielo.br/j/psoc/a/wWtLhjQP3hRQC5hDt6Pz7qq/?lang=pt>. Acesso em: 29 abr. 2023.

(35) LEÃO, Gabriel. As mulheres na sociedade do espetáculo. *Observatório da Imprensa.* 12 out. 2010. Disponível em: <https://www.observatoriodaimprensa.com.br/feitos-desfeitas/as-mulheres-na-sociedade-do-espetaculo/>. Acesso em: 28 abr. 2023.

A Associação Brasileira para o Estudo da Obesidade e da Síndrome Metabólica (ABESO) e a Sociedade Brasileira de Endocrinologia e Metabologia (SBEM) com o objetivo de investigar o estigma em torno da obesidade, realizaram, entre os dias de 11 e 21 de fevereiro de 2022, uma pesquisa (em formulário eletrônico), divulgada nas redes sociais e site das instituições organizadoras, tendo concluído que um total de 85,3% dos participantes relatou ter sofrido constrangimento por causa do seu peso, sendo que, quanto maior o grau de obesidade, maior o relato de constrangimento. Dentro desse universo, 54,7% ocorreram no ambiente de trabalho. Um total de 53,3% dos participantes relatou ter sofrido estigma semanal por conta do peso, sendo que 20,9% relataram sofrer constrangimento diário. (36)

Não se questiona a importância da preservação da saúde física e mental, aliás, direito constitucionalmente garantido a todos os indivíduos e dever-poder do Estado, o qual, por meio de suas instituições públicas, deve garantir acesso igualitário às ações e aos serviços para sua promoção, proteção e/ou recuperação. De fato, a situação é preocupante. "Segundo informações levantadas pelo estudo A Epidemia de Obesidade e as DCNT — Causas, custos e sobrecarga no SUS, a estimativa é de que 2,3 bilhões de adultos ao redor do mundo estejam acima do peso em 2025, sendo 700 milhões de indivíduos com obesidade, isto é, com um índice de massa corporal (IMC) acima de 30. Já para 2030, a prevalência de excesso de peso pode chegar a 68%, ou seja, sete em cada 10 pessoas, e a de obesidade, a 26%, ou um a cada quatro indivíduos. No Brasil, essa doença crônica aumentou 72% nos últimos treze anos, saindo de 11,8% da população em 2006 para 20,3% em 2019. Com relação à obesidade infantil, o Ministério da Saúde e a Organização Panamericana da Saúde apontam que 12,9% das crianças brasileiras entre 5 e 9 anos de idade têm obesidade, assim como 7% dos adolescentes na faixa etária de 12 a 17 anos"(37)

É fato, porém, que a obesidade não está relacionada, somente, ao consumo exagerado de alimentos, mas à composição e qualidade deles. O problema maior é que os alimentos mais baratos são, também, os mais calóricos e menos saudáveis. Pode, aparentemente, parecer um paradoxo, mas há relação direta entre obesidade e pobreza. Vanessa Alves Ferreira e Rosana Magalhães, ao fazer um estudo com mulheres da Favela da Rocinha, Rio de Janeiro, concluíram que:

> [...] a obesidade enquanto uma enfermidade não apenas física, mas social, derivada das interações vividas no cotidiano dos sujeitos, constatou-se que o fenômeno da obesidade na pobreza nada tem de contraditório. Na realidade, a obesidade está articulada à dinâmica social e adquire contornos próprios

(36) FÓRUMDCNTS. Obesidade e a Gordofobia — Percepções 2022 (*e-Book*). Disponível em: <https://www.forumdcnts.org/post/ebook-obesidade-gordofobia>. Acesso em: 29 abr. 2023.

(37) AGÊNCIA SENADO. *Projetos do Senado visam combater a obesidade.* Disponível em: <https://www12.senado.leg.br/noticias/materias/2022/10/11/projetos-do-senado-visam-combate-a-obesidade>. Acesso em: 29 abr. 2023.

> em cada segmento A obesidade apresenta, por conseguinte, múltiplos determinantes. Ela não parece ser resultado tão somente de estratégias de consumo alimentar impostas pela desigualdade no acesso à nutrição suficiente, mas também é modelada por concepções simbólicas próprias deste grupo social. O corpo obeso é, dessa forma, cúmplice da história de vida das mulheres da Rocinha. É por intermédio dele que o grupo preserva sua identidade, mantém costumes e crenças culturais e encontra refúgio para os inúmeros dilemas impostos pela vida em meio à pobreza e à escassez. Neste sentido, singularidades e especificidades ligadas ao cotidiano das mulheres, bem como hábitos e costumes nordestinos moldam as escolhas alimentares e o perfil de atividade física do grupo. Logo, obesidade e pobreza se entrelaçam numa dinâmica própria, multifacetada.(38)

Mas não é só. Devido ao discurso gordofóbico o peso é associado a desleixo, as mulheres são vistas como incapazes ou preguiçosas, descontroladas, doentes e inadequadas. As relações de discriminação, ao se associarem, criam um ambiente inseguro e desigual para mulheres, em especial, repise-se, para as pretas e gordas.

Nas palavras da psicanalista Joana de Vilhena Novaes (2022),

> Ao contrário, de tempos anteriores, observamos agora uma moralização do corpo feminino, atribuindo às mulheres o dever de serem belas — a beleza, de um atributo da natureza, passou a ser um denotativo de caráter. Se você não se cuida, não malha, não come saudavelmente, não exercita toda a sua disciplina, não há lugar para você — nem mesmo no mundo do trabalho, onde você terá, certamente, muito mais dificuldades em arranjar uma boa colocação.(39)

É como se precisassem correr milhas e milhas a mais para provar sua capacidade de trabalho e ocupar determinada vaga de emprego. Além disso, pessoas gordas ainda sofrem com a carência de ambiente inclusivo, que vai desde o mobiliário e instalações até uniformes e condições de trabalho adequadas. Sendo de fato um fenômeno cada vez mais presente na sociedade, não é de hoje que a gordofobia é naturalizada, sendo frequentemente motivo de piadas ou de aversão os corpos gordos.

Como o próprio nome indica, a gordofobia pode ser entendida como a aversão, o preconceito direcionado a quem é gorda ou gordo, somente em função de seu corpo. E

---

(38) FERREIRA, Vanessa Alves; MAGALHÃES, Rosana. Obesidade e pobreza: o aparente paradoxo. Um estudo com mulheres da Favela da Rocinha, Rio de Janeiro, Brasil. Disponível em: <https://www.scielo.br/j/csp/a/BCLJ77qLRmdkDT39qLhC93p/?lang=pt>. Acesso em: 29 abr. 2023.

(39) NOVAES, Joana de Vilhena. Corpo feminino e sexualidade: gordura, feiura e exclusão social. *Tempo psicanal.*, Rio de Janeiro, v. 54, n. 2, p. 357-380, dez. 2022. Disponível em: <http://pepsic.bvsalud.org/scielo.php?script=sci_arttext&pid=S0101-48382022000200017&lng=pt&nrm=iso>. Acesso em: 02 maio 2023.

vai muito além de uma questão unicamente estética e gera inúmeros impeditivos sociais. Chancelada a partir de um discurso biomédico, farmacológico e estético que torna pessoas gordas doentes, a gordofobia se apresenta enraizada na sociedade brasileira, a partir de todo um processo de colonização vivenciado no Brasil. Não há que se negar o acirramento de um crivo de julgamento que associa corpos magros a pessoas saudáveis, desejáveis, "normais".

Para Malu Jimenez (2020), autora da tese "Lute Como Uma Gorda: Gordofobia, Resistências e Ativismos", resultado de sua tese de doutorado na Universidade Federal do Mato Grosso (UFMT)

> [...] a gordofobia é uma discriminação que leva à exclusão social e, consequentemente, nega acessibilidade às pessoas gordas. Essa estigmatização é estrutural e cultural, transmitida em muitos e diversos espaços e contextos sociais na sociedade contemporânea. Esse prejulgamento acontece por meio de desvalorização, humilhação, inferiorização, ofensas e restrições aos corpos gordos de modo geral.(40)

Ainda, segundo Rangel (2018), a gordofobia "é utilizada para denominar o preconceito estigmatização e aversão englobados por meio de uma opressão estrutural na sociedade que atinge as pessoas gordas".(41) Os corpos gordos entram hoje nas fileiras das diferenças tratadas pelo conceito de interseccionalidade. E é certo que as pressões sobre eles são muito maiores quando se trata cumulativamente de mulheres "gordas", negras, lésbicas, trans, com deficiência, pobres.(42) De acordo com Maria Betani Ávila (2003) a "repressão e esse controle do corpo e da sexualidade são elementos centrais da dominação patriarcal e da sua reprodução"(43).

As consequências desse estigma são a exclusão e opressão do grupo em questão. Entre diversos outros adoecimentos, o estigma da gordura afeta a autoestima das pessoas gordas, trazendo consequências sociais importantes, como a redução das chances de

---

(40) JIMENEZ, Maria Luiza Jimenez. *Lute como uma gorda: gordofobias, resistências e ativismo.* Tese de doutorado de 2020 da UFMT. Disponível em: <https://acrobat.adobe.com/link/track?uri=urn%3Aaaid%3Ascds%3AUS%3A56c7b40e-031c-4a3e-ae94-452f721fa4b4&viewer%21megaVerb=group-discover>. Acesso em: 20 abr. 2023, p. 2 e 3.

(41) RANGEL, Natália Fonseca de Abreu. *O ativismo gordo em campo: política, identidade e construção de significados.* 2018. Disponível em: <https://nusec.paginas.ufsc.br/files/2018/11/Nat%C3%A1lia-F.-A.-Rangel-Disserta%C3%A7%C3%A3o-de-mestrado-07.10.18.pdf>. Acesso em: 20 abr. 2023, p.19.

(42) REVISTA ESTUDOS FEMINISTAS. *"Ativismo gordo" contra a gordofobia:* rompendo paradigmas corpóreo-sociais. Disponível em: <https://humanas.blog.scielo.org/blog/2020/09/24/ativismo-gordo-contra-a-gordofobia-rompendo-paradigmas-corporeo-sociais/#.ZE1M9nbMI2w>. Acesso em: 20 abr. 2023.

(43) ÁVILA, Maria Betânia. *Direitos sexuais e reprodutivos: desafios para as políticas de saúde.* 2003. Disponível em: <https://www.scielo.br/j/csp/a/q9MctdsGhp3QSKspjfPt5Rx/?format=pdf&lang=pt>. Acesso em: 20 abr. 2023.

indicação para vagas de empregos, agravamento de desordens psicossomáticas e doenças induzidas pelo estresse.(44) Trata-se de um estigma estrutural e cultural que é transmitido em diversos espaços e contextos da sociedade contemporânea.

Nesse passo, o que se tem é uma sucessão de formas de abusos, um emaranhado de códigos e juízos de valor enunciados e difundidos, tanto pelos meios de comunicação como pelos próprios profissionais de saúde acerca do indivíduo gordo, gerando uma completa insatisfação com sua identidade pessoal, o que nutre um mercado da correção e de cura dessa "nefasta" aparência a qualquer preço, até e inclusive, colocar em risco a própria vida.

5. O fenômeno da gordofobia nas relações de trabalho

O tema é palco de discussão na esfera das relações de trabalho. Não rara a existência da discriminação estética valorada pelo culto ao padrão ideal de beleza, difundido pelas mídias sociais, conquanto ainda seja uma discussão recente no âmbito da justiça laboral e pouco explorada em normas jurídicas de prevenção que visem garantir a efetivação da igualdade no acesso ao trabalho digno.

Assim é que, a par da beleza, a discriminação baseada no peso corporal é uma realidade no mercado de trabalho, impactando diretamente nos processos seletivos e nas promoções, o que, por corolário, anula a diversidade e a inclusão no mercado de trabalho.

Em recente evento organizado e produzido pelas marcas da Editora Abril, em março de 2023, "Empoderamento e autoamor: mulheres gordas no mercado do trabalho" foi relatado o resultado de uma pesquisa A Contração. A Demissão e a Carreira dos Executivos, 65% dos diretores e presidentes de empresa apresentaram restrições na contratação de pessoas gordas. E na mesma linha, *bullying* de colegas e falta de estrutura do ambiente corporativo foram pautados.(45)

O resultado de uma pesquisa de mapeamento da gordofobia no Brasil, realizada por meio de formulário online, denominada "Mapeamento da Gordofobia no Brasil" foi respondida de forma anônima por 603 pessoas entre os dias 08 e 26 de agosto de 2022, com margem de erro de 4 pontos percentuais, ou seja, podendo haver uma variação de 4% para mais ou para menos nos dados aqui apresentados, mostrou que 97,8% das pessoas já sofreram algum tipo de preconceito por ser gordo. No ambiente profissional, 50,4% lidam com a falta de cadeiras e mobiliários adequados; 56,1% enfrentam o desafio com uniformes que causam constrangimento e falta de disponibilidade de tamanho; 41% apontam cabines de banheiro estreitas nos escritórios e ambientes de trabalho; 29,2%

(44) SILVA, Barbara Leone; CANTISANI, Jacobina Rivas. *Interfaces entre a gordofobia e a formação acadêmica em nutrição:* um debate necessário. Disponível em: <https://www.e-publicacoes.uerj.br/index.php/demetra/article/viewFile/33311/25608>. Acesso em: 20 abr. 2023.

(45) Disponível em: <https://elastica.abril.com.br/casa-cla/mulheres-gordas-mercado-de-trabalho-gordofobia-preconceito-casa-cla/>. Acesso em: 03 maio 2023.

afirmam ter dificuldades de acessar o mercado de trabalho; 8% relatam que as empresas preferem que a pessoa gorda não tenha contato direto com cliente e fique no *backstage;* 6,5% não foram aprovados no exame admissional por conta do peso; 22,9% das pessoas gordas enfrentaram gestores que sugeriram perda de peso. E como maiores consequências, individualmente, da gordofobia, 82,9% sintomas de ansiedade; 54,2% Sintomas de depressão; 60% Transtornos alimentares; 40,3% transtorno dismórfico corporal; 16,3% transtornos de personalidade. Entre os entrevistados, 84,1% estão na faixa etária entre 25 e 44 anos; 87,7% se identificam como mulheres cisgênero; 72% se identificam como pessoas brancas; 17,7% se identificam como pessoas pardas; 9% se identificam como pessoas pretas; 65,2% do Sudeste; 34,8% das demais regiões do país.

A pesquisa conclui que:

> A gordofobia se faz presente nas situações cotidianas da pessoa gorda e também nas relações sociais, o que inviabiliza a qualidade de vida e os acessos básicos. Uma pesquisa de mensuração deste tipo é capaz de escancarar a profundidade da problemática, embasar novos estudos relacionados, apoiar abordagens midiáticas e guiar a atuação dos ativistas. O entendimento da gordofobia e seus gargalos também apoia a sociedade e agentes públicos na construção de políticas públicas que combatam esta estrutura de segregação de corpos diversos. A gordofobia causa uma série de problemas sociais. No que diz respeito à saúde física, a pesquisa escancara um dos problemas mais latentes da gordofobia: a inviabilização ao acesso aos cuidados de saúde com atendimento médico negligente e desrespeitoso. Todas as situações relatadas na pesquisa geram nos brasileiros gordos uma série de consequências emocionais e mentais e, ainda, a busca pelo tratamento psicológico é muito baixa. A gordofobia adoece as pessoas gordas enquanto a desculpa do discurso gordofóbico é embasada na preocupação com a saúde da população. A gordofobia adoece e mata diariamente. Como qualquer problema social, a gordofobia se torna um problema de todos e combatê-la é o primeiro passo para combatê-la.[46]

Nesse contexto, a Justiça do trabalho (art. 114, CF/88), como guardiã do Estado Democrático de Direito, fundado no princípio fundamental constitucional da dignidade da pessoa humana, diretriz aos demais direitos e garantias individuais e coletivas, deve assegurar que, nas relações de trabalho, cada indivíduo respeite seu semelhante da mesma forma como deve ser respeitado, nada obstante observada a ordem econômica capitalista e a livre iniciativa.

(46) REZENDE, Thamiris. *Pesquisa Mapeamento da Gordofobia no Brasil.* Disponível em: <https://drive.google.com/file/d/1HKQvSxS3bsyTJ8YqLWm73KflQs6ZFxFX/view>. Acesso em: 03 maio 2023.

Ao tempo que tem como missão ser garantidora de direitos sociais, deve a Justiça do Trabalho afiançar um espaço de diálogo entre o capital e o trabalho na busca da pacificação social, atuando com um refúgio de fato e de direito, especialmente, da garantia da justiça em tempos de retrocessos sociais.

Nesse sentido, atos discriminatórios de empregadores violadores de direitos fundamentais devem ser combatidos com reprimenda efetiva. A lesão à dignidade do indivíduo (art. 1º, III, CF/88) que experimenta atos discriminatórios é suficiente para afastar critérios como a sua condição econômica ou nível social, sendo imprescindível considerar sua singularidade. Para que a reparação do dano seja integral, é necessário valorar as condições pessoais do lesado, de modo a "buscar aproximar a reparação dos danos morais efetivamente sofridos pelas diferentes vítimas, com a finalidade de compensá-las no modo o mais completo possível".(47)

O art. 223-G, incluído na CLT(48) pela Reforma Trabalhista (Lei n. 13.467/2017), prevê critérios gerais de apuração dos danos extrapatrimoniais, entre eles a tarifação da indenização. O § 1º, do artigo, dispõe que a reparação deverá variar de três a 50 vezes o último salário contratual do ofendido, com base na gravidade da ofensa (leve, média, grave ou gravíssima), no que afronta os princípios constitucionais da isonomia e da dignidade da pessoa humana, na medida em que admite, num mesmo fato causador de danos extrapatrimoniais, que as vítimas recebam valores indenizatórios diferentes conforme o salário contratual de cada uma.

No entanto, no último dia 29 de março de 2023, a Quinta Turma do Tribunal Superior do Trabalho decidiu encaminhar ao Pleno a discussão sobre a constitucionalidade do art. 223-G, § 1º, da CLT, que prevê a tarifação das indenizações por danos extrapatrimoniais (ou morais) com base no salário contratual do empregado.(49)

É certo que o direito à indenização por dano moral encontra sua origem na Constituição Federal, em cujo art. 5º, V e X(50), é garantida a proteção da personalidade. A indenização devida quando comprovada a culpa do agente, é uma sanção civil para o seu ator e, também, uma compensação à vítima pelo sofrimento experimentado. Inserida no plano psicológico da vítima, a única maneira capaz de restaurar, minimamente, seu ânimo e a sua autoestima é a condenação do ofensor. Não como vingança, mas como resposta à ofensa deferida.

---

(47) PINHEIRO, Rosalice Fidalgo; TRAUTWEINO, José Roberto Della Tonia. *Princípio da reparação integral e a "contraofensiva da culpabilidade":* Revisitando a cláusula de redução equitativa da indenização. 2020. Disponível em: <https://www12.senado.leg.br/ril/edicoes/57/226/ril_v57_n226_p71.pdf>. Acesso em: 04 maio 2023.

(48) BRASIL. *Decreto-lei n. 5.452, de 1º de maio de 1943*. Consolidação das Leis do Trabalho. Disponível em: <https://www.planalto.gov.br/ccivil_03/decreto-lei/del5452.htm>. Acesso em: 25 abr. 2023.

(49) Disponível em: <https://www.tst.jus.br/newsletter>. Acesso em: 04 maio 2023.

(50) BRASIL. *Constituição da República Federativa do Brasil, de 05 de outubro de 1988*. Disponível em: <https://www.planalto.gov.br/ccivil_03/constituicao/constituicao.htm>. Acesso em: 25 abr. 2023.

A problemática está, como em outras formas e atos discriminatórios contra o indivíduo, especialmente quando a vítima é mulher, na comprovação da prática do ato ilícito. Sim, pois, essa prova, não raras vezes, é de difícil, senão impossível, elaboração. E, em assim sendo, há de se aplicar o princípio da aptidão para a prova. Ante a dificuldade probatória em algumas situações, o direito trabalhista incorporou, do Código de Processo Civil, em seu art. 373, o art. 818, § 1º, da Consolidação das Leis do Trabalho(51).

Há, ainda, que se suscitar a aplicação, por analogia, do art. 6º, do Código de Defesa do Consumidor(52), para inverter o ônus da prova em benefício da trabalhadora já que é a parte mais vulnerável das relações de trabalho.

Outrossim, e não mesmo importante, dadas as especificidades das pessoas envolvidas, a fim de evitar preconceitos e discriminação por gênero e outras características deve ser suscitado que o julgamento nos casos que envolve assédio contra a mulher, seja realizado com vistas ao Protocolo para Julgamento com Perspectiva de Gênero, cuja obrigatoriedade de se seguir as diretrizes postas, pelo Poder Judiciário Nacional, foi estabelecida pelo Conselho Nacional de Justiça no último dia 14 de março de 2023.(53).

A Justiça do Trabalho tem demonstrado seu entendimento acerca das práticas discriminatórias assediosas, por meio de seus julgados, ainda a passos lentos, como se observa do julgado turmário abaixo:

> AGRAVO DE INSTRUMENTO EM RECURSO DE REVISTA. LEI N. 13.015/2014 E INSTRUÇÃO NORMATIVA N. 40 DO TST. ANTERIOR À VIGÊNCIA DA LEI N. 13.467/2017. RECLAMADA. INDENIZAÇÃO POR DANO MATERIAL. DOENÇA OCUPACIONAL. 1 – O art. 5º, X, da CF/88 foi invocado apenas nas razões de agravo de instrumento, caracterizando-se inovação recursal, o que não se admite. 2 – Os trechos da decisão recorrida, transcritos no recurso de revista, não demonstram o prequestionamento quanto à alegada violação dos arts. 5º, II, da CF/88, 818 da CLT e 373, I, do CPC (art. 896, § 1º-A, I, da CLT). 3 – Agravo de instrumento a que se nega provimento. HORAS EXTRAS. PRESTAÇÃO HABITUAL. ACORDO DE COMPENSAÇÃO DE JORNADA. INVALIDADE. O TRT consignou que não houve a juntada dos controles de jornada pela reclamada, o que enseja a presunção de veracidade da jornada descrita na exordial e de que havia constante labor extraordinário, conforme se verifica na jornada fixada em sentença. Diante desse contexto, concluiu aquela Corte que o sistema de compensação de jornada era materialmente inválido. Também disse o TRT que a norma coletiva não foi observada do ponto de vista formal. Por conseguinte, para se concluir de modo contrário, seria necessário analisar o conjunto fático probatório dos autos, o que é vedado, nos termos da Súmula n. 126 do TST. Quanto a matéria de direito, relativamente à distribuição do ônus da prova, aplica-se a Súmula n. 338 do TST. Agravo de instrumento

---

(51) BRASIL. *Decreto-lei n. 5.452, de 1º de maio de 1943.* Consolidação das Leis do Trabalho. Disponível em: <https://www.planalto.gov.br/ccivil_03/decreto-lei/del5452.htm>. Acesso em: 25 abr. 2023.

(52) BRASIL. *Lei n. 8.078, de 11 de setembro de 1990.* Institui o Código de Defesa do Consumidor. Disponível em: <http://www.planalto.gov.br/ccivil_03/leis/l8078compilado.htm>. Acesso em: 25 abr. 2023.

(53) CNJ. *Protocolo para Julgamento com Perspectiva de Gênero. 2021.* Disponível em: <https://www.tre-pe.jus.br/comunicacao/noticias/2023/Abril/diretrizes-do-protocolo-para-julgamento-com-perspectiva-de-genero-do-cnj-passam-a-ser-obrigatorias-no-judiciario>. Acesso em: 03 abr. 2023.

a que se nega provimento. INTERVALO INTRAJORNADA. Aplica-se a Súmula n. 437 desta Corte, que em seu texto aglutinou a OJ n. 307 da SBDI-1, que interpreta o art. 71, § 4º, da CLT: " I – Após a edição da Lei n. 8.923/94, a não concessão ou a concessão parcial do intervalo intrajornada mínimo, para repouso e alimentação, a empregados urbanos e rurais, implica o pagamento total do período correspondente, e não apenas daquele suprimido, com acréscimo de, no mínimo, 50% sobre o valor da remuneração da hora normal de trabalho (art. 71 da CLT), sem prejuízo do cômputo da efetiva jornada de labor para efeito de remuneração". Agravo de instrumento a que se nega provimento. INDENIZAÇÃO POR DANO MORAL. ASSÉDIO MORAL. As premissas do acórdão recorrido, a partir da análise da prova produzida, permitem concluir que ficou configurado o assédio moral sofrido pela reclamante, situação que lhe causava abalo de ordem emocional (tratamento grosseiro e desrespeitoso no ambiente de trabalho). Para acolher a versão recursal de que não ficaram configurados os requisitos caracterizadores da responsabilidade civil seria necessário o revolvimento dos fatos e provas dos autos, inviável em recurso de revista a teor da Súmula n. 126 do TST. Agravo de instrumento a que se nega provimento. II – AGRAVOS DE INSTRUMENTO EM RECURSOS DE REVISTA. RECLAMADA E RECLAMANTE. MATÉRIA COMUM. ANÁLISE CONJUNTA. LEI N. 13.015/2014 E INSTRUÇÃO NORMATIVA N. 40 DO TST. ANTERIOR À VIGÊNCIA DA LEI N. 13.467/2017. INDENIZAÇÃO POR DANO MORAL. VALOR ARBITRADO. Demonstrada a viabilidade do conhecimento do recurso de revista da reclamante por provável violação do art. 5º, V, da Constituição da República. Agravo de instrumento da reclamante a que se dá provimento para melhor exame do recurso de revista no qual se pretende a majoração da indenização por danos morais. Prejudicado o agravo de instrumento da reclamada no qual se pretende a redução do montante da indenização por danos morais. III – RECURSO DE REVISTA. LEI N. 13.015/2014. INSTRUÇÃO NORMATIVA N. 40 DO TST. ANTERIOR À VIGÊNCIA DA LEI N. 13.467/2017. RECLAMANTE. INDENIZAÇÃO POR DANO MORAL. VALOR ARBITRADO. No caso dos autos, constata-se que o valor arbitrado em R$ 15.000,00 a título de indenização por danos morais não observou o princípio da proporcionalidade. Além da gravidade dos infortúnios e da extensão dos danos, importa ponderar a culpa da reclamada que, ao contrário do que diz o TRT, não foi mediana, mas gravíssima. A empresa não zelou pelo ambiente de trabalho de maneira mínima, com o fim de impedir que sua preposta tratasse a reclamante de maneira reiteradamente abusiva, gerando, nas palavras da própria Corte Regional, indescritível constrangimento, vergonha e humilhação. A autora sofreu persistente assédio moral por parte da preposta durante todo o contrato de trabalho. No cotidiano do ambiente laboral a autora era insultada, menosprezada, sofria com pressões psicológicas desproporcionais, era perseguida em virtude de estar acima do peso e pelas limitações geradas em decorrência das doenças sofridas. À reclamante eram constantemente atribuídos adjetivos constrangedores, de maneira agressiva, aos gritos, na frente dos demais funcionários. Em tese seria possível enquadrar a conduta da preposta até mesmo na hipótese de discriminação (tratamento abusivo em razão de condição pessoal da reclamante – gordofobia). Dada a gravidade dos fatos, a reiteração ostensiva durante todo o contrato de trabalho, e o grau de culpa gravíssimo da empresa, deve ser majorado o valor arbitrado a título de indenização por danos morais para R$ 30.000,00 (trinta mil reais). Recurso de revista a que se dá provimento. (ARR-1036-93.2014.5.09.0072, 6ª Turma, relatora Ministra Katia Magalhaes Arruda, *DEJT* 14.09.2018)[(54)]

---

(54) BRASIL. Tribunal Superior do Trabalho. *Recurso de Revista ARR-1036-93.2014.5.09.0072*. 6ª Turma, relatora Ministra Katia Magalhaes Arruda, *DEJT* 14.09.2018. Disponível em: <https://consultaprocessual.tst.jus.br/consulta Processual/consultaTstNumUnica.do?consulta=Consultar&conscsjt=&numeroTst=1036&digitoTst=93&anoTst=2014&orgaoTst=5&tribunalTst=09&varaTst=0072&submit=Consultar>. Acesso em: 25 abr. 2023.

6. Conclusão

A gordofobia, tal qual qualquer outra forma de preconceito e discriminação, é um problema social que deve ser combatido para que se possa construir uma sociedade mais justa e igualitária.

Por tratar-se de uma relação complexa entre obesidade e discriminação, que envolve padrões estéticos de beleza ideal, impostos pela "cultura da magreza", afeta a autoestima e autoimagem de quem a experimenta, corroendo a saúde física e mental, geralmente das mulheres, das trabalhadoras pretas e pobres (as figuras mais atingidas, mas, não apenas elas).

Nas diversas esferas sociais, conquanto a gordofobia não seja um fenômeno limitado às mulheres, é fato que elas se deparam com maiores posições de vulnerabilidade que os homens, por conta de um processo histórico, social e cultural e, portanto, são as mais atingidas.

Esse estigma que leva ao autoflagelo e, não raramente, a problemas como depressão e ansiedade, contribuindo, inclusive, para os altos índices de obesidade na sociedade, como um verdadeiro ciclo vicioso, deve ser encarado como uma questão multifatorial. E, portanto, não, pode absolutamente ser visto como sinônimo de preguiça e indisciplina.

Necessário e urgente que a sociedade alcance a inarredável consciência de que o peso corporal não define o caráter, a capacidade ou o valor do indivíduo.

Nesse sentido a ação do Estado é de extremada importância, na medida em que a discriminação esbarra em aspectos socioeconômicos da sociedade. Por exemplo, na propagação de campanhas contra a gordofobia, atuando efetivamente na conscientização das pessoas, quiçá na criminalização de atos discriminatórios desse jaez, não obstante, condutas gordofóbicas possam configurar o crime de injúria, previsto no art. 140 do Código Penal[(55)].

Aliás, para enfrentar a questão, um projeto de lei tramita na Câmara dos Deputados. O Projeto de Lei n. 1.786/22, de autoria do Deputado Federal José Guimarães (PT-CE), inclui a discriminação ou preconceito em razão do peso corporal relacionado à obesidade nos crimes previstos na Lei n. 7.716, de 5 de janeiro de 1989, que estabelece os crimes resultantes de preconceito de raça ou de cor.[(56)]

Nas relações de trabalho a conclusão não pode ser outra e, nesse sentido, a Justiça Social do Trabalho deve ser a censora para que seja definitivamente extirpada essa hodierna modalidade discriminatória.

---

(55) BRASIL. Decreto-lei n. 2.848, de 7 de Dezembro de 1940. *Institui o Código penal*. Disponível em: <https://www.planalto.gov.br/ccivil_03/decreto-lei/del2848compilado.htm>. Acesso em: 25 abr. 2023.

(56) CÂMARA DOS DEPUTADOS. *PL n. 1.786/2022*. Disponível em: <https://www.camara.leg.br/propostas-legislativas/2330524>. Acesso em: 04 maio 2023.

Daí a importância das ações trabalhistas, pelas quais se busca o direito à indenização pelos danos causados por atos discriminatórios por gordofobia, se tornarem de fato reparatórias. É importante que as vítimas de gordofobia saibam que elas têm direitos e que podem buscar ajuda jurídica para obter reparação pelos danos sofridos. Nesse trilhar, a Constituição Federal assegura o acesso à justiça (art. 5º, XXXV).[57]

O combate à discriminação urge e está previsto na Convenção n. 111, da Organização Internacional do Trabalho (OIT), que visa coibir a discriminação em matéria de emprego ou profissão, reforçada com a Convenção n. 190, da qual o Brasil, nada obstante, não é, ainda, signatário. Não se pode perder de vista, a existência do importante Protocolo de Julgamento sob Perspectiva de Gênero, perfeitamente cabível nos casos de discriminação da mulher e que deve ser suscitado pelos operadores do direito.

Por fim, importante dizer que o direito de acesso à ordem jurídica não compreende, apenas, o de movimentar a máquina judiciária. Sobretudo, deve estar garantida a tutela perseguida de forma adequada e efetiva. Se é verdade que onde há saber, há poder, não é menos verdade que onde há poder, há resistência.[58] Combater a obesidade não é combater a pessoa com obesidade.

Referências

AGÊNCIA SENADO. *Projetos do Senado visam combater a obesidade*. Disponível em: <https://www12.senado.leg.br/noticias/materias/2022/10/11/projetos-do-senado-visam-combate-a-obesidade>. Acesso em: 29 abr. 2023.

ÁVILA, Maria Betânia. Direitos sexuais e reprodutivos: desafios para as políticas de saúde. 2003. Disponível em: <https://www.scielo.br/j/csp/a/q9MctdsGhp3QSKspjfPt5Rx/?format=pdf&lang=pt>. Acesso em: 20 abr. 2023.

BARROS, Alice Monteiro de. *Proteção à intimidade do empregado*. 2. ed. São Paulo: LTr, 2009.

BORGES, Maria de Lourdes. Beleza e gênero. In: COLLING, A. M.; TEDESCHI, L. A. (Orgs.). *Dicionário crítico de gênero*. Dourados, MS: Ed. UFGD, 2015. p. 70-75.

BRASIL. Presidência da República. *Decreto n. 591, de 6 de julho de 1992*. Disponível em: <http://www.planalto.gov.br/ccivil_03/decreto/1990-1994/d0591.htm>. Acesso em: 14 maio 2023.

CÂMARA DOS DEPUTADOS. *PL n. 1.786/2022*. Disponível em: <https://www.camara.leg.br/propostas-legislativas/2330524>. Acesso em: 04 maio 2023.

CRUZ, Álvaro Ricardo de Souza. *O direito à diferença:* as ações afirmativas como mecanismo de inclusão social de mulheres, negros, homossexuais e pessoas portadoras de deficiência. Belo Horizonte: Del Rey, 2003.

(57) BRASIL. *Constituição da República Federativa do Brasil, de 05 de outubro de 1988*. Disponível em: <https://www.planalto.gov.br/ccivil_03/constituicao/constituicao.htm>. Acesso em: 25 abr. 2023.

(58) Cruz de Sousa França, G. K. (2017). UMA TEORIA DO PODER EM FOUCAULT. *Cadernos do PET Filosofia*, 8(16), 19-27. https://doi.org/10.26694/pet.v8i16.1988. Cruz de Sousa França, G. K. (2017). UMA TEORIA DO PODER EM FOUCAULT. Cadernos Do PET Filosofia, 8(16), 19-27. https://doi.org/10.26694/pet.v8i16.1988. Acessos em: 15 maio 2023.

Cruz de Sousa França, G. K. (2017). UMA TEORIA DO PODER EM FOUCAULT. *Cadernos do PET Filosofia*, 8(16), 19-27. https://doi.org/10.26694/pet.v8i16.1988. Cruz de Sousa França, G. K. (2017). UMA TEORIA DO PODER EM FOUCAULT. *Cadernos do PET Filosofia*, 8(16), 19-27. https://doi.org/10.26694/pet.v8i16.1988. Acessos em: 15 maio 2023.

DE TILIO, Rafael; MORÉ, Isabella Alves Azevedo; SAMPAIO, Natália Prado; RIBEIRO-LEANDRO, Renata Cristina; COHEN, Carla Ribeiro; LEONIDAS, Carolina. *Corpo feminino e violência de gênero:* uma análise do documentário "chega de fiu fiu". Disponível em: <https://www.scielo.br/j/psoc/a/wWtLhjQP3hRQC5hDt6Pz7qq/?lang=pt>. Acesso em: 29 abr. 2023.

DELGADO, Mauricio Godinho. *Curso de direito do trabalho*. 18. ed. São Paulo: LTr, 2019.

FERREIRA, Vanessa Alves; MAGALHÃES, Rosana. *Obesidade e pobreza:* o aparente paradoxo. Um estudo com mulheres da Favela da Rocinha, Rio de Janeiro, Brasil. Disponível em: <https://www.scielo.br/j/csp/a/BCLJ77qLRmdkDT39qLhC93p/?lang=pt>. Acesso em: 29 abr. 2023.

FÓRUMDCNTS. *Obesidade e a Gordofobia* — Percepções 2022 (*e-Book*). Disponível em: <https://www.forumdcnts.org/post/ebook-obesidade-gordofobia>. Acesso em: 29 abr. 2023.

GUIMARÃES, Shyrley Bispo. Algumas práticas do biopoder sobre os corpos dos indivíduos contemporâneos. *Clínica & Cultura*, 2015, 3.2 18-27.

JIMENEZ, Maria Luiza Jimenez. *Lute como uma gorda:* gordofobias, resistências e ativismo. Disponível em: <https://acrobat.adobe.com/link/track?uri=urn%3Aaaid%3Ascds%3AUS%3A56c7b40e-031c-4a3e-ae94-452f721fa4b4&viewer%21megaVerb=group-discover>. Acesso em: 20 abr. 2023, p. 2 e 3.

LEÃO, Gabriel. As mulheres na sociedade do espetáculo. *Observatório da Imprensa*. Disponível em: <*https://www.observatoriodaimprensa.com.br/feitos-desfeitas/as-mulheres-na-sociedade-do-espetaculo/*>. Acesso em: 28 abr. 2023.

LOPES, Alan. Pedagoga usa a literatura para conscientizar jovens sobre males da gordofobia. *Diário de Pernambuco*. Disponível em: <https://www.diariodepernambuco.com.br/noticia/viver/2023/04/pedagoga-usa-a-literatura-para-conscientizar-jovens-sobre-males-da-gor.html>. Acesso em: 03 maio 2023.

NASCIMENTO, Amauri Mascaro. *Curso de direito do trabalho*. 21. ed., rev. e atual. São Paulo: Saraiva, 2006.

NOVAES, Joana de Vilhena. *Sobre o intolerável peso da feiura*. Corpo, sociabilidade e regulação social. Tese de doutorado. 2004. Disponível em: <http://ppg.psi.puc-rio.br/uploads/uploads/1969-12-31/2004_041da0ad1e25f0af42ae0b6c0573544a.pdf>. Acesso em: 25 abr. 2023.

OIT. Organização Internacional do Trabalho. *Convenção n. 111*. Disponível em: <https://www.ilo.org/brasilia/convencoes/WCMS_235325/lang--pt/index.htm. Acesso em: 14 maio 2023.

RAMOS, Hamilton Vieira. *Diferenças sociais e ações afirmativas:* A luta pela igualdade. Brasília: 2007.

RANGEL, Natália Fonseca de Abreu. *A emergência do ativismo gordo no Brasil*. Disponível em: <http://www.en.wwc2017.eventos.dype.com.br/resources/anais/1499466334_ARQUIVO_AemergenciadoMovimentoGordonoBrasilNataliaRangel.pdf>. Acesso em: 03 maio 2023.

RANGEL, Natália Fonseca de Abreu. *O ativismo gordo em campo: política, identidade e construção de significados*. Disponível em: <https://nusec.paginas.ufsc.br/files/2018/11/Nat%C3%A1lia-F.-A.-Rangel-Disserta%C3%A7%C3%A3o-de-mestrado-07.10.18.pdf>. Acesso em: 20 abr. 2023.

REZENDE, Thamiris. *Pesquisa mapeamento da gordofobia no Brasil.* Disponível em: <https://drive.google.com/file/d/1HKQvSxS3bsyTJ8YqLWm73KfIQs6ZFxFX/view>. Acesso em: 03 maio 2023.

RODRIGUES, Daisy Cristina; GUEDES, Giovanna Carolina; FERNANDES, Luciana Magnani; OLIVEIRA, João Lucas Campos de. *Estigmas dos profissionais de saúde frente ao paciente obeso:* uma revisão integrativa. Disponível em: <https://periodicos.ufjf.br/index.php/hurevista/article/view/2497/892>. Acesso em: 02 maio 2023.

SILVA, Barbara Leone; CANTISANI, Jacobina Rivas. *Interfaces entre a gordofobia e a formação acadêmica em nutrição:* um debate necessário. Disponível em: <https://www.e-publicacoes.uerj.br/index.php/demetra/article/viewFile/33311/25608>. Acesso em: 20 abr. 2023.

SOUTO MAIOR, Jorge Luiz; SEVERO, Valdete Souto. *A Justiça do Trabalho como instrumento de Democracia.* Disponível em: <https://www.scielo.br/j/rdp/a/q9cs7WDPMqfZHZ4xGzW4XYp/?lang=pt–>. Acesso em: 19 abr. 2023.

STF. Supremo Tribunal Federal. *Ação Declaratória de Constitucionalidade n. 41.* Distrito Federal. Disponível em: <https://redir.stf.jus.br/paginadorpub/paginador.jsp?docTP=TP&docID=13375729>. Acesso em: 14 maio 2023.

VEIGA, Ana Maria; GASPARETTO, Vera. "Ativismo gordo" contra a gordofobia: rompendo paradigmas corpóreo-sociais. *Revista Estudos Feministas.* 2020. Disponível em: <https://humanas.blog.scielo.org/blog/2020/09/24/ativismo-gordo-contra-a-gordofobia-rompendo-paradigmas-corporeo-sociais/#.ZE1M9nbMI2w>. Acesso em: 20 abr. 2023.

O Assédio no Ambiente de Trabalho e a Dispensa Discriminatória: A Necessidade de Um Protocolo de Prevenção e Combate a Violências Contra a Mulher nas Empresas

Larissa Matos

Resumo: O artigo trata do assédio no ambiente de trabalho e da dispensa discriminatória, além de abordar a necessidade de implementação nas empresas de um protocolo de prevenção e combate a violências contra a mulher. Para tanto, são abordados os pontos de intersecção dos temas do assédio e da discriminação, com apontamentos dos conceitos e normas pertinentes. Além disso, é dado foco especial à dispensa discriminatória em decorrência do assédio como mais uma violência contra a mulher, para, por fim, tratar especificamente do protocolo de prevenção e combate ao assédio nas empresas. Objetiva-se demonstrar a importância desse instrumento para a promoção de um ambiente de trabalho saudável e hígido, com base em consultas feitas aos diplomas que compõem o ordenamento jurídico e referências doutrinárias sobre o tema.

Palavras-chave: Assédio — Dispensa discriminatória — protocolo.

1. Introdução

Em face do machismo estrutural e dos índices que consideram a mulher como a principal vítima de assédio[1], o trabalho analisa o tema em relação à mulher.

---

(1) UOL. "Brasil está diante de um aumento de violência contra a mulher", diz pesquisadora. 2023. Disponível em: <https://noticias.uol.com.br/ultimas-noticias/agenciaestado/2023/03/03/brasil-esta-diante-de-um-aumento-de-violencia-contra-a-mulher-dizpesquisadora.htm>. Acesso em: 23 mar. 2023; GOMES, Bianca. Quase metade das brasileiras sofreu algum tipo de assédio sexual no ano de 2022, mostra pesquisa do *Datafolha*. *O Globo*, 2023. Disponível em: <https://oglobo.globo.com/brasil/noticia/2023/03/mais-da-metade-das-brasileiras-sofreualgum-tipo-de-assedio-sexual-em-2022-mostra-pesquisa.ghtml>. Acesso em: 23 mar. 2023;

O assédio no ambiente laboral e a dispensa discriminatória são duas práticas ilegais que contribuem para o envenenamento do ambiente de trabalho, tornando-o nocivo à boa convivência e manutenção da saúde e higidez laborambiental. Afinal, são práticas que afetam notadamente a saúde mental não só da vítima senão dos demais trabalhadores e até de familiares.

Por ser o assédio uma forma de violência tanto psicológica como física, é praticamente inevitável a alteração do desempenho profissional da vítima. E, quando isso se soma à dispensa discriminatória(2), promovida em decorrência do assédio, as consequências são muito mais danosas, afetando, inclusive, aqueles que permanecem no trabalho.

Nesse sentido, o assédio pode levar à dispensa discriminatória, na medida em que pessoa trabalhadora pode ser alvo de retaliação e perseguição por denunciar o assediador, seja ela vítima direta da sua conduta ou não. Ademais, isso pode ensejar a promoção de um ambiente hostil de trabalho.

Além disso, algumas das condutas discriminatórias têm pontos de intersecção com o assédio, quando elas, sistematicamente, visam humilhar, constranger ou prejudicar a autoestima, dignidade e saúde mental de determinada pessoa, em razão de seu gênero, afetividade sexual, idade, raça, cor, religião, deficiência, entre outras. E, assim, promover, em face dessa pessoa, obstáculos em torno de promoções ou progressões profissionais.

Tudo isso interfere no direito ao ambiente de trabalho saudável (art. 7º, XXII, CF/88; art. 200, VIII, CF/88; art. 225, *caput,* CF/88) e, portanto, não pode ser analisado apartado das estruturas necessárias para sua configuração.

Em busca de um ambiente de trabalho hígido e seguro, é preciso implementar instrumentos de prevenção e combate ao assédio e à dispensa discriminatória em decorrência dele. Um desses instrumentos é a adoção, por parte das empresas, de políticas e protocolos de prevenção e combate a essas práticas, o que se coaduna com a promoção de um ambiente de trabalho saudável, conforme impõe o ordenamento jurídico a todas as empresas(3).

Assim, para haver um ambiente livre de violências, é importante que as empresas adotem protocolos(4) de prevenção e combate que objetivem conscientizar os trabalhadores

---

FEIJÓ, Janaína. Diferenças de gênero no mercado de trabalho. *FGV*, 2023. Disponível em: <https://portal.fgv.br/artigos/diferencas-genero-mercado-trabalho>. Acesso em: 23 mar. 2023, FILIPPE, Marina. 72% das mulheres sofreram assédio no trabalho, aponta pesquisa da Aberje. *Exame*, 2022. Disponível em: <https://exame.com/esg/72-das-mulheres-sofreramassedio-no-trabalho-aponta-pesquisa-da-aberje/>. Acesso em: 23 mar. 2023.

(2) TST. *Gestor demitido após denunciar caso de assédio sexual deverá ser reintegrado.* Disponível em: <https://www.tst.jus.br/-/gestor-demitido-ap%C3%B3s-denunciar-caso-de-ass%C3%A9dio-sexual-dever%C3%A1-ser-reintegrado>. Acesso em: 22 mar. 2023.

(3) Art. 19, § 1º da Lei n. 8.213/91. A empresa é responsável pela adoção e uso das medidas coletivas e individuais de proteção e segurança da saúde do trabalhador.

(4) MATOS, Larissa. *Por que precisamos de um protocolo para o combate às violências de gênero no ambiente de trabalho?* ABRAT, 2023. Disponível em: <https://abrat.adv.br/textos/larissa-pensando-um-protocolo-de-combate-as-violencias.pdf>. Acesso em: 06 abr. 2023.

sobre o tema, estabeleçam canais de denúncia efetivos e sigilosos e promovam a investigação imparcial das denúncias com punição dos assediadores, se for o caso.

Para a construção desse instrumento, também é essencial que as empresas promovam a diversidade e a inclusão no ambiente de trabalho, garantindo oportunidades iguais para todos, independentemente de gênero, raça, afetividade sexual.

Desse modo, é possível criar um ambiente de trabalho respeitoso e acolhedor que valorize e promova a diversidade e não tolere o assédio e o combate com todo o rigor da lei.

Com base nessas considerações, o artigo trata do assédio no ambiente de trabalho e da dispensa discriminatória relacionada à prática de assédio, além de abordar a necessidade de implementação nas empresas de um protocolo de prevenção e combate a violências, frisando os pontos de intersecção dos temas do assédio e da discriminação, com apontamentos dos conceitos e normas pertinentes.

Além disso, é dado foco especial à dispensa discriminatória em decorrência do assédio como mais uma violência contra a mulher para, por fim, tratar especificamente do protocolo de prevenção e combate ao assédio nas empresas. Objetiva-se demonstrar a importância deste instrumento para a promoção de um ambiente de trabalho saudável e hígido, com base em consultas feitas aos diplomas que compõem o ordenamento jurídico e referências doutrinárias sobre o tema.

2. Assédio, Convenção n. 190 da OIT e Agenda 2030

O assédio contra a mulher tem como cenário o machismo estrutural, que também interfere na construção das normas jurídicas e é por elas fomentado, ainda que tenhamos tido, a passos lentos, mudanças ao longo da história — o que se deve às lutas feministas, cujo objetivo busca "estender e alcançar lutas globais para acabar com o sexismo, a exploração sexista e a opressão"(5), segundo Bell Hooks.

De acordo com Gerda Lerner: "A História das Mulheres é uma história de exclusão, de apagamentos, de sabotagens, de desvalorizações".(6)

Um dessas desvalorizações é, dentro da divisão sexual do trabalho, a imputação do trabalho doméstico somente à mulher, como bem explica Angela Davis:

> Como as tarefas domésticas não geram lucro, o trabalho doméstico foi naturalmente definido com uma forma inferior de trabalho, em comparação com a atividade assalariada capitalista.

---

(5) HOOKS, Bell. *O feminismo é para todo mundo.* Tradução de Bhuvi Libanio. 19. ed. Rio de Janeiro: Rosa dos Tempos, 2022. p. 80.

(6) LERNER, Gerda. *A criação do patriarcado:* história da opressão das mulheres pelos homens. São Paulo: Cultrix, 2019. p. 22.

> Um importante subproduto ideológico dessa transformação econômica radical foi o surgimento da 'dona de casa'. As mulheres começaram a ser redefinidas ideologicamente como as guardiãs de uma desvalorizada vida doméstica(7).

Clarissa Pinkola Estés tem uma frase que sintetiza os pequenos progressos: "Minha geração, posterior à Segunda Guerra, cresceu numa época em que as mulheres eram infantilizadas e tratadas como propriedade".(8)

Ao menos, hoje em dia, o Direito não trata mais a mulher como propriedade do homem (pai ou marido), ainda que o machismo estrutural propague essa noção. Assim, por causa desse pensamento introjetado na sociedade, surgem e se reproduzem os casos de violências de gênero, a exemplo do assédio cometido contra mulheres.

O assédio é um comportamento indesejado, apontado por parte da doutrina(9) como repetitivo, e causa desconforto ou constrangimento à pessoa que é alvo dessa ação. É uma prática ilegal que prejudica a saúde mental e física das pessoas.

Quanto à repetição do ato, por muito se fez, e ainda se faz, a diferença entre dano moral e assédio moral, a partir do critério constância no tempo. Com base nisso, entendia-se, e majoritariamente ainda se entende, que, se pontual, caracteriza dano moral; se sistemático, caracteriza o assédio moral.

Contudo, a Convenção n. 190(10) da Organização Internacional do Trabalho — OIT(11) passou a conceituar o assédio sem levar em conta o elemento repetição, permitindo sua configuração a partir de uma única conduta(12). Sendo ratificada, a convenção imporá uma revisão doutrinária e jurisprudencial do conceito de assédio.

E isso é importante porque o assédio é uma violência e assim tem que ser tratado, não sendo possível exigir da vítima a reiteração de processos violentos para a configuração do assédio.

---

(7) DAVIS, Angela. *Mulheres, raça e classe.* São Paulo: Boitempo, 2016. p. 230.

(8) ESTÉS, Clarissa Pinkola. *Mulheres que correm com os lobos:* mitos e histórias do arquétipo da mulher selvagem. 1. ed. Rio de Janeiro: Rocco, 2018. p. 17.

(9) PAMPLONA FILHO, Rodolfo. *O Assédio Sexual na Relação de Emprego.* São Paulo: LTr, 2001; NASCIMENTO, Sônia Aparecida Costa Mascaro. Assédio moral no ambiente do trabalho. *Revista LTr*, São Paulo, v. 68, n. 08, p. 922-930, ago. 2004.

(10) É um tratado internacional que estabelece normas para a eliminação da violência e do assédio no mundo do trabalho. Foi adotada em 2019 e entrou em vigor em junho de 2021.

(11) Ainda não ratificada pelo Brasil, mas o processo de ratificação foi iniciado em 8 de março de 2023, por meio de ato da Presidência da República.

(12) O assédio é "[...] um conjunto de comportamentos e práticas inaceitáveis, ou de suas ameaças, de ocorrência única ou repetida, que visem, causem, ou sejam susceptíveis de causar dano físico, psicológico, sexual ou económico, e inclui a violência e o assédio com base no género; [...] (art. 1º, a, Convenção n. 190 da OIT).

Um dos pontos importantes da convenção é que ela conceitua violência e assédio no mundo do trabalho de forma ampla, incluindo comportamentos que causem dano físico, psicológico ou sexual, além de comportamentos abusivos, como intimidação e coerção, que fomentam um ambiente de trabalho hostil e degradante.

Sendo ratificada, a convenção exigirá a adoção de medidas para prevenir, proteger e remediar a violência e o assédio no mundo do trabalho, incluindo a criação de leis e políticas para tratar do tema. Além disso, a convenção traz a necessidade de educar e formar os trabalhadores e empregadores para que atuem, de modo a prevenir e combater a violência e o assédio no ambiente de trabalho.

Portanto, trata-se de um marco importante na luta contra a violência e o assédio no mundo do trabalho e representa um importante avanço na proteção dos direitos humanos, trabalhistas e das mulheres.

Nesse sentido, vale lembrar que a OIT tem uma firme história de luta contra o assédio e a violência no mundo do trabalho, ao ter por um de seus objetivos promover o trabalho decente e a justiça social. Nessa diretriz, a OIT tem incentivado os países membros a adotar medidas legais e práticas para combater essas violências.

Isso também aparece na Agenda 2030[13], refletido nos Objetivos de Desenvolvimento Sustentável (ODS)[14] 5 e 8, que tratam, respectivamente, da igualdade de gênero e do trabalho decente.

Em relação ao ODS 5, os objetivos são estes:

5.1. Acabar com todas as formas de discriminação contra todas as mulheres e meninas em toda parte.

5.2. Eliminar todas as formas de violência contra todas as mulheres e meninas nas esferas públicas e privadas, incluindo o tráfico e exploração sexual e de outros tipos.

5.3. Eliminar todas as práticas nocivas, como os casamentos prematuros, forçados e de crianças e mutilações genitais femininas.

(13) "A Agenda 2030 da ONU é um plano global para atingirmos em 2030 um mundo melhor para todos os povos e nações. A Assembleia Geral das Nações Unidas, realizada em Nova York, em setembro de 2015, com a participação de 193 estados membros, estabeleceu 17 objetivos de desenvolvimento sustentáveis. O compromisso assumido pelos países com a agenda envolve a adoção de medidas ousadas, abrangentes e essenciais para promover o Estado de Direito, os direitos humanos e a responsividade das instituições políticas" (STF).

(14) "Os Objetivos de Desenvolvimento Sustentável são um apelo global à ação para acabar com a pobreza, proteger o meio ambiente e o clima e garantir que as pessoas, em todos os lugares, possam desfrutar de paz e de prosperidade. Estes são os objetivos para os quais as Nações Unidas estão contribuindo a fim de que possamos atingir a Agenda 2030 no Brasil." (NAÇÕES UNIDAS BRASIL).

5.4. Reconhecer e valorizar o trabalho de assistência e doméstico não remunerado, por meio da disponibilização de serviços públicos, infraestrutura e políticas de proteção social, bem como a promoção da responsabilidade compartilhada dentro do lar e da família, conforme os contextos nacionais.

5.5. Garantir a participação plena e efetiva das mulheres e a igualdade de oportunidades para a liderança em todos os níveis de tomada de decisão na vida política, econômica e pública.

5.6. Assegurar o acesso universal à saúde sexual e reprodutiva e os direitos reprodutivos, como acordado em conformidade com o Programa de Ação da Conferência Internacional sobre População e Desenvolvimento e com a Plataforma de Ação de Pequim e os documentos resultantes de suas conferências de revisão.

5.a. Realizar reformas para dar às mulheres direitos iguais aos recursos econômicos, bem como o acesso a propriedade e controle sobre a terra e outras formas de propriedade, serviços financeiros, herança e os recursos naturais, de acordo com as leis nacionais.

5.b. Aumentar o uso de tecnologias de base, em particular as tecnologias de informação e comunicação, para promover o empoderamento das mulheres.

5.c. Adotar e fortalecer políticas sólidas e legislação aplicável para a promoção da igualdade de gênero e o empoderamento de todas as mulheres e meninas em todos os níveis(15).

São objetivos que fazem parte de um compromisso internacional que o Brasil se obrigou a cumprir. Portanto, deve o país implementar políticas públicas e exigir também das empresas os caminhos para atingir esses objetivos.

3. Violências contra a mulher, normas pertinentes e dispensa discriminatória

A violência contra a mulher é um problema grave e complexo e pode decorrer de diversas formas, como agressão física, psicológica, sexual, patrimonial e moral. No ambiente de trabalho, são elas as vítimas frequentes(16) de comportamentos abusivos e

(15) NAÇÕES UNIDAS BRASIL. *Objetivo 5.* Alcançar a igualdade de gênero e empoderar todas as mulheres e meninas. Disponível em: <https://brasil.un.org/pt-br/sdgs/5>. Acesso em: 07 abr. 2023.

(16) UOL. "Brasil está diante de um aumento de violência contra a mulher", diz pesquisadora. 2023. Disponível em: <https://noticias.uol.com.br/ultimas-noticias/agenciaestado/2023/03/03/brasil-esta-diante-de-um-aumento-de-violencia-contra-a-mulher-dizpesquisadora.htm>. Acesso em: 23 mar. 2023; GOMES, Bianca. Quase metade das brasileiras sofreu algum tipo de assédio sexual no ano de 2022, mostra pesquisa do *Datafolha*. *O Globo*, 2023. Disponível em: <https://oglobo.globo.com/brasil/noticia/2023/03/mais-da-metade-das-brasileiras-sofreualgum-tipo-de-assedio-sexual-em-2022-mostra-pesquisa.ghtml. Acesso em: 23 março 2023; FEIJÓ, Janaína. Diferenças de gênero no mercado de trabalho. FGV, 2023. Disponível em: <https://portal.fgv.br/artigos/diferencas-genero-mercado-trabalho>. Acesso em: 23 mar. 2023, FILIPPE, Marina. 72% das mulheres

discriminatórios, o que pode afetar a saúde física e mental, além de prejudicar sua carreira e suas relações interpessoais.

Ou seja, a violência de gênero no trabalho pode manifestar-se de várias formas, incluindo o assédio sexual, o assédio moral, a discriminação de gênero e a violência física.

O assédio sexual é uma violência de gênero que se caracteriza por comportamentos, gestos ou palavras de conotação sexual que ocorrem no ambiente de trabalho e criam um ambiente intimidatório ou hostil para com a vítima. Inclusive, existe um tipo penal específico: "Art. 216-A. Constranger alguém com o intuito de obter vantagem ou favorecimento sexual, prevalecendo-se o agente da sua condição de superior hierárquico ou ascendência inerentes ao exercício de emprego, cargo ou função".

Já o assédio moral se caracteriza por ações que visam humilhar, ridicularizar ou isolar a vítima no ambiente de trabalho, prejudicando sua saúde emocional, e até física, e seu desempenho profissional.

Por outro lado, a discriminação de gênero no trabalho manifesta-se por meio de ações ou políticas que discriminam as mulheres no ambiente de trabalho, como a oferta de salários menores às mulheres, a negação de oportunidades na carreira ou a criação de um ambiente de trabalho hostil para as mulheres, visando até mesmo a retirada delas do emprego.

A violência física é a forma mais grave de violência de gênero no trabalho e caracteriza-se por agressões físicas que ocorrem no ambiente de trabalho, como empurrões, tapas e outros tipos de agressão física.

Para a prevenção da violência de gênero no trabalho, é importante que as empresas adotem políticas e protocolos de prevenção e combate a essa forma de violência, promovam a diversidade e a inclusão no ambiente de trabalho, conscientizem seus empregados sobre a importância do respeito e da não discriminação e estabeleçam canais de denúncia confidenciais para as vítimas de violência. Além disso, é importante que as empresas punam os agressores e ofereçam suporte e acompanhamento às vítimas.

Afinal, o ordenamento jurídico impõe que as empresas adotem medidas preventivas para evitar o assédio e proteger essas trabalhadoras que denunciarem comportamentos abusivos. Isso inclui a criação de um canal de denúncias confidencial e seguro, além da implementação de políticas claras de combate ao assédio e de treinamentos para gestores e colaboradores sobre o tema.

São políticas que se coadunam com as premissas defendidas pela OIT e demais organizações internacionais, que reconhecem a importância de prevenir e combater a violência contra a mulher no mundo do trabalho.

---

sofreram assédio no trabalho, aponta pesquisa da Aberje. *Exame*, 2022. Disponível em: <https://exame.com/esg/72-das-mulheres-sofreramassedio-no-trabalho-aponta-pesquisa-da-aberje/>. Acesso em: 23 mar. 2023.

Nesse sentido, além da Convenção n. 190 da OIT, existem diversas normas internacionais de proteção à mulher, que visam garantir a igualdade de gênero e prevenir a discriminação e a violência contra as mulheres. Algumas das principais normas internacionais são as seguintes: 1) Convenção sobre a Eliminação de Todas as Formas de Discriminação contra a Mulher (CEDAW); 2) Plataforma de Ação de Pequim, que estabelece objetivos e estratégias, para promover a igualdade de gênero e os direitos das mulheres em todo o mundo; 3) Convenção Interamericana para Prevenir, Punir e Erradicar a Violência contra a Mulher (Convenção de Belém do Pará).

Ainda, Larissa Matos explica que

> [...] o combate às violências de gênero no ambiente laboral se insere na própria função social da empresa (art. 5º, XXXIII, CF/88; art. 170, III, CF/88), que não pode permitir a realização de condutas violentas, inclusive criminosas, como o assédio sexual, que tanto violam a higidez laborambiental (art. 200, VIII, CF/88).
>
> Assim, é preciso que o setor empresarial atue de forma conjunta para estabelecer formas de ação e prevenção que sejam eficazes e úteis para o combate às violências de gênero[17].

Essas normas internacionais têm um papel importante na promoção da igualdade de gênero e na proteção dos direitos das mulheres em todo o mundo. No entanto, é necessário que elas sejam implementadas de forma efetiva pelos estados e pelas empresas, por meio de políticas públicas e práticas empresariais que garantam a igualdade de oportunidades e o respeito aos direitos humanos das mulheres.

Considerando o exposto, quando uma trabalhadora é demitida por ter denunciado ou se recusado a aceitar um comportamento abusivo, como o assédio moral, sexual ou discriminatório, a dispensa em decorrência disso é ilegal e viola os direitos trabalhistas e humanos.

Portanto, trata-se de prática discriminatória porque a demissão é uma retaliação por uma ação legítima da trabalhadora de buscar um ambiente de trabalho saudável e seguro. Além disso, a demissão pode prejudicar a vida dela e de sua família, afetando sua estabilidade financeira e emocional.

Nesses casos, a legislação trabalhista prevê a possibilidade de reparação para a dispensa discriminatória[18], incluindo o direito à reintegração ao emprego e o pagamento de indenização por danos morais e materiais:

(17) MATOS, Larissa. *Por que precisamos de um protocolo para o combate às violências de gênero no ambiente de trabalho?* ABRAT, 2023. Disponível em: <https://abrat.adv.br/textos/larissa-pensando-um-protocolo-de-combate-as-violencias.pdf>. Acesso em: 06 abr. 2023.

(18) O ministro Augusto César Leite de Carvalho tem um livro que trata do direito de indenidade, que consiste na garantia de o trabalhador exercer direitos fundamentais sem ser foco de represálias por parte do empregador.

> Art. 4º, Lei n. 9.029/95. O rompimento da relação de trabalho por ato discriminatório, nos moldes desta Lei, além do direito à reparação pelo dano moral, faculta ao empregado optar entre:
>
> I – a reintegração com ressarcimento integral de todo o período de afastamento, mediante pagamento das remunerações devidas, corrigidas monetariamente e acrescidas de juros legais;
>
> II – a percepção, em dobro, da remuneração do período de afastamento, corrigida monetariamente e acrescida dos juros legais.

No entanto, é importante que a trabalhadora procure orientação jurídica da advocacia, principalmente de quem atua com perspectiva de gênero, para avaliar a melhor forma de buscar reparação e exercer seus direitos fundamentais.

4. Protocolo de prevenção e combate ao assédio nas empresas

Um protocolo de prevenção e combate ao assédio nas empresas é fundamental para garantir um ambiente de trabalho hígido, seguro e saudável para todos que integram a empresa, bem como seus familiares[19], pois os problemas do ambiente laboral resvalam no ambiente familiar.

Para tanto, o protocolo deve estabelecer procedimentos claros, de fácil compreensão e efic azes, visando prevenir, identific ar e combater o assédio no ambiente de trabalho.

Algumas medidas que podem ser adotadas vão desde a implementação de um canal de denúncias confi dencial, seguro e efi caz, para que as pessoas reportem os casos de assédio ou comportamentos inadequados existentes dentro da empresa, até a realização de treinamentos para cultura antiassédio.

Ademais, o protocolo deve estabelecer políticas claras de não tolerância ao assédio, com defi nições do que é considerado assédio no ambiente de trabalho, quais são as consequências para quem comete esse tipo de comportamento e o que não é assédio.

Além disso, o protocolo tem de prever um procedimento formal de investigação, caso uma denúncia de assédio seja feita, para que a empresa investigue o caso e tome as providencias adequadas para não só punir o agressor, como também garantir a segurança e o bem-estar da vítima.

Nesse sentido, a empresa deve providenciar suporte e acompanhamento das vítimas de assédio, incluindo a oferta de aconselhamento, suporte psicológico e jurídico, bem como encaminhamento para serviços de saúde, se necessário.

Um protocolo de combate ao assédio é essencial para a conscientização de todos e, portanto, deve incluir medidas preventivas, como ações de conscientização e treinamento, além de estabelecer medidas disciplinares claras e efetivas para os casos de assédio, incluindo a possibilidade de demissão do assediador, caso comprovado.

---

(19) MATOS, Larissa. *Por que precisamos de um protocolo para o combate às violências de gênero no ambiente de trabalho?* ABRAT, 2023. Disponível em: <https://abrat.adv.br/textos/larissa-pensando-um-protocolo-de-combate-as-violencias.pdf>. Acesso em: 06 abr. 2023.

Explica Larissa Matos[20] que

> [...] o protocolo deve ser estruturado com tópicos que abordem medidas preventivas e repressivas. E, dentro das medidas preventivas, é preciso treinar os trabalhadores contra atos discriminatórios ou sexistas, monitorar o ambiente de trabalho e implementar canais de denúncia. Estes devem ser permeados pela publicidade de sua existência, confidencialidade de que não haverá vazamento das denúncias, acessibilidade para que a pessoa acione o canal o mais rápido possível, e eficiência na apuração dos fatos e responsabilização do agressor.
>
> Em relação às medidas repressivas, é preciso dar atenção prioritária à pessoa agredida, garantir sua tutela jurídica e psicológica, sem demonstrações de cumplicidade com o agressor, com clara rejeição à atitude dele. Assim, é necessário estabelecer procedimentos de ação, controle e registro de violências, com mecanismos que tratem as informações fornecidas com discrição, além de punições a agressores.
>
> De modo geral, é essencial criar, no ambiente de trabalho, mecanismos para que possíveis vítimas reconheçam as violências e consigam relatar essas ocorrências, o que leva a política preventiva do protocolo a ter as seguintes etapas: 1) identificação de fontes de assédio e demais violências no local de trabalho; 2) análise dos riscos; 3) avaliação contínua da eficácia dos mecanismos de controle, bem como do canal de denúncia; 4) intensificação dos processos de melhorias em prol de um ambiente laboral hígido.
>
> Além disso, a fim de promover uma cultura positiva e minimizar ou eliminar os vieses que fomentam agressões, o protocolo deve estabelecer ações em prol da diversidade no ambiente laboral, com treinamentos para aumentar a conscientização sobre o impacto interpessoal e para a empresa das condutas violentas no ambiente de trabalho; ter políticas e padrões claros de comportamentos aceitáveis; e ter normas internas com regras de condutas em relação às violências, em especial o assédio.

A implementação de um protocolo de prevenção e combate ao assédio nas empresas é importante não apenas para a proteção das pessoas trabalhadores, mas ainda para a imagem, reputação e organização financeira da empresa, que pode ser obrigada a arcar com o pagamento de danos morais e materiais à vítima.

De forma geral, em prol de um ambiente de trabalho justo e hígido, sugere-se que a empresa: 1) promova políticas de não discriminação e de igualdade de oportunidades;

---

(20) MATOS, Larissa. *Por que precisamos de um protocolo para o combate às violências de gênero no ambiente de trabalho?* ABRAT, 2023. Disponível em: <https://abrat.adv.br/textos/larissa-pensando-um-protocolo-de-combate-as-violencias.pdf>. Acesso em: 06 abr. 2023.

2) estabeleça políticas de prevenção e combate ao assédio sexual e ao assédio moral; 3) crie políticas de promoção da igualdade salarial; 5) faça treinamento para formação e sensibilização das pessoas sobre a igualdade de gênero e respeito a diversidade; 4) tenha políticas de inclusão de pessoas LGBTQ+ e garantia que essas pessoas sejam tratadas com respeito e dignidade; 5) investigue as denúncias e tome medidas disciplinares cabíveis contra os infratores; 6) promova ações afirmativas em prol da igualdade de oportunidades no ambiente de trabalho; 7) combata o racismo e tenha isso como um compromisso real e concreto, envolvendo todos os colaboradores e demonstrando a importância da diversidade e do respeito a todas as pessoas, independentemente de sua etnia, cor ou origem; e 8) acompanhe de perto a evolução do tema nas esferas sociais e profissionais, revisando periodicamente as políticas e os procedimentos adotados.

Sugere-se, ainda, que o protocolo seja elaborado em conjunto com os trabalhadores, observada a diversidade na composição daqueles que o farão, com monitoramento da implementação do protocolo para garantir a sua efetividade e atualização de acordo com as necessidades do ambiente de trabalho.

5. Considerações finais

Assédio no ambiente de trabalho e dispensa discriminatória são temas graves que devem ser combatidos com todo rigor da lei.

A fim de evitar problemas, é importante que as empresas tenham políticas e protocolos claros de combate à discriminação e ao assédio, além de garantir a igualdade de oportunidades a todos que a compõem.

As trabalhadoras que forem vítimas de assédio ou discriminação devem denunciar imediatamente essas práticas à empresa e órgãos competentes. Para tanto, é fundamental que as trabalhadoras conheçam seus direitos e busquem a ajuda de profissionais especializados.

Sabe-se que o protocolo de prevenção e combate a violências contra a mulher nas empresas não é o remédio para a solução de todos os problemas, mas é um passo educativo e combativo às violências pregadas diariamente pelo sistema patriarcal, inclusive no ambiente de trabalho.

Bibliografia

CARVALHO, Augusto César Leite de. *Garantia de indenidade no Brasil: o livre exercício do direito fundamental de ação sem o temor de represália patronal.* São Paulo: LTr, 2013.

CATALDI, Maria José Giannella. *O* stress *no meio ambiente do trabalho.* 4. ed. São Paulo: Revista dos Tribunais, 2021.

DAVIS, Angela. *Mulheres, raça e classe.* São Paulo: Boitempo, 2016.

ESPANHA. *Real Decreto Legislativo 2/2015, de 23 de octubre.* Por el que se aprueba el texto refundido de la Ley del Estatuto de los Trabajadores. Disponível em: <https://www.boe.es/buscar/act.php?id=BOE-A-2015-11430#a54>. Acesso em: 23 mar. 2023.

ESTÉS, Clarissa Pinkola. *Mulheres que correm com os lobos:* mitos e histórias do arquétipo da mulher selvagem. 1. ed. Rio de Janeiro: Rocco, 2018.

FEIJÓ, Janaína. Diferenças de gênero no mercado de trabalho. *FGV*, 2023. Disponível em: <https://portal.fgv.br/artigos/diferencas-genero-mercado-trabalho>. Acesso em: 23 mar. 2023.

FILIPPE, Marina. 72% das mulheres sofreram assédio no trabalho, aponta pesquisa da Aberje. *Exame*, 2022. Disponível em: <https://exame.com/esg/72-das-mulheres-sofreramassedio-no-trabalho-aponta-pesquisa-da-aberje/>. Acesso em: 23 mar. 2023.

GOMES, Bianca. Quase metade das brasileiras sofreu algum tipo de assédio sexual no ano de 2022, mostra pesquisa do *Datafolha*. *O Globo*, 2023. Disponível em: <https://oglobo.globo.com/brasil/noticia/2023/03/mais-da-metade-das-brasileiras-sofreualgum-tipo-de-assedio-sexual-em-2022-mostra-pesquisa.ghtml>. Acesso em: 23 mar. 2023.

GORELLI HERNÁNDEZ, Juan. Acoso laboral y negociación colectiva en Andalucia. *Revista do Tribunal Regional do Trabalho da 15ª Região*, Campinas, n. 37, p. 131-176, jul./dez. 2010.

GUEDES, Márcia Novaes. *Terror psicológico no ambiente de trabalho*. São Paulo: LTr, 2003.

HOOKS, Bell. *O feminismo é para todo mundo*. Tradução de Bhuvi Libanio. 19. ed. Rio de Janeiro: Rosa dos Tempos, 2022

LERNER, Gerda. *A criação do patriarcado:* história da opressão das mulheres pelos homens. São Paulo: Cultrix, 2019.

MATOS, Larissa. Por que precisamos de um protocolo para o combate às violências de gênero no ambiente de trabalho? *ABRAT*, 2023. Disponível em: <https://abrat.adv.br/textos/larissa-pensando-um-protocolo-de-combate-as-violencias.pdf>. Acesso em: 06 abr. 2023.

NAÇÕES UNIDAS BRASIL. *Os Objetivos de Desenvolvimento Sustentável no Brasil*. Disponível em: <https://brasil.un.org/pt-br/sdgs>. Acesso em: 07 abr. 2023.

______. *Objetivo 5*. Alcançar a igualdade de gênero e empoderar todas as mulheres e meninas. Disponível em: <https://brasil.un.org/pt-br/sdgs/5>. Acesso em: 07 abr. 2023.

NASCIMENTO, Sônia Aparecida Costa Mascaro. Assédio moral no ambiente do trabalho. *Revista LTr*, São Paulo, v. 68, n. 08, p. 922-930, ago. 2004.

PAMPLONA FILHO, Rodolfo. *O Assédio Sexual na Relação de Emprego*. São Paulo: LTr, 2001.

STF. *Agenda 2030*. Disponível em: <https://portal.stf.jus.br/hotsites/agenda-2030/>. Acesso em: 07 abr. 2023.

TST. *Gestor demitido após denunciar caso de assédio sexual deverá ser reintegrado*. Disponível em: <https://www.tst.jus.br/-/gestor-demitido-ap%C3%B3s-denunciar-caso-de-ass%C3%A9dio-sexual-dever%C3%A1-ser-reintegrado>. Acesso em: 22 mar. 2023.

UOL. "Brasil está diante de um aumento de violência contra a mulher", diz pesquisadora. 2023. Disponível em: <https://noticias.uol.com.br/ultimas-noticias/agenciaestado/2023/03/03/brasil-esta-diante-de-um-aumento-de-violencia-contra-a-mulher-dizpesquisadora.htm>. Acesso em: 23 mar. 2023.

"Utopia Hoje, Carne e Osso Amanhã"[1] — Discriminação Algorítmica de Gênero e a Seleção de Pessoas Trabalhadoras

Luciane Toss

Resumo: A discriminação algorítmica de gênero está entre os riscos da utilização da Inteligência Artificial pelas corporações e empresas. Isto porque as mãos que alimentam o algoritmo vem de uma sociedade que mantém estereótipos de gênero e os preconceitos estruturais contra as mulheres no trabalho. A hipótese deste artigo é pensar o que o direito pode fazer para conter discriminações de gênero e quais são os mecanismos jurídicos que podem minimizar o impacto de métricas algorítmicas produzidas por uma sociedade patriarcal cujo modelo de mercado ainda se organiza a partir de uma divisão sexual do trabalho.

Palavras-chave: Discriminação algortimica — Divisão sexual do trabalho — Estereótipos de gênero.

1. Introdução: algoritimos, recursos corporativo-instrumentais e o impacto na vida das mulheres trabalhadoras

A Inteligência Artificial despontou como um importante mecanismo tecnológico para sistemas organizacionais da sociedade humana[2]. O entusiasmo em relação a sua eficiência e possibilidades de inserção em diferentes espaços corporativos se dá, conforme Sichman, por "três fatores fundamentais": a redução de custos de processamento e

---

(1) HUGO, Vitor. *Os Miseráveis*. 1. ed. São Paulo: Martin Claret, 2014. p. 891.

(2) A inteligência artificial no sentido de "um sistema da empresa X que utiliza técnicas de IA" para atividades, tarefas e dinâmicas que são melhor desenvolvidas por pessoas, mas que não são dinamizadas pelas soluções tecnológicas da computação convencional. SICHMAN, Jaime Simão. Inteligência Artificial e Sociedade: avanços e riscos. *Estudos Avançados*, 35 (101), jan./abr. 2021. São Paulo: USP, p. 37-49. Disponível em: <https://www.scielo.br/j/ea/a/c4sqqrthGMS3ngdBhGWtKhh/?format=pdf&lang=pt>, p. 38.

de armazenamento de dados; o surgimento de "redes neurais profundas" que resultam em avanços científicos em todas as áreas do conhecimento e a abundância de informações disponíveis, a todas as pessoas, nos sistemas de mídia e redes sociais(3).

A otimização destes três recursos (porque ao mesmo tempo são habilidades, mas podem significar diferenciais de administração de custos e de investimento no mercado corporativo) em determinadas atividades organizativas ganha contornos especiais a partir da incorporação da possibilidade de "agentes autônomos e sistemas multiagentes" que cooperam e se coordenam na busca das soluções desejadas(4). Esta dinâmica permite à Inteligência Artificial atuar interagindo com as tarefas propostas, contextualizando-as, e considerando a otimização de dados quantitativos a sua disposição. Hipoteticamente, se o mercado de tecnologia é composto majoritariamente por homens e pessoas brancas e o emprego doméstico é composto majoritariamente por mulheres negras, o algoritmo entenderá que cargos tecnológicos são destinados a homens brancos e cargos nos serviços gerais e no asseio e conservação são para mulheres negras.

É um sistema de "métricas de confiança baseadas no histórico de interações anteriores"(5) que, de acordo com Dignum, deve ser projetado, ou seja, é uma funcionalidade desejada pelo usuário(6). Esta ferramenta (que filtra critérios para otimizar soluções) também atua em dimensões comportamentais e morais das corporações e vem estabelecendo quais são os perfis de pessoas trabalhadores mais adequados nas mais diversas áreas da economia. No entanto, esta plurifacetada autonomia de conformação entre demandas, práticas existentes e adaptações do sistema vem estabelecendo também quem não acessará as vagas disponíveis pelo seu gênero e sexualidade, independentemente de seus currículos e habilidades pessoas.

Um bom exemplo de como isso interfere diretamente na vida profissional das mulheres é a pesquisa, publicada em 2021, que analisou as recomendações de artistas femininas e de suas músicas, pelo aplicativo *Spotify*. Cantoras mulheres eram pouco sugeridas pelo aplicativo. Os usuários recebiam sugestões de artistas do gênero

---

(3) SICHMAN, Jaime Simão. Inteligência Artificial e Sociedade: avanços e riscos. *Estudos Avançados*, 35 (101), jan./abr. 2021, São Paulo: USP, p. 37-49. Disponível em: <https://www.scielo.br/j/ea/a/c4sqqrthGMS3ngdBhGWtKhh/?format=pdf&lang=pt>. Acesso em: 18 fev. 2023, p 37.

(4) RUSSELL, S. J.; NORVIG, P. *Artificial Intelligence* — A Modern Approach. Third Inter-national Edition. s.l.: Pearson Education, 2010. Disponível em: <http://repo.darmajaya.ac.id/3800/1/Artificial%20Intelligence%20A%20Modern%20Approach%20%283rd%20Edition%29.pdf%20%28%20PDFDrive%20%29.pdf>. Acesso em: 18 fev. 2023, p. 434.

(5) FALCONE; CASTELFRANCHI *apud* SICHMAN, Jaime Simão. Inteligência Artificial e Sociedade: avanços e riscos. *Estudos Avançados*, 35 (101), jan./abr. 2021. São Paulo: USP, p. 37-49. Disponível em: <https://www.scielo.br/j/ea/a/c4sqqrthGMS3ngdBhGWtKhh/?format=pdf&lang=pt>. Acesso em: 18 fev. 2023, p. 41.

(6) DIGNUN *apud* ARBIX, Glauco. A transparência no centro da construção de uma ia ética. *Novos Estudos*. CEBRAP, v. 39, n. 02. São Paulo, maio/ago. 2020. Disponivel em: <https://www.scielo.br/j/nec/a/pD9k5gtHpXwsgFcsMC5gbJg/>. Acesso em: 18 fev. 2023. p. 395-413.

masculino, o que impactava no gosto dos ouvintes, na formação de *playlists* e no nível de popularidade das artistas(7).

A recomendação é uma das formas como o algoritmo atua. No caso dos aplicativos de música, de acordo com Oliveira, há uma escuta gerada organicamente pelo público e outra escuta induzida algoritimicamente. Comparando as recomendações de múltiplas abordagens, os pesquisadores concluíram que o viés de gênero está presente no conjunto de dados(8).

A invisibilidade das artistas mulheres e de suas músicas impacta e repercute nas remunerações e na manutenção de suas carreiras (nos contratos, nas vendas, na agenda de shows, etc.). Entender o sistema de recomendação dos algoritmos é especialmente importante para compreender a extensão das funcionalidades que a Inteligência Artificial pode alcançar.

O uso da inteligência artificial por Estados e empresas foi objeto de um relatório apresentado em setembro de 2021, pela então Alta Comissária de Direitos Humanos da ONU, Michel Bachelet. Os dados analisados apontavam como a linguagem algorítmica estava sendo usada na criação de perfis, na tomada de decisão automatizadas, nas linguagens tecnológicas e afetando o direito das pessoas à privacidade e a bens sociais (previdência e emprego), bem como direitos à saúde, educação, liberdade de circulação, liberdade de reunião e associação pacífica e liberdade de expressão(9).

O relatório detalha como os sistemas de Inteligência Artificial dependem de grandes conjuntos de dados, com informações privadas sobre pessoas, que serão coletadas, compartilhadas, mescladas e analisadas de maneiras múltiplas e sem qualquer limite, controle ou fiscalização:

> *20. The decision-making processes of many AI systems are opaque. The complexity of the data environment, algorithms and models underlying the development*

(7) FERRARO, Andres; FERRO, Xavier; BAUER, Christine. Break the Loop: Gender Imbalance in Music Recommenders. *CHIIR '21*, mar. 14-19, 2021, Canberra, Australia. Disponível em: <https://www.christinebauer.eu/publications/ferraro-2021-break-the-loop/ferraro-2021-break-the-loop.pdf>. Acesso em: 19 fev. 2023, p. 249-254.

(8) OLIVEIRA, Ricardo; NOBREGA, Caio; BALBY MARINHO Leandro; ANDRADE, Nazareno. A Multiobjective Music Recommendation Approach for Aspect-Based Di- versification. *Proceedings of the 18th ISMIR Conference*, Suzhou, China, out. 23-27, 2017. Disponível em: <https://archives.ismir.net/ismir2017/paper/000153.pdf>. Acesso em: 19 fev. 2023, p. 414–420.

(9) Uma das motivações para que Bachelet propusesse a atualização de dados acerca do uso indiscriminado da Inteligência Artificial no trafego e manejo de pessoas, por Estado e por corporações privadas, foram as conclusões de um outro relatório apontando, não só o impacto de ferramentas como Pegasus (que foi acusada de espionar chefes de organizações e autoridades em 45 países) e Candiru (que atingiu de forma semelhante pelo menos 100 defensores dos direitos humanos e jornalistas em pelo menos 10 países), mas também a extensão amplificada de danos aos direitos humanos. MARCZAK, Bill; SCOTT-RAILTON, John; BERDAN, Kristin; ABDUL RAZZAK; Bahr; DEIBERT, Ron. Hooking Candiru Another Mercenary Spyware Vendor Comes into Focus. *CITIZENLAB*, jul. 15, 2023. Disponível em: <https://citizenlab.ca/2021/07/hooking-candiru-another-mercenary-spyware-vendor-comes-into-focus/>. Acesso em: 20 fev. 2023.

and operation of AI systems, as well as the intentional secrecy of government and private actors are factors that undermine meaningful ways for the public to understand the effects of AI systems on human rights and society. Machine-learning systems add an important element of opacity; they can be capable of identifying patterns and developing prescriptions that are difficult or impossible to explain. This is often referred to as the "black box" problem. The opacity makes it challenging to meaningfully scrutinize an AI system and can be an obstacle for effective accountability in cases where AI systems cause harm. Nevertheless, it is worth noting that these systems do not have to be entirely inscrutable(10).

Essa é discussão que afeta o mundo do trabalho, ou melhor, a distribuição de espaços, lugares, cargos e remunerações das mulheres.

Em 2018 se tornou público, através de um relatório da Agência Reuters, um problema com o sistema de recrutamento da Amazon.com. A empresa estava revisando currículos de pessoas candidatas a empregos e desenvolveu um mecanismo que utilizou a inteligência artificial para pontuar os currículos. No entanto, detectou que cargos relacionados ao desenvolvimento de software e outros cargos técnicos tinham recorte marcado pelo gênero e favorecia pessoas do sexo masculino. Depois de tentativas de adaptação, a empresa abandonou a ferramenta, mas manteve o uso da inteligência artificial no recrutamento de pessoas. De acordo com o mesmo relatório, em 2018, 50% dos gerentes de recrutamento dos Estados Unidos estavam usando a Inteligência Artificial para recrutamento e seleção de currículos(11).

Em 2019, o Sistema Mineiro de Informação — SIMI, noticiou que a rede de hotéis *Hilton Worldwide*, com mais de 5 mil propriedades em 109 países estava

(10) "20.Os processos de tomada de decisão de muitos sistemas de IA são opacos. A complexidade do ambiente de dados, algoritmos e modelos subjacentes ao desenvolvimento e operação de sistemas de IA, bem como o sigilo intencional do governo e dos atores privados são fatores que minam maneiras significativas para o público entender os efeitos dos sistemas de IA nos direitos humanos e na sociedade. Os sistemas de aprendizado de máquina adicionam um importante elemento de opacidade; eles podem ser capazes de identificar padrões e desenvolver prescrições que são difíceis ou impossíveis de explicar. Isso é muitas vezes referido como o problema da "caixa preta". A opacidade torna desafiador examinar significativamente um sistema de IA e pode ser um obstáculo para a responsabilização efetiva nos casos em que os sistemas de IA causam danos. No entanto, vale a pena notar que esses sistemas não precisam ser totalmente inescrutáveis". UNITED NATIONS – HUMAN RIGHTS COUNCIL – *HRC/48/3*. The right to privacy in the digital age. Annual report of the United Nations High Commissioner — for Human Rights and reports of the Office of the High Commissioner and the Secretary-General. Forty-eighth session, 13 sep. 2021. Disponivel em: <https://www.ohchr.org/en/hr-bodies/hrc/regular-sessions/session48/list-reports>. Acesso em: 20 fev. 2023, p. 6.

(11) DUSTIN, Jeffrey. Amazon scraps secret AI recruiting tool that showed bias against women. *Reuters Agency*. Oct. 10, 2018. Disponível em: <https://www.reuters.com/article/us-amazon-com-jobs-automation-insight/amazon-scraps-secret-ai-recruiting-tool-that-showed-bias-against-women-idUSKCN1MK08G>. Acesso em: 19 fev. 2023.

utilizando a Inteligência Artificial e o reconhecimento facial como parte de seu processo de seleção. Em 5 anos, 43 mil pessoas passaram pelo aplicativo da *HireVue* (responsável pelo processo), sendo que mais de 28 mil foram rejeitadas sem serem vistas ou ouvidas, ou seja, descartadas pelo algoritmo. Nenhum dos critérios utilizados para rejeitar estes currículos foi tornado público[(12)].

Um estudo publicado pela *Harvard Business School* intitulado *Hidden Workers: Untapped Talent* (Trabalhadores Ocultos: Talentos Sem Uso) analisou recrutamentos de pessoas por aplicativos que usavam Inteligência Artificial e revelou que milhões de pessoas trabalhadoras na foram consideradas para vagas às quais estavam aptas e eram qualificadas. Os recortes propostos pelos algoritmos vão desde equívocos nos filtros (a vaga era para inserção de dados de pacientes no computador e o algoritmo buscou como habilidade a programação computacional, por exemplo) até a eliminação automática de mulheres grávidas, por serem consideradas inaptas ou incapacitadas para o trabalho[(13)].

A discriminação algorítmica de gênero está entre os riscos da utilização da Inteligência Artificial pelas corporações e empresas. Isto porque as mãos que alimentam o algoritmo vem de uma sociedade que mantém estereótipos de gênero e os preconceitos estruturais contra as mulheres no trabalho.

A hipótese deste artigo é pensar o que o direito pode fazer para conter discriminações de gênero e quais são os mecanismos jurídicos que podem minimizar o impacto de métricas algorítmicas produzidas por uma sociedade patriarcal cujo modelo de mercado ainda se organiza a partir de uma divisão sexual do trabalho.

O esforço analítico está: a) em compreender como a divisão sexual do trabalho impacta em dados quantitativos sobre as mulheres no mercado de trabalho (o que pode influenciar significativamente nos recortes métricos que os algoritmos fazem na seleção de perfis de pessoas que se baseiam em características individuais); b) de que forma os estereótipos de gênero e os vieses inconscientes atuam na manutenção dos lugares que as mulheres ocupam na organização social do trabalho; c) como o preconceito atua na leitura dos sistemas algoritimizados de seleção de pessoas; d) como podemos identificar discriminações de gênero e, por fim e) quais os recursos jurídicos atuais, disponíveis no Brasil, para conter discriminações de gênero nas seleções e recrutamentos de pessoas.

---

(12) MATOS, Pedro. Inteligência artificial no RH: softwares podem discriminar mulheres e negros? *Sistema Mineiro de Informações — SIMI*. Publicado em 07 fev. 2019. Disponível em: <http://www.simi.org.br/noticia/Inteligencia-artificial-no-RH-softwares-podem-discriminar-mulheres-e-negros. Acesso em: 19 fev. 2023.

(13) FULLER, Joseph; RAMAN, Manjari; SAGE-GAVIN, Eva; HINES, Kristen. *Hidden Workers:* Untapped Talent. Harvard Business School Project on Managing the Future of Work and Accenture. Sep. 2021. Disponível em: <https://www.hbs.edu/managing-the-future-of-work/Documents/research/hiddenworkers09032021.pdf>. Acesso em: 20 fev. 2023, p. 8 e 42.

2. Como a divisão sexual do trabalho atua na manutenção do lugar da mulher no mercado de trabalho

> A divisão sexual do trabalho tem um papel fundamental na organização social do trabalho no Brasil. Várias das funções precárias e subalternas, nas relações econômicas laborais contemporâneas, são exercidas por mulheres(14).

Dos 38 milhões de pessoas que vivem abaixo da linha da pobreza no Brasil, 27 milhões são do sexo feminino. No mercado informal, 41% dos postos são ocupados por mulheres brancas e 47,8% por negras e pardas. Setenta por centro (70%) delas não tem CTPS anotada. Do percentual de trabalhadoras negras, 92% são trabalhadoras domésticas. O cuidado de idosos também fica a cargo das mulheres (85%)(15).

Segundo o IBGE, do grupo de pessoas submetida a condições precárias de trabalho, mais de 66% são mulheres (39,8% são mulheres negras, 26,9% são mulheres brancas). O salário de uma mulher negra com o ensino superior concluído é, em média, R$ 2,9 mil, enquanto o de um homem branco é de R$ 6,7 mil(16).

O trabalho é uma categoria central também para as mulheres, em sua materialidade e enquanto prática. Todo processo de dominação da mulher pelos homens refletirá na distribuição das tarefas que organizam os sistemas laborais, seja o trabalho em si, seja o sistema legal. A divisão sexual do trabalho, portanto, não é uma simples repartição de trabalhos entre homens e mulheres(17). Ela estabelece uma relação de poder dos homens sobre as mulheres e evidencia de que forma essa relação entre sexo e classe social impacta a vida das mulheres no âmbito profissional e doméstico(18).

A relação entre mulheres e mundo do trabalho está inserida no que Fraser chama de políticas de redistributividade e de reconhecimento(19). O gênero, como coletividade

---

(14) TOSS, Luciane. Mulheres e sindicatos: uma história entrecruzada. In: TOSS, Luciane; MATOS, Larissa; LAMOUNIER, Adriana; SAMPAIO, Silvia (Orgs.). *Um Direito do Trabalho todo seu.* 1. ed. Bauru: Canal 6 Editora, 2021. v. 1, p. 193-214.

(15) INSTITUTO BRASILEIRO DE GEOGRAFIA E ESTATISTICA — IBGE. *Estatísticas de Gênero* — Indicadores sociais das mulheres no Brasil. Publicado em 2021. Disponível em: <https://biblioteca.ibge.gov.br/visualizacao/livros/liv101784_informativo.pdf>. Acesso em: 20 fev. 2023.

(16) *Idem.*

(17) SOUZA LOBO, Elizabeth. *A classe operária tem dois sexos.* São Paulo: Brasiliense, 1991; SAFFIOTI, Iara Bongiovani Heleieth. *A mulher na sociedade de classes:* mitos e verdades. Rio de Janeiro: Expressão Popular, 2013 (1976 1. ed.).

(18) TOSS, Luciane. *Como o sistema normativo pode garantir práticas que estimulem a paridade de gênero e minimizem a sobrecarga de trabalho das mulheres durante o isolamento social.* In: LAMOUNIER, Adriana; MATOS, Larissa; TOSS, Luciane; SAMPAIO, Silvia (Orgs.). Direito do trabalho em tempos de cólera. 1. ed. Bauru, SP: Canal 6 Editora, 2020. v. 1, p. 7-32.

(19) FRASER, Nancy. Da redistribuição ao reconhecimento? Dilemas da justiça numa era "pós-socialista". *Cadernos de Campo* (São Paulo – 1991), 15(14-15), p. 231-239. Disponível em: <https://www.revistas.usp.br/cadernosdecampo/article/view/50109/54229>. Acesso em: 20 abr. 2007.

ambivalente, encaixa-se nesses dois campos. Por um lado, o gênero possui dimensões econômico-políticas, pois é um princípio estruturante básico da economia política. Ele organiza a divisão entre trabalho produtivo remunerado (para homens e mulheres) e trabalho reprodutivo não remunerado (exclusivamente feminino).

No Brasil, em 2019, as mulheres dedicaram aos cuidados de pessoas ou afazeres domésticos quase o dobro de tempo que os homens (21,4 horas contra 11,0 horas). O recorte por cor ou raça indica que as mulheres pretas ou pardas estavam mais envolvidas com os cuidados de pessoas e os afazeres domésticos, com o registro de 22,0 horas semanais em 2019, ante 20,7 horas para mulheres brancas. Para os homens, contudo, o indicador pouco varia quando se considera a cor ou raça ou região[20].

Por outro lado, ainda em Fraser, o gênero também estrutura uma divisão interna no trabalho remunerado, no qual entre as ocupações profissionais com maiores remunerações e prestígio predominam os homens e as ocupações com baixos rendimentos e reconhecimento inferiorizado, a exemplo do trabalho doméstico, predominam as mulheres. Disso resulta uma estrutura econômico-política que constrói modos de exploração e marginalização que são marcados pelo sexo da pessoa trabalhadora.

Se considerarmos um recorte de raça e gênero nos dados estatísticos sobre a participação percentual por segmentos hierárquicos no mercado de trabalho teremos o seguinte quadro:

Cargo	Homem Branco	Mulher Branca	Homem Preto	Mulher Preta
Diretoria	73%	17%	8%	2%
Gerencia	43%	33%	13%	11%
Outros	32%	24$	26%	18%

Dados obtidos da Pesquisa: Desigualdade racial e de gênero nas empresas listadas na Bolsa de Valores.[21]

Neste quadro, considerando o universo de todas as pessoas empregadas, 57% são mulheres e 43%, homens, no entanto, quando são tomados apenas os cargos da alta gestão, sem recorte racial, apenas de gênero, a dominância masculina desponta, chegando a 81% nas diretorias (enquanto 19% ficam com as mulheres). Na mesma pesquisa, a remuneração mostrou-se desigual conforme o gênero e a cor da pele. Considerado o conjunto dos empregados em 2017, para cada R$ 100,00 de remuneração de um homem branco, uma mulher branca ganhou R$ 66,00, um homem negro auferiu R$ 54,00 e uma mulher

(20) INSTITUTO BRASILEIRO DE GEOGRAFIA E ESTATISTICA — IBGE. *Estatísticas de Gênero* — Indicadores sociais das mulheres no Brasil. Publicado em 2021. Disponível em: <https://biblioteca.ibge.gov.br/visualizacao/livros/liv101784_informativo.pdf>. Acesso em: 20 fev. 2023, p. 3.

(21) FRANCA, Michael; TAVARES, Rafael. Desigualdade racial e de gênero nas empresas listadas na Bolsa de Valores – relatório 1. *Núcleo de Estudos Raciais – Insper.* Publicado em 16 de junho de 2022. Disponível em: <https://www.insper.edu.br/wpcontent/uploads/2022/11/Desigualdade_Bolsa_de_Valores_1.pdf>. Acesso em: 20 fev. 2023.

preta recebeu R$ 36,00. Na diretoria e na gerência, uma mulher negra ganhou respectivamente R$ 56,00 e R$ 48,00 para cada R$ 100 de salário de um homem branco(22).

Os dados corroboram a conclusão de Ferrito, de que as mulheres ingressam no mercado de trabalho tentando se adaptar "a uma realidade que não foi feita para elas, por elas ou a partir delas"(23).

Uma boa explicação para a frequente sujeição a situações que transformam as experiência do trabalho mais penosa às mulheres (percepção do mundo do trabalho como representativo das contradições e divergências em matéria de gênero) são as imagens de subalternização e de secundarização da importância da mulher no contexto do trabalho produtivo, os chamados estereótipos de gênero e os vieses inconscientes.

O estereótipo de gênero será um agregado de convicções sobre as características que cada pessoa tem e que são tidas como mais apropriadas a homens e a mulheres. Tais crenças podem tanto ser individuais ou coletivas, quanto particulares ou partilhadas. Figuram no universo opinativo que gera preconceitos generalizados sobre atributos ou distinções que homens e mulheres possuem ou deveriam possuir, ou ainda, das funções sociais que ambos desempenham ou deveriam desempenhar(24).

Estereótipos são, de acordo com Lysardo-Dias as "imagens mentais coletivas que determinam formas de pensar, agir e mesmo de sentir das pessoas". Elas vão ser transmitidas pelas fontes mais diversas (pela família, pelos amigos, pela escola, no trabalho e pelos meios midiáticos e de comunicação). A linguagem e as imagens exercem um importante papel na construção de quem somos, ou melhor, de quem o entorno pensa ou interpreta que somos(25).

Quando estas pré-designações passam a exercer um estágio mental permanente, elas geram prejuízos na vida das mulheres, comprometem o desenvolvimento de habilidades pessoais, reduzem possibilidades de projeção nas carreiras profissionais e afetam a tomada de decisões, são os chamados vieses inconscientes. Uma pesquisa publicada pela revista *Sciense* em 2017 revelou que as meninas começam a se sentir menos inteligentes do que os meninos a partir dos seis anos de idade. Os dados coletados revelam que os

(22) FRANCA, Michael; TAVARES, Rafael. Desigualdade racial e de gênero nas empresas listadas na Bolsa de Valores – relatório 2. *Núcleo de Estudos Raciais — Insper*. Publicado em 16 de junho de 2022. Disponível em: <https://www.insper.edu.br/wp-content/uploads/2022/11/Desigualdade_Bolsa_Valores_2.pdf>. Acesso em: 20 fev. 2023.

(23) FERRITO *apud* TOSS, *ibidem*, p. 9.

(24) D'ALMORIN *apud* TOSS, *idem*.

(25) LYSARDO-DIAS apud TOSS, Luciane; DOMBKOVITSCH, Luciana. Tira a mão daí: as mulheres e o assédio sexual no trabalho. In: CAMARANo, Alessandra; SOUZA, Karlla Patricia de (Orgs.). *Feminismo, Pluralismo e Democracia*. 3. ed. Belo Horizonte: RTM, 2021. v. 1, p. 223.

estereótipos associam capacidade intelectual mais com os homens do que com as mulheres[(26)].

É o que Baccega chama de "realidade alterada". Os preconceitos, na medida em que são repetidos, tornaram-se modelos e frases feitas, ideias preconcebidas que interferem na nossa percepção de realidade, levando-nos a compreender os fatos de um modo pré-construído, fatos transmitidos[(27)].

Mas o que isso tem a ver com a discriminação algorítmica?

Algoritmos nada mais são do que sequências, em linguagem matemática, de instruções pré-definidas que tem como finalidade alguma funcionalidade desenvolvida pelo computador. Estas instruções são instrumentalizadas por dados que irão estabelecer o desempenho e os resultados esperados[(28)].

De acordo com Borges e Filó a Inteligência Artificial cria "um ambiente virtual personalizado para cada usuário" e isso acontece a partir das preferências, crenças e perspectivas políticas, sociais e culturais de cada pessoa[(29)].

Implica que se as informações ou dados podem refletir visões estereotipadas da mulher ou reproduzir vieses inconscientes. Os programas podem adotar preconceitos e produzir discriminações. De acordo com Pennington, as máquinas podem aprender o que as pessoas aprendem, só que com maior agilidade e com maior potencial de alcance[(30)]. E isso pode se estender ao plano de auto programação, onde a partir da realidade posta o algoritmo atua estruturando, incentivando ou mesmo manipulando diferentes tipos de comportamento humano[(31)].

Por esta razão o caso da *Amazon.com* é um indicador tão importante para esta discussão. Os currículos analisados pelo aplicativo da companhia (em número de 50 mil) tinham como requisito de seleção a formação e a experiência em tecnologia e

---

(26) BIAN, Lin; LESLIE, Sara Jane; SIMPIAN, Andrey. Gender stereo-types about intellectual ability emerge early and influence children's in-terests. *Science 355*. Disponível em: <https://www.researchgate.net/publication/312961123_Gender_stereo-types_about_intellectual_ability_emerge_early_and_influence_chil-dren's_interests>. Acesso em: 19 fev. 2023, p. 389–391.

(27) BACCEGA *apud* TOSS, Luciane; DOMBKOVITSCH, Luciana. Tira a mão daí: as mulheres e o assédio sexual no trabalho. In: CAMARANo, Alessandra; SOUZA, Karlla Patricia de (Orgs.). *Feminismo, Pluralismo e Democracia*. 3. ed. Belo Horizonte: RTM, 2021. v. 1, p. 223.

(28) DOMINGOS, Pedro. *The master algorithm:* how the quest for the ultimate machine learning will remake our world. Nova Iorque: Basic Books, 2015. p. 1.

(29) BORGES, Gustavo; FILÓ, Mauricio (2021). Inteligência artificial, gênero e direitos humanos: o caso Amazon. *Revista Justiça do Direito*, n. 35(3), p. 218-24. Disponível em: <http://seer.upf.br/index.php/rjd/article/view/12259>. Acesso em: 19 fev. 2023.

(30) PENNINGTON, Jeffrey; SOCHER, Richard; MANNING, Christopher D. GloVe: Global Vectors for Word Representation. *Conference on Empirical Methods in Natural Language Processing* (EMNLP). Oct. 25-29, Doha, Qatar. c 2014, p. 1.532–1.543. Disponível em: <https://aclanthology.org/D14-1162.pdf>. Acesso em: 19 fev. 2023.

(31) Danaher, J. The Threat of Algocracy: Reality, Resistance and Accommodation. *Philos. Technol.*, 29, 2016, p. 245–268. Disponível em: <https://doi.org/10.1007/s13347-015-0211-1>. Acesso em: 13 nov. 2021.

programação de dados. O período de busca foram os 10 anos antecedentes à consulta. Ora, os dados que refletem a realidade do mercado acerca das áreas de ciência e tecnologia são majoritariamente masculinas. Há uma série de problemas sistêmicos relacionados a participação profissional das mulheres nesse mercado, em que pese elas terem um percentual considerável de participação acadêmica na área[(32)].

De acordo com a *National Girls Collaborative Project*, nos últimos 20 anos, nos Estados Unidos, as mulheres obtiveram cerca de metade de todos os diplomas de bacharel em ciências e engenharia e tem a maioria dos diplomas de bacharel em psicologia, ciências biológicas e ciências sociais. Em 2019, as mulheres representavam metade da força de trabalho com formação superior nos Estados Unidos, mas somente 34% da força de trabalho em ciência e engenharia[(33)]. No Brasil, de acordo com o Conselho Federal de Engenharia e Agronomia em um universo de 982.158 inscritos, 184.881 são do sexo feminino, ou seja, apenas 19%[(34)].

No caso da seleção da *Amazon.com* há discriminação algorítmica de gênero, porque os currículos das mulheres foram excluídos da seleção por um filtro algorítmico que considerou a realidade quantitativa do mercado. Portanto, critérios neutros ou matemáticos tendem a manter as discriminações estruturais e sistêmicas que colocam as mulheres em evidente desvantagem na disputa por vagas de trabalh., sobretudo quando estas vagas são em funções mais bem remuneradas.

3. Discriminação agoritimica de gênero — Contendo e reparando danos

Adotar o uso de algoritmos para decisões corporativas não é, necessariamente, uma opção pela neutralidade das escolhas. Grupos historicamente em desvantagem[(35)], como as mulheres, podem ser discriminados (seja porque os programadores transferem

(32) NATIONAL CENTER FOR SCIENCE AND ENGINEERING STATISTICS. 2021. Women, Minorities, and Persons with Disabilities in Science and Engineering. *Special Report NSF* 21-321. Alexandria, 2021. Disponivel em: <https://ncses.nsf.gov/wmpd>. Acesso em: 19 fev. 2023.

(33) NATIONAL SCIENCE BOARD, NATIONAL SCIENCE FOUNDATION. 2022. *Science and Engineering Indicators 2022:* The State of U.S. Science and Engineering. Alexandria, 2022. Disponível em: <https://ncses.nsf.gov/pubs/nsb20221>. Acesso em: 19 fev. 2023.

(34) CONFERDERACAO DE ENGENHARIA E AGONOMIA — CONFEA. *Encontro nacional reúne comitês regionais do Programa Mulher.* Disponível em: <https://www.confea.org.br/200-mil-mulheres-compoem-o-sistema--confeacrea-e-mutua#:~:text=Desde%20a%20sua%20concep%C3%A7%C3%A3o%2C%20em,esse%20percentual%20subiu%20para%2014%25>. Acesso em: 19 fev. 2023.

(35) Ditos em desvantagens porque conforme Bragato, ficam fora de "medidas (leis, políticas públicas, etc.) aparentemente neutras e não direcionadas a nenhum grupo específico e que acabam por reforçar as situações de vantagem e desvantagem já existentes na sociedade e que são ligadas a diversos fatores, como raça e sexo, por exemplo". BRAGATO, Fernanda Frizzo. Discursos desumanizantes e violação seletiva de direitos humanos sob a lógica da colonialidade. *Quaestio Iuris*, vol. 09, n. 04, Rio de Janeiro, 2016. p. 1.806-1.823. Disponível em: <https://www.academia.edu/43672836/Discursos_desumanizantes_e_a_viola%C3%A7%C3%A3o_seletiva_de_direitos_humanos_sob_a_l%C3%B3gica_da_colonialidade>. Acesso em: 18 mar. 2018, p. 1.819.

seus preconceitos de forma consciente ou não[36], seja porque o algoritmo se auto programa a partir da realidade quantitativa do mercado, seja porque elas não se enquadram no perfil estratégico da organização)[37]. A discriminação algorítmica se configura pela contaminação do banco de dados e de entrada de informações por certos vieses que produzem distorções na analise de dados (saída).

O conceito normativo de discriminação é formado por uma série de normativas internacionais[38] que constroem a categoria jurídica a partir de uma multiplicidade de violências constatadas e que se direcionam a diferentes grupos humanos[39].

As reivindicações na esfera do gênero e da sexualidade, para além de uma proposta corporativo-instrumental, exigem que o direito atue sobre a realidade. Significa dizer que para além de um conceito jurídico de discriminação, é fundamental que tenhamos critérios, legais ou judiciais, que proíbam as condutas discriminatórias e as que violem o direito de iguais oportunidades às mulheres.

De acordo com Moreira, no Direito Constitucional Brasileiro a igualdade atua como principio fundante e como uma norma estruturante prescrevendo condições e

---

(36) De acordo com Rios, o preconceito, como uma elaboração mental, atua no campo psico-sociológico. Significa, regra geral, percepções negativas que formamos a respeito de parte das pessoas ou de grupos de pessoas, considerando seus traços distintivos, identidades e lugar de posição social e cultural. Esse juízos mentais são construídos com nuances de irracionalidade, vez que consideramos inferiorizadas tais pessoas ou grupos a que pertencem. São elaborações provenientes, muitas vezes, do desconhecimento, da ignorância e falta de contato e de disposição de convívio. RIOS, Roger Raupp. O conceito de homofobia na perspectiva dos direitos humanos e no contexto dos estudos sobre preconceito e discriminação. In: POCAHY, Fernando (Org.). *Rompendo o Silêncio.* Homofobia e heterossexismo na sociedade contemporânea Políticas, teoria e atuação. Porto Alegre: Nuances, 2017. p. 27-48. Disponível em: <https://www.academia.edu/2393403/Rompendo_o_sil%C3%AAncio_homofobia_e_heterossexismo>. Acesso em: 18 fev. 2023.

(37) Recrutar pessoas a partir do uso da Inteligência Artificial, mais do que escolher a pessoa certa para a o trabalho certo, de acordo com Cipriani *et. all.*, adquiriu "importância estratégica para tornar a qualidade da seleção uma vantagem competitiva para a organização. CIPRIANO, Gael Santos; CERIBELI, Harrison Bachion; MACIEL, Gustavo Nunes; CAMPOS, Alyce Cardoso; CAMPOS, Rita de Cássia Leal. Inteligência artificial nos processos na seleção de RH. *Estudos de Administração e Sociedade*, v. 6, n. 2, 2021. p. 8-22. Disponível em: <https://periodicos.uff.br/revistaeas/issue/view/2571/643, p. 9>. Acesso em: 21 fev. 2021.

(38) Dentre as quais: Convenção Internacional sobre a Eliminação de todas as Formas de Discriminação Racial — Aprovada pelas Nações Unidas em 21.12.1965 e ratificada pelo Brasil em 27.03.1968;. Convenção sobre a Eliminação de todas as formas de Discriminação contra a Mulher — Aprovada pelas Nações Unidas em 18.12.1979 e ratificada pelo Brasil em 21.03.1981; Convenção Internacional sobre os Direitos da Pessoa com Deficiência — Internalizada pelo Brasil por intermédio do Decreto n. 6.949, de 25 de agosto de 2009 e Convenção Interamericana contra toda forma de Discriminação e Intolerância — Aprovada pela Organização dos Estados Americanos em 06.06.2013.

(39) De acordo com Rios, discriminação é "Qualquer distinção, exclusão, restrição ou preferência que tenha o propósito ou o efeito de anular ou prejudicar o reconhecimento, gozo ou exercício em pé de igualdade de direitos humanos e liberdades fundamentais nos campos econômico, social, cultural ou qualquer campo da vida pública". RIOS, Roger Raupp. Tramas e interconexões no Supremo Tribunal Federal: Antidiscriminação, gênero e sexualidade. *Revista Direito e Práxis*, Rio de Janeiro, vol. 11, n. 02, 2020, p. 1.332-1.357. Disponível em: <https://www.scielo.br/j/rdp/a/YBF9fKfmKTXdZj7j6GGYGqc/?format=pdf&lang=pt>. Acesso em: 19 mar. 2021 , p. 1.337.

procedimentos que vinculam não só poder estatal, mas as esferas privadas da sociedade. Significa dizer que a vedação de discriminações vem ordenada pelo direito à igualdade, ou como prefere o autor, pelo direito ao tratamento isonômico[(40)].

Neste sentido é importante entender que a discriminação algorítmica de gênero pode ser intencional e consciente (discriminação direta) ou mediante atitudes aparentemente neutras, com impacto prejudicial, ainda que sem intencionalidade (discriminação indireta).

Rios nos auxilia:

> A discriminação direta varia de acordo com o instrumento utilizado, podendo o elemento discriminador estar expresso em lei (discriminação explícita), estar presente na aplicação da norma, mesmo que inexistente de forma expressa na legislação (discriminação na aplicação do direito) e na presença intencional de caracteres aparentemente neutros, mas intencionalmente inseridos visando a causar prejuízos (discriminação na concepção). A discriminação indireta ocorre quando, mesmo desprovida de intenção, uma medida aparentemente neutra impacta, de modo diferenciado e prejudicial, indivíduos e grupos discriminados. Ela pode decorrer desde uma motivação inconsciente — a denominada discriminação indireta inconsciente — até alastrar-se pelas estruturas organizacionais formais e informais, como acontece na discriminação institucional, na reprodução de privilégios invisibilizados ou naturalizados.[(41)]

Em dezembro de 2020 a Corte Bolonhesa na Itália condenou a empresa Deliveroo (semelhante à plataforma iFood brasileira) por discriminação algorítmica. *Frank*[(42)], o nome dado ao algoritmo, foi considerado um bom gerenciador de fluxos, mas um instrumento discriminatório por que não permitiu nem adaptabilidade organizacional, nem flexibilidade de julgamento nas questões envolvendo a dinâmica das entregas e as características das pessoas trabalhadoras. Ao regressar de um período de ausência por motivos diversos (problemas de saúde, compromissos relacionados com o cuidado de familiares ou de uma atividade sindical, naquele caso greve), as pessoas trabalhadoras podiam ser

(40) MOREIRA, Adilson José. *Tratado de Direito Antidiscriminatório I*. São Paulo: Editora Contracorrente, 2020.

(41) RIOS, Roger Raupp. *Direito da Antidiscriminação:* discriminação direta, indireta e ações afirmativas. Porto Alegre: Livraria do Advogado, 2008. p. 117-153.

(42) ITALIA. TRIBUNALE ORDINARIO DI BOLOGNA — Sezione Lavoro. Causa Iscritta 2949/2019. Giudice Chiara Zompì, Accerta e dichiara la discriminatorietà della condotta di Deliveroo Italia s.r.l. in relazione alle condizioni di accesso alla prenotazione delle sessioni di lavoro tramite la piattaforma digitale. Bologna, 31.12.2020. Disponível em: <https://www.bollettinoadapt.it/wp-content/uploads/2021/01/Ordinanza-Bologna.pdf>. Acesso em: 20 fev. 2023, p. 4.

automaticamente desclassificadas e tinham sua pontuação reduzida ou zerada (o que afetava a escala de horários de entregas mais cobiçados)[(43)].

A decisão aponta que o sistema de acesso às reservas adoptado pela Deliveroo não constitui uma discriminação direta, mas uma discriminação indireta, dando execução a uma disposição aparentemente neutra (a legislação contratual relativa ao cancelamento antecipado das sessões marcadas) que, no entanto, coloca uma certa categoria de pessoas trabalhadoras (as que participam em iniciativas sindicais de abstenção de trabalho) numa posição de potencial desvantagem particular.

Frank foi considerado discriminatório. O algoritmo estava programado para excluir pessoas faltosas, independentemente das circunstâncias, motivos e ausências legais:

> *Né può sostenersi che il rider – allo scopo di evitare gli effetti pregiudizievoli della adesione allo sciopero – possa/debba semplicemente cancellare anticipatamente la sessione prenotata, perché così facendo metterebbe la piattaforma in condizioni di sostituirlo, annullando ogni effetto pratico della iniziativa di astensione collettiva e vanificando il diritto di sciopero costituzionalmente garantito anche ai lavoratori autonomi parasubordinati.... Le medesime considerazioni possono essere svolte in relazione alle ulteriori ipotesi di mancata partecipazione alla sessione prenotata o di cancellazione tardiva della stessa per le altre cause legittime ipotizzate in ricorso (malattia, handicap, esigenze legate alla cure di figli minori, ecc.): in tutti questi casi il rider vede penalizzate le sue statistiche indipendentemente dalla giustificazione della sua condotta e ciò per la semplice motivazione, espressamente riconosciuta da Deliveroo, che Pagina 19 la piattaforma non conosce e non vuole conoscere i motivi per cui il rider cancella la sua prenotazione o non partecipa ad una sessione prenotata e non cancellata. Ma è proprio in questa "incoscienza" (come definita da Deliveroo) e "cecità" (come definita dalle parti ricorrenti) del programma di elaborazione delle statistiche di ciascun rider che alberga la potenzialità discriminatoria dello stesso. Perché il considerare irrilevanti i motivi della mancata partecipazione alla sessione prenotata o della cancellazione tardiva della stessa, sulla base della natura asseritamente autonoma dei lavoratori, implica necessariamente riservare lo stesso trattamento a situazioni diverse, ed è in questo che consiste tipicamente la discriminazione indiretta. Il sistema di profilazione dei rider*

(43) ITALIA. TRIBUNALE ORDINARIO DI BOLOGNA — Sezione Lavoro. *Causa Iscritta 2949/2019*. Giudice Chiara Zompì, Accerta e dichiara la discriminatorietà della condotta di Deliveroo Italia s.r.l. in relazione alle condizioni di accesso alla prenotazione delle sessioni di lavoro tramite la piattaforma digitale. Bologna, 31.12.2020. Disponível em: <https://www.bollettinoadapt.it/wp-content/uploads/2021/01/Ordinanza-Bologna.pdf>. Acesso em: 20 fev. 2023.

ITALIA. TRIBUNALE ORDINARIO DI BOLOGNA — Sezione Lavoro. *Causa Iscritta 2949/2019*. Giudice Chiara Zompì, Accerta e dichiara la discriminatorietà della condotta di Deliveroo Italia s.r.l. in relazione alle condizioni di accesso alla prenotazione delle sessioni di lavoro tramite la piattaforma digitale. Bologna, 31.12.2020. Disponível em: <https://www. bollettinoadapt.it/wp-content/uploads/2021/01/Ordinanza-Bologna.pdf>. Acesso em: 20 fev. 2023.

> *adottato dalla piattaforma Deliveroo, basato sui due parametri della affidabilità e della partecipazione, nel trattare nello stesso modo chi non partecipa alla sessione prenotata per futili motivi e chi non partecipa perché sta scioperando (o perché è malato, è portatore di un handicap, o assiste un soggetto portatore di handicap o un minore malato, ecc.) in concreto discrimina quest'ultimo, eventualmente emarginandolo dal gruppo prioritario e dunque riducendo significativamente le sue future occasioni di accesso al lavoro.*[44]

A cidade de Nova Iorque publicou a Lei n. 144, que entrou em vigor em janeiro de 2023, restringindo o uso da inteligência artificial para administrar questões relacionados ao trabalho. Ela contém disposições sobre publicidade acerca das qualificações e características usadas pelo sistema de seleção de pessoas, bem como, a submissão anual dos sistemas a uma auditoria, cujos resultados devem ser divulgados publicamente[45].

---

(44) "Também não se pode argumentar que o motociclista — para evitar os efeitos prejudiciais, da adesão à greve — pode/deve simplesmente cancelar a sessão marcada antecipadamente, porque isso colocaria a plataforma em posição de substituí-la, cancelando qualquer efeito prático da iniciativa de abstenção coletiva e anulando o direito constitucionalmente garantido à greve mesmo para os trabalhadores independentes parassubordinados... As mesmas considerações podem ser realizadas em relação às hipóteses adicionais de não participação na sessão marcada ou cancelamento tardio da mesma para as outras causas e hipóteses legítimas no recurso (doença, deficiência, necessidades relacionadas ao cuidado de filhos menores, etc.): em todos esses casos, o motociclista vê suas estatísticas penalizadas independentemente da justificativa de sua conduta e isso pela simples motivação, expressamente reconhecido pela Deliveroo, na página 19, **a plataforma não sabe e não quer saber as razões pelas quais o passageiro cancela sua reserva ou não participa de uma sessão reservada e não cancelada**. Mas é precisamente nessa "inconsciência" (como definido por Deliveroo) e "cegueira" (como definido pelos candidatos) do programa de processamento estatístico de cada trabalhador que o potencial discriminatório do mesmo abriga. Porque considerar irrelevantes as razões da não participação na sessão marcada ou do cancelamento tardio da sessão, com base na natureza alegadamente autónoma dos trabalhadores, implica necessariamente dar o mesmo tratamento a situações diferentes, e é tipicamente aí que a discriminação indireta normalmente consiste. O sistema de perfil do motociclista adotado pela plataforma Deliveroo, com base nos dois parâmetros de confiabilidade e participação, no tratamento da mesma forma daqueles que não participam da sessão agendada por razões triviais e aqueles que não participam porque estão em greve (ou porque estão doentes, são deficientes, ou ajudam uma pessoa com deficiência ou um menor doente, etc.) Na prática, discrimina este último, possivelmente marginalizando-o do grupo prioritário e, assim, reduzindo significativamente as suas futuras oportunidades de acesso ao emprego". ITALIA. TRIBUNALE ORDINARIO DI BOLOGNA — Sezione Lavoro. *Causa Iscritta 2949/2019*. Giudice Chiara Zompì, Accerta e dichiara la discriminatorietà della condotta di Deliveroo Italia s.r.l. in relazione alle condizioni di accesso alla prenotazione delle sessioni di lavoro tramite la piattaforma digitale. Bologna, 31.12.2020. Disponível em: <https://www.bollettinoadapt.it/wp-content/uploads/2021/01/Ordinanza-Bologna.pdf>. Acesso em: 20 fev. 2023, p. 18.

ITÁLIA. TRIBUNAL ORDINÁRIO DE BOLONHA – Seção do Trabalho. *Processo 2949/2019*. Magistrada Chiara Zompì, verifica e declara a conduta discriminatória da Deliveroo Italia s.r.l. em relação às condições de acesso à reserva de sessões de trabalho através da plataforma digital. Bolonha, 31.12.2020.

(45) THE CITY OF NEW YORK. *LOCAL LAWS*, n. 144. To amend the administrative code of the city of New York, in relation to automated employment decision tools. Dec. 13, 2021. Disponível em: <https://www.natlawreview.com/>. Acesso em: 20 fev. 2023.

CIDADE DE NOVA IORQUE. *LEIS LOCAIS*, n. 144. Alterar o código administrativo da cidade de Nova York, em relação às ferramentas automatizadas de decisão de emprego. 13 dez. 2021.

A lei nova iorquina se aplica tanto para a seleção de pessoas, quanto para a promoção e progressão de carreira.

No Brasil, construção de um ramo do Direito para tratar discriminações, aliado as disposições sobre a responsabilidade objetiva dos empregadores pelos riscos da atividade econômica e à Lei Geral de Proteção de Dados Pessoas — LGPD, pode apontar um caminho para a questão jurídica.

Para Moreira o Direito Antidiscriminatório tem seu próprio aparato teórico, um corpo de normas jurídicas e precedentes jurisprudenciais cuja fundamentação está nos princípios fundamentais, na proteção dos direitos humanos e na reparação às suas violações(46).

No caso da seleção e recrutamento de pessoas, a questão estaria bem melhor albergada pelo Direito Constitucional e pelo Direito Civil. É importante lembrar, que na esfera do Direito do Trabalho, as Cortes Superiores já consolidaram posição no sentido de que é do empregador e do tomador do serviço, a responsabilidade objetiva pela reparação de danos advindos de atos praticados por prepostos, empregados ou prestadores de serviço da empresa(47).

A LGPD prevê em seu art. 20 que:

> Art. 20. "O titular dos dados tem direito a solicitar a revisão de decisões tomadas unicamente com base em tratamento automatizado de dados pessoais que afetem seus interesses, incluídas as decisões destinadas a definir o seu perfil pessoal, profissional, de consumo e de crédito ou os aspectos de sua personalidade.§ 1º O controlador deverá fornecer, sempre que solicitadas, informações claras e adequadas a respeito dos critérios e dos procedimentos utilizados para a decisão automatizada, observados os segredos comercial e industrial.§ 2º Em caso de não oferecimento de informações de que trata o § 1º deste artigo baseado na observância de segredo comercial e industrial, a autoridade nacional poderá realizar auditoria para verificação de aspectos discriminatórios em tratamento automatizado de dados pessoais.(48)

O Sistema de Justiça brasileiro pode exercer um importante papel no sentido de condicionar a utilização destas tecnologias no território nacional à programas e conteúdos que transponham os obstáculos da realidade legal e social brasileira. A LGPD abre a possibilidade de estabelecer critérios auditáveis sempre que houver riscos de danos baseado em aspectos discriminatórios.

---

(46) MOREIRA, Adilson José. *Tratado de Direito Antidiscriminatório I*. São Paulo: Editora Contracorrente, 2020.

(47) BRASIL. TRIBUNAL SUPERIOR DO TRABALHO. *PROCESSO N. TST-RR-1000697-56.2017.5.02.0089*. Indenização por Danos Morais. Assédio Moral. Palavras Ofensivas. Configuração. Transcedência Política Reconhecida. Relator Ministro Alexandre Luiz Ramos. Publicado 26 de abril de 2022. Disponível em: <https://pje.tst.jus.br/tst/Processo/ConsultaDocumento/listView.seam>. Acesso em: 10 fev. 2023.

(48) BRASIL, *Lei n. 13.709/2018*. Lei Geral de Proteção de Dados. publicada em 14 de agosto de 2018. Disponível em: <https://www.planalto.gov.br/ccivil_03/_ato2015-2018/2018/lei/L13709compilado.htm>. Acesso em: 18 fev. 2023.

De acordo com Costa[(49)] o desenvolvimento do software e o treinamento do algoritmo deveriam ser previamente auditados para que se verificasse a existência de vieses discriminatórios ou critérios de neutralidade que possam gerar distinção, exclusão, restrição ou preferência que pretendam ou ferem prejuízo a pessoas por conta de sua sexualidade e de seu gênero, por exemplo. Sugere que entre as normas de proteção aos dados e ações antidiscriminatórias, poderia ser implementação o que chama "equidade desde a concepção", que no Brasil vem orientada pelo art. 46, § 2º e dos "princípios da prevenção e da não discriminação" dispostos no art. 6º, ambos da LGPD.

4. Considerações finais — Não existe neutro

Os sistemas de Inteligência Artificial estão se desenvolvendo velozmente para se ajustar a demandas do setor corporativo. O número de contratações de desenvolvedores no Brasil ainda não alcança os números de grandes conglomerados digitais nos EUA, na Europa e na Ásia. Aqui, empresas como a *Time-Now*, Cotesa e Embraer tem utilizado mecanismo de seleção a partir de algoritmos

A EMBRAER adotou o sistema de recrutamento por Inteligência Artificial em 2019. Os números da companhia, divulgados até 2016, apontavam que 15.596 homens trabalhavam para a empresa e apenas 2.910 mulheres. Mesmo tendo no horizonte a diversidade e a inclusão e mulheres, a situação não se alterou após a inserção da Inteligência Artificial. No ano passado, o presidente da EMBRAER anunciou um programa para garantir que 20% dos quadros de liderança sejam exercidos por mulheres[(50)]. Este percentual, em 2016, era de 11% nos cargos de direção e de 16,7% no cargos de gerentes[(51)].

Mesmo que os dados destas empresas ainda sejam insuficientes para apurar a existência ou não de uma discriminação de gênero, a publicação de dois estudos importantes dão conta de que o sexismo e o machismo seguem estabelecendo os parâmetros de configuração da Inteligência Artificial.

Um relatório publicado pela UNESCO em 2020 sobre Inteligência Artificial e Igualdade de Gênero, informa que existem estereótipos e preconceitos de gênero encontrados em conjuntos de dados de treinamento de algoritmos e dispositivos da tecnologia. Empresas como *Apple, Google e Microsoft* reforçam visões estereotipadas das mulheres em

---

(49) COSTA, Diego. Carneiro. *O viés do algoritmo e a discriminação por motivos relacionados à sexualidade*. 2018. Dissertação apresentada no Programa de Pós-Graduação *Lato Senso* em Direito da Universidade Federal da Bahia — UFBA. Orientador prof. Leandro Reinaldo da Cunha. Disponível em: <https://repositorio.ufba.br/bitstream/ri/34394/1/DISSERTA%C3%87%C3%83O-%20Diego%20Carneiro%20Costa.pdf>. Acesso em: 20 fev. 2023.

(50) EMBRAER. *Relatório Anual 2021*. Disponível em: <https://api.mziq.com/mzfilemanager/v2/d/12a56b3a-7b37-4dba-b80a-f3358bf66b71/7ef0a16b-ec2f-b22e-0b68-5a9473871954?origin=1>. Acesso em: 19 fev. 2023.

(51) EMBRAER. *Relatório Anual 2016*. Disponível em: <https://www.embraer.com/relatorio_anual2016/pt/indicadores-gri.htm>. Acesso em: 19 fev. 2023, p. G4-5.

assistentes virtuais como a Siri, a Alexa e a Cortana(52). As assistentes virtuais, todas com voz e nomes femininos, foram concebidas para servir pessoas, cuidar de pessoas, organizar a vida de pessoas. Tal como na vida, os modelos de mulheres algortimizadas seguem sendo responsáveis pelo cuidado. Além disso, Siri, Alexa e Cortana são mulheres jovens, educadas, servis e sempre disponíveis (é possível que a maioria dos homens as imaginem dentro do padrão da mulher sexy do comercial de cerveja).

O outro é uma pesquisa da Universidade de Stanford, de 2018, publicada em maio de 2020 sobre pessoas que trabalham como motoristas de aplicativos que aponta que as mulheres motoristas ganham 7% a menos do que os homens motoristas. Se tomássemos os dados dos salários de mulheres e homens no Brasil onde elas ganham 2/3 da remuneração deles, este percentual das motoristas da UBER poderia passar desapercebido. No entanto, o estudo mostra que isso ocorre em um ambiente organizado por algoritmos que não são programados para distinguir gêneros, que remunera os trajetos com os mesmos valores e que tem as mesmas bases de cálculo (formula conhecida) e cujos percentuais de cancelamento de viagens é praticamente o mesmo. Mas o que fez com que as mulheres reduzissem seus rendimentos em relação aos homens? Os pesquisadores detectaram que os homens dirigem 2,2% mais rápido e realizar mais viagens semanais do que as mulheres (53).

Ou seja, a neutralidade com que algoritmo opera (mesmo critérios de quilometragem, mesma tabela de remuneração, etc.) desconsidera uma características comum, tanto nos homens, quanto nas mulheres, que faz com que as mulheres tenham prejuízos a distribuição final da remuneração.

Significa dizer que qualquer conteúdo legislativo ou parâmetro normativo isonômico deve afastar a neutralidade como um critério igualitário na programação de algoritmos para a Inteligência Artificial.

Referências

ARBIX, Glauco. A transparência no centro da construção de uma ia ética. *Novos Estudos. CEBRAP*, v. 39, n. 02. São Paulo, maio/ago. 2020. Disponível em: <https://www.scielo.br/j/nec/a/pD9k5gtHpXwsgFcsMC5gbJg/>. Acesso em: 18 fev. 2023.

BIAN, Lin; LESLIE, Sara Jane; SIMPIAN, Andrey. Gender stereo-types about intellectual ability emerge early and influence children's in-terests. *Science 355*. Disponível em: <https://www.researchgate.net/publication/312961123_Gender_stereo-types_about_intellectual_ability_emerge_early_and_influence_chil-dren's_interests>. Acesso em: 19 fev. 2023, p. 389–391.

---

(52) UNESCO. Artificial intelligence and gender equality: key findings of UNESCO's Global Dialogue. *Unesco Digital Library*. Paris, ago. 2020. Disponivel em: <https://en.unesco.org/AI-and-GE-2020>. Acesso em: 20 fev. 2023.

(53) COOK, Cody; DIAMOND, Rebecca; JV. HALL, Jonathan; LIST, John A.; OYER, Paul Oyer. The Gender Earnings Gap in the Gig Economy: Evidence from over a Million Rideshare Drivers. June, 2018. *Working Paper*, n. 3.637. Disponível em: <https://www.gsb.stanford.edu/faculty-research/working-papers/gender-earnings-gap-gig-economy-evidence-over-million-rideshare>. Acesso em: 20 mar. 2021, p. 20.

BORGES, Gustavo; FILÓ, Mauricio. (2021). Inteligência artificial, gênero e direitos humanos: o caso Amazon. *Revista Justiça do Direito*, n. 35(3), p. 218-24. Disponível em: <http://seer.upf.br/index.php/rjd/article/view/12259>. Acesso em: 19 fev. 2023.

BRAGATO, Fernanda Frizzo. Discursos Desumanizantes e Violação Seletiva de Direitos humanos Sob a Lógica da Colonialidade. *Quaestio Iuris*, vol. 09, n. 04, Rio de Janeiro, 2016. p. 1.806-1.823. Disponível em: <https://www.academia.edu/43672836/Discursos_desumanizantes_e_a_viola%C3%A7%C3%A3o_seletiva_de_direitos_humanos_sob_a_l%C3%B3gica_da_colonialidade>. Acesso em: 18 mar. 2018.

BRASIL, *Lei n. 13.709/18*. Lei Geral de Proteção de Dados. publicada em 14 de agosto de 2018. Disponível em: <https://www.planalto.gov.br/ccivil_03/_ato2015-2018/2018/lei/L13709compilado.htm> Acesso em: 18 fev. 2023.

______. TRIBUNAL SUPERIOR DO TRABALHO. *Recurso de Revista Processo n. TST-RR-1000697-56.2017.5.02.0089*. Indenização por Danos Morais. Assédio Moral. Palavras Ofensivas. Configuração. Transcedência Política Reconhecida. Relator Ministro Alexandre Luiz Ramos. Publicado 26 de abril de 2022. Disponível em: <https://pje.tst.jus.br/tst/Processo/ConsultaDocumento/listView.seam>. 0Acesso em: 10 fev. 2023.

CIPRIANO, Gael Santos; CERIBELI, Harrison Bachion; MACIEL, Gustavo Nunes; CAMPOS, Alyce Cardoso; CAMPOS, Rita de Cássia Leal. Inteligência Artificial nos Processos ne Seleção ne RH. *Estudos de Administração e Sociedade*, v. 6, n. 2, 2021. p. 8-22. Disponível em: <https://periodicos.uff.br/revistaeas/issue/view/2571/643>. Acesso em: 21 fev. 2021.

COOK, Cody; DIAMOND, Rebecca; JV. HALL, Jonathan; LIST, John A.; OYER, Paul Oyer. The Gender Earnings Gap in the Gig Economy: Evidence from over a Million Rideshare Drivers. June, 2018. *Working Paper*, n. 3637. Disponível em: <https://www.gsb.stanford.edu/faculty-research/working-papers/gender-earnings-gap-gig-economy-evidence-over-million-rideshare>. Acesso em: 20 mar. 2021.

CONFEDERACAO DE ENGENHARIA E AGONOMIA — CONFEA. *Encontro nacional reúne comitês regionais do Programa Mulher*. Disponível em: <https://www.confea.org.br/200-mil-mulheres-compoem-o-sistema-confeacrea-e-mutua#:~:text=Desde%20a%20sua%20concep%C3%A7%C3%A3o%2C%20em,esse%20percentual%20subiu%20para%2014%25>. Acesso em: 19 fev. 2023.

COSTA, Diego Carneiro. *O viés do algoritmo e a discriminação por motivos relacionados à Sexualidade*, 2018. Dissertação apresentada no Programa de Pós Graduação Lato Senso em Direito da Universidade Federal da Bahia – UFBA. Orientador prof. Leandro Reinaldo da Cunha. Disponível em: <https://repositorio.ufba.br>. Acesso em: 20 fev. 2023.

DANAHER, J. The Threat of Algocracy: Reality, Resistance and Accommodation. *Philos. Technol*, 29, 2016, p. 245–268. Disponível em: <https://doi.org/10.1007/s13347-015-0211-1>. Acesso em: 13 nov. 2021.

DOMINGOS, Pedro. *The master algorithm:* how the quest for the ultimate machine learning will remake our world. Nova Iorque: Basic Books, 2015. p. 1.

DUSTIN, Jeffrey. Amazon scraps secret AI recruiting tool that showed bias against women. *Reuters Agency*. Oct. 10, 2018. Disponível em: <https://www.reuters.com/article/us-amazon-

com-jobs-automation-insight/amazon-scraps-secret-ai-recruiting-tool-that-showed-bias-against-women-idUSKCN1MK08G> Acesso em: 19 fev. 2023.

EMBRAER. *Relatório Anual 2016*. Disponível em: <https://www.embraer.com/relatorio_anual2016/pt/indicadores-gri.htm, p. G4-5>. Acesso em: 19 fev. 2023.

______. *Relatório Anual 2021*. Disponível em: <https://api.mziq.com/mzfilemanager/v2/d/12a56b3a-7b37-4dba-b80a-f3358bf66b71/7ef0a16b-ec2f-b22e-0b68-5a9473871954?origin=1>. Acesso em: 19 fev. 2023.

FERRARO, Andres; FERRO, Xavier; BAUER, Christine. Break the Loop: Gender Imbalance in Music Recommenders. *CHIIR'21*, March 14-19, 2021, Canberra, Australia. Disponível em: <https://www.christinebauer.eu/publications/ferraro-2021-break-the-loop/ferraro-2021-break-the-loop.pdf>. Acesso em: 19 fev. 2023, p. 249-254.

FRANCA, Michael; TAVARES, Rafael. Desigualdade racial e de gênero nas empresas listadas na Bolsa de Valores – relatório 1. *Núcleo de Estudos Raciais – Insper*. Publicado em 16 de junho de 2022. Disponível em: <https://www.insper.edu.br/wpcontent/uploads/2022/11/Desigualdade_Bolsa_de_Valores_1.pdf>. Acesso em: 20 fev. 2023.

FRASER, Nancy. Da redistribuição ao reconhecimento? Dilemas da justiça numa era "pós-socialista". *Cadernos de Campo* (São Paulo – 1991), 15(14-15), p. 231-239. Disponível em: <https://www.revistas.usp.br/cadernosdecampo/article/view/50109/54229>. Acesso em: 20 abr. 2007.

FULLER, Joseph; RAMAN, Manjari; SAGE-GAVIN, Eva; HINES, Kristen. Hidden Workers: Untapped Talent. *Harvard Business School Project on Managing the Future of Work and Accenture*. September 2021. Disponível em: <https://www.hbs.edu/managing-the-future-of-work/Documents/research/hiddenworkers09032021.pdf>. Acesso em: 20 fev. 2023.

HUGO, Vitor. *Os Miseráveis*. 1. ed. São Paulo: Martin Claret, 2014.

HUXLEY, Aldous. *Admirável mundo novo*. Rio de Janeiro: DP&A, 2006.

INSTITUTO BRASILEIRO DE GEOGRAFIA E ESTATISTICA – IBGE. *Estatísticas de Gênero* – Indicadores sociais das mulheres no Brasil. Publicado em 2021. Disponível em: <https://biblioteca.ibge.gov.br/visualizacao/livros/liv101784_informativo.pdf>. Acesso em: 20 fev. 2023.

ITALIA. TRIBUNALE ORDINARIO DI BOLOGNA — Sezione Lavoro. *Causa Iscritta 2949/2019*. Giudice Chiara Zompì, Accerta e dichiara la discriminatorietà della condotta di Deliveroo Italia s.r.l. in relazione alle condizioni di accesso alla prenotazione delle sessioni di lavoro tramite la piattaforma digitale. Bologna, 31.12.2020. Disponível em: <https://www.bollettinoadapt.it/wp-content/uploads/2021/01/Ordinanza-Bologna.pdf>. Acesso em: 20 fev. 2023.

MARCZAK, Bill; SCOTT-RAILTON, John; BERDAN, Kristin; ABDUL RAZZAK, Bahr; DEIBERT, Ron. Hooking Candiru Another Mercenary Spyware Vendor Comes into Focus. *CITIZENLAB*. July 15, 2023. Disponível em: <https://citizenlab.ca/2021/07/hooking-candiru-another-mercenary-spyware-vendor-comes-into-focus/>. Acesso em: 20 fev. 2023.

MATOS, Pedro. Inteligência artificial no RH: softwares podem discriminar mulheres e negros? *Sistema Mineiro de Informações — SIMI*. Publicado em 07 de fevereiro de 2019. Disponível em: <http://www.simi.org.br/noticia/Inteligencia-artificial-no-RH-softwares-podem-discriminar-mulheres-e-negros>. Acesso em: 19 fev. 2023.

MOREIRA, Adilson José. *Tratado de Direito Antidiscriminatório I*. São Paulo: Editora Contracorrente, 2020.

NATIONAL CENTER FOR SCIENCE AND ENGINEERING STATISTICS. 2021. Women, Minorities, and Persons with Disabilities in Science and Engineering. *Special Report NSF 21-321*. Alexandria, 2021. Disponível em: <https://ncses.nsf.gov/wmpd>. Acesso em: 19 fev. 2023.

NATIONAL SCIENCE BOARD, NATIONAL SCIENCE FOUNDATION. 2022. Science and Engineering Indicators 2022: *The State of U.S. Science and Engineering*. Alexandria, 2022. Disponível em: <https://ncses.nsf.gov/pubs/nsb20221>. Acesso em: 19 fev. 2023.

OLIVEIRA, Ricardo; NOBREGA, Caio; BALBY MARINHO Leandro; ANDRADE, Nazareno. A Multiobjective Music Recommendation Approach for Aspect-Based Diversification. *Proceedings of the 18th ISMIR Conference*, Suzhou, China, Oct. 23-27, 2017. Disponível em: <https://archives.ismir.net/ismir2017/paper/000153.pdf>. Acesso em: 19 fev. 2023, p. 414–420.

PENNINGTON, Jeffrey; SOCHER, Richard; MANNING, Christopher D. GloVe: Global Vectors for Word Representation. *Conference on Empirical Methods in Natural Language Processing (EMNLP)*. Oct. 25-29, Doha, Qatar. c 2014, p. 1.532–1.543. Disponível em: <https://aclanthology.org/D14-1162.pdf>. Acesso em: 19 fev. 2023.

RIOS, Roger Raupp. *Direito da Antidiscriminação:* discriminação direta, indireta e ações afirmativas. Porto Alegre: Livraria do Advogado, 2008. p. 117-153.

______. O Conceito de Homofobia na Perspectiva dos Direitos Humanos e no Contexto dos Estudos sobre Preconceito e Discriminação. In: POCAHY, Fernando (Org.). *Rompendo o Silêncio*. Homofobia e heterossexismo na sociedade contemporânea Políticas, teoria e atuação. Porto Alegre: Nuances, 2017, p. 27-48. Disponível em: <https://www.academia.edu/2393403/Rompendo_o_sil%C3%AAncio_homofobia_e_heterossexismo>. Acesso em: 18 fev. 2023.

______. Tramas e interconexões no Supremo Tribunal Federal: Antidiscriminação, gênero e sexualidade. *Revista Direito e Práxis*, Rio de Janeiro, vol. 11, n. 02, 2020, p. 1.332-1.357. Disponível em: <https://www.scielo.br/j/rdp/a/YBF9fKfmKTXdZj7j6GGYGqc/?format=pdf&lang=pt>. Acesso em: 19 mar. 2021.

RUSSELL, S.J.; NORVIG, P. Artificial Intelligence — A Modern Approach, Third Inter-national Edition. s.l.: *Pearson Education*, 2010. Disponível em: <http://repo.darmajaya.ac.id/3800/1/Artificial%20Intelligence%20A%20Modern%20Approach%20%283rd%20Edition%29.pdf%20%28%20PDFDrive%20%29.pdf>. Acesso em: 18 fev. 2023.

SICHMAN, Jaime Simão. Inteligência Artificial e Sociedade: avanços e riscos. *Estudos Avançados*, 35 (101). jan./abr. 2021. São Paulo: USP, p. 37-49. Disponível em: <https://www.scielo.br/j/ea/a/c4sqqrthGMS3ngdBhGWtKhh/?format=pdf&lang=pt>. p. 38.

THE CITY OF NEW YORK. *LOCAL LAWS*, n. 144. To amend the administrative code of the city of New York, in relation to automated employment decision tools. Dec. 13, 2021. Disponível em: <https://www.natlawreview.com/>. Acesso em: 20 fev. 2023.

TOSS, Luciane; DOMBKOVITSCH, Luciana. Tira a mão daí: as mulheres e o assédio sexual no trabalho. In: CAMARANO, Alessandra; SOUZA, Karlla Patricia de (Orgs.). *Feminismo, Pluralismo e Democracia*. 3 ed.Belo Horizonte: RTM, 2021. v. 1, p. 216-230.

______. Como o Sistema Normativo Pode Garantir Práticas que Estimulem a paridade de Gênero e Minimizem a Sobrecarga de Trabalho das Mulheres Durante o Isolamento Social. In: LAMOUNIER, Adriana; MATOS, Larissa; TOSS, Luciane; SAMPAIO, Silvia (Orgs.). *Direito do trabalho em tempos de cólera*. 1. ed. Bauru, SP: Canal 6 Editora, 2020. v. 1, p. 7-32.

______. Mulheres e sindicatos: uma história entrecruzada. In: TOSS, Luciane; MATOS, Larissa; LAMOUNIER, Adriana; SAMPAIO, Silvia (Orgs.). *Um Direito do Trabalho todo seu*. 1. ed. Bauru: Canal 6 Editora, 2021. v. 1, p. 193-214.

UNESCO. Artificial intelligence and gender equality: key findings of UNESCO's Global Dialogue. *Unesco Digital Library*. Paris, ago. 2020. Disponivel em: <https://en.unesco.org/AI-and-GE-2020>. Acesso em: 20 fev. 2023.

UNITED NATIONS — HUMAN RIGHTS COUNCIL — *HRC/48/3*. The right to privacy in the digital age. Annual report of the United Nations High Commissioner — for Human Rights and reports of the Office of the High Commissioner and the Secretary-General. Forty-eighth session, 13 sep. 2021. Disponivel em: <https://www.ohchr.org/en/hr-bodies/hrc/regular-sessions/session48/list-reports>. Acesso em: 20 fev. 2023.

Do Respeito ao Credo: A Análise das Discriminações Religiosas nas Relações de Trabalho sob a Perspectiva da Diversidade e da Inclusão

Pietra Gomes Ferreira

Resumo: Este artigo trata do respeito ao credo nas relações de trabalho a partir da análise dos conflitos decorrentes dentro do ambiente laborativo. Em particular, tem por intuito apresentar as principais características relacionadas à liberdade religiosa e ao contrato de trabalho, além de entender os mecanismos discriminatórios que podem ser gerados e apontar os possíveis caminhos da diversidade e inclusão para construção de local de trabalho inclusivo e respeitoso do ponto de vista religioso. Para tanto, o trabalho será dividido nos seguintes subtópicos: a) liberdade religiosa: respeito ao credo como dignidade humana; b) a liberdade religiosa e o contrato de trabalho; c) discriminação no ambiente de trabalho por razões religiosas; d) A diversidade e a inclusão como ferramentas para coibir a discriminação religiosa no ambiente de trabalho.

Palavras-chave: Dignidade Humana. Liberdade Religiosa. Discriminação. Relações de Trabalho. Diversidade e Inclusão.

1. Introdução

Religião sempre foi um tema de caloroso debate, ante a diversidade religiosa existente e a imposição cultural de religiões predominantes em âmbito nacional e mundial. Diante da diversidade de opiniões e crenças, cria-se um ambiente propício ao desenvolvimento de conflitos, que podem gerar condutas discriminatórias e até mesmo extremismos.(1)

---

(1) GOUVÊA, Thais Michelly Cassiano. O Contrato de Trabalho e a Liberdade Religiosa. *Artigo*. Uberlândia, p. 1-27, 21 nov. 2018. Disponível em: <https://repositorio.ufu.br/bitstream/123456789/23529/2/ContratoTrabalhoLiberdade.pdf>. Acesso em: 15 mar. 2023, p. 7.

Destaca-se que a opção religiosa se encontra atrelada à personalidade do indivíduo, demandando especial proteção, pois trata-se de um dos desdobramentos da dignidade humana, como princípio base do Estado Democrático de Direito. Denota-se, dessa forma, a relevância do debate do tema, buscando formas de prevenir posicionamentos intolerantes e discriminatórios, bem como solucionar eventuais conflitos.(2)

Nesse contexto, tem-se que o trabalho e a religião são fatores de desenvolvimento da personalidade, dos quais a pessoa humana não pode dissociar-se. E, mesmo considerando a conceitual existência de dependência econômica em relação ao trabalho, não existe justificativa para atitudes discriminatórias.(3)

A problemática a ser trazida aqui se pauta nas divergências existentes no ambiente de trabalho, onde existe um empregador que goza do poder diretivo, e também da própria liberdade religiosa, o que abre azo para prática de condutas discriminatórias em relação ao empregado, subordinado, característica intrínseca da relação de trabalho, e dependente do trabalho, detentor do direito fundamental à liberdade de crença, o qual deve ser respeitado.(4)

Além disso, o local de labor é um ambiente de inter-relacional entre os próprios empregados, o que favorece o desenvolvimento de conflitos e intolerâncias, que também devem ser coibidos pelo empregador, no uso do mesmo poder diretivo na modalidade disciplinar.

Para o fim de investigar, refletir e apontar alternativas a respeito dos conflitos que podem surgir na execução do contrato de trabalho, relacionados ao exercício da liberdade religiosa do trabalhador, surge a pretensão do presente artigo. Esta obra foi desenvolvida em subcapítulos como forma de apresentar e dividir os aspectos principais e revelar, ao longo da escrita, a minha contribuição acadêmica.

2. Liberdade religiosa: respeito ao credo como dignidade humana

A liberdade, direito humano fundamental de primeira geração, é algo basilar ao homem e aos Estados Democráticos. Sua existência é baseada na capacidade de pensamento do ser humano (homo sapiens = homem que pensa), bem como na sua autonomia.(5)

---

(2) GOUVÊA, Thais Michelly Cassiano. O Contrato de Trabalho e a Liberdade Religiosa. *Artigo*. Uberlândia, p. 1-27, 21 de novembro de 2018. Disponível em: <https://repositorio.ufu.br/bitstream/123456789/23529/2/ContratoTrabalhoLiberdade.pdf>. Acesso em: 15 mar. 2023, p. 7.

(3) *Idem*.

(4) *Ibidem*, p. 8.

(5) GONÇALVES, Bruno Tadeu Radtke; BERGARA, Paola Neves dos Santos. Liberdade Religiosa. *Artigo*. Presidente Prudente, São Paulo, 2008. p. 1-18. Faculdade de Direito pelas Faculdades Integradas "Antônio Eufrásio de Toledo" de Presidente Prudente — FIAETPP. Disponível em: <http://intertemas.toledoprudente.edu.br/index.php/ETIC/article/viewFile/1656/1579>. Acesso em: 20 mar. 2023, p. 3.

A liberdade religiosa é um método de expressar a capacidade de consciência, onde cada indivíduo tem o direito de escolher sua religião ou não, conforme suas convicções e crenças.(6)

Liberdade religiosa abrange o direito de escolher, de mudar e/ou de manifestar sua convicção ou religião. Subdivide-se, conforme Aldir Guedes Soriano, em quatro(7):

— liberdade de consciência: é o direito de crer ou não em algo;

— liberdade de crença: é o direito de escolher a uma crença/religião. Também compreende mudar de crença/religião;

— liberdade de culto: manifestação da crença ou da religião;

— e liberdade de organização religiosa: é a consequência do Estado Laico — está sobre a proteção dos Códigos Civil e Penal

A liberdade consiste em algo que ao homem não é impossibilitado de realizar. Tratando de liberdade religiosa, a liberdade que preconiza é a de pensamento, pois conforme o raciocínio de cada indivíduo é que este passará a crer ou deixar de crer em algo.

Através da liberdade, outro princípio fortemente tutelado pela nossa Magna Carta é alcançado: a dignidade humana. Esta só será alcançada quando um indivíduo puder realizar tudo aquilo que deseja, ressalvado os casos em que a ordem pública possa ser desestruturada.(8)

A liberdade, lato senso, está prevista logo no preâmbulo da nossa Lei Maior(9). Como o Brasil almeja uma sociedade fraterna, pluralista e sem preconceitos é essencial que a liberdade esteja presente em nossas vidas, incluindo, então, a liberdade religiosa.

O direito à liberdade religiosa foi reconhecido pela Declaração de Direitos do Homem e do Cidadão, na Revolução Francesa de 1789, quando consignou no art. 10º que

---

(6) GONÇALVES, Bruno Tadeu Radtke; BERGARA, Paola Neves dos Santos. Liberdade Religiosa. *Artigo*. Presidente Prudente, São Paulo, 2008. p. 1-18. Faculdade de Direito pelas Faculdades Integradas "Antônio Eufrásio de Toledo" de Presidente Prudente — FIAETPP. Disponível em: <http://intertemas.toledoprudente.edu.br/index.php/ETIC/article/viewFile/1656/1579>. Acesso em: 20 mar. 2023, p. 3.

(7) SORIANO, Aldir Guedes. *Liberdade Religiosa no Direito Constitucional e Internacional*. São Paulo: Editora Juarez de Oliveira, 2002. p. 11.

(8) GONÇALVES, Bruno Tadeu Radtke; BERGARA, Paola Neves dos Santos. Liberdade Religiosa. *Artigo*. Presidente Prudente, São Paulo, 2008. p. 1-18. Liberdade Religiosa. Faculdade de Direito pelas Faculdades Integradas "Antônio Eufrásio de Toledo" de Presidente Prudente — FIAETPP. Disponível em: <http://intertemas.toledoprudente.edu.br/index.php/ETIC/article/viewFile/1656/1579>. Acesso em: 20 mar. 2023. p. 6.

(9) BRASIL. *Constituição da República Federativa do Brasil de 1988*. Brasília, DF: Presidência da República, 1988. Disponível em: <https://www.planalto.gov.br/ccivil_03/constituicao/constituicaocompilado.htm>. Acesso em: 20 mar. 2023.

"ninguém pode ser molestado por suas opiniões, incluindo opiniões religiosas, desde que sua manifestação não perturbe a ordem pública estabelecida pela lei".(10)

Da mesma forma, o art. 12 da Convenção Americana de Direitos Humanos, dispõe, *in verbis*:

> Art. 12 – Liberdade de consciência e de religião.
>
> § 1. Toda pessoa tem direito à liberdade de consciência e de religião. Esse direito implica a liberdade de conservar sua religião ou suas crenças, ou de mudar de religião ou de crenças, bem como a liberdade de professar e divulgar sua religião ou suas crenças, individual ou coletivamente, tanto em público como em privado.
>
> § 2. Ninguém pode ser submetido a medidas restritivas que possam limitar sua liberdade de conservar sua religião ou suas crenças, ou de mudar de religião ou de crenças.
>
> § 3. A liberdade de manifestar a própria religião e as próprias crenças está sujeita apenas às limitações previstas em lei e que se façam necessárias para proteger a segurança, a ordem, a saúde ou a moral públicas ou os direitos e as liberdades das demais pessoas.
>
> § 4. Os pais e, quando for o caso, os tutores, têm direito a que seus filhos e pupilos recebam a educação religiosa e moral que esteja de acordo com suas próprias convicções(11)

Com o advento dos tempos atuais, mesmo a liberdade estando presente em anteriores Constituições, foi na Constituição Federal de 1988 em seu art. 5º, inciso VI, entre os direitos fundamentais, que consignou inviolável a liberdade de consciência e de crença, sendo assegurado o livre exercício dos cultos religiosos e garantida na forma da lei a proteção aos locais de culto e a suas liturgias.(12)

Como forma de garantir as liberdades citadas o Estado não pode estar associado institucionalmente a Igreja alguma, o que formalmente ocorre no Brasil, desde o Decreto n. 119, de 17 de janeiro de 1890, quando entrou em vigência o regime de separação entre o Estado e a Igreja instaurando o Estado leigo ou laico.(13)

---

(10) SILVEIRA, D. B. da; FACHINI, E. A EFETIVIDADE DA LIBERDADE RELIGIOSA COMO UM DIREITO FUNDAMENTAL. *Revista Direito em Debate*, [S. l.], v. 28, n. 52, p. 51–61, 2019. DOI: 10.21527/2176-6622.2019.52.51-61. Disponível em: <https://www.revistas.unijui.edu.br/index.php/revistadireitoemdebate/article/view/8871>. Acesso em: 20 mar. 2023.

(11) BRASIL. *Decreto n. 678, de 6 de novembro de 1992*. Promulga a Convenção Americana sobre Direitos Humanos (Pacto de São José da Costa Rica), de 22 de novembro de 1969. Brasília, DF: Presidência da República, 1992. Disponível em: <https://www.planalto.gov.br/ccivil_03/decreto/d0678.htm>. Acesso em: 20 mar. 2023.

(12) SILVEIRA, D. B. da; FACHINI, E. A EFETIVIDADE DA LIBERDADE RELIGIOSA COMO UM DIREITO FUNDAMENTAL. *Revista Direito em Debate*, [S. l.], v. 28, n. 52, p. 51–61, 2019. DOI: 10.21527/2176-6622.2019.52.51-61. Disponível em: <https://www.revistas.unijui.edu.br/index.php/revistadireitoemdebate/article/view/8871>. Acesso em: 20 mar. 2023.

(13) *Ibidem*, p. 5.

Assim, essa liberdade de crer e manifestar-se sobre uma religião impõe uma conduta obrigacional positiva e negativa tanto ao Estado quanto a terceiros. Ademais, importante se faz resguardar o direito de determinar a conduta de acordo com a consciência religiosa, estando no núcleo do direito à liberdade religiosa sua livre expressão. É o que se chama de culto, em seu conceito mais mínimo.(14)

Nesse diapasão, tem-se a garantia da inviolabilidade dos templos e celebração de atos religiosos conforme previsto no art. 5º, inciso VI da Constituição Federal de 1988. Entre a liberdade religiosa, consta também a liberdade de organização religiosa, que pode administrar a liturgia, ensinar a doutrina, procurar novos adeptos, formar seus ministros e adquirir bens por contribuições de particulares ou instituições.(15)

No plano infraconstitucional, para tanto, o Código Civil em seu art. 44, inciso IV, considera as organizações religiosas como pessoas jurídicas de Direito Privado. Também é assegurado no Código Penal, no Título V, Capítulo I, que trata dos crimes contra o sentimento religioso e do ultraje ao culto e impedimento ou perturbação de ato a ele relativo, mais especificadamente, o art. 208 nos traz:

> Escarnecer de alguém publicamente, por motivo de crença ou função religiosa; impedir ou perturbar cerimônia ou prática de culto religioso; vilipendiar publicamente ato ou objeto de culto religioso: Pena – detenção, de 1 (um) mês a 1 (um) ano, ou multa. Parágrafo único. Se há emprego de violência, a pena é aumentada de um terço, sem prejuízo da correspondente à violência.(16)

Para ser considerado ilícito penal, porém, a ação de vilipendiar deve ser praticada no decorrer do ato religioso, diretamente sobre ou contra objeto de culto religioso e ser realizado publicamente, tendo como elemento subjetivo o dolo, a vontade livre e consciente de vilipendiar o ato ou objeto de culto religioso.

O legislador brasileiro procurou, portanto, garantir nas Constituições, principalmente na de 1988 e em legislações específicas, a liberdade religiosa de crença ou de culto como um direito fundamental, buscando também sua efetividade normativa. Com a separação do Estado e da Igreja promovendo a laicidade, configurou-se um equilíbrio

---

(14) SILVEIRA, D. B. da; FACHINI, E. A EFETIVIDADE DA LIBERDADE RELIGIOSA COMO UM DIREITO FUNDAMENTAL. *Revista Direito em Debate*, [S. l.], v. 28, n. 52, p. 51-61, 2019. DOI: 10.21527/2176-6622.2019.52.51-61. Disponível em: <https://www.revistas.unijui.edu.br/index.php/revistadireitoemdebate/article/view/8871>. Acesso em: 20 mar. 2023.

(15) *Idem*..

(16) BRASIL. *Decreto-lei n. 2.848, de 7 de dezembro de 1940*. Código Penal. Brasília, DF: Presidência da República, 1940. Disponível em: <https://www.planalto.gov.br/ccivil_03/decreto-lei/del2848compilado.htm>. Acesso em: 20 mar. 2023.

em relação à liberdade religiosa como um direito fundamental do indivíduo em professar sua religião, seja ela qual for(17).

Assim, partindo dessa visão mais genérica sobre a temática aqui discutida, cabe agora entender mais concretamente sobre a efetividade da liberdade religiosa ante o contrato de trabalho, como adiante analisado.

3. A liberdade religiosa e o contrato de trabalho

É possível afirmar que a empresa se torna cada vez mais o centro da sociedade contemporânea. A centralidade da empresa no enredo da sociedade atual, ressalta que o debate sobre o papel que as crenças religiosas devem admitir no mundo corporativo não é de menor importância(18).

Os modelos de interação que podem ser estudados quando se trata da religião no mundo corporativo, são os modelos de neutralidade, de tolerância e multicultural(19).

Hoje em dia, o pluralismo religioso é um evento intrínseco na sociedade, o qual desafia o ser humano a viver de maneira respeitosa com o outro(20).

A religião e a crença, bem como a maneira que estas são praticadas publicamente, podem ser a causa de grandes emoções e opiniões. O ambiente de trabalho, atualmente, não está isento disso. Desta forma, a entidade empregadora tem como desafio, procurar uma maneira de lidar com tal situação, verificando sempre as orientações que devem ser fornecidas aos seus funcionários.

Primeiramente, o modelo de neutralidade acredita que a organização empresarial não deve demonstrar qualquer preferência de cunho religioso, devendo tão somente garantir a ampla liberdade e a igualdade de todos os trabalhadores, afastando, assim, a expressão religiosa no local público de trabalho(21).

Hédio Silva Jr. defende que existe uma linha muito frágil entre a religião e o trabalho. Ele afirma, de maneira concisa, que o local de trabalho não é lugar para pregações

(17) SILVEIRA, D. B. da; FACHINI, E. A EFETIVIDADE DA LIBERDADE RELIGIOSA COMO UM DIREITO FUNDAMENTAL. *Revista Direito em Debate*, [S. l.], v. 28, n. 52, p. 51–61, 2019. DOI: 10.21527/2176-6622.2019.52.51-61. Disponível em: <https://www.revistas.unijui.edu.br/index.php/revistadireitoemdebate/article/view/8871>. Acesso em: 20 mar. 2023.

(18) SANTOS JUNIOR, Aloisio Cristovam dos. *Liberdade religiosa e contrato de trabalho*. Niterói: Impetus, 2013. p. 63.

(19) SANTOS JUNIOR, Aloisio Cristovam dos. *Liberdade religiosa e contrato de trabalho..., cit.*, p. 64-67

(20) GOMES, Francisco Fernandes; SOUZA, Wilson Rufino de. Modernidade e pluralismo religioso. *Revista Científica "Semana Acadêmica"*, 2013, p. 01. Disponível em: <https://semanaacademica.org.br/system/files/artigos/modernidade_e_pluralismo_religioso.pdf>. Acesso em: 06 jul. 2015.

(21) SANTOS JUNIOR, Aloisio Cristovam dos. *Liberdade religiosa e contrato de trabalho..., cit.*, p. 64.

religiosas, seja por parte da entidade empregadora, seja por parte do trabalhador. Segundo ele, “sensatez e equilíbrio são palavras-chave”[(22)].

Lado outro, a alegação de que este modelo de neutralidade acautela conflitos, tornando o local de trabalho mais equilibrado, pode ser visto como utópico, já que este modelo parece deixar de lado a função que a religião desempenha na vida de cada pessoa, no que tange ao bem-estar pessoal e a afirmação de sua identidade[(23)].

O trabalhador, ao conquistar um posto de trabalho em uma entidade empresarial, permanece com suas convicções de ordem político-ideológica, bem como as de cunho espiritual. Assim sendo, o empregador possui o dever de respeitar os direitos fundamentais do trabalhador, os quais incluem o direito à dignidade da pessoa humana e à liberdade religiosa[(24)].

A seguir, serão apresentados potenciais focos de conflito que podem estar presentes em uma relação de trabalho

A utilização de símbolos religiosos no local de trabalho possui enorme potencial em gerar conflitos, uma vez que é frequente objeto de intolerância por parte do empregador, colegas de trabalho, bem como clientes. Assim, necessário seja pensado até que ponto o empregador possui o direito de restringir seu uso, e partir de quando a discriminação surge[(25)].

Ademais, algumas das religiões deixam de empenhar atenção incomum ao comportamento alimentar de seus crentes, diferente de outras, que possuem notável nível de detalhamento, regras dietéticas que podem determinar quem pertence ou não àquela religião[(26)].

Assim exposto, acaba por surgirem dúvidas quanto à alimentação fornecida pelo empregador e as peculiaridades de cada religião, indagando-se sobre a obrigatoriedade da cantina da empresa em fornecer ou não alimentos específicos para as diversas convicções religiosas dos empregados[(27)].

De outro lado, pertinente ao culto, quando se trata de relação de trabalho, o problema pode surgir de duas maneiras, ou seja, quando o empregador utiliza o local de trabalho para a prática de cultos e almeja contar com a participação de seus funcionários, ou quando os próprios empregados desejam que lhes seja reconhecido o direito de praticar atos de culto no ambiente de trabalho.

---

(22) NOMURA, Maria Carolina. Trabalho não é lugar de pregação religiosa, apontam consultores. *Grupo Soma*. Disponível em: <http://www.gruposoma.net/trabalhoreligiosa-consultores.html>. Acesso em: 02 jul. 2015.

(23) SANTOS JUNIOR, Aloisio Cristovam dos. *Liberdade religiosa e contrato de trabalho..., cit.*, p. 65.

(24) SILVA NETO, Manoel Jorge e. *Proteção constitucional à liberdade religiosa*. Rio de Janeiro: Lumens Juris, 2008. p. 151.

(25) MACHADO, Susana Sousa. *Reflexões iniciais sobre liberdade religiosa e contrato de trabalho..., cit.*, p. 103.

(26) SANTOS JUNIOR, Aloisio Cristovam dos. *Liberdade religiosa e contrato de trabalho..., cit.*, p. 342.

(27) MACHADO, Susana Sousa. *Reflexões iniciais sobre liberdade religiosa e contrato de trabalho..., cit.*, p. 106

Nesse contexto, em uma ação proposta por uma trabalhadora brasileira contra uma empresa de prestação de serviços, foi levada à baila a questão da realização de culto pelo empregador no local de trabalho, forçando a participação dos empregados.

No presente caso, a Justiça do Trabalho do Mato Grosso entendeu por bem condenar a empresa a indenizar, por danos morais, uma funcionária que era obrigada a participar de culto religioso todos os dias antes de dar início a jornada de trabalho. Explicou a trabalhadora que era submetida, juntamente com seus colegas de trabalho, a realizar leitura diária de livros de orientação religiosa, bem como fazer orações em grupo. Segundo testemunhas ouvidas no presente caso, a recusa na participação do referido culto culminava em perseguição e humilhação em público(28).

Ao fundamentar sua decisão, o julgador claramente explicou que a liberdade religiosa merece contenções, sob pena de restarem vulnerados os demais direitos fundamentais do ser humano.

Assim, necessário seja ponderada a realização de culto religioso no ambiente de trabalho, a fim de que se evite conflitos entre empregados e empregadores, devendo ser levada em consideração a liberdade religiosa de cada cidadão.

Também, é sabido que a religião também acaba por se manifestar no tempo despendido no local de trabalho, uma vez que cada religião estabelece determinada regra relacionada a prática de rituais ou até mesmo sobre dias para descanso.

O Tribunal Regional do Trabalho de São Paulo já se debruçou sobre o assunto, explicando que o empregado que se converte no decorrer do contrato de trabalho para nova religião que prevê dias de guarda, como é o caso dos judeus e dos adventistas do sétimo dia, pode sofrer consequências, uma vez que somente mediante acordo bilateral se admitiria a alteração da cláusula previamente pactuada, dependendo do empregador a liberação do empregado.(29)

---

(28) Tribunal Regional do Trabalho da Vigésima Terceira Região. *Processo n. 0000086-72.2013.5.23.0026.*

(29) Conforme o Tribunal Regional do Trabalho da Segunda Região "JUSTA CAUSA – FALTAS AO TRABALHO AOS SÁBADOS – LIBERDADE RELIGIOSA – tendo a empregada laborado habitualmente aos sábados, antes da conversão para atual religião, somente por acordo bilateral se admitiria alteração do clausulado para liberá-la do trabalho nesses dias. As obrigações decorrentes do contrato de trabalho emergem de livre pactuação das partes, de modo que não havendo mais o interesse da empregada em manter a prestação de serviços naqueles moldes, lhe é facultado, a qualquer momento, rescindir o contrato. A manutenção por parte da reclamada do trabalho aos sábados não importa em violação à liberdade de crença religiosa, por não se configurar em medida privativa de direito. A garantia fundamental à liberdade de crença presta-se a eximir o cidadão de obrigações legais contrárias às suas convicções religiosas, mas não para exonerá-lo do cumprimento de obrigações por ele mesmo contraídas. A recusa da empregada em trabalhar aos sábados, ocasionando faltas reiteradas, enseja a aplicação de justa causa, nos termos do art. 482, *'h'* da CLT. Recurso da autora a que se nega provimento." In: Tribunal Regional do Trabalho da Segunda Região. Processo n. 213200747202001 de 27 de outubro de 2009.

No que tange ao contrato laboral, Susana Machado indaga se a oração e o uso de símbolos religiosos no local de trabalho são formas de proselitismo. Afirma ainda, que o empregador pode, de maneira lídima, vedar atos de proselitismo, especialmente em casos que o obreiro se aproveita de sua posição na empresa para exercer influência sobre os demais indivíduos. Nestas situações, pode o empregador balizar atos de proselitismo no local de trabalho com base no interesse da empresa, independentemente de qualquer consideração de cunho religioso, mas sempre norteado pelo princípio da proporcionalidade(30)

Por fim, afirma Aloisio Cristovam que o proselitismo pode ocorrer tanto na fase pré-contratual, no momento da conformação das cláusulas do contrato de trabalho, ou até mesmo na execução do contrato de trabalho, tanto pelo empregador quanto pelo empregado(31).

Todas essas questões nos levam a crer, portanto, que nenhum trabalhador pode ser discriminado no ingresso ao emprego ou na atuação de uma profissão por conta de suas convicções religiosas(32), é o que analisaremos no próximo tópico.

4. Discriminação no ambiente de trabalho por razões religiosas

Entre os ramos da Ciência Jurídica e Social, o Direito do Trabalho possui vocação igualitária contra o pano de fundo de uma desigualdade fática, uma vez que ele é umas das expressões mais salientes dos problemas acerca da igualdade. O auge dessa aptidão de equilibrar as desigualdades fáticas ocorre no reconhecimento e combate contra as práticas discriminatórias nas relações de trabalho, especialmente, após a Constituição Federal de 1988.

Destaca-se ainda que o Direito do Trabalho tem como um de seus pilares a proteção do trabalhador, surgindo da necessidade de criarem-se normas corretivas das desigualdades existentes entre trabalhadores e detentores do poder econômico.

A discriminação faz parte de um sistema de estruturação social em que determinados grupos sociais, tidos como dominantes, detêm benefícios materiais. Esses sistemas de relacionamento e estruturação social têm uma natureza dinâmica, motivo pelo qual assumem diferentes formas para garantir a preservação de privilégios. Diversas formas de discriminação se reproduzem na organização social para assegurar a manutenção de vantagens sociais para os membros dos grupos majoritários. Por conseguinte, a discriminação, impacta os padrões de vida, excluindo os indivíduos do mercado de trabalho, relegando-os a empregos precários e mal remunerados e sujeitando-os à vitimização, violência e assédio

(30) MACHADO, Susana Sousa. *Reflexões iniciais sobre liberdade religiosa e contrato de trabalho..., cit.*, p. 107.

(31) SANTOS JUNIOR, Aloisio Cristovam dos. Liberdade religiosa e contrato de trabalho..., *cit.*, p. 272-274.

(32) MACHADO, Susana Sousa. Reflexões iniciais sobre liberdade religiosa e contrato de trabalho..., *cit.*, p. 91.

ou inibindo suas oportunidades de ascensão ou desenvolvimento pessoal, em razão de elementos inerentes à identidade dos indivíduos, como é o caso da raça.(33)

A discriminação no trabalho é um fator determinante das condições de existência cultural e material dos membros de minorias, porque o trabalho é, ao mesmo tempo, uma categoria constitutiva da identidade do sujeito trabalhador e a sua fonte de subsistência, o que significa que é uma atividade essencial ao desenvolvimento humano. Assim, a discriminação constitui um obstáculo significativo para a plena emancipação humana, porque impede que os membros de minorias desenvolvam suas potencialidades e acessem recursos e oportunidades necessários para a garantia de uma vida em patamares mínimos de dignidade.(34)

No que tange à discriminação religiosa, essa pode estar presente em todas as fases da relação empregatícia, ou seja, na pré-contratação, na execução e extinção do contrato de trabalho.

Para Teixeira Lima, a fase pré-contratual é uma tese demolidora à intimidade. Explica, ainda, que essa fase tem por finalidade desvestir os recatos do candidato através de seu caráter e personalidade, rentando evidente sua hostilidade(35).

Posteriormente, no momento da contratação, é possível se verificar a discriminação caso sejam entabuladas cláusulas que de algum modo, encurtem a expressão religiosa do empregado. De modo diverso, mas não impossível, é a estipulação de cláusulas com efeito contrário, onde o empregador garante a expressão religiosa do trabalhador(36).

Porém, a maioria dos casos de discriminação baseados em motivos religiosos se dão na execução do contrato de trabalho, ou seja, no decorrer do pacto laboral.

Por fim, uma das formas mais desumanas formas de discriminação religiosa no ambiente de trabalho, a qual ocorre no momento da extinção do pacto laboral, é aquela que sujeita o obreiro às ameaças de ser despedido de seu emprego por razão de sua convicção religiosa, podendo vir o empregador a imputar ao empregado uma dissimulada justa causa(37).

Muitas vezes o assédio moral por motivos religiosos é confundido com a discriminação religiosa.

---

(33) GODOI, Bárbara Klopass Locks de; BAGGENSTOSS, Grazielly Alessandra. O Direito Antidiscriminatório como instrumento para a promoção da igualdade e o combate à discriminação racial no trabalho. *Revista do Tribunal Superior do Trabalho*, São Paulo, v. 87, n. 4, p. 236-255, out./dez. 2021. Disponível em: <https://juslaboris-hml.tst.jus.br/bitstream/handle/20.500.12178/197645/2021_godoi_barbara_direito_antidiscriminatorio.pdf?sequence=1&isAllowed=y>. Acesso em: 21 maio 2022, p. 238.

(34) *Ibaidem*, p. 240.

(35) TEIXEIRA FILHO, João de Lima. O dano moral no Direito do Trabalho. *Trabalho & Doutrina*, n. 10, Editora Saraiva, set. 1996, p. 33.

(36) SANTOS JUNIOR, Aloisio Cristovam dos. Liberdade religiosa e contrato de trabalho..., *cit.*, p. 258.

(37) SANTOS JUNIOR, Aloisio Cristovam dos. Liberdade religiosa e contrato de trabalho..., *cit.*, p. 262-263.

Sabe-se que enquanto o assédio moral no ambiente de trabalho por motivos religiosos é a exposição do indivíduo a situações de humilhação, constrangimento, intimidação, agressividade, ironia em razão de sua escolha religiosa, a discriminação nada mais é que a exclusão, restrição ou preferência baseada em tal crença.

Diante dessa realidade, revela-se a importância desse artigo em demonstrar as dificuldades e apontar os possíveis caminhos processuais nas ações trabalhistas que envolvem a discriminação nas relações de trabalho, o que veremos no próximo capítulo.

Trabalhadores de minoria religiosa podem indubitavelmente sofrer assédio de colegas, clientes ou até mesmo de seus empregadores quando manifestam sua opinião religiosa. Tal assédio, na maioria das vezes, inclui piadas, abuso verbal e demais expressões de desrespeito.

Além disso, sabe-se que os membros de tais minorias religiosas são muitas vezes pressionados a remover suas vestes religiosas, consumir alimentos religiosamente proibidos ou até mesmo a comer em períodos de jejum religioso. O não cumprimento de tais requisitos pode resultar em uma redução salarial, recusa de promoção, despedimento e assim por diante.

Assim, tais atos acima descritos violam brutalmente a liberdade religiosa, constituindo explícita afronta à dignidade da pessoa humana, surgindo, então, o dever de reparar o dano causado ao ofendido.

A discriminação religiosa no local de trabalho, por atingir as mais consagradas importâncias da personalidade, fatalmente causa um prejuízo moral, o qual deve ser corretamente compensado, o que vale tanto para a discriminação religiosa pura e simples como para o assédio moral por razões relacionadas a religião ou crença[(38)].

Logo, analisamos os desafios e os conflitos existentes (que por vezes colidem) na liberdade religiosa e o contrato de trabalho. Agora, veremos possíveis caminhos para o êxito e equilíbrio das relações laborativas quanto á temática religiosa.

5. A diversidade e a inclusão como ferramentas para coibir a discriminação religiosa no ambiente laboral

Como forma de combater as discriminações religiosas no ambiente de trabalho, recomendados algumas ações corporativas com vistas a valorização das diferenças para a criação de ambiente inclusivo, respeitoso e de dignidade.

Entre as práticas sugeridas, inicialmente, a pesquisa de clima para averiguação do ambiente corporativo do ponto de vista dos funcionários e, a partir do resultado obtido, repensar as estratégias de diversidade, o exercício da neutralidade religiosa, a realização

(38) SANTOS JUNIOR, Aloisio Cristovam dos. Liberdade religiosa e contrato de trabalho..., *cit.*, p. 271.

de autoavaliações dos procedimentos de recrutamento, conhecer a diversidade da equipe e ter liderança na correção de discriminações identificadas.

Outrossim, sugere-se que os recursos humanos desenvolvam programas específicos e adaptados de sensibilização cultural e religiosa. Fazer com que os líderes de equipes incorporem a diversidade como um princípio de liderança, incluindo tais critérios em gerentes (e outro pessoal) nas avaliações de desempenho.

Ainda, construir um mecanismo eficaz e robusto de reclamações juntamente com as regulamentações internas e suporte à vítima de discriminação e demais violências religiosas. Praticar política de acomodação razoável da diversidade religiosa, construir equipe conhecimento de manifestação religiosa e consulta, treinar gestores de recursos humanos para construir seu conhecimento de diversas práticas religiosas; promovendo diálogo com minorias religiosas dentro da empresa na formulação de políticas, envolvendo os representantes; consultando especialistas em saúde e segurança do trabalho para verificar se o adorno ou vestimenta pode contribuir negativamente para ocorrência de acidentes do trabalho ou dano a saúde dos trabalhadores.

Por fim, buscar soluções universais, tais como, espaços gerais para meditação, adoção de políticas flexíveis de gerenciamento de tempo de pausa, adoção de uma política genérica de férias e licença, e por fim, demonstrar consciência de respeito, aceitação e confiança(39).

A espiritualidade é muito heterogênea em nosso país e a tentativa de ajustar essa pluralidade ao ambiente profissional representará uma mudança tão profunda no mundo corporativo quanto a pressão por outros direitos, como igualdade de salários entre homens e mulheres e fim do preconceito racial, por exemplo.

Embora o debate sobre a inclusão de questões religiosas esteja avançando no mundo corporativo, para que essas iniciativas darem resultado é preciso criar ações estruturadas. E um dos primeiros pontos que devem ser definidos é a base do programa: ele será focado em espiritualidade ou em religiosidade? Elas são questões erroneamente confundidas.

O professor na Universidade Presbiteriana Mackenzie e especialista em comunicação Daniel Galindo disserta: “Todo e qualquer lugar é um espaço de expressão da fé e das ideias, inclusive o trabalho”(40). Explica, outrossim, que:

---

(39) SILVA, Luciano. Gestão da diversidade religiosa no ambiente de trabalho: uma ferramenta para evitar a violência por motivos religiosos no âmbito laboral. *Artigo*. Minas Gerais, 24 maio 2018. Disponível em: <https://revista.fuv.edu.br/index.php/unitas/article/view/769/778>. Acesso em: 06 maio 2023, p. 15.

(40) LIMA, Monique. Como respeitar a diversidade religiosa. *Você RH*, 1º mar 2020. Disponível em: <https://vocerh.abril.com.br/melhores-empresas/como-respeitar-diversidade-religiosa>. Acesso em: 1º maio 2023, p. 4-5.

> A espiritualidade é inerente ao ser humano. É sobre estar conectado a uma divindade, algo maior do que nós mesmos. Já a religião diz respeito a crenças, leis e ritos institucionalizados. A aceitação das práticas de todos, sem questionar as vivências individuais, é o princípio de um espaço plural.

Para buscar alcançar esse objetivo, a diversidade e a inclusão contribuem como ferramentas para a construção de ambientes laborais mais saudáveis, com maior respeito pelas diversas crenças religiosas e principalmente com menor violência e discriminação por motivos religiosos.

E o respeito à diversidade cria ambientes mais inovadores, equipes mais engajadas e aumenta os lucros das organizações. Fora isso, abraçar os diferentes credos é compreender que temos semelhanças e distinções.

Diante do exposto, apostar na diversidade é sinônimo de qualidade de vida no trabalho. Nas relações externas, com parceiros, consumidores e sociedade, a adoção da diversidade como um princípio de atuação agrega valor à imagem da empresa. Essa iniciativa demonstra que ela está alinhada às expectativas e demandas da sociedade e que assume a sua missão social.

6. Conclusão

Restou demonstrado durante o decorrer deste artigo que a liberdade religiosa é um direito fundamental devidamente previsto pela legislação vigente.

Por vezes, podemos perceber que muitas vezes essa liberdade religiosa é inserida no contexto do contrato de trabalho.

Dessa forma, vários são os potenciais focos de conflito que podem aparecer no decorrer da relação empregatícia, os quais poderão ser solucionados com a observância de toda e qualquer peculiaridade que envolve a relação laboral, além da diversidade e inclusão como ferramentas para a construção de ambientes laborais mais saudáveis, com maior respeito pelas diversas crenças religiosas e principalmente com menor violência e discriminação por motivos religiosos.

A matéria aqui tratada não é simples e requer um estudo detalhado e cuidadoso de cada caso concreto, levando sempre em consideração o direito tanto do empregado como do empregador, tendo em mente a proteção dos direitos humanos. A falha sistemática em assegurar a sua efetividade contribui para a propagação das condutas desviadas e discriminatórias, as quais são aniquiladoras da dignidade humana.[41]

---

(41) VASCONCELOS, Elaine Machado. A Discriminação nas relações de trabalho: A possibilidade de inversão do ônus da prova como meio eficaz de atingimento dos princípios constitucionais. *Revista do Tribunal Superior do Trabalho*, Brasília, v. 71, n. 2, p. 94-107, maio/ago. 2005. Disponível em: <https://juslaboris.tst.jus.br/bitstream/handle/20.500.12178/3758/005_vasconcelos.pdf>. Acesso em: 21 maio 2022, p. 106.

A valorização da diversidade e do pluralismo no mundo contemporâneo é decorrência do reconhecimento cada vez maior da democracia como fator essencial para o aprimoramento das sociedades e da busca de novos padrões de convivência assentados em relações socialmente mais justas. Somente pode se intitular democrática a sociedade que não admite e combate atos discriminatórios, especialmente, por razões religiosas.

Referências

ALVARENGA, Rúbia Zanotelli de. A liberdade religiosa e o empregador de tendência ideológica. *Revista Fórum Trabalhista-RFT*, n. 14, set./out. 2014.

BRASIL. *Constituição da República Federativa do Brasil de 1988*. Brasília, DF: Presidência da República, 1988. Disponível em: <https://www.planalto.gov.br/ccivil_03/constituicao/constituicaocompilado.htm>. Acesso em: 20 mar. 2023.

______. *Decreto n. 678, de 6 de novembro de 1992*. Promulga a Convenção Americana sobre Direitos Humanos (Pacto de São José da Costa Rica), de 22 de novembro de 1969. Brasília, DF: Presidência da República, 1992. Disponível em: <https://www.planalto.gov.br/ccivil_03/decreto/d0678.htm>. Acesso em: 20 mar. 2023.

______. *Decreto-lei n. 2.848, de 7 de dezembro de 1940*. Código Penal. Brasília, DF: Presidência da República, 1940. Disponível em: <https://www.planalto.gov.br/ccivil_03/decreto-lei/del-2848compilado.htm>. Acesso em: 20 mar. 2023.

______. Justiça do Trabalho (23ª Região). 26ª Vara do Trabalho de Barra dos Garças/MT. *Ação Trabalhista 0000086-72.2013.5.23.0026/MT*. Reclamante: ALDAIRA FERNANDES DE SOUSA. Reclamado: SUL AMÉRICA PRESTADORA DE SERVIÇOS LTDA.Disponível em: <https://www.trt23.jus.br/Portal/consultas_65/consulta-processos/documentoProcDrupal.asp>. Acesso em: 28 abr. 2023.

______. Tribunal Regional do Trabalho (2ª Região). 16ª Turma. *Recurso Ordinário 213200747202001/SP*. Recorrentes: Mayara Oliveira de Carvalho, Fleury S.A. Recorridos: Mayara Oliveira de Carvalho, Fleury S.A. Relatora: RILMA APARECIDA HEMETÉRIO. 27 de outubro de 2009. Disponível em: <https:// https://www.jusbrasil.com.br/jurisprudencia/trt-2/7666275/inteiro-teor-13232472>. Acesso em: 28 abr. 2023.

GOMES, Francisco Fernandes; SOUZA, Wilson Rufino de. Modernidade e pluralismo religioso. *Revista Científica "Semana Acadêmica"*, 2013. Disponível em: <http://semanaacademica.org.br/system/files/artigos/modernidade_e_pluralismo_religioso.pdf>. Acesso em: 06 maio 2023.

GONÇALVES, Bruno Tadeu Radtke; BERGARA, Paola Neves dos Santos. Liberdade Religiosa. *Artigo*. Presidente Prudente, São Paulo, p. 1-18. 2008. Liberdade Religiosa. Faculdade de Direito pelas Faculdades Integradas "Antônio Eufrásio de Toledo" de Presidente Prudente – FIAETPP. Disponível em: <http://intertemas.toledoprudente.edu.br/index.php/ETIC/article/viewFile/1656/1579>. Acesso em: 20 mar. 2023, p. 3.

GOUVÊA, Thais Michelly Cassiano. O Contrato de Trabalho e a Liberdade Religiosa. *Artigo*. Uberlândia, p. 1-27, 21 nov. 2018. Disponível em: <https://repositorio.ufu.br/bitstream/123456789/23529/2/ContratoTrabalhoLiberdade.pdf>. Acesso em: 15 mar. 2023, p. 7.

LIMA, Monique. Como respeitar a diversidade religiosa. *Você RH*, 1º mar. 2020. Disponível em: <https://vocerh.abril.com.br/melhores-empresas/como-respeitar-diversidade-religiosa>. Acesso em: 1º maio 2023, p. 1-10.

MACHADO, Susana Sousa. A relevância da liberdade de religião nas relações laborais: contributos para a sua compreensão à luz do direito da União Europeia. *International Journal on Working Conditions (RICOT)*, n. 2, Porto: IS-FLUP.

NOMURA, Maria Carolina. Trabalho não é lugar de pregação religiosa, apontam consultores. *Grupo Soma*. Disponível em: <http://www.gruposoma.net/trabalhoreligiosa-consultores.html>. Acesso em: 02 jul. 2015.

SANTOS JUNIOR, Aloisio Cristovam dos. *Liberdade religiosa e contrato de trabalho*. Niterói: Impetus, 2013.

SILVA, Luciano. Gestão da diversidade religiosa no ambiente de trabalho: uma ferramenta para evitar a violência por motivos religiosos no âmbito laboral. *Artigo*. Minas Gerais, 24 maio 2018. Disponível em: <https://revista.fuv.edu.br/index.php/unitas/article/view/769/778>. Acesso em: 06 maio 2023, p. 1-19.

SILVA NETO, Manoel Jorge e. *Proteção constitucional à liberdade religiosa*. Rio de Janeiro: Lumen Juris, 2008.

SILVEIRA, D. B. da; FACHINI, E. A EFETIVIDADE DA LIBERDADE RELIGIOSA COMO UM DIREITO FUNDAMENTAL. *Revista Direito em Debate*, [S. l.], v. 28, n. 52, p. 51–61, 2019. DOI: 10.21527/2176-6622.2019.52.51-61. Disponível em: <https://www.revistas.unijui.edu.br/index.php/revistadireitoemdebate/article/view/8871>. Acesso em: 20 mar. 2023.

SORIANO, Aldir Guedes. *Liberdade Religiosa no Direito Constitucional e Internacional. 1.* ed. São Paulo: Editora Juarez de Oliveira, 2002.

TEIXEIRA FILHO, João de Lima. O dano moral no Direito do Trabalho. *Trabalho & Doutrina*, n. 10, São Paulo, Saraiva, 1996.

A Precarização do Acesso ao Trabalho de Mulheres Munícipes Rurais: A Necessidade da Introdução do Feminismo

Sabrina Ramalho Ferreira

Resumo: O objetivo do presente trabalho é trazer à tona a realidade experienciada por mulheres que vivem em pequenas cidades, consideradas cidades rurais, e suas dificuldades de acesso a trabalho e remuneração dignas e principalmente educação para melhoria da sua condição social. Este artigo é um alerta social importante e real, que tem o objetivo de provocar todos os atores sociais, e principalmente as feministas, para que possam efetivamente conhecer a precariedade inserida nas diversas formas na vida dessas munícipes. Mulheres que necessitam de ações afirmativas do Estado, através do seus entes federativos, que devem impactar e promover constantemente a melhoria real na vida dessas pessoas. Estas sofrem os efeitos da falta de oportunidades de diversos tipos, mas principalmente da ausência de profissionalização e de postos de empregos que garantam dignidade e o próprio sustento, além dos problemas de acesso a uma educação de qualidade que promova a liberdade e autonomia. A inserção das perspectivas feministas é o melhor caminho para que essas mulheres reconheçam seus papéis sociais e se libertem das amarras.

Palavras-chave: Mulheres — Feminismo — Precarização.

1. Introdução

Este artigo pretende analisar a falta de acesso digno de mulheres munícipes rurais a trabalhos dignos, educação e profissionalização de qualidade, assim como a necessidade dessas mulheres de se reconhecerem como sujeitos de direitos.

O presente artigo põe em evidência a precarização do acesso ao trabalho de mulheres munícipes rurais e a necessidade de introdução do feminismo, com o objetivo de identificar os marcadores sociais que impactam diretamente a vida dessas mulheres e que são responsáveis por violências diversas que advém tanto da família como dos entes públicos, na manutenção da precarização para privilegiar interesses próprios. A inserção do feminismo na vida dessas mulheres pode pavimentar conhecimento para luta por acesso a trabalho digno e condições melhores, que oportunizam de forma contundente o desenvolvimento e a progressão dessas mulheres e de todos que estão a sua volta.

2. Os instrumentos precarizantes da condição social das trabalhadoras munícipes rurais

Ser uma mulher em uma cidade pequena é estar condicionada a diversas violências, como assédio e falta de oportunidades. Destacamos nesse momento a falta de acesso ao trabalho digno e protegido, que eleve a condição financeira e retirem essas mulheres de condições degradantes.

A rotina dura e massacrante dessas mulheres se arrasta ao longo da construção desse Brasil, colonizado e impetuoso sobre vários paradigmas diferentes; infelizmente é parte da nossa história. Tais condições de precariedade são reflexos de condutas sociais que atravessam a sociedade brasileira criada com bases racistas e patriarcais(1).

Todos os fatores citados recaem de forma drástica na vida dessas mulheres. Tal situação é potencializada em cidades rurais, onde não há interesse dos donos do poder no desenvolvimento da comunidade, pois permitir à mulher o acesso ao conhecimento é permitir que ela afronte os "seus senhores", famílias abastadas que ainda carregam o ranço do patriarcado.(2)

Em feminismo para os 99% — um manifesto, as autoras ratificam que:

> Muitas pessoas sabem que as sociedades capitalistas são, por definição, sociedades de classes que permitem a uma pequena minoria acumular lucros privados por meio da exploração de um grupo muito maior, que deve trabalhar por salários. O que é menos amplamente compreendido é que sociedades capitalistas também são, por definição, a origem da opressão de gênero. Longe de ser acidental, o sexismo está entranhado em sua própria estrutura.
>
> O capitalismo certamente não inventou a subordinação das mulheres. Esta existiu sob diversas formas em todas as sociedades de classe anteriores. O capitalismo, porém, estabeleceu outros modelos, notadamente "modernos",

(1) BRASIL. Karla Alessandra. Racismo é origem do atual formato das cidades brasileiras, dizem especialistas. *Agência Câmara de Notícias*. 2018. Disponível em: <https://www.camara.leg.br/noticias/541675-racismo-e-origem-do-atual-formato-das-cidades-brasileiras-dizem-especialistas/.%20Acesso%20em:%2015%20jun.%202023>. Acesso em: 15 jul. 2023.

(2) TRAJANO, Rosangela. *O patriarcado nas pequenas cidades brasileiras*. 2022. Disponível em: <https://www.neipies.com/o-patriarcado-nas-pequenas-cidades-brasileiras/>. Acesso em: 15 jun. 2023.

> de sexismo, sustentados pelas novas estruturas institucionais. Seu movimento fundamental foi separar a produção de pessoas da obtenção de lucro, atribuir o primeiro trabalho às mulheres e subordiná-lo ao segundo. Com esse golpe, o capitalismo reinventou a opressão das mulheres e, ao mesmo tempo, virou o mundo de cabeça para baixo.(3)

Essa estrutura de poder não oportuniza a mulheres de baixa renda, pretas em sua maioria, o caminho para encontrar liberdade financeira através do trabalho, quem dirá acesso à educação libertadora. Essa falta de acesso a direitos fundamentais é produtora da escravidão moderna. O controle sobre esses corpos é essencial para a manutenção da exploração do trabalho.

A escravidão moderna de mulheres é subnotificada no Brasil. Nos últimos 20 anos, 2.488 foram resgatadas de condições análogas à escravidão, segundo a Divisão de Fiscalização para Erradicação do Trabalho Escravo (Detrae) do Ministério do Trabalho. O número é 5% do total de trabalhadores resgatados na série histórica.

> "Quando consolidamos os dados, isso chamou nossa atenção. Concluímos que o trabalho escravo doméstico e a escravidão sexual estão invisibilizados", afirma Lys Sobral Cardoso, coordenadora da Comissão Nacional de Erradicação do Trabalho Escravo (Conatrae) do Ministério Público do Trabalho (MPT).(4)

Não por menos, sabemos que o racismo atravessa de forma contundente a inserção de mulheres pretas no mercado de trabalho brasileiro e não seria diferente em cidades rurais.

No trabalho, na educação e em qualquer espaço de poder da sociedade, o domínio ainda é de brancos — principalmente homens brancos. Tatiana Silva, que trabalha há 10 anos com pesquisa sobre políticas públicas e relações raciais no Instituto de Pesquisa Econômica Aplicada (IPEA), explica que todos os dados estão relacionados em uma lógica social que naturaliza as posições de acordo com a cor da pele. "Como se naturaliza chegar em espaços de poder e não encontrar pessoas negras, se naturaliza também que ali não é o lugar do negro. É muito natural então que o negro esteja nas periferias, que sejam as maiores vítimas de violência, o maior percentual da população em situação de

---

(3) ARRUZA, Cinzia; BHATTACHARYA, Tithi; FRASER, Nancy. *Feminismo para os 99%:* um manifesto. São Paulo: Boitempo, 2019. p. 38.

(4) OLIVEIRA, Geovana; FLORA, Katia. Exploração de mulheres é subnotificada no Brasil. *Folha de S. Paulo.* 2023. Disponível em: <https://www1.folha.uol.com.br/treinamento/2023/07/exploracao-de-mulheres-e-subnotificada-no-brasil.shtml>. Acesso em: 15 jul. 2023.

rua". Afinal, se não estão nos espaços de poder, onde essa maioria está? "Tanto de um extremo ou outro da hierarquia social, a sociedade naturaliza isso", explica.[(5)]

O retrato do Brasil perpassa também nessas mulheres negras de cidades pequenas, que são excluídas das oportunidades melhores. É sobre essa estrutura criada para garantir os poderes e privilégios que essas munícipes rurais vivem.

3. A quem pertence o acesso à educação e ao trabalho: mulheres precarizadas

Sabemos desde muito cedo, através dos conhecimentos que nossos pais, familiares ou até mesmo a comunidade onde vivemos nos passa, que a educação é o melhor caminho para o desenvolvimento pessoal e profissional, levando em consideração que essa família é no mínimo organizada, para que a pessoa possa efetivamente estudar no tempo certo sem precisar trabalhar.

É fato que o motor propulsor para melhorar a dignidade das pessoas está de fato no conhecimento que é agregado em sua vida e nas oportunidades disponibilizadas através da educação. Apenas a educação é capaz de promover a reflexão e o autorreconhecimento como sujeitos de direito, que são capazes de jogar luz sobre as externalidades que impactam a vida de cada cidadão.

Em conjunto com a educação, é necessário pensar no acesso ao emprego, pois é através dele que as pessoas efetivamente conseguem tocar suas vidas, pagar suas contas e se manterem com o mínimo de dignidade. Educação e trabalho andam juntos em prol do aperfeiçoamento profissional de cada indivíduo inserido ou não no mercado de trabalho.

Todos esses direitos acima são essenciais, mas infelizmente, na realidade de uma cidade rural pequena, tal imperativo está muito distante. Há, inclusive, ausência de dados precisos a respeito da qualidade da educação e o impacto disso na vida dessas pessoas. Aqui destaco o impacto na vida das mulheres dessas cidades, que por vezes não têm se quer a noção de como chegaram às situações precárias que vivem, pois não há sequer tempo para refletir a respeito, já que precisam diariamente, muitas vezes das formas mais precarizadas possíveis, trazer o alimento para dentro de suas casas.

Sabemos que a mulher é o único ser capaz de reproduzir a vida humana, e por esse fator, ela já é, desde o seu nascimento, introduzida a reproduzir valores sociais que representam a sua subalternidade nas relações diversas que se dão em espaços diversos. É como se fosse possível falar que a condição biológica é o seu marcador natural. Essa educação familiar é engessada por um padrão de conduta limitador e totalmente voltado

---

(5) ROSA, Thais Magalhães. Como é ser uma mulher negra no mercado de trabalho brasileiro. *Instituto Trabalho Decente*. 2020. Disponível em: <https://www.institutotrabalhodecente.org/pt/noticias/como-e-ser-uma-mulher-negra-no-mercado-de-trabalho-brasileiro-5>. Acesso em: 17 jun. 2023.

a satisfazer desejos masculinos. Com o raciocínio engessado, a melhor condição que ela tem é arrumar um bom casamento e trabalhar na sua residência, cuidando de seus filhos, maridos e outros parentes, assim ela pensa.

Uma vez que compreendemos a centralidade da reprodução social na sociedade capitalista, não podemos mais encarar de modo habitual a classe. Contrariamente ao entendimento tradicional, o que produz a classe na sociedade capitalista não são apenas as relações que diretamente exploram a "mão de obra", mas também as relações que a geram e a repõem[(6)].

> Para essas mulheres moradoras desses pequenos municípios, romper com esse ciclo que as condiciona a viver apenas em nome da família é muito difícil, pois a baixa escolaridade de muitas delas não permite que pensem em alternativas que difiram dessa realidade. Não são sujeitos do seu próprio destino, mas sim objetos da manutenção de um sistema patriarcal, sexista, misógino, racista e tantos outros adjetivos negativos que comportam os sistemas opressores. Como bem ratifica Kilomba ao citar Hooks:
>
> Bell Hooks usa estes dois conceitos de "*sujeito*" e "*objeto*" argumentando que *sujeitos* são aqueles que "têm o direito de definir suas próprias realidades, estabelecer suas próprias identidades, de nomear suas histórias". Como *objetos*, no entanto, nossa realidade é definida por outros, nossas identidades são criadas por outros, e nossa "história designada somente de maneiras que definem (nossa) relação com aqueles que são *sujeitos*".[(7)]

Quando essas mulheres tentam romper com esse ciclo e buscam oportunidade de trabalho dignas, oportunidades de estudar e melhorar sua profissionalização, esbarram na ausência de políticas públicas que visam dar acesso ao trabalho, como cursos profissionalizantes e até mesmo os postos de emprego, pois não há empresas privadas suficientes que possam efetivamente empregar essas mulheres nessas cidades rurais.

Em municípios pequenos, a melhor oportunidade de emprego advém da prefeitura, onde muitas mulheres são condicionadas à barganha política, ao voto de cabresto de toda família para garantirem seu emprego, temporário, pois se há troca de governo, há troca nos cargos de confiança. É fundamental lembrar também que naturalmente, e, mais uma vez, os marcadores sociais vão incidir violentamente nesse acesso ao trabalho, pois às mulheres pretas é negado o direito de ser sujeito e de ter dignidade através do trabalho.

(6) ARRUZA, Cinzia; BHATTACHARYA, Tithi; FRASER, Nancy. *Feminismo para os 99%:* um manifesto. São Paulo: Boitempo, 2019. p. 39.

(7) KILOMBA, Grada. *Memórias da plantação:* episódios de racismo cotidiano. Rio de Janeiro: Cobogó, 2020. p. 8 e 19.

A realidade dessas mulheres é de negação de acesso a trabalhos dignos. Para elas, a única oportunidade possível é exercer o trabalho em casas de família, em funções como doméstica, diarista, auxiliar de serviços gerais ou cuidadora. Aceitam muitas dessas funções também por falta de qualificação e de acesso à informação de qualidade que promova a progressão social.

Trabalham sem carteira assinada, sem receber valores amparados no salário-mínimo, com jornadas de trabalho de mais 8 horas diárias e mais de 44 horas semanais. E para piorar isso tudo, há ainda a dificuldade de encontrar dados qualitativos e quantitativos dessas realidades, pois essas mulheres se sentem acuadas de responder perguntas que envolvam o seu trabalho, pois não podem correr risco de deixar de levar o alimento para suas casas, mesmo que seja pouco.

A questão é muito mais intensa do que parece. Como se não fosse já cruel o suficiente você viver a partir de um trabalho mal remunerado com uma carga horária excessiva, precisar ficar à mercê das escolhas das pessoas ao seu redor para que você continue a (sobre)viver.

Para ser mais exata a respeito do quanto essa situação é violenta, trazemos informações do CENSO do IBGE[(8)] de 2020, na classificação de Trabalho e rendimento da cidade de Simão Pereira – MG, observem:

> Em 2020, o salário médio mensal era de 2.0 salários-mínimos. A proporção de pessoas ocupadas em relação à população total era de 19.3%. Na comparação com os outros municípios do estado, ocupava as posições 130 de 853 e 206 de 853, respectivamente. Já na comparação com cidades do país todo, ficava na posição 2040 de 5570 e 1479 de 5570, respectivamente. Considerando domicílios com rendimentos mensais de até meio salário-mínimo por pessoa, tinha 38.1% da população nessas condições, o que o colocava na posição 398 de 853 dentre as cidades do estado e na posição 2991 de 5570 dentre as cidades do Brasil.

Importante destacar que esses dados se referem a uma cidade que tem aproximadamente 2.621 habitantes, de acordo com o Censo[(9)], o que demonstra a baixa empregabilidade formal. Se esses dados perpassam pelo recorte de gênero, eles diminuem drasticamente, que dirá de raça.

Vivemos em uma sociedade capitalista, onde só é possível falar em manutenção da vida se for através do acesso ao dinheiro, que é cotidianamente negado a essas mulheres.

---

(8) BRASIL. IBGE. *Trabalho e Rendimento.* 2023. Disponível em: <https://cidades.ibge.gov.br/brasil/mg/simao-pereira/panorama>. Acesso em: 27 abr. 2023.

(9) *Idem.*

Hoje, estas se encontram em situação de precariedade em nome da melhoria da condição de vida de uns poucos; e essa situação é realidade em vários municípios espalhados pelo Brasil.

4. Ausência de trabalho: o adoecimento psicológico e a falta de pertencimento

Ser alguém que pertence a uma comunidade está muito além de ser um cidadão, um morador do local. Está ligado a participar da comunidade viva, de fazer parte das atividades e das oportunidades disponibilizadas pelo município em prol de garantir a dignidade. É saber que por mais sozinha que você esteja, sempre vai ter alguém para te apoiar e te levar para um caminho melhor. Pensar na humanidade das ações não é uma tentativa de colocar uma utopia na realidade, muito pelo contrário, é preservar e garantir que os órgãos públicos protejam e promovam a dignidade devida a todos aqueles que efetivamente precisam, que é obrigação do Estado e dos entes federativos.

A necessidade de pertencimento de uma mulher à comunidade não pode e não deve ficar limitada apenas ao seu papel reprodutivo. A mulher precisa de bases sólidas para se sentir realmente pertencente a uma comunidade de forma plena, tendo resguardado os mais diversos acessos a dignidade humana; e aqui destacamos o necessário cuidado de promover caminhos de ascensão através do trabalho e do estudo, com o intuito de evitar problemas muito maiores, como a violência, o uso de álcool, drogas, a gravidez na adolescência — problemas esses que podem levar ao adoecimento mental, à depressão e ansiedade.

Discutir temas como esses é sempre muito complicado por diversos fatores comuns a sociedade, mas que fatalmente são potencializados em municípios pequenos. Não há entre essas munícipes a sensação e a necessidade de pertencer aos espaços que a dignidade plena traz. Elas contam com o que a vida proporciona para elas, desemprego, baixa escolaridade, trabalhos precarizados. Para elas, o que mais importa é que os filhos tenham melhores oportunidades, que não repitam o ciclo, mas a realidade é bem diferente, pois a manutenção do status social dessas famílias perdura por anos e mais anos.

Essas mulheres mergulhadas em falta de oportunidades são levadas a caminhos muito ruins que as afastam cada vez mais da dignidade humana. Sem trabalho ou com o trabalho precarizado, elas precisam dar conta de todas as necessidades da casa e da família, cozinhando, cuidando dos filhos ou dos parentes, indo trabalhar de forma precarizada. E tudo isso as leva para o adoecimento, o não pertencimento e, naturalmente, as aproxima do uso excessivo de álcool e de drogas. Essa realidade se torna um ciclo vicioso nessas cidades, que vem acontecendo cotidianamente ao longo dos anos sem que nada seja feito para mudar a realidade. E a ausência de dados que comprovem essa realidade dificulta ainda mais o enfrentamento desse cenário.

O que pode ainda se somar com a realidade acima é a questão do trabalho reprodutivo, que torna essas mulheres obrigadas a cuidar de filhos e da casa, para que os seus maridos possam trabalhar. Essa tensão coloca essas mulheres em posições difíceis e desvantajosas para alçar trabalhos dignos, uma profissionalização eficiente e posições de trabalho mais bem remuneradas. Todos esses fatores são ingredientes de violência que o Estado deve rechaçar

A Constituição Federal ratifica que:

> Art. 5º Todos são iguais perante a lei, sem distinção de qualquer natureza, garantindo-se aos brasileiros e aos estrangeiros residentes no País a inviolabilidade do direito à vida, à liberdade, à igualdade, à segurança e à propriedade, nos termos seguintes:
>
> I – homens e mulheres são iguais em direitos e obrigações, nos termos desta Constituição;
>
> Art. 7º São direitos dos trabalhadores urbanos e rurais, além de outros que visem à melhoria de sua condição social:
>
> XX – proteção do mercado de trabalho da mulher, mediante incentivos específicos, nos termos da lei.[(10)]

A igualdade, a liberdade, a melhoria da sua condição social e a proteção específica do mercado de trabalho da mulher são direitos fundamentais que devem ser efetivamente protegidos, mas não só protegidos, como constantemente disponibilizados, para que essas mulheres possam ter efetivamente autonomia em suas vidas sem precisarem de nenhum homem para direcioná-las em suas escolhas.

Importante destacar mais uma vez que o recorte de raça é fundamental nesse pertencimento à comunidade, pois a maioria dessas mulheres que estão à penumbra do acesso de seus direitos mínimos são exatamente as mulheres pretas, e nossa responsabilidade, como mulheres antirracistas, é exatamente promover melhores condições para que essas mulheres tenham acesso ao trabalho e principalmente à uma educação que promova a sua liberdade.

> Encorajar as mulheres a lutar por sua formação, a desenvolver seu intelecto, deveria ser o objetivo primordial do movimento feminista.
>
> A educação como “prática da liberdade” (para usar uma outra frase de Paulo Freire) só será uma realidade para as mulheres quando desenvolvermos uma metodologia voltada às necessidades de todas as mulheres. Essa é uma importante agenda feminista.

---

(10) BRASIL. *Constituição Federal*. Brasília, DF: Planalto, 5 out. 1988. Disponível em: <https://www.planalto.gov.br/ccivil_03/constituicao/constituicao.htm>. Acesso em: 27 abr. 2023.

> As mulheres não precisam eliminar suas diferenças para construir vínculos de solidariedade. Não precisamos viver sob a mesma opressão para combatermos a opressão em si. Não precisamos sentir hostilidade contra os homens para nos unirmos, tão grande é a riqueza das experiências, culturas e ideias que podemos partilhar umas com as outras. Podemos ser irmãs unidas pelo compartilhamento de interesses e crenças, unidas em nosso apreço pela diversidade, unidas em nossa luta para acabar com a opressão sexista, unidas na solidariedade política.(11)

Apresentar a essas mulheres a liberdade e o impacto que o feminismo pode ter em suas vidas é a melhor condição possível para que elas possam ser libertadas das amarras do patriarcado e do racismo que as massacram cotidianamente.

5. A importância da introdução do feminismo na comunidade

A educação dessas mulheres munícipes rurais é essencial, é fundamental, e precisa ser efetivamente observada por todos nós que lutamos por um feminismo que seja para todas e todos. Precisamos sair das nossas caixas, das nossas lutas pessoais e cotidianas, e observar o quanto é importante auxiliar da melhor forma possível o desenvolvimento intelectual de mulheres que não têm o mínimo de conhecimento sobre o que é ser uma mulher em uma sociedade capitalista, racista, misógina e como tais preconceitos conduzem as conduz à precariedade e a condições de violências diversas.

A responsabilidade é nossa de nos inserirmos nessas realidades para libertar essas mulheres, com conhecimento e apoios diversos. Para isso, o primeiro passo que sugerimos através desse artigo é assumir o papel que o feminismo tem de conduzir essas mulheres à formação, à educação, à consciência do seu papel. Todavia, nada disso será possível se essas mulheres não se sentirem seguras, e a segurança advém da dignidade que se espera para sua família. Sem a proteção da sua rede de apoio, essa luta estará perdida.

A pressão política do cabresto, da barganha política, deixa muitas vezes essas mulheres amedrontadas, como já ratificamos durante o texto; a maior empresa desses municípios rurais é a prefeitura, o que dificulta o diálogo, pois essas mulheres têm maridos, filhos ou outros parentes dos quais dependem financeiramente trabalhando para esse ente federativo.

Diante dessa pressão política, essas mulheres vivem em situação de medo, não se envolvem, não se reconhecem, ficam limitadas as escolhas dos outros, o que é muito negativo para o progresso não só da cidade, como principalmente o delas, ao sofrerem essa violência cotidianamente. Bell Hooks(12) ratifica que:

(11) HOOKS, Bell. *Teoria feminista:* da margem ao centro. São Paulo: Perspectiva, 2019. p. 116-117.

(12) *Ibidem*, p. 170.

> Muitas mulheres engajadas no movimento feminista contemporâneo possuem ensino superior. É fácil pressupor que nosso *status* e nossos privilégios educacionais são comuns entre as mulheres e, como consequência, não enfatizarmos a necessidade de se fazer da educação, especialmente da formação de base, uma agenda feminista. Embora as ativistas feministas tenham focado na luta contra o sexismo nas instituições de ensino e na socialização infantil, não exploraram a fundo a conexão entre a exploração sexista das mulheres nessa sociedade e o grau de instrução dessas mesmas mulheres, incluindo a falta de habilidades básicas, como ler e escrever (HOOKS, 2019, p. 170).

Falar sobre a necessidade de alfabetização dessas mulheres, com o intuito de promover a consciência política dos seus papéis, é fundamental, mas precisa haver um olhar mais sensível, pois muitas dessas mulheres de cidades pequenas não tiveram acesso a melhores alternativas de estudo, já que precisavam trabalhar desde cedo ajudando suas famílias. E não apenas por isso, muitas vezes o ensino de qualidade não está presente nessas cidades, o que condiciona essas mulheres a migrarem para outras cidades para ampliar as relações sociais e as consciências. Esse privilégio, de ir para outra cidade estudar, poucas mulheres efetivamente têm. Se pensarmos no passado, tal acesso era ainda menor.

Nossa importância, como feministas, é agir no sentido de encontrar meios de alfabetizar essas mulheres acerca dos conhecimentos feministas, para que elas possam ter autonomia para decidir os rumos das suas vidas mesmo sob imposição masculina.

Por tanto, a luta feminista e antidiscriminatória, é fundamental, é essencial para promover uma nova mudança na vida dessas mulheres através do conhecimento. Não devemos negligenciar que o feminismo pode trazer à vida de mulheres que efetivamente não têm o mínimo de acesso à riqueza.

> A importância política da alfabetização ainda é negligenciada pelo movimento feminista hoje em dia, enquanto o material escrito se tornou praticamente o único meio de expressão de sua teoria. Muitas teóricas sequer possuem a intenção de levar suas ideias a um público de massa, e por isso devemos reconhecer que somos parcialmente responsáveis pela forma distorcida com que as ideias feministas acabam sendo interpretadas na tevê, por exemplo. Não é tarde para que as ativistas feministas enfatizem a importância da alfabetização e criem programas para alfabetizar mulheres. Esses programas poderiam não apenas ensinar a ler e escrever, como também ajudá-las a pensar de forma crítica e analítica.

> (...) Enquanto a massa das mulheres não estiver alfabetizada, as ideias feministas precisam ser amplamente divulgadas de forma oral. Muitas mulheres não irão e nem podem sair de suas casas para participar de conferências e conversas públicas sobre o feminismo; as ideias feministas podem ser difundidas pela vizinhança através do contato porta a porta. Esse tipo de contato pode ser feito pelas mulheres que participam das organizações feministas.[13]

É dever nosso bradar pela liberdade de nossas irmãs, que estão à mercê da falta de acesso ao conhecimento, mas à frente de todo tipo de violência que um sistema capitalista, racista e patriarcal as conduzem e fatalmente levam seus filhos para o caminho aos quais elas são levadas durante toda a sua vida.

6. Consideracoes finais

A construção de um pensamento científico por vezes necessita que o pesquisador se afaste do objeto de estudo sem que as paixões afetem o raciocínio, porém tal paradigma científico é um tanto mais dificultoso quando a pesquisadora está inserida nesse contexto de precarização, pois vive em uma das várias pequenas cidades brasileiras e presencia cotidianamente outras mulheres passarem pelas mesmas situações degradantes perante toda a comunidade. Mulheres essas que, nas suas estruturas de convívio, são condicionadas a vários tipos de assédios, vindos dos seus companheiros, da família e da própria comunidade, somados a falta de oportunidade de alcançar uma condição social melhor que venha do trabalho digno e bem remunerado e da necessária discussão sobre o papel da mulher na sociedade.

Como podemos perceber ao longo do texto, a violência contra os corpos femininos é massacrante, destrói mulheres, sonhos, a consciência de ser mulher. Não há identificação, não há conhecimento dos seus espaços e de como essas mulheres são capazes de alcançar lugares muito maiores do que aqueles condicionados, marcados e enquadrados para sua vida por uma escolha alheia, por um padrão patriarcal, construído para destruir o poder de pensar das mulheres.

Talvez esse artigo seja muito mais do que informativo, ou muito mais do que apenas um alerta, acreditamos que seja também um desabafo, um grito de socorro de uma mulher que vê todo esse sofrimento em cada mulher que vive essa realidade. O apelo de uma feminista, que sempre foi impactada por esse sistema patriarcal das cidades pequenas e que viu no feminismo a oportunidade de melhorar as condições de vida de todas as pessoas que estão ao redor.

Sejamos luta, força e união com essas mulheres tão necessitadas de afeto, de cuidado, de conhecimento, de trabalho; sejamos a mola propulsora da melhor condição possível

---

(13) HOOKS, Bell. *Teoria feminista:* da margem ao centro. São Paulo: Perspectiva, 2019. p. 171-172.

de vida a essas mulheres, pois o feminismo é isso, é a busca incessante de caminhos que possam levar essas mulheres a liberdades que jamais tiveram. E para isso, é sempre necessário medir a igualdade na medida das suas desigualdades. A melhor contribuição possível é que essas mulheres possam construir os seus próprios caminhos, com a certeza de que não estão sozinhas, que o feminismo está de mãos dadas com elas.

Referências

ARRUZA, Cinzia; BHATTACHARYA, Tithi; FRASER, Nancy. *Feminismo para os 99%:* um manifesto. São Paulo: Boitempo, 2019.

BRASIL. IBGE. Trabalho e Rendimento. 2023. Disponível em: <https://cidades.ibge.gov.br/brasil/mg/simao-pereira/panorama>. Acesso em: 27 abr. 2023.

______. *Constituição Federal.* Brasília, DF: Planalto, 5 out. 1988. Disponível em: <https://www.planalto.gov.br/ccivil_03/constituicao/constituicao.htm>. Acesso em: 27 abr. 2023.

______. Karla Alessandra. Racismo é origem do atual formato das cidades brasileiras, dizem especialistas. *Agência Câmara de Notícias.* 2018. Disponível em: <https://www.camara.leg.br/noticias/541675-racismo-e-origem-do-atual-formato-das-cidades-brasileiras-dizem-especialistas/.%20Acesso%20em:%2015%20jun.%202023>. Acesso em: 15 jul. 2023.

ESTADÃO CONTEÚDO. Cidades onde mais de 80% dos empregos estão nas prefeituras. 2017. Disponível em: <https://dcomercio.com.br/publicacao/s/cidades-onde-mais-de-80-dos-empregos-estao-nas-prefeituras>. Acesso em: 15 jul. 2023.

HOOKS, Bell. *Teoria feminista:* da margem ao centro. São Paulo: Perspectiva, 2019.

KILOMBA, Grada. *Memórias da plantação:* episódios de racismo cotidiano. Rio de Janeiro: Cobogó, 2020.

OLIVEIRA, Geovana; FLORA, Katia. Exploração de mulheres é subnotificada no Brasil. 2023. *Folha de S. Paulo.* Disponível em: <https://www1.folha.uol.com.br/treinamento/2023/07/exploracao-de-mulheres-e-subnotificada-no-brasil.shtml>. Acesso em: 15 jul. 2023.

ROSA, Thais Magalhães. *Trabalho Decente.* Como é ser uma mulher negra no mercado de trabalho brasileiro. 2020. Disponível em: <https://www.institutotrabalhodecente.org/pt/noticias/como-e-ser-uma-mulher-negra-no-mercado-de-trabalho-brasileiro-5>. Acesso em: 17 jun. 2023.

TRAJANO, Rosangela. *O patriarcado nas pequenas cidades brasileiras.* 2022. Disponível em: <https://www.neipies.com/o-patriarcado-nas-pequenas-cidades-brasileiras/>. Acesso em: 15 jun. 2023.

A Situação de Desemprego que Afetou as Brasileiras nos Últimos Três Anos e as Novas Perspectivas Trazidas pelo Programa "Emprega + Mulheres"

Tereza Rebeca Pinto Cortez

Resumo: Pela maior parte da história, as mulheres foram forçadamente anonimizadas. Hoje, apesar da gama de direitos conquistados e reconhecidos, inclusive no âmbito trabalhista, ainda suportam as sequelas de um gênero historicamente oprimido. Nos últimos três anos, sobretudo em decorrência da pandemia, as desigualdades sociais e econômicas ficaram ainda mais acentuadas. Para as mulheres, os impactos puderam ser observados desde as dificuldades de permanência de vínculos às adversidades nas jornadas de trabalho. Os índices de inserção e manutenção de mulheres no mercado de trabalho brasileiro, que crescia desde o ano de 2009, frearam entre 2020 e 2022. Nesse contexto de instabilidade nas relações de trabalho, surge a necessidade de uma legislação de cunho antidiscriminatório direcionada a essas trabalhadoras. O presente estudo, portanto, supera a questão da pandemia propriamente dita, já tão explorada cientificamente desde o seu início. O enfoque deste escrito é, levando em consideração a elevada taxa de desemprego que afetou as brasileiras nos últimos três anos, analisar dados concretos e, a partir deles, refletir acerca das possíveis razões que deram causas aos elevados índices e nas novas perspectivas trazidas pela Lei n. 14.457/2022, que instituiu o "Programa Emprega + Mulheres". Como metodologia, realizou-se uma análise quantitativa e qualitativa de dados, provenientes de pesquisas elaboradas por alguns institutos, a exemplo o IBGE. A partir desses números, utilizou-se do método dedutivo para a obtenção de conclusões. Assim, baseado nos referidos dados e defendendo dois pontos-chave, o estudo conclui que, no Brasil, as mulheres foram as mais afetadas social e economicamente entre os anos de 2020 a 2022. No tocante às profissões, sobretudo, as profissionais de saúde, as professoras e as empregadas dos setores de comércio e serviço. Com relação à raça/cor, as mulheres pretas e pardas.

Palavras-chave: Mulheres — Desemprego — Programa "Emprega + Mulheres" — Legislação antidiscriminatória.

1. Introdução

Em que pese estarmos nos encaminhando para o fim da pandemia, vamos retomar brevemente o tema, visto que a propagação do novo Coronavírus, que teve início em 2020, foi motivadora da mais severa crise sanitária mundial do século XXI, afetando, consequentemente, as relações de trabalho. Em março de 2023, foram contabilizadas 6,87 milhões de mortes em todo o mundo, levando ao óbito mais de 699 mil brasileiras e brasileiros.(1)

No tocante às relações trabalhistas, é impossível ignorar os efeitos da pandemia, especialmente para as mulheres. De maneira brusca, o vínculo "empregada-empregadora" teve que se adaptar a mudanças, como: o adoecimento e o falecimento de inúmeras trabalhadoras, a flexibilização no formato de trabalho, as alterações legislativas, além da crise financeira que levou à falência e à redução de jornadas, quadros e salários. Muitas trabalhadoras perderam seu vínculo empregatício; tantas outras tiveram salários reduzidos ou precisaram pedir demissão para cuidar dos filhos ou de parentes com comorbidades.

No Brasil, neste ano de 2023, há cerca de 81,7 milhões de pessoas exercendo trabalho, seja formal ou informalmente, conforme dados levantados pelo Novo Cadastro Geral de Empregados e Desempregados (CAGED).(2) Desse número, 39 milhões são mulheres.(3) Estas, apesar de serem maioria da população brasileira(4) e em cômputo crescente no mercado de trabalho, ainda suportam os impactos de um gênero oprimido, não só no âmbito trabalhista.(5)

O fato é que a desigualdade de gênero — historicamente constituída, solidificada

(1) CONSELHO NACIONAL DE SECRETÁRIOS DE SAÚDE (CONASS). *Painel Conass Covid-19 completa mil dias de divulgação diária!* Disponível em: <https://www.conass.org.br/painelconasscovid19/>. Acesso em: 10 mar. 2023.

(2) BRASIL. Casa Civil. *Brasil atinge estoque recorde de 42.9 milhões de empregos com carteira assinada.* Disponível em: <https://www.gov.br/casacivil/pt-br/assuntos/noticias/2022/novembro/brasil-atinge-estoque-recorde-de-429-milhoes-de-empregos-com-carteira-assinada>. Acesso em: 09 fev. 2023.
BRASIL. Agência IBGE Notícias. *Desocupação cai para 8,1% no trimestre encerrado em novembro.* Disponível em: <https://agenciadenoticias.ibge.gov.br/agencia-noticias/2012-agencia-de-noticias/noticias/36114-desocupacao-cai-para-8-1-no-trimestre-encerrado-em-novembro>. Acesso em: 09 fev. 2023.

(3) IBGE. *Pesquisa Nacional por Amostra de Domicílios Contínua (Pnad Contínua).* Disponível em: <https://www.ibge.gov.br/estatisticas/sociais/trabalho/9221-sintese-de-indicadores-sociais.html?edicao=32373&t=resultados>. Acesso em: 09 fev. 2023.

(4) BRASIL. IBGE Educa. *Conheça o Brasil:* quantidade de homens e mulheres. Disponível em: <https://educa.ibge.gov.br/jovens/conheca-o-brasil/populacao/18320-quantidade-de-homens-e-mulheres.html>. Acesso em: 09 fev. 2023.

(5) Nesse sentido, vale uma reflexão: observa-se que, embora as mulheres tenham ocupado cargos antes direcionados apenas aos homens — o que se revela um progresso —, no âmbito familiar, no entanto, os números de violência contra as mulheres são altíssimos, nos fazendo duvidar da real evolução da sociedade brasileira.

e dia a dia reforçada —, se fortalece durante os períodos de crise, e bem assim ocorreu no último cenário pandêmico, em especial, como trataremos aqui, no campo das relações trabalhistas. Evidentemente, o governo brasileiro vigente à época do período mais crítico da pandemia (2020 – 2022) não foi capaz de amparar seu povo, deixando as mulheres ainda mais no limbo.

Nos últimos três anos, as taxas de desemprego, que afetou, sobretudo, as mulheres, foram elevadíssimas, reforçando o que se chama de "feminização da pobreza". Após a análise de dados, que serão retratados mais à frente, acreditamos que a situação de instabilidade nas atividades laborais realizadas por mulheres durante a pandemia atingiu críticos patamares em razão de dois principais pontos – os quais também serão posteriormente desenvolvidos.

Primeiro, é o fato de que às mulheres, embora ocupantes do espaço público, ou seja, exercentes de atividade remunerada fora do lar, ainda são impostas, fruto de uma cultura patriarcal, o dever de cuidar do lar e da família, concomitantemente.

Segundo, é o fato de que as atividades laborais mais afetadas pelas medidas de distanciamento social foram aquelas em que o maior número de profissionais são mulheres. Destacam-se as profissionais da saúde, as professoras e as empregadas dos setores de comércio e serviços.

Observa-se, em ambos os pontos, um ofício historicamente imposto e culturalmente reforçado: a mulher na figura de "cuidadora", seja da própria família ou na atividade remurada que exerce.

Diante do cenário caótico de instabilidade nas relações de trabalho, surge a Lei n. 14.457, de 21 de setembro de 2022, com o fito de instituir o programa "Emprega + Mulheres", destinado à inserção e à manutenção de mulheres no mercado de trabalho. Dentre os objetivos do referido diploma legal, está o apoio à parentalidade, por meio da flexibilização do regime de trabalho, e o incentivo à qualificação profissional dessas trabalhadoras.

Portanto, o presente estudo, como dito acima, supera a questão da pandemia propriamente dita, já tão explorada cientificamente desde o seu início. O enfoque deste escrito é, levando em consideração a elevada taxa de desemprego que afetou as mulheres nos últimos três anos, analisar dados concretos e, a partir deles, refletir acerca dos motivos que levaram esse desemprego e nas novas perspectivas trazidas pela Lei n. 14.457/2022.

Como metodologia, foi realizada uma análise quantitativa e qualitativa de dados, provenientes de pesquisas elaboradas pelo Instituto Brasileiro de Geografia e Estatística (IBGE), pela Fundação Getúlio Vargas (FGV), pela Associação Nacional dos Especialistas em Políticas Públicas e Gestão Governamental (ANESP), pela Federação Nacional das Escolas Particulares (FENEP), pelo Banco Mundial, entre outros institutos. A partir desses dados, utilizou-se do método dedutivo para a obtenção de conclusões acerca das possíveis razões que deram causas às elevadas taxas de desemprego entre as mulheres nos três últimos anos.

Inicialmente, far-se-á um breve percurso histórico acerca da inserção das mulheres no mercado de trabalho. No segundo tópico, discorrer-se-á a respeito de como a pandemia afetou as atividades laborais das trabalhadoras brasileiras, utilizando como lapso temporal o recorte de 2020 a 2022 – período considerado mais crítico. Após, analisar-se-ão dados extraídos de pesquisas realizadas pelos institutos acima mencionados. Por fim, no terceiro e último tópico, refletir-se-á acerca das novas perspectivas trazidas pela Lei n. 14.457/2022, analisando, sobretudo, as medidas de apoio à parentalidade e qualificação profissional.

2. O pedregoso caminho de inserção das mulheres no mercado de trabalho

No início da Idade Média (período compreendido entre os anos 476 a 1453),(6) não existia uma divisão de trabalho predeterminada em razão dos sexos biológicos, de modo que as mulheres exerciam sua força de trabalho em diferentes ramos, inclusive por meio de trabalhos braçais. Mais à frente, adentrando no período da Reforma Protestante (iniciada no ano de 1517), o feminino passou a ser visto como uma ameaça, culminando na sanguinária e atroz “Caça às Bruxas” — acontecimento que preparou terreno para o desenvolvimento de um regime patriarcal ainda mais maciço e opressor.(7)

Com o passar dos séculos, o enraizamento do patriarcado, somado à construção social misógina, fez com que o papel das mulheres (e aqui utilizo propositalmente o termo “papel” no singular para enfatizar a singularidade em detrimento das possibilidades de papéis) tenha se tornando preestabelecido e solidificado (ou seja, aceito socialmente), sentenciando-as à esfera doméstica.

No entanto, vale um destaque para que não caiamos nas armadilhas da generalização e da superficialidade: o processo de enraizamento do papel social das brasileiras se deu de forma diferente entre as mulheres de classe mais abastada e branca, e as de classe menos favorecida, em sua maioria negras — à frente, dados corroborarão com esta afirmativa. O estereótipo da mulher como sendo exclusivamente “dona de casa” é algo burguês, pois considera apenas aquelas que possuíam condições de permanecerem em suas casas, cuidado do lar, do marido e dos filhos. Nesse cenário, enquanto as mulheres enquadravam-se como “chefes de casa”, os homens, considerados provedores do sustento, eram qualificados como “chefes de família”.

Em contrapartida, as mulheres negras não tiveram outra alternativa senão vender

(6) SCHNEEBERGER, Carlos Alberto. *Manual compacto de história geral:* teoria e prática. 2. ed. São Paulo: Ridel, 2003. p. 91.

(7) FEDERICI, Silvia. *Calibã e a Bruxa:* mulheres, corpo e acumulação primitiva (Coletivo Sycorax, trad.). São Paulo: Editora Elefante, 2017. p. 30.

a força de trabalho em atividades insalubres ou análogas à escravidão, não usufruindo sequer da possibilidade de desempenhar o papel unicamente "do lar".(8) Tal construção social reflete ainda na atualidade, considerando que as condições de inserção e manutenção no mercado de trabalho são díspares para as mulheres a depender de sua classe e cor.

Retomando, a largas pinceladas, à linha histórica numa perspectiva mundial, a partir do século XVIII o movimento feminista dá seus primeiros passos perante à sociedade, embora, ao longo da história, há situações em que as mulheres se moveram contra a ordem patriarcal, mesmo quando desconheciam o ideal de feminismo propriamente dito.(9)

O feminismo clássico, apesar de criticado por trazer uma ideia de generalização do movimento, enfatizando os contextos europeu e norte-americano em detrimento dos demais, discute a história do feminismo a partir de três ondas: a primeira inicia-se na Revolução Francesa, por meio dos escritos de Olympe de Gouges sobre os direitos das mulheres; a segunda inicia-se a partir do chamado "Maio 68", marcado por protestos estudantis na França e outros nos Estados Unidos; por fim, a terceira onda é contextualizada pelas novas tecnologias de informação e vertentes teóricas.

Com o decorrer dos anos, em razão de muita luta e embasadas nos ideais feministas, as mulheres conquistam direitos em diversos âmbitos. No campo trabalhista, destacam-se os de ingresso, reconhecimento e amparo legislativo em setores do trabalho antes ocupados apenas por homens, de modo a desconstruir o pré-estabelecido.

Na esfera legal, em 1979, a Organização das Nações Unidas (ONU) publicou a "Convenção sobre a Eliminação de Todas as Formas de Discriminação contra a Mulher", ratificada pelo Brasil por meio do Decreto n. 4.377/2002. A referida Convenção foi o primeiro tratado internacional a dispor amplamente sobre os direitos humanos da mulher e, dentre outros propósitos, buscou promover a igualdade de gênero e reprimir quaisquer formas de discriminação, inclusive no mercado de trabalho, conforme dispõe seu art. 11.(10)

---

(8) DAVIS, Ângela. *Mulheres, raça e classe*. São Paulo: Boitempo, 2016.

(9) SILVA, Carmen Silvia Maria da. *Movimento de mulheres, movimento feminista e participação de mulheres populares:* processo de constituição de um feminismo antissistêmico e popular. Tese (doutorado). Universidade Federal de Pernambuco. Programa de Pós-Graduação em Sociologia, Recife, 2016. p. 36.

(10) Art. 11 da Convenção sobre a Eliminação de Todas as Formas de Discriminação contra a Mulher. "1. Os Estados-Partes adotarão todas as medidas apropriadas para eliminar a discriminação contra a mulher na esfera do emprego a fim de assegurar, em condições de igualdade entre homens e mulheres, os mesmos direitos, em particular: a) O direito ao trabalho como direito inalienável de todo ser humano; b) O direito às mesmas oportunidades de emprego, inclusive a aplicação dos mesmos critérios de seleção em questões de emprego; c) O direito de escolher livremente profissão e emprego, o direito à promoção e à estabilidade no emprego e a todos os benefícios e outras condições de serviço, e o direito ao acesso à formação e à atualização profissionais, incluindo aprendizagem, formação profissional superior e treinamento periódico; d) O direito a igual remuneração, inclusive benefícios, e igualdade de tratamento relativa a um trabalho de igual valor, assim como igualdade de tratamento com respeito à avaliação da qualidade do trabalho; e) O direito à seguridade social,

Ainda no âmbito global, destacam-se "Os Princípios de Empoderamento das Mulheres",(11) elaborados também pela ONU, com fito de auxiliar a comunidade empresarial a incorporar em seus negócios valores que visem a equidade de gênero e a não discriminação.

Conforme expõe o estudo "Direitos da Personalidade das Mulheres Sob a Perspectiva da Dignidade da Pessoa Humana como Axioma Justificante", (12) os tratados internacionais de proteção de direitos humanos das mulheres trouxeram contribuições significativas para o desenvolvimento social de muitos países. Conforme o referido estudo, esse desenvolvimento está diretamente ligado ao ganho do poder feminino, que transparece nos campos da educação, das oportunidades de emprego e do funcionamento do mercado de trabalho.

No campo legal nacional, a Constituição Federal de 1934 passou a tratar, de modo inaugural, expressamente dos direitos trabalhistas das mulheres, proibindo a diferença de salário por motivo de idade, sexo, nacionalidade ou estado civil (art. 121, § 1º, *"a"*, CF/34).(13) Anos após, o Estatuto da Mulher Casada (Lei n. 4.121/1962) afastou a obrigatoriedade de autorização do marido para que a esposa pudesse trabalhar fora de casa (art. 246).(14)

---

em particular em casos de aposentadoria, desemprego, doença, invalidez, velhice ou outra incapacidade para trabalhar, bem como o direito a férias pagas; f) O direito à proteção da saúde e à segurança nas condições de trabalho, inclusive a salvaguarda da função de reprodução" (ONU, 1979).

(11) Os sete Princípios de Empoderamento: "a) Estabelecer liderança corporativa sensível à igualdade de gênero, no mais alto nível; b) Tratar todas as mulheres e homens de forma justa no trabalho, respeitando e apoiando os direitos humanos e a não discriminação; c) Garantir a saúde, segurança e bem-estar de todas as mulheres e homens que trabalham na empresa; d) Promover educação, capacitação e desenvolvimento profissional para as mulheres; e) Apoiar empreendedorismo de mulheres e promover políticas de empoderamento das mulheres através das cadeias de suprimentos e marketing; f) Promover a igualdade de gênero através de iniciativas voltadas à comunidade e ao ativismo social; g) Medir, documentar e publicar os progressos da empresa na promoção da igualdade de gênero".(ONU, 2010).

(12) SEN, Amartya. *Desenvolvimento como liberdade.* São Paulo: Companhia das Letras, 2000. p. 234-235 *apud* SIQUEIRA, Dirceu Pereira; ANDRECIOLI, Sabrina Medina. Direitos da personalidade das mulheres sob a perspectiva da dignidade da pessoa humana como axioma justificante. *Revista Direitos Humanos e Democracia*, 2020. p. 290-307.

(13) Art. 121, § 1º, *"a"*, da CF/34. "A lei promoverá o amparo da produção e estabelecerá as condições do trabalho, na cidade e nos campos, tendo em vista a proteção social do trabalhador e os interesses econômicos do País. § 1o A legislação do trabalho observará os seguintes preceitos, além de outros que colimem melhorar as condições do trabalhador: a) proibição de diferença de salário para um mesmo trabalho, por motivo de idade, sexo, nacionalidade ou estado civil" (BRASIL, 1934).

(14) Art. 246 da Lei n. 4.121/1962. "A mulher que exercer profissão lucrativa, distinta da do marido terá direito de praticar todos os atos inerentes ao seu exercício e a sua defesa. O produto do seu trabalho assim auferido, e os bens com êle adquiridos, constituem, salvo estipulação diversa em pacto antenupcial, bens reservados, dos quais poderá dispor livremente com observância, porém, do preceituado na parte final do art. 240 e nos ns. II e III, do art. 242. Parágrafo único. Não responde, o produto do trabalho da mulher, nem os bens a que se refere êste artigo pelas dívidas do marido, exceto as contraídas em benefício da família" (BRASIL, 1962).

Nesse sentido, sem desconsiderar os inúmeros direitos conquistados, o fato é que a isonomia de que trata o art. 5º, *caput*, I, da Constituição Federal de 1998, embora legalmente reconhecida, na prática, para atingi-la, há um espinhoso caminho a percorrer. Apesar dos instrumentos jurídicos e sistemas de garantia destinados à proteção das mulheres, as violações à dignidade humana e demais tutelas desses sujeitos estão presentes nos quatro cantos do país. Na esfera trabalhista, essas violações são traduzidas, por exemplo, nas diferenças de salários e condições de trabalho, nas dispensas discriminatórias, no assédio sexual e assim por diante.

No geral, é possível observar que o número de brasileiras exercendo labor fora de casa vem aumentando ano a ano. Frisa-se "no geral", pois no período pandêmico essa crescente deu uma freada. O estudo "Estatísticas do Cadastro Central de Empresas 2020", realizado pelo IBGE,(15) mostrou que desde o ano de 2009 a participação das mulheres no mercado de trabalho é crescente.(16) Em 2009, a porcentagem de homens exercendo vínculo formal de trabalho era de 58,1% (perfazendo um total de 23.376.125), enquanto a de mulheres, 41,9% (perfazendo um total de 16.835.932). Em 2015, o percentual de homens exercendo vínculo formal de trabalho diminuiu para 56,0% (perfazendo um total de 26.060.183), enquanto o de mulheres aumentou para 44,0% (perfazendo um total de 20.496.967). Em 2020, último ano da pesquisa, o percentual registrado de homens assalariados foi de 55,7%, ao passo que o de mulheres, 44,3%.

Através dos dados citados, é possível extrair alguns apontamentos interessantes: ainda que o número de homens exercendo vínculo formal de trabalho tenha permanecido maior que o número de mulheres durante todo o lapso temporal estudado (2009 a 2020), o número de mulheres cresceu ano a ano – com exceção de 2020, em consequência da pandemia.

Em 2019, as mulheres ocupavam 44,8% (um total de 20.692.794) dos vínculos formais de trabalho no país. Em 2020, esse percentual caiu para 44,3% (20.099.216). Já os homens, em 2019, ocupavam 55,2% (25.522.052) dos vínculos formais de trabalho. No ano seguinte, esse percentual aumentou para 55,7% (25.290.350). Tais números reforçam a tese que já foi mencionada e será à frente confirmada: as mulheres foram as mais afetadas durante a pandemia.

Ademais, observa-se que enquanto o percentual de homens exercendo vínculo formal de trabalho diminuiu, o de mulheres aumentou. Ao final da pesquisa, o saldo de homens, de 2020 a 2009, foi de 1.914.225, enquanto o de mulheres, 3.263.284.

(15) IBGE. *Estatísticas do cadastro central de empresas: 2020.* 2020.

(16) Vale mencionar que a pesquisa utiliza apenas os termos "mulheres" e "homens" como parâmetros de análise. O presente estudo, no entanto, reconhece a precariedade da dualidade restritiva adotada, embora reconheça a seriedade e a relevância do Instituto, inclusive para a realização deste trabalho.

Seguindo essa mesma linha, mais um estudo merece destaque. No ano de 2021, o Conjunto Mínimo de Indicadores de Gênero (CMIG), utilizando dados provenientes do IBGE, como a Pesquisa Nacional por Amostra de Domicílios Contínua (PNAD), divulgou a segunda edição das "Estatísticas de gênero: indicadores sociais das mulheres no Brasil".(17) Conforme o material, enquanto as mulheres passam cerca de 21,4 horas semanais dedicadas aos afazeres domésticos, os homens passam 11 horas (ou seja, praticamente a metade). Ademais, o número de horas semanais de trabalho remunerado, combinado com as horas de trabalho doméstico não remunerado, foi objeto de análise: enquanto para as mulheres a carga total de horas semanais desenvolvendo ambos os trabalhos (doméstico e não doméstico) é 54,3 horas, para os homens a carga total de horas semanais de dedicação nas mesmas atividades é de 51,2 horas.

O estudo observou, ainda, que no ano de 2019 o mercado informal brasileiro era composto em sua maioria por mulheres, em um percentual de 40,3% dos vínculos, comparado aos homens, que estavam em 37,8% na informalidade. Com relação à taxa de desocupação,(18) as mulheres ocupavam um percentual de 14,1%, enquanto os homens 9,6%. Frisa-se que, em que pese os números retratarem a realidade de 2019, atualmente, as proporções são semelhantes.

Mais um dado do mencionado estudo que reforça a desigualdade de gênero refere-se à proporção de mulheres exercendo cargos de liderança: 3,2% do mercado, se comparadas ao percentual de homens, que é 5,7%. No tocante aos ramos, constatou-se que os homens ocupam a maior quantidade de cargos na indústria: uma proporção de 27,4%, comparada a de mulheres, que é de 10,7%. Já nas atividades de serviços a proporção se inverte, estando as mulheres ocupando 85,1% dos cargos.

Em complemento, no que se refere às atividades em que as mulheres compõem maioria dos quadros de trabalhadores formais, de acordo com a pesquisa "Estatísticas do Cadastro Central de Empresas 2020", anteriormente citada, e com o estudo "Síntese de Indicadores Sociais", realizado, em 2019, pelo IBGE,(19) dentre uma listagem de inúmeros setores de trabalho, os que as mulheres estão em maior porcentagem são: 1) profissionais de saúde humana e serviços sociais, ocupando 74,1% dos cargos, enquanto os homens, 25,9%; 2) professoras e profissionais da educação, ocupando 66,9% dos cargos, enquanto os homens, 33,1%; 3) alojamento e alimentação, ocupando 55,7% dos cargos, enquanto os homens, 44,35%.

---

(17) IBGE. *Estatísticas de Gênero:* indicadores sociais das mulheres no Brasil 2. Edição 2021.

(18) O "desemprego", de forma simplificada, refere-se à situação das pessoas com idade para trabalhar (acima de 14 anos) que não estão trabalhando, mas disponíveis e em busca de trabalho. A "taxa de desocupação" pode ser compreendida como a porcentagem de pessoas na força de trabalho que estão desempregadas.

(19) IBGE. *Síntese de indicadores sociais:* uma análise das condições de vida da população brasileira, 2019.

Ante o exposto, é possível refletir que, embora as mulheres tenham conquistado participação no espaço público, inserindo-se nos mais diversos ramos de trabalho, parte dos ofícios a elas destinados ainda são correlacionados à esfera doméstica, à maternidade e às funções de cuidado em geral. É nesse sentido que Boaventura Santos[(20)] afirma que as mulheres exercem o papel de "cuidadoras do mundo", dentro e fora das famílias, como se os deveres de cuidar, educar, cozinhar e dialogar, mesmo no âmbito trabalhista, sejam considerados inerentes às atividades destinadas a esses sujeitos.

No mesmo sentido, Rangel, citando Fraser e Pateman,[(21)] aponta que o poder doméstico patriarcal se estende para formas de poder na vida pública. Assim, ainda que as mulheres não sejam excluídas do mundo público, sua inserção nele se dá por um *status* inferior.

Portanto, percebemos que, pela maior parte da história, as mulheres foram forçadamente anonimizadas e, apesar da gama de direitos conquistados e reconhecidos, inclusive no âmbito trabalhista, os números acima expostos ilustram as sequelas de um gênero historicamente oprimido. Nos últimos três anos, sobretudo em decorrência da pandemia, as desigualdades sociais e econômicas ficaram ainda mais acentuadas, como será retratado no próximo tópico.

3. As mulheres durante a pandemia: uma análise de dados

A Organização Mundial da Saúde (OMS) decretou o início da pandemia no dia 11 de março de 2020. Por meio de conteúdos de televisão e internet, a população brasileira teve conhecimento dos primeiros afetados, começando pela Ásia, passando para a Europa e chegando rapidamente à América. No Brasil, o primeiro caso foi notificado em 26 de fevereiro de 2020, em São Paulo, sendo a primeira morte registrada no estado do Rio de Janeiro, em 17 de março do mesmo ano, cuja vítima era uma mulher negra, que exercia a profissão de empregada doméstica.

Para a Organização Pan-Americana da Saúde,[(22)] as pandemias tendem a afetar mulheres e homens de maneira distinta, inclusive no tocante às implicações sociais e econômicas. Bem assim ocorreu com as brasileiras, conforme números anteriormente mostrados. É nesse sentido que este estudo defende que a situação de instabilidade nas atividades laborais realizadas por mulheres durante a pandemia atingiu críticos patamares em razão de dois principais pontos.

(20) SANTOS, Boaventura de Sousa. *A cruel pedagogia do vírus*. Coimbra: Almedina, 2020.

(21) FRASER, Nancy. *Justice Interruptus:* critical reflections on "postsocialist" condition. New York and London: Routledge, 1997; PATEMAN, Carole. *The Sexual Contract. Stanford:* Stanford University Press, 1988 *apud* RANGEL, Patrícia Duarte. *Movimentos feministas e direitos políticos das mulheres:* Argentina e Brasil. Tese (doutorado). Universidade de Brasília. Programa de Pós-Graduação em Ciência Política, Brasília, 2012. p. 30.

(22) PAN AMERICAN HEALTH ORGANIZATION. *Gendered Health Analysis:* Covid-19 in the Americas, 2021.

Primeiro, é o fato de que às mulheres, embora exercentes de atividade remunerada fora de casa, ainda são impostas o dever de cuidar do lar e da família, concomitantemente. Assim, com a pandemia, muitas dessas trabalhadoras tiveram que abrir mão de suas atividades remuneradas para dedicar-se aos cuidados com os filhos (que passaram a ficar em casa, sem aulas ou assisti-las na modalidade online) ou parentes com comorbidades. Além disso, com o fechamento das escolas, muitas mulheres ficaram sobrecarregadas, dificultando as chances de retomada ao mercado de trabalho.(23)

Se antes, como já mencionado, o labor das mulheres restringiam-se ao âmbito doméstico, hoje, grande parte delas estão inseridas no mercado. Todavia, ainda assim, o enraizamento da cultura patriarcal pesa sobre essas mulheres a obrigação de executar, com excelência, outros ofícios: além de excelentes profissionais (pois só assim para manter-se no mercado), tem de ser excelentes esposas, excelentes mães e excelentes donas de casa. Do contrário, correm o risco de enquadrar-se como "menos mulher".

Ademais, para aquelas que não tiveram seus contratos de trabalho encerrados, com as medidas de contenção e não propagação do vírus, o modo de trabalhar mudou radicalmente, inclusive em razão da adesão do regime de teletrabalho em diversos setores.(24) Se outrora as mulheres trabalhavam durante o dia e à noite dedicavam-se aos demais afazeres, a partir da adoção da modalidade de trabalho remoto, essas empregadas passaram a exercer ambas as atividades simultaneamente, de modo que a sobrecarga foi inevitável.

Uma pesquisa realizada pelo Grupo de Estudos Trabalho e Sociedade, da Universidade Federal do Paraná (UFPR),(25) constatou que homens e mulheres vivenciaram o trabalho remoto de formas distintas. A pesquisa utilizou um *software* de análise textual para verificar essas distinções, com base nos termos mais utilizados. O resultado mostrou que os termos mais recorrentes para as mulheres estavam relacionados à dificuldade de concentração e às interrupções que sofreram durante o período de teletrabalho. Já para os homens, a dificuldade esteve relacionada à falta de contato com os colegas.

Outrossim, o segundo ponto defendido pelo presente estudo é o fato de que as atividades laborais mais afetadas em razão da pandemia foram aquelas em que o maior número de profissionais são mulheres. Destacam-se as profissionais da saúde, as professoras e as empregadas dos setores de comércio e serviços, anteriormente mencionadas.

---

(23) Essa colocação não tem a intimação de criticar a medida, pois acredita-se que foi de suma importância para a contenção do vírus.

(24) O teletrabalho passou a ser expressamente reconhecido na legislação trabalhista por meio da inclusão do "Capítulo II-A" na Consolidação das Leis do Trabalho (CLT), mediante as Leis ns. 13.467/2017 e 14.442/2022. É certo que a pandemia acelerou a adoção e a aceitação social dessa modalidade de trabalho.

(25) BRIDI, Maria Aparecida *et al.* (Coords.) *O trabalho remoto/*home-office *no contexto da pandemia Covid-19:* trabalho docente, setores público e privado e questões de gênero. Curitiba: Universidade Federal do Paraná, Grupo de Estudos Trabalho e Sociedade, 2020.

De acordo com uma pesquisa realizada, em 2020, pela ANESP,[26] valendo-se de dados do Instituto de Pesquisa Econômica Aplicada (IPEA), as mulheres ocupam a proporção de 85% da classe de profissionais da área da saúde (enfermeiras, técnicas e auxiliares de enfermagem).

No mesmo sentido, o relatório "Mulheres, Empresas e o Direito 2021", do Banco Mundial,[27] revelou que a pandemia prejudicou desproporcionalmente as capacidades sociais e econômicas das mulheres, tendo em vista que, dentre outros motivos, elas constituem a maioria dos profissionais de saúde e serviço social. Além disso, conforme o relatório, o período pandêmico afetou também a segurança das mulheres, que ficaram mais suscetíveis ao risco de violência doméstica.

Com relação às profissionais da educação, conforme o estudo "Números da Educação Privada Brasileira", elaborado pela FENEP, [28] em 2020, as mulheres, nas cinco regiões do país, ocupavam cerca de 70% do quadro de professores da educação básica. Ademais, em decorrência da pandemia, até agosto de 2020, milhares de docentes da educação básica já haviam sido demitidas, sendo as professoras de Educação Infantil as mais afetadas, concentrando mais de 70% das demissões da rede particular de ensino.

No geral, as demissões ocorridas no período pandêmico contribuíram para que a população brasileira que se enquadra abaixo da linha de pobreza tenha triplicado, atingindo cerca de 27 milhões de pessoas no ano de 2021 (um percentual de 12,8% da população).[29] O ano de 2022, por seu turno, encerrou-se com 8,6 milhões de brasileiras e brasileiros desempregados (um percentual de 7,9%). Dentre as regiões do país, o Nordeste liderou com o maior índice de desemprego, atingindo 10,9% da população; seguindo, o Norte, com 8,1%; após, o Sudeste, com 7,9%; o Centro-Oeste, com 6,2%; e, por último, a região Sul, com 4,5%.[30]

No entanto, ainda assim, é possível constatar que o desemprego no Brasil segue um determinado perfil e atinge com veemência a mulher negra e de baixa escolaridade — uma relação dialética entre gênero, raça e trabalho, fruto de uma construção social misógina, patriarcal e racista. Com base em dados do IBGE, no ano de 2019, entre as pessoas abaixo das linhas de pobreza, 70% eram de cor preta ou parda. As mulheres pretas ou pardas, por sua vez, representavam 28,7% da população do país e somavam o percentual de 39,8% dos extremamente pobres e 38,1% dos pobres. Em uma proporção

(26) ANESP. *A guerra tem rosto de mulher:* trabalhadoras da saúde no enfrentamento à Covid-19, 2020.

(27) THE WORLD BANK. *Women, Business and The Law 2021*, 2021.

(28) FENEP. *Números da Educação Privada Brasileira*, 2022.

(29) FGV. *Mais de 27 milhões de brasileiros que vivem abaixo da linha da pobreza*. Disponível em: <https://cps.fgv.br/midias/mais-de-27-milhoes-de-brasileiros-que-vivem-abaixo-da-linha-da-pobreza>. Acesso em: 21 fev. 2023.

(30) IBGE. *Desemprego*. Disponível em: <https://www.ibge.gov.br/explica/desemprego.php. Acesso em: 21 fev. 2023.

de dez pessoas consideradas extremamente pobres, quatro eram mulheres pretas ou pardas.(31)

O ano de 2020, o primeiro da pandemia, foi o mais crítico para as brasileiras em relação à perda de empregos, tendo a participação das mulheres no mercado de trabalho formal caído pela primeira vez desde o ano de 2009. Conforme a pesquisa "Estatísticas do Cadastro Central de Empresas 2020", enquanto em 2019 haviam quase 48 milhões de brasileiras no mercado de trabalho, em 2020 esse número foi reduzido para pouco mais de 42 milhões de trabalhadoras.

Em uma perspectiva geral, considerando o lapso temporal analisado no presente estudo (2020 – 2022), o pico do desemprego no país foi entre junho e agosto de 2020, atingindo o percentual de 14,8% das pessoas que exerciam vínculo formal de trabalho. No entanto, conforme dados do Cadastro Central de Empresas (CEMPRE),(32) divulgados, em 2020, pelo IBGE, dos 825,3 mil postos de trabalho perdidos durante todo o ano, mais de 70% foram de mulheres. Assim, enquanto o número de homens assalariados caiu 0,9%, o número de mulheres teve recuo mais expressivo, de 2,9%. A diferença na taxa de desocupação foi de 12,8% para eles e 16,8% para elas.

Conforme mencionado no tópico anterior, no final do primeiro ano de pandemia, 55,7% do pessoal ocupado assalariado era formado por homens e 44,3% por mulheres, sendo que eles absorveram 59,6% dos salários e outras remunerações, enquanto elas, 40,4%. Em termos salariais, os homens receberam um salário médio mensal superior ao das mulheres: enquanto eles auferiram R$ 3.263,51 (uma proporção de 3,1 salários mínimos mensais), elas, R$ 2.768,68 (uma proporção de 2,9 salários mínimos mensais). Em um balanço anual, as mulheres receberam, em média, o equivalente a 84,8% do salário médio mensal recebido pelos homens.

A desigualdade também transpareceu na retomada ao mercado de trabalho. Dados do CAGED(33) mostram que, enquanto entre abril e novembro de 2020, foram criadas 230 mil vagas formais de empregos para homens, as mulheres perderam quase 90 mil postos de trabalho. Ademais, a pesquisa mostrou que os setores da economia que historicamente empregam mais homens cresceram, enquanto os que empregam mais mulheres, encolheram. A construção civil, por exemplo, que é 90,6% composta por homens, teve

(31) IBGE. *Trabalho, renda e moradia:* desigualdades entre brancos e pretos ou pardos persistem no país. Disponível em: <https://agenciadenoticias.ibge.gov.br/agencia-noticias/2012-agencia-de-noticias/noticias/29433-trabalho-renda-e-moradia-desigualdades-entre-brancos-e-pretos-ou-pardos-persistem-no-pais>. Acesso em: 21 fev. 2023.

(32) IBGE. *Estatísticas do Cadastro Central de Empresas — CEMPRE*, 2020. Disponível em: <https://www.ibge.gov.br/estatisticas/economicas/comercio/9016-estatisticas-do-cadastro-central-de-empresas.html>. Acesso em: 21 fev. 2023.

(33) BRASIL. CAGED. *Painel de informações do novo CAGED*, 2020. Disponível em: <https://app.powerbi.com/view?r=eyJrIjoiNWI5NWI0ODEtYmZiYy00Mjg3LTkzNWUtY2UyYjlwM%20DE1YWI2IiwidCI6IjNlYzkyOTY5LT-VhNTEtNGYxOC04YWM5LWVmOT%20hmYmFmYTk3OCJ9>. Acesso em: 21 fev. 2023.

um aumento de 4,3% no número de assalariados. Em contrapartida, a educação, só no ano de 2020, perdeu 1,6% do seu pessoal. Redução semelhante ocorreu no comércio, setor que concentra 19% das mulheres assalariadas.

Ademais, dados do mencionado CEMPRE 2020, apontam que, no ano de 2020, dos vinte setores mais ocupados por mulheres, em treze houveram quedas dos índices de funcionárias, sendo que três deles obtiverem redução de mais de 10% de seus quadros.

Retomando a análise por ano, em 2021, a taxa de desemprego no Brasil atingiu o percentual de 14,7%, contabilizando 14,8 milhões de pessoas desempregadas.[34] Dados do CAGED[35] expõem que, do total de 25.398.500 admissões registradas entre março de 2020 e agosto de 2021, os homens absorveram 15.689.087 vagas, enquanto as mulheres, 9.709.413. Assim, do total das mais de 25 milhões de admissões promovidas, as mulheres abrangeram apenas 38,23% das contratações de emprego.

No relatório "Desigualdade de Impactos Trabalhistas na Pandemia", elaborado pela FGV,[36] dentre as pessoas mais afetadas no referido ano, estão as mulheres, especialmente as casadas, em vista das duplas jornadas de trabalho, incluindo os cuidados com os filhos, que permaneceram na modalidade de aulas remotas. Com relação à queda de renda individual, as mulheres tiveram 10,35% de perda, enquanto os homens, 8,4%.

Nota-se, ainda, para além da análise por sexo, que a pandemia afetou com mais veemência as pessoas pretas e pardas. Uma matéria divulgada pela Central Única de Trabalhadores (CUT),[37] utilizando-se de dados do IBGE, mostrou que, no ano de 2021, a taxa de desocupação média foi de 17,2% para as pessoas pretas. Para as pardas, 15,8% — ambas acima da média nacional. Em contrapartida, a menor taxa de desocupação registrada foi referente às pessoas brancas, sendo 11,5% — abaixo da média nacional.

No mesmo sentido, conforme aponta o já citado estudo "Estatísticas de gênero: indicadores sociais das mulheres no Brasil", a situação de mulheres negras ou pardas foi pior que a de mulheres consideradas brancas, tendo em vista que aquelas eram, em sua maioria, mães ou possuíam em suas casas crianças com até 3 anos de idade. Tal fator contribuiu para que a taxa de participação no mercado de trabalho das mulheres negras ou pardas tenha decaído ainda mais. Já as mulheres brancas, segundo a pesquisa,

---

(34) IBGE. *Desemprego mantém recorde de 14,7% no trimestre encerrado em abril.* Disponível em: <https://agenciadenoticias.ibge.gov.br/agencia-noticias/2012-agencia-de-noticias/noticias/31050-desemprego-mantem-recorde-de-14-7-no-trimestre-encerrado-em-abril>. Acesso em: 21 fev. 2023.

(35) BRASIL. *Painel de informações do novo CAGED*, 2021. Disponível em: <https://app.powerbi.com/view?r=eyJrIjoiNWI5NWI0ODEtYmZiYy00Mjg3LTkzNWUtY2UyYjIwM%20DE1YWI2IiwidCI6IjNlYzkyOTY5LTVhNTEtNGYxOC04YWM5LWVmOThmYmFmYTk3OCJ9>. Acesso em: 21 fev. 2023.

(36) FGV. *Desigualdade de Impactos Trabalhistas na Pandemia*, 2021.

(37) CUT. *Taxa de desemprego maior entre pessoas pretas é racismo estrutural, diz economista.* Disponível em: <https://www.cut.org.br/noticias/taxa-de-desemprego-maior-entre-pessoas-pretas-e-racismo-estrutural-diz-economist-777a>. Acesso em: 21 fev. 2023.

acabaram sendo privilegiadas pelo fato de possuírem melhores condições de manutenção no mercado, seja mediante auxílio de rede de apoio ou pela possibilidade a contratação de empregadas domésticas.

Finalmente, em 2022, a crise no mercado de trabalho foi dando espaço à normalidade, embora de maneira gradual e longe do ideal. Conforme os levantamentos da PNAD, a taxa de desocupação foi diminuindo, tendo chegado a 7,9% no último trimestre do referido ano, um recuo de 0,8% em comparação com o trimestre de julho a setembro. No geral, a taxa média anual de desocupação foi de 9,3% ao ano, o que representa uma retração de 3,9% em relação a 2021. Para as mulheres, essa taxa foi registrada em 9,8%, enquanto para os homens, 6,5%. Com relação à raça/cor, para as pessoas brancas a taxa média anual de desocupação foi de 6,2% (abaixo da média); para as pardas, 9,2%; e, para as pretas, 9,9% (acima da média).(38)

No tocante ao número de empregados e empregadas do setor privado, o quarto trimestre de 2022 registrou o total de mais de 50 milhões de pessoas, sendo 36,8 milhões com carteira assinada – um aumento de 9,2% em relação a 2021. Trabalhando informalmente, a PNAD contabilizou 38,5 milhões de trabalhadores e trabalhadoras.(39)

Assim, a partir dos números expostos, é possível concluir que, no Brasil, as mulheres foram, de fato, as mais afetadas economicamente pela pandemia. Em um recorte ainda mais específico, no tocante às profissões, as profissionais de saúde, as professoras e as empregadas dos setores de comércio e serviço. Com relação à raça/cor, as mulheres pretas e pardas.

4. As novas perspectivas trazidas pela Lei n. 14.457/2022

Ao longo deste escrito, perpassamos por uma breve linha histórica acerca da inserção das mulheres no mercado de trabalho. Seguindo, discorremos sobre como a pandemia afetou o labor de milhões de brasileiras. Foram levantados dados, retirados, sobretudo, de pesquisas realizadas pelo IBGE, por meio dos quais, defendendo dois pontos-chave, observamos que as mulheres foram as mais afetadas social e economicamente entre os anos de 2020 a 2022.

Para fecharmos este estudo, é interessante analisarmos e refletirmos acerca das novas perspectivas trazidas pela Lei n. 14.457, recentemente aprovada em 21 de setembro de 2022. A legislação institui o "Programa Emprega + Mulheres" e altera alguns dispositivos da Consolidação das Leis do Trabalho (CLT). No entanto, para este estudo, a análise restringir-se-á às medidas de apoio à parentalidade e às de incentivo à qualificação profissional das mulheres.

---

(38) IBGE. *PNAD Contínua Painel*, 2022. Disponível em: <https://www.ibge.gov.br/estatisticas/sociais/trabalho/9173-pesquisa-nacional-por-amostra-de-domicilios-continua-trimestral.html?edicao=36340&t=quadro-sintetico>. Acesso em: 23 fev. 2023.

(39) *Idem*.

Em que pese os números negativos trazidos no tópico anterior, no geral, a inserção das brasileiras no mercado de trabalho é crescente desde o ano de 2009. A afirmativa pode parecer contraditória, mas não é. O referido tópico mostrou que a pandemia freou os índices de crescimento, mas ainda assim, a participação é progressiva.

Nesse sentido, ante as dificuldades de inserção e manutenção dessas trabalhadoras no mercado, agravadas, sobretudo, com a pandemia (citam-se, por exemplo, as adversidades nas jornadas de trabalho e na permanência dos vínculos), surge a necessidade de uma legislação de cunho antidiscriminatório direcionada a esses sujeitos.

De início, como parentalidade, o art. 1º, parágrafo único, da referida legislação, define o vínculo socioafetivo que resulte na assunção legal do papel de realizar as atividades parentais, de forma compartilhada entre os responsáveis pelo cuidado e pela educação das crianças e dos adolescentes. Para apoio à parentalidade na primeira infância, a legislação institui duas medidas: a primeira é o pagamento de reembolso-creche, o qual não possui natureza salarial, não se incorpora à remuneração para quaisquer efeitos, não configura rendimento tributável e nem constitui base de incidência de contribuição previdenciária ou de Fundo de Garantia do Tempo de Serviço (FGTS). Já a segunda medida traz a possibilidade de manutenção ou subvenção de instituições de educação infantil pelos serviços sociais autônomos (art. 1º, I).

Além das duas medidas de apoio à parentalidade na primeira infância, a legislação determina que estabelecimentos em que trabalharem, pelo menos, 30 mulheres com mais de 16 anos de idade deverão ter local apropriado para que seja permitido às empregadas guardar, sob vigilância e assistência, seus filhos no período da amamentação (art. 5º).

Nota-se que tais medidas buscam não só a facilitar a entrada no mercado, mas também a permanência do vínculo empregatício. Por meio do auxílio-creche, por exemplo, as empregadas com filhos de até 5 anos e 11 meses de idade poderão contar com um suporte financeiro, em um contexto em que, muitas vezes, há precariedade de recursos. Levando em consideração os números trazidos no tópico anterior, essa medida, se bem aplicada, irá beneficiar especialmente as mulheres negras e pardas, tendo em vista que, segundo dados do estudo "Estatísticas de gênero: indicadores sociais das mulheres no Brasil", são, em sua maioria, mães ou possuíam em suas casas crianças com até 3 anos de idade – fator que contribuiu para que a taxa de participação no mercado tenha decaído ainda mais nos últimos três anos.

Ademais, para o apoio à parentalidade, a legislação estabelece a possibilidade de aplicação de medidas de flexibilização do regime de trabalho. O teletrabalho, por exemplo, inicialmente incluído na CLT por meio da Lei n. 13.467/2017, foi amplamente adotado durante o período de pandemia e, muito provavelmente, a tendência é que continue sendo utilizado. Com o programa "Emprega + Mulheres", a modalidade de teletrabalho poderá ser conferida com prioridade às empregadas com filho, enteado ou criança sob guarda judicial de até 6 anos de idade, ou sem limite de idade em caso de deficiência (art. 1º, II, "*a*").

Levando em consideração dados anteriores, provavelmente a adoção do teletrabalho como medida de apoio à parentalidade facilitará, precipuamente, as mulheres que possuem condições de exercerem a jornada diária de trabalho com a presença dos filhos em casa, ou seja, aquelas que dispõem do auxílio de rede de apoio ou de empregadas domésticas destinadas a cuidar do lar e desses filhos.

O regime de tempo parcial também constitui medida adotada pela Lei n. 14.457/2022 (art. 1º, II, "b"). Nos termos do art. 58-A da CLT, considera-se trabalho em regime de tempo parcial aquele cuja duração não exceda 30 horas semanais, sem a possibilidade de horas suplementares semanais, ou aquele cuja duração não exceda 26 horas semanais, com a possibilidade de acréscimo de até 6 horas suplementares semanais.

Mais uma medida conferida pelo Programa é a adoção do regime especial de compensação de jornada de trabalho por meio de banco de horas (art. 1º, II, "*c*"), que, nos termos do art. 59 da CLT, compreende-se como a possibilidade de acréscimo de até 2 horas extras na jornada diária, com remuneração de, pelo menos, 50% superior à da hora normal.

Outra medida de apoio à parentalidade é a jornada de 12 horas trabalhadas por 36 horas ininterruptas de descanso, quando a atividade permitir (art. 1º, II, "*d*"), observados ou indenizados os intervalos para repouso e alimentação, nos moldes do art. 59-A da CLT.

Por fim, como medidas de apoio à parentalidade, restam instituídas pela legislação as possibilidades de antecipação das férias individuais até o segundo ano, a contar do nascimento do filho ou enteado, da adoção ou da guarda judicial, e os horários de entrada e saída flexíveis, quando a atividade permitir (art. 1º, II, "*e*" e "*f*").

Por outro lado, para estimular a qualificação profissional, a legislação instituiu duas medidas: a primeira é a possibilidade de suspensão do contrato de trabalho, mediante requisição formal da empregada interessada, para participação em curso ou programa de qualificação profissional oferecidos pela empregadora. Durante o período de suspensão do contrato de trabalho, a empregada fará jus a uma bolsa de qualificação profissional, além de uma ajuda compensatória mensal, sem natureza salarial (art. 1º, III, "*a*").

Ademais, a segunda medida conferida trata-se do estímulo à ocupação de vagas de gratuidade, oferecidas pelos serviços sociais autônomos, em cursos de qualificação profissional, com maior prioridade às mulheres hipossuficientes vítimas de violência doméstica e familiar com registro de ocorrência policial (art. 1º, III, "*b*").

Tais disposições contribuirão para o desenvolvimento de habilidades e competências de trabalhadoras que ocupam ou objetivam ocupar setores que comportam baixa participação de mulheres, tais como ciência, tecnologia, desenvolvimento e inovação. É retomando os dados apresentados no primeiro tópico deste estudo, referentes aos setores que abrangem menor participação feminina, que se percebe a relevância dessas medidas de qualificação profissional como passos no caminho de desconstrução do ofício historicamente imposto e culturalmente reforçado às mulheres: a figura de "cuidadora" nas atividades profissionais que exercem.

Para as empresas, a legislação institui o "Selo Emprega + Mulher", por meio do qual são reconhecidas as boas práticas das empregadoras quando atendidas as medidas supracitadas (art. 1º, V c/c art. 24). Ademais, há a possibilidade de benefícios fiscais junto ao Governo para as microempresas e as empresas de pequeno porte que receberem o referido selo (art. 25). Nesse sentido, mediante a obtenção do selo, a Lei n. 14.457/2022 traz incentivos para que haja a implementação, por parte das empregadoras, de ações voltadas ao fomento do protagonismo feminino no mercado de trabalho e, consequentemente, na sociedade.

É possível observar, portanto, que as novas possibilidades trazidas pelo "Programa Emprega + Mulheres", se bem aplicadas, contribuirão para um ambiente de trabalho mais humanizado e sadio às mulheres, permitindo ser-lhes assegurados, na prática, os direitos a elas conferidos. Em verdade, o caminho na busca da efetivação dos direitos fundamentais das mulheres e, em especial, os direitos trabalhistas, é longo, mas necessita ser trilhado. A Lei n. 14.457/2022, que possui viés antidiscriminatório, traz exigências relevantes que contribuirão com essa caminhada.

5. Conclusão

O estudo buscou compreender as possíveis razões que deram causas às elevadas taxas de desemprego entre as brasileiras nos últimos três anos, além de refletir acerca das novas perspectivas trazidas pelo programa "Emprega + Mulheres". A partir dos dados analisados, conclui-se que, no Brasil, as mulheres foram as mais afetadas social e economicamente pela crise sanitária/financeira que culminou em mudanças bruscas no cenário trabalhista entre os anos de 2020 a 2022.

Além das disparidades histórias de inserção e manutenção no mercado de trabalho entre mulheres e homens, que se agravaram ainda mais com a pandemia, verificou-se que as circunstâncias também são desiguais para as mulheres a depender de sua raça/cor, sendo as negras e pardas as mais afetadas pelos índices de pobreza e pelas exigências do mercado. No tocante às profissões, as profissionais de saúde, as professoras e as empregadas dos setores de comércio e serviço foram as mais prejudicadas durante o período pandêmico, tendo em vista que tais atividades, relacionadas ao ofício do "cuidar", têm seus quadros compostos em maioria por mulheres.

No que se refere ao programa "Emprega + Mulheres", tendo em vista que é crescente o número de mulheres no mercado de trabalho, a referida legislação de viés antidiscriminatório faz-se um mecanismo de suma relevância. Ademais, conclui-se que as novas exigências trazidas pela legislação, se bem aplicadas, contribuirão para um ambiente de trabalho mais humanizado, voltado às demandas das trabalhadoras, considerando as adversidades por elas vivenciadas.

Referências

ANESP. *A guerra tem rosto de mulher:* trabalhadoras da saúde no enfrentamento à Covid-19. Disponível em: <http://anesp.org.br/todas-as-noticias/2020/4/16/a-guerra-tem-rosto-de-mulher-trabalhadoras-da-sade-no-enfrentamento-covid-19>. Acesso em: 15 fev. 2023.

BRASIL. Agência IBGE Notícias. *Desocupação cai para 8,1% no trimestre encerrado em novembro.* Disponível em: <https://agenciadenoticias.ibge.gov.br/agencia-noticias/2012-agencia-de-noticias/noticias/36114-desocupacao-cai-para-8-1-no-trimestre-encerrado-em-novembro>. Acesso em: 09 fev. 2023.

______. CAGED. *Painel de informações do novo CAGED.* Disponível em: <https://app.powerbi.com/view?r=eyJrIjoiNWI5NWI0ODEtYmZiYy00Mjg3LTkzNWUtY2UyYjIwM%20DE1YWI2IiwidCI6IjNlYzkyOTY5LTVhNTEtNGYxOC04YWM5LWVmOT%20hmYmFmYTk3OCJ9>. Acesso em: 21 fev. 2023.

______. Casa Civil. *Brasil atinge estoque recorde de 42.9 milhões de empregos com carteira assinada.* Disponível em: <https://www.gov.br/casacivil/pt-br/assuntos/noticias/2022/novembro/brasil-atinge-estoque-recorde-de-429-milhoes-de-empregos-com-carteira-assinada>.Acessoem:09fev. 2023.

______. *Decreto-lei n. 5.452, de 1º de maio de 1943.* Consolidação das Leis do Trabalho. Disponível em: <http://www.planalto.gov.br/ccivil_03/decreto-lei/del5452.htm>. Acesso em: 27 fev. 2023.

______. IBGE Educa. *Conheça o Brasil:* quantidade de homens e mulheres. Disponível em: <https://educa.ibge.gov.br/jovens/conheca-o-brasil/populacao/18320-quantidade-de-homens-e-mulheres.html>. Acesso em: 09 fev. 2023.

______. *Lei n. 4.121, de 27 de agosto de 1962.* Disponível em: <http://www.planalto.gov.br/ccivil_03/leis/1950-1969/l4121.htm>. Aceso em: 12 fev. 2023.

BRIDI, Maria Aparecida *et al.* (Coords.) *O trabalho remoto/*home-office *no contexto da pandemia Covid-19:* trabalho docente, setores público e privado e questões de gênero. Curitiba: Universidade Federal do Paraná, Grupo de Estudos Trabalho e Sociedade, 2020. Disponível em: <https://www.eco.unicamp.br/remir/index.php/condicoes-de-trabalho/202-o-trabalho-remoto-home-office-no-contexto-da-pandemia-covid-19-parte-ii>. Acesso em: 15 fev. 2023.

CONASS. *Painel Conass Covid-19 completa mil dias de divulgação diária!* Disponível em: <https://www.conass.org.br/painelconasscovid19/>. Acesso em: 10 mar. 2023.

CUT. *Taxa de desemprego maior entre pessoas pretas é racismo estrutural, diz economista.* Disponível em: <https://www.cut.org.br/noticias/taxa-de-desemprego-maior-entre-pessoas-pretas-e-racismo-estrutural-diz-economist-777a>. Acesso em: 21 fev. 2023.

DAVIS, Ângela. *Mulheres, raça e classe.* São Paulo: Boitempo, 2016.

FENEP. *Números da Educação Privada Brasileira.* Disponível em: <https://www.fenep.org.br/documentos/>. Acesso em: 20 fev. 2023.

FEDERICI, Silvia. *Calibã e a Bruxa:* mulheres, corpo e acumulação primitiva (Coletivo Sycorax, trad.). São Paulo: Editora Elefante, 2017.

FGV. *Desigualdade de Impactos Trabalhistas na Pandemia.* Disponível em: <https://cps.fgv.br/DesigualdadePandemia>. Acesso em: 21 fev. 2023.

______. *Mais de 27 milhões de brasileiros que vivem abaixo da linha da pobreza.* Disponível em: <https://cps.fgv.br/midias/mais-de-27-milhoes-de-brasileiros-que-vivem-abaixo-da-linha-da-pobreza>. Acesso em: 21 fev. 2023.

IBGE. *Estatísticas de gênero:* indicadores sociais das mulheres no Brasil 2. edição. Disponível em: <https://www.ibge.gov.br/estatisticas/multidominio/genero/20163-estatisticas-de-genero-indicadores-sociais-das-mulheres-no-brasil.html?=&t=resultados>. Acesso em: 12 fev. 2023.

______. *Estatísticas do cadastro central de empresas:* 2020. Disponível em: <https://www.ibge.gov.br/estatisticas/economicas/comercio/9016-estatisticas-do-cadastro-central-de-empresas.html?=&t=publicacoes>. Acesso em: 12 fev. 2023.

______. *Pesquisa Nacional por Amostra de Domicílios Contínua (Pnad Contínua).* Disponível em: <https://www.ibge.gov.br/estatisticas/sociais/trabalho/9221-sintese-de-indicadores-sociais.html?edicao=32373&t=resultados>. Acesso em: 09 fev. 2023.

______. *PNAD Contínua Painel.* Disponível em: <https://www.ibge.gov.br/estatisticas/sociais/trabalho/9173-pesquisa-nacional-por-amostra-de-domicilios-continua-trimestral.html?edicao=36340&t=quadro-sintetico>. Acesso em: 23 fev. 2023.

______. *Síntese de indicadores sociais:* uma análise das condições de vida da população brasileira. Disponível em: <https://www.ibge.gov.br/estatisticas/sociais/educacao/9221-sintese-de-indicadores-sociais.html?edicao=25875&t=publicacoes>. Acesso em: 12 fev. 2023.

ONU MULHERES BRASIL. *Convenção sobre a eliminação de todas as formas de discriminação contra a mulher.* Disponível em: <http://www.onumulheres.org.br/onu-mulheres/documentos-de-referencia/>. Acesso em: 12 fev. 2023.

______. Empresas. Disponível em: <http://www.onumulheres.org.br/referencias/principios-de-empoderamento-das-mulheres/#:~:text=Os%20Princ%C3%ADpios%20de%20Empoderamento%20das,a%20discrimina%C3%A7%C3%A3o%20contra%20as%20mulheres>. Acesso em: 12 fev. 2023.

PAN AMERICAN HEALTH ORGANIZATION. *Gendered Health Analysis:* Covid-19 in the Americas. Disponível em: <https://iris.paho.org/handle/10665.2/55432>. Acesso em: 15 fev. 2023.

RANGEL, Patrícia Duarte. *Movimentos feministas e direitos políticos das mulheres:* Argentina e Brasil. Tese (doutorado). Universidade de Brasília. Programa de Pós-Graduação em Ciência Política, Brasília, 2012. Disponível em: <https://repositorio.unb.br/handle/10482/10817>. Acesso em: 15 fev. 2023.

SANTOS, Boaventura de Sousa. *A cruel pedagogia do vírus.* Coimbra: Almedina, 2020.

SCHNEEBERGER, Carlos Alberto. *Manual compacto de história geral:* teoria e prática. 2. ed. São Paulo: Ridel, 2003.

SEN, Amartya. *Desenvolvimento como liberdade.* São Paulo: Companhia das Letras, 2000.

SILVA, Carmen Silvia Maria da. *Movimento de mulheres, movimento feminista e participação de mulheres populares:* processo de constituição de um feminismo antissistêmico e popular. Tese (doutorado). Universidade Federal de Pernambuco. Programa de Pós-Graduação em Sociologia, Recife, 2016. Disponível em: <https://repositorio.ufpe.br/handle/123456789/18871>. Acesso em: 12 fev. 2023.

SIQUEIRA, Dirceu Pereira; ANDRECIOLI, Sabrina Medina. Direitos da personalidade das mulheres sob a perspectiva da dignidade da pessoa humana como axioma justificante. *Revista Direitos Humanos e Democracia*, 2020, p. 290-307. Disponível em: <https://www.revistas.unijui.edu.br/index.php/direitosh umanosedemocracia/article/view/9764>. Aceso em: 12 fev. 2023.

THE WORLD BANK. *Women, Business and The Law 2021*. Disponível em: <https://wbl.worldbank.org/en/past-reports>. Acesso em: 20 fev. 2023.

Tutela Coletiva do Meio Ambiente Laboral das Gestantes Durante a Pandemia: Prevenção da Dispensa Discriminatória em Tempos de Crise

Yamê de Oliveira Barros

Resumo: As crises vivenciadas na última década trouxeram instabilidades jurídicas inéditas à sociedade brasileira, trazendo implicações sérias às minorias políticas, da qual grande parcela é mulher. A dispensa em tempos de crise da trabalhadora gestante configura-se discriminatória porque viola a estabilidade constitucionalmente garantida e aprofunda a desigualdade material em função de gênero. Visando combater e prevenir essa violência, o presente estudo provoca reflexões e propõe soluções. Estudamos medidas preventivas obrigatórias, na esfera coletiva extrajudicial, que funcionem como medidas transitórias a serem utilizadas em tempos de crise por todos os operadores do direito.

Palavras-chave: Prevenção — Dispensa — Discriminatória — Mulher — Crise.

1. Direito ao meio ambiente do trabalho equilibrado

O meio ambiente é um bem jurídico de valor inestimável reconhecido internacionalmente em razão dos potenciais efeitos globais advindos de ações locais. A interconectividade é o fator determinante para o aumento de políticas de *proteção* e *prevenção* de danos ambientais em patamares internacionais.

Contribuindo para a compreensão e análise do tema, a doutrina identifica quatro espécies de meio ambiente do trabalho: o meio ambiente *natural*, o meio ambiente *artificial*, o meio ambiente *cultural* e o meio ambiente do *trabalho*. As fazendas e cidades são o resultado do trabalho humano sobre os elementos físicos e biológicos, portanto, correspondem à transformação do meio ambiente natural em meio ambiente artificial. E é no valor agregado ao conjunto patrimonial, histórico, paisagístico, artístico, arqueológico e turístico que se encontra o meio ambiente cultural. Todos esses fatores (naturais, artificiais e culturais) incidem sobre a atividade laboral humana, moldando sua forma de expressão, independentemente da existência de um poder hierárquico, constituindo o meio ambiente do trabalho (Feliciano, 2013, p. 12).

Com o advento da 4ª Revolução Industrial, a melhor doutrina brasileira, liderada pelo Prof. Cláudio Jannotti, já reconhece uma quinta espécie que é o meio ambiente *virtual*, no qual as novas relações de trabalho são travadas, sob a influência de modais tecnológicos caracterizados pelo advento dos satélites, da *cyberização* dos espaços, da inteligência artificial, robotização, das criptomoedas, os algoritmos, entre outros, que interagem de forma sincrônica, em um contexto globalizado (Rocha; Porto; Alvarenga, 2020, p. 354).

A noção de desmembramento do meio ambiente em espécies, porém, é apenas uma abordagem didática que não prescinde de uma visão global para o completo entendimento dos fenômenos que ocorrem em seu interior. Nesse sentido, a compreensão de que o meio ambiente artificial depende de recursos finitos, existentes no meio ambiente natural, resultou no princípio da sustentabilidade, que preconiza limites à ocupação do solo e fruição dos recursos, em nome de uma solidariedade intergeracional, necessária à manutenção da sobrevivência no planeta Terra. Igualmente, a compreensão atual sobre a saúde da pessoa humana precisa incluir as influências do meio ambiente virtual sobre as relações de trabalho.

A crise que enfrentamos atualmente, em razão da pandemia de Covid-19, se iniciou com em março 2020, com uma emergência de saúde, mas se irradiou rapidamente para a economia, em razão da interrupção da prestação de serviços, na circulação de bens e produtos, exigindo bruscas adaptações do mercado de trabalho e consumo, notadamente solucionadas por meio de acesso à tecnologia e virtualização das relações nestes segmentos.

As dificuldades inerentes à emergência de saúde, causada por uma variação viral ainda pouco estudada pelos cientistas, culminou na dificuldade do controle dos níveis de infecção nos ambientes compartilhados, inclusive de trabalho. O Corona vírus é uma ampla família viral já conhecida pela ciência (os HCoVs), constituída por sete vírus catalogados: HCoV-229E, HCoV-OC43, HCoV-NL63, HCoV-HKU1, SARS-COV, que causa síndrome respiratória aguda grave, MERS-COV, que causa síndrome respiratória do Oriente Médio, e o, novo coronavírus, inicialmente nomeado 2019-nCoV, e, e depois SARS-CoV-2, sendo esta variação mais infecciosa a causadora da pandemia, declarada pela Organização Mundial da Saúde, em 11 de março de 2020 (OPAS, 2020).

O termo pandemia se refere à distribuição geográfica de uma doença e não à sua gravidade (OPAS, 2020), o que nos permite deduzir que a declaração da OMS tem autoridade para confirmar um novo fator de risco ambiental à saúde humana. Em razão do fluxo globalizado de pessoas, bens e serviços, a disseminação de uma variação viral catalogada pela primeira vez na cidade de Wuhan, província de Hubei, na República Popular da China, coloca em alerta todos os demais países do mundo.

Mais tarde, a constatação científica sobre as formas de contágio diretas (secreções, gotículas de saliva, tosse, espirro, fala), indiretas (superfícies de objetos) e por aerossóis, partículas microscópicas, capazes de ficar suspensas no ar ou viajar pequenas distâncias no espaço, levou à recomendação do distanciamento social (1,5 metros de distância entre as pessoas), bem como a permanência de uma ventilação natural nos ambientes fechados e com mais de uma pessoa (OPAS, 2020). Por sua vez, as medidas de isolamento foram agentes de uma transformação social, especialmente nas relações de trabalho, na medida em que nortearam a mudança nas instalações físicas, nos protocolos de higiene, saúde e segurança e, inclusive impulsionaram a adoção de meios remotos ou virtuais de prestação de serviço.

Considerando a interconexão entre as espécies de meio ambiente, suas influências recíprocas, em escala regional e global, e também sobre a atividade laboral humana, é que se propõe uma análise crítica das consequências da pandemia para o meio ambiente das trabalhadoras gestantes no Brasil, como um grupo titular de direitos específicos e especiais, buscando abordagens que possam contribuir para uma tutela local mais efetiva à prevenção de dispensas discriminatórias em tempos de crise.

2. A pandemia como fator de exclusão de gênero no mercado de trabalho

A década de 1990 no Brasil consolidou mudanças significativas no perfil do trabalho produtivo, iniciadas na década de 1970. A principal delas é a quebra da homogeneidade masculina pela inserção intensa e constante da mulher em atividades remuneradas. Também podemos mencionar no período, a alteração do perfil das trabalhadoras, que passaram de uma força de trabalho jovem, solteira e sem filhos, para uma preponderância de mulheres mais velhas, com mais responsabilidades familiares. Desse modo, a taxa de atividade feminina chega em 47% no final da década de 90, sem considerar, ainda, o trabalho feminino não remunerado das donas-de-casa (Bruschini e Lombardi, 2001, p. 161).

Todavia, a mera presença feminina no mercado nacional não garantiu a construção da igualdade de gênero entre homens e mulheres, de modo que uma análise cruzada entre as esferas produtiva e doméstica, durante a pandemia por Covid-19, escancara a perpetuação da sobrecarga e a precarização do trabalho das mulheres, até o século XXI.

É que a emancipação feminina encontra *continuidades* sociais que são obstáculos através de gerações, dificultando a disponibilidade da mulher para o trabalho e contribuindo para a naturalização de uma desvantagem competitiva no mercado, falsamente atribuída a uma inferioridade de gênero (Bruschini e Lombardi, 2001, p. 164).

Uma dessas continuidades é a divisão sexual do trabalho que, tradicionalmente, obedece ao *princípio da separação*, segundo o qual existem trabalhos diferentes para homens e mulheres, e ao *princípio hierárquico*, segundo o qual o trabalho masculino tem um valor maior que o trabalho feminino. A aplicação desses princípios na organização social do trabalho é legitimada por uma *ideologia naturalista* que associa as opções profissionais do indivíduo a papéis sociais preestabelecidos, conforme o sexo biológico (Hirata; Kergoat, 2007, p. 599).

Em razão da predominância dessa ideologia, a inserção da mulher no mercado de trabalho não foi acompanhada de uma distribuição de trabalho doméstico entre os demais membros da família, senão representou um acúmulo de funções, que se traduziu na expressiva diminuição no número de filhos por famílias e no aumento de famílias chefiadas por mulheres. Em razão desta verdadeira sobrecarga de trabalho, a taxa de fecundidade caiu de 5,8 (1970) para 2,3 (1999), e as famílias chefiadas por mulheres chegam a 26% (1998), dentre as quais 45% eram chefiadas por mulheres pretas e pardas (Bruschini e Lombardi, 2001, p.163).

Como efeito do quadro descrito acima, no final do século XX, a maternidade já se evidenciava como um dos fatores que mais interferem no trabalho feminino, dada a relação inversamente proporcional existente entre a dependência das crianças e a disponibilidade materna para o trabalho externo ao lar. Ou seja, quanto maior a dependência dos(as) filhos(as), menor será a disponibilidade da mãe para o trabalho fora de casa.

A despeito da relevância da maternidade, este não é o único fator considerado pela mulher no momento de decidir sobre a busca ou manutenção do trabalho remunerado; frequentemente elas também consideram a presença de serviços públicos de apoio à maternidade e a necessidade econômica de prover ou complementar a renda familiar (Chagas, 2007, série 2).

Certamente, a concorrência destes fatores não obstou a inclusão quantitativa das mulheres no mercado de trabalho, todavia, ainda restam obstáculos a uma inclusão qualitativa, capaz de promover a emancipação feminina, muito além da mera autonomia financeira. Não queremos apenas estar presentes, queremos pertencimento e plenitude do nosso potencial de trabalho!

Por todos esses fatores, podemos dizer que a precarização do trabalho feminino atual decorre da perpetuação de uma concepção ideológica dos papéis sociais que limita os espaços ocupados por mulheres no mercado de trabalho, desvaloriza sua remuneração e torna as peculiaridades femininas um incômodo no meio ambiente laboral, quando não um verdadeiro "ônus" contratual.

Ora, as desigualdades se reinventam, se adaptam ao longo dos tempos. Não é por acaso que durante a pandemia de Covid-19 as trabalhadoras gestantes não tiveram um tratamento isonômico, de modo que a maternidade novamente se reafirma como um fator de exclusão do mercado de trabalho.

Além da sobrecarga de trabalho no ambiente doméstico já mencionada, a decisão da mulher de buscar ou manter o trabalho remunerado durante a pandemia, tem que considerar também o nível de exposição à doença. Evidentemente, outros fatores ainda influenciam a mulher neste quadro, tais como taxa de desemprego, a dependência dos filhos, a vulnerabilidade econômica do grupo familiar, e, inclusive a existência de políticas patronais e públicas para prevenção e combate à infecção por Covid-19.

Contudo, quando se trata de trabalho feminino, não podemos afirmar que a inserção no mercado de trabalho depende apenas das suas habilidades e da existência de uma vaga. É necessário avaliar se a política patronal brasileira contempla a proteção à maternidade, como um valor social a ser preservado, amparada por uma política estatal no mesmo sentido.

No Brasil, as trabalhadoras gestantes já contam com conquistas históricas na Consolidação das Leis Trabalhistas (CLT) e na Constituição Federal de 1988 (CF/88). Em razão destes diplomas normativos, elas podem contar com a estabilidade e provisória no trabalho (art. 10, II, "*b*", ADCT da CF/88 c/c art. 391, CLT), podem exigir o tratamento isonômico durante o contrato de trabalho (art. 373-A, II e IV, CLT) e nos concursos públicos (art. 373-A, V, CLT).

No plano internacional, o Brasil ratificou as Convenções da OIT n. 3 e n. 103 que dispõe sobre a proteção à maternidade, mas ainda *não* ratificou a Convenção n. 183, diploma normativo que reconhece a importância internacional de proteção à gestante e à lactante, especialmente para proteção contra trabalhos prejudiciais à saúde da mulher e do nascituro.

Essas garantias precisam ser preservadas e ampliadas durante o cenário pandêmico, a fim de que os direitos previstos encontrem verdadeira efetividade, e que as crises humanitárias não sejam causa do adoecimento, empobrecimento ou precarização das trabalhadoras gestantes.

3. A desregulamentação da insalubridade no meio ambiente laboral da gestante brasileira

O fenômeno da precarização das condições de trabalho no Brasil pode ser compreendido como resultado na predominância política do neoliberalismo nas relações econômicas, cujo impacto social se traduziu em flexibilização de direitos trabalhistas encampados pela Constituição de 1988, a pretexto de uma suposta modernização, necessária à competitividade no cenário global (Pereira, Renó e Maeda, 2017, p. 113), e na contramão das tendências internacionais. Também não devemos perder de vista a perpetuação de um padrão exploratório baseado no gênero que contribui para o aprofundamento desta precarização.

Note-se que é atual a tendência em resolver as crises contemporâneas através de alterações legislativas que implicam na desvalorização crescente dos rendimentos do trabalho. Ao mesmo tempo, as reformas são todas direcionadas às minorias políticas que restam vulneráveis à imposição de retrocessos sociais.

Em face de toda a complexidade inerente à parte feminina do mundo laboral, o trabalho reprodutivo e o doméstico ainda se encontra desvalorizado, ao passo que o trabalho remunerado é atingido pela precarização.

É nesse contexto que abordamos as disposições normativas lançadas pela reforma trabalhista, no bojo da Lei n.. 13.467/2017. As disposições desta legislação foram resposta a uma crise muito anterior à pandemia, todavia, de impacto direto às trabalhadoras gestantes. Sobretudo, suas disposições refletem a mencionada tendência neoliberal brasileira de responder a questões essenciais ao desenvolvimento nacional, com a precarização de direitos, especialmente dos mais vulneráveis.

A pretexto de valorizar a "*autonomia*" entre empregados e empregadores, a referida legislação inseriu o art. 394-A, da CLT, determinando que o atestado médico seria necessário ao afastamento de gestantes, quando a atividade for insalubre em grau médio e mínimo, e para as lactantes em qualquer grau de insalubridade. Além disso, o dispositivo dispensa a aferição técnica da insalubridade, feita de forma sistêmica e coletiva no meio ambiente laboral, objeto da análise, por órgãos ou instituições especializados.

Essa disposição contraria o princípio da proteção contido nas Convenções ns. 103 e 183 da OIT, na Constituição Federal de 1988 e na Consolidação das Leis Trabalhistas, na medida em que retira o caráter coletivo do fator insalubridade, inerente ao meio ambiente, que é compartilhado pelos trabalhadores, indistintamente, e preconiza uma análise individualizada do dano potencial, por profissional da saúde comum.

É preciso compreender que a flexibilização da proteção à maternidade, aumentando a tolerância aos fatores insalubres, significou também a precarização do meio ambiente laboral como um todo, de modo que a reforma trabalhista não representou solução adequada às questões socioeconômicas evidenciadas no período, senão insegurança jurídica e instabilidade política no mercado de trabalho (Santos e Santos, 2019, p. 125).

Apesar das críticas científicas sobre o quadro deletério às garantias fundamentais como consequência da reforma trabalhista, não foram diferentes os resultados da resposta à crise atual, desencadeada pela pandemia por Covid-19.

O impacto econômico da crise sanitária, declarada pela OMS em 11 de março de 2020, não tardou a se evidenciar, e a primeira resposta estatal, veio na forma de um Direito do Trabalho Emergencial (Boskovic e Collesi, 2020, p. 177), consolidado através da Medida Provisória 927, de 22 de março de 2020, que decretou estado de calamidade pública no Brasil, e da Medida Provisória 936, de 1º de abril de 2020, que estabeleceu o Programa Emergencial de Manutenção de Emprego e Renda, rapidamente convertida na Lei n.. 14.020, de 6 de julho de 2020.

Essencialmente, essa legislação estabeleceu medidas simplificadas e diversas das previstas na CLT sobre o teletrabalho, a possibilidade de antecipação de férias individuais, concessão de férias coletivas, aproveitamento e antecipação de feriados, banco de horas, direcionamento do trabalhador para qualificação, recolhimento diferido do FGTS, redução proporcional de jornada e salário, suspensão do contrato de trabalho. Tudo isso viabilizado por acordos individuais para incentivar a manutenção do emprego e da renda durante a pandemia, com prazo máximo de 90 (noventa) dias, prorrogáveis por igual período, caso o estado emergencial perdurasse. E como perdurou! Hoje, alcançamos quase dois anos de pandemia.

Este regime jurídico trabalhista de *exceções* foi fortemente criticado em razão da contrariedade a princípios caros ao Direito do Trabalho, tais como a estabilidade provisória da gestante, a irredutibilidade salarial, o piso constitucional remuneratório, a primazia das negociações coletivas e da intervenção sindical para proteção dos interesses dos trabalhadores.

A despeito das críticas severas às referidas *exceções* legais, o Supremo Tribunal Federal confirmou a constitucionalidade do texto normativo por sete votos a dois, sendo dissidentes os Ministros Luiz Fachin e Rosa Weber, por ocasião do julgamento da ADI n. 6.363, proposta pelo Partido Rede Sustentabilidade. Prevaleceu o entendimento de que o momento excepcional justificaria acordos individuais, sem a anuência dos Sindicatos, nem negociação coletiva prévia (BRASIL, 2021). A interpretação fixada pelo STF minou os debates jurídicos sobre os demais pontos controversos da legislação, dada a tendência decisória revelada. Cumpre registrar a participação no processo, na qualidade de *amicus curie*, da Associação Nacional dos Magistrados da Justiça do Trabalho (ANAMATRA), Associação Brasileira de Advogados Trabalhistas (ABRAT), Associação Nacional de Procuradores do Trabalho (ANPT), Sindicato Nacional de Auditores Fiscais (SINAIT), Confederação das Associações Comerciais e Empresariais do Brasil (CACB) e da Confederação Nacional da Indústria (CNI).

Já em abril de 2021, foram editadas novas Medidas Provisórias ns. 1.045 e 1.046, estabelecendo basicamente as mesmas "soluções" emergenciais e prazo de vigência como instrumentos a disposição dos empregadores, mas acrescentando um Benefício Emergencial de Manutenção de Emprego e Renda que seria pago pelo governo aos trabalhadores, a fim de promover uma compensação da redução ou suspensão do salário.

Ambas as alterações foram aplicadas indistintamente para as pessoas com garantia provisória no emprego, inclusive para as gestantes. Assim como outras questões sensíveis, a situação das gestantes foi muito negligenciada ao longo da pandemia. Mas, como que por encanto, foi aprovada a Lei n. 14.151, em 12 de maio de 2021, resultante de um projeto de lei proposto em agosto/2020 (PL n. 3.932/20), pela Deputada Perpétua Almeida (PCdoB-AC), determinando o afastamento remunerado das gestantes empregadas, sem prejuízo do salário, enquanto durar a pandemia, sendo facultado ao empregador a adaptação das funções da empregada para adoção do teletrabalho, trabalho remoto ou à distância.

Diante de um cenário nacional de tantas *exceções*, a promulgação de uma lei especial protetiva à maternidade surpreendeu a todos. Dada a coexistência com outras normas mais favoráveis aos empregadores, sua aplicação ainda é relativizada. Essa resistência tem levado à judicialização individualizada dos casos. Tendo em vista a notória tradição de retaliação patronal pelo exercício do direito de ação, bem como a elevação dos riscos de contágio da gestante durante a tramitação processual onde será rediscutido o direito, a tutela individual da proteção à maternidade no contexto laboral traz grande insegurança jurídica.

Incontinente à publicação da lei especial (Lei n. 14.151/21), o pelo Plenário do STF, em 20 de maio de 2021, declarou a inconstitucionalidade do art. 394-A, incisos II e III, da CLT, acrescentados pela reforma trabalhista (Lei n.. 13.467/2017), sendo voto vencido o relator Marco Aurélio. A decisão foi resultado do julgamento da ADI n. 5.938, proposta pela Confederação Nacional dos Trabalhadores Metalúrgicos, na qual prevaleceu o entendimento de que a proteção à maternidade e à proteção integral à criança são direitos *irrenunciáveis*, e não podem ser afastados por atestado médico, nem mesmo pelo desconhecimento da própria gestante ou de outrem. Cumpre registrar a participação do Sindicato dos Empregados em Estabelecimentos de Serviços de Saúde de Belo Horizonte — SINDEESS, na qualidade de *amicus curie*.

Conforme abordaremos a seguir, a vulnerabilidade deste grupo face aos efeitos do contágio pelo Covid-19 e a indisponibilidade dos direitos em voga são fatores que precisam ser considerados para adequação da tutela jurisdicional.

4. Tutela coletiva do meio ambiente laboral das trabalhadoras gestantes e prevenção da dispensa discriminatória

A massificação dos conflitos na sociedade globalizada já é um fenômeno conhecido e tratado pelos ordenamentos jurídicos modernos, com vistas a garantir o acesso à justiça de forma eficiente e isonômica para todos os jurisdicionados (Leite, 2001, p. 30). Atualmente, não somente verificamos a massificação dos conflitos, mas também um compartilhamento mundial dos riscos gerados localmente, um fenômeno descrito pela sociologia como “sociedade do risco” (Beck, 2002, p. 30).

Nesse sentido, a pandemia se apresenta como uma consequência da interação humana com a natureza, cuja potencialização dos danos se dá em razão da conectividade desenfreada entre humanos e regiões no planeta. Por isso mesmo, a infecção por covid-19 precisa retroceder de maneira uniforme, em todos os países do mundo, para que deixe de ser considerada uma ameaça à humanidade. De outra forma, continuaremos a experimentar seus danos em diferentes níveis.

Em face deste recente drama humano, a procura por vacinas se instaurou como uma corrida mundial para alcançar a imunização em massa. A urgência de encontrar uma vacina adequada para a imunização coletiva da doença impediu que os testes fossem realizados em crianças e gestantes, que são públicos mais sensíveis. Assim, as primeiras vacinas disponíveis no mercado não contavam com orientação para aplicação em gestantes.

A vulnerabilidade das gestantes foi reconhecida desde o início da pandemia pelo governo brasileiro, assim como das lactantes, puérperas, idosos, indígenas, crianças, portadores de doenças graves, entre outros grupos constantes no Protocolo de Manejo Clínico da Covid-19 na Atenção Especializada, publicado em 2020 pelo Ministério da Saúde (Brasil, 2020).

Dada a inclusão das gestantes no grupo de risco pelos protocolos técnicos de atenção à saúde no Brasil, combinada à impossibilidade de imunização pelas vacinas disponíveis no mercado, evidenciou-se um cenário de desamparo às trabalhadoras gestantes. A ausência de políticas públicas mais ostensivas para prevenção e proteção das trabalhadoras gestantes levou a uma inércia patronal, especialmente, nas relações de trabalho envolvendo pessoas de baixo conhecimento e renda, fatores que historicamente impedem o acesso à Justiça.

A fim de minimizar a lacuna normativa específica para este e outros grupos de risco, preconizando um tratamento isonômico entre estes como um dos pilares essenciais à dignidade da pessoa humana, o Ministério Público do Trabalho emitiu a Nota Técnica n. 16/2020 com recomendações procedimentais às empresas, Sindicatos e órgãos públicos. No que se refere às gestantes, o MPT recomendou a retirada do trabalho presencial, garantindo o home-office, através da disponibilização da tecnologia adequada e a observância da transparência em caso de dispensa motivada, por queda expressiva no faturamento ou diminuição do ritmo de produção devido à queda de demanda no mercado (MPT, 2020).

Mais adiante, durante a *segunda onda* de Covid-19 no Brasil, se constatou o aumento da morbidade entre as gestantes e puérperas, em razão do que o MPT publicou a Nota Técnica a nª 01/2021, recomendando a retirada as gestantes das escalas presenciais de trabalho, entre outras medidas adaptativas da prestação de serviços, com a manutenção da renda (MPT, 2021).

A emissão de recomendações configura uma atuação extrajudicial do MPT indispensável para a contenção de políticas públicas e privadas que coloquem em risco as garantias fundamentais mínimas albergadas pelo ordenamento jurídico. É que a função institucional de zelar pela ordem jurídica, pelo regime democrático de direito, pelos interesses sociais e individuais indisponíveis, legitima sua atuação *extrajudicial* ou *judicial* (art. 127, CF/88).

Atualmente, já nos deparamos com uma *terceira onda* de Covid-19, a partir de março de 2021, situação monitorada pelo Observatório Obstétrico Brasileiro de Covid-19, através de pesquisa em âmbito nacional, realizada pela Universidade Federal do

Espírito Santo — UFES, em parceria com outras entidades. Os relatórios levantados já apontam uma taxa de mortalidade três vezes maior nas gestantes, do que na população comum (Rodrigues; Lacerda; Francisco, 2021).

Esta constatação, inclusive, gerou uma alteração no protocolo vacinal, recomendando a inclusão no grupo de prioridades máximas do Plano Nacional de Operacionalização da Vacinação contra a Covid-19 (Brasil, 2021). Assim, foi iniciada a vacinação das gestantes, a partir de abril/2021, mediante avaliação médica individual, observadas as comorbidades e mantido o acompanhamento dos efeitos adversos após a vacinação. Trata-se da regulação do uso *off label* da vacinação ou "uso em situações não previstas na bula da vacina".

Não existem dados que atestem a segurança da vacinação contra Covid-19 para as gestantes, todavia, a OMS deixou clara a recomendação de que a imunização é recomendada quando seus benefícios superarem os potenciais riscos no grupo avaliado (OMS, 2021). Tendo em conta que a maior oferta nacional naquele momento foi da vacina AstraZeneca, muitas gestantes realmente tiveram efeitos adversos e alguns poucos casos de complicação foram noticiados, levando a Agência Nacional de Vigilância Sanitária (Anvisa) a determinar a suspensão da vacina em 10 de maio de 2021 (Brasil, 2021).

Considerando o alto risco de contaminação por Covid-19 no Brasil, a vacinação das gestantes foi retomada a partir de junho/2021, mediante a substituição da AstraZeneca por outras vacinas com tecnologias diferentes, notadamente, de vírus inativado, como a CoronaVac e a Pfizer. Portanto, a imunização inicial sofreu oscilações, mas foi retomada e segue em monitoramento dos efeitos adversos.

Durante as três ondas de Covid-19, os serviços de saúde pública ficaram extremamente sobrecarregados, e algumas das unidades federativas brasileiras entraram em colapso, tal como o Estado do Maranhão, que chegou a atingir a lotação máxima de leitos e ficar completamente sem oxigênio, insumo básico para tratamento dos casos graves de Covid-19 (Schmidt, 2021).

Não bastassem os avanços do Covid-19 em três ondas, em crescente intensidade, e as dificuldades de imunização deste grupo, as recomendações do MPT não são devidamente observadas no contexto atual, onde as relações de trabalho são conduzidas de maneira arbitrária pelas diretrizes patronais, que costumam privilegiar os interesses econômicos, em detrimento de direitos. Essa disparidade de interesses, culmina em esparsas judicializações, normalmente individuais, que enfrentam inúmeras dificuldades técnicas para a efetividade da tutela da proteção à maternidade e à criança.

Insta salientar que as mulheres já representam grande parte do mercado de trabalho e potencialmente, todas as trabalhadoras devem ter protegido o seu direito à maternidade, independentemente da gestação em curso durante a pandemia ou não. Nesse quadro, evidencia-se a indivisibilidade do bem jurídico protegido e a indeterminabilidade das titulares, uma vez que todas as mulheres potencialmente podem ser mães, bem como pela transitoriedade do estado gravídico. Assim, a aglutinação das titulares, em tese, dependeria da instauração de conflitos em que o direito seria contraposto a outros interesses, inviabilizando, assim, um tratamento isonômico através de uma tutela individualizada e casuística.

Assim, nos parece que a proteção à maternidade, no contexto das relações de trabalho, se enquadra no conceito de direito difuso em razão da sua natureza indivisível, da indeterminação dos sujeitos, da intensa conflituosidade interna e duração efêmera e contingencial (Leite, 2001, 33).

Igualmente importante a compreensão de que as trabalhadoras gestantes ocupam postos em vários segmentos econômicos no mercado de trabalho, estando presentes em várias categorias profissionais. Acontece que, o conceito de categoria foi construído pela CLT a partir de critérios de identidade, similaridade e conexidade do exercício profissional ou da relação contratual laboral (art. 511, CLT).

Assim, a representação sindical atual no Brasil congrega direitos coletivos ou individuais homogêneos de uma categoria, não sendo suficiente para a tutela efetiva dos direitos das gestantes, uma vez que não alcançará a representatividade adequada à integralidade dos interesses difusos em voga.

5. Conclusões

A pandemia por Covid-19 é decorrente de uma alteração no meio ambiente *natural*, uma vez que surgiu de uma mutação biológica de um vírus, constatada na região de Wuhan, na China, que foi espalhada pelo mundo, em razão da globalização que conforma as relações modernas. O fluxo de mercadorias, serviços e pessoas se tornou intenso com a globalização, mas não foi acompanhado pelas precauções necessárias à segurança e saúde das pessoas e lugares conectados, revelando, assim, uma vulnerabilidade contemporânea.

Os efeitos da crise sanitária mundial desencadeada pela pandemia atingiram fortemente o meio ambiente *artificial*, constituído pelas cidades e zonas rurais, onde as pessoas tiveram que mudar seus hábitos de convivência e suas relações de consumo. No meio ambiente de trabalho essas influências foram ainda mais profundas, vez que causaram alterações dos espaços físicos, para atender ao distanciamento social e aos novos protocolos de saúde, higiene e segurança. A prestação de serviços remota, teletrabalho ou à distância está cada vez mais comum, o que tende a uma normalização do meio ambiente *virtual* do trabalho como meio ordinário de prestação de serviços, em detrimento da tradicional forma presencial.

Todas essas influências passaram a requerer uma adaptação da sociedade a nível legislativo, judicial e administrativo, em um tempo extraordinariamente rápido. Assim, muitas medidas foram adotadas como solução imediata para a crise, mas trouxeram a reboque retrocessos sociais inimagináveis.

Contudo, esta não é a primeira crise que exige do Brasil soluções em curto e médio prazo. A crise político-econômica que legitimou, no discurso oficial, a reforma trabalhista, gerou uma resposta de padrão semelhante que precisa ser questionado. Naquela crise foi claro o uso da flexibilização de direitos das mulheres como medida de contenção dos danos. O aumento da tolerância legislativa com a exposição das gestantes a ambiente insalubre se traduziu em menor custo patronal com adicionais e seus reflexos salariais. Uma antiga demanda que foi atendida em tempo de crise, sob a justificativa de erguer a economia à custa das vulnerabilidades da categoria trabalhadoras gestantes.

Adiante nos fatos históricos, durante a calamidade pública fundada no perigo à saúde por contágio de Covid-19, a democracia exigia a criação de estratégias para montar soluções emergenciais também fundadas na representatividade real de todos os envolvidos. Contudo, não foi o que ocorreu.

Não é possível aceitar a perpetuação de um padrão de exceção de direitos como solução uniforme a todas as formas de crises que se manifestarem na história brasileira. A tutela jurídica do direito à igualdade no mercado de trabalho passa pela tutela eficiente do meio ambiente laboral das gestantes. Em cenários tomados por uma crise sistêmica de escalas mundiais, ou mesmo nacionais, a tutela individual se mostra insuficiente para conferir efetividade aos direitos deste grupo, especialmente no contexto dos contratos de trabalho em que se acirram o atrito entre os interesses econômicos e os demais interesses de ordem social.

Igualmente, a tutela coletiva ou individual homogênea de interesses normalmente encapadas pelos Sindicatos, Confederações e Federações, se apresenta atrelada ao interesse profissional da classe ou à atividade econômica, o que tem implicações na representatividade adequada dos interesses das gestantes enquanto grupo indeterminado.

Assim, concluímos que a efetividade da proteção do direito à maternidade em face dos efeitos da pandemia sobre os contratos de trabalho depende da atuação judicial e extrajudicial do Ministério Público do Trabalho, antes durante e depois das crises.

Especialmente, é preciso tornar obrigatória a observância de protocolos desta instituição em tempos de crise, a fim de que possam servir de guia a todos os operadores do direito, até a efetiva legislação sobre o tema, funcionando como uma norma de transição para evitar tragédias, retrocessos sociais e dispensas discriminatórias de mulheres gestantes.

Referências

BECK, Ulrich. *La Sociedade del Riesgo Global.* Tradução Jesus Alborés Rey. Madrid: Editora Siglo Veintiuno, 2002.

BEZERRA LEITE, Carlos Henrique. *Ação Civil Pública.* Nova jurisdição trabalhista metaindividual. Legitimação do Ministério Público. São Paulo: LTr, 2001.

BOSKOVIC, Alessandra Barichello; COLLESI, Paula Castro. Proteção à maternidade e medidas emergenciais trabalhistas para enfrentamento da crise decorrente do coronavírus. *Revista de Direito do Trabalho*, vol. 213, Revista dos Tribunais, 2020, p. 177-197.

BRASIL. Agência Nacional de Vigilância Sanitária. *Recomendação sobre suspensão da Vacinação de gestantes com a vacina Oxford/AstraZeneca/FioCruz contra Covid-19.* Comunicado CGMON 005/2021. Disponível em: <https://www.gov.br/anvisa/pt-br/assuntos/noticias-anvisa/2021/comunicado-suspensao-da-vacina-da-astrazeneca-para-gestantes/comunicado_ggmon_005_2021.pdf>. Acesso em: 31.05.2021.

______. Ministério da Saúde. *Plano Nacional de Operacionalização da Vacinação Contra a Covid-19.* 5. edi. Brasília: 2021. Disponível em: <https://www.gov.br/saude/pt-br/media/pdf/2021/marco/23/plano-nacional-de-vacinacao-covid-19-de-2021>. Acesso em: 02 maio 2021.

______. Ministério da Saúde. *Protocolo de manejo clínico da Covid-19 na Atenção Especializada.* Secretaria de Atenção Especializada à Saúde, Departamento de Atenção Hospitalar, Domiciliar e de Urgência. 1. ed., rev. Brasília: 2020. Disponível em: <https://portalarquivos.saude.gov.br/images/pdf/2020/April/14/Protocolo-de-Manejo-Cl--nico-para-o-Covid-19.pdf>. Acesso em: 1º jun. 2021.

______. Supremo Tribunal Federal. Plenário. *Ação Declaratória de Inconstitucionalidade ADI n. 6.363.* Relator Min. Ricardo Lewandowski. Brasília: 2020. Disponível em: <https://portal.stf.jus.br/processos/downloadPeca.asp?id=15345059901HYPERLINK"https://portal.stf.jus.br/processos/downloadPeca.asp?id=15345059901&ext=.pdf"&HYPERLINK"https://portal.stf.jus.br/processos/downloadPeca.asp?id=15345059901&ext=.pdf"ext=.pdf>. Acesso em: 25 maio 2021.

BRUSCHINI, Cristina; LOMBARDI, Maria Rosa. *Instruídas e trabalhadeiras:* trabalho feminino no final do século XX. São Paulo: Fundação Carlos Chagas, 2001. Disponível em: <https://doi.org/10.1590/S0104-83332002000100007>. Acesso em: 03 maio 2021.

CHAGAS, Fundação Carlos. *Mulheres, Trabalho e Família.* Série 2. Versão 2007. Relatório de pesquisa. Disponível em: <https://www.fcc.org.br/bdmulheres/serie2.php?area=series>. Acesso em: 28 maio 2021.

FELICIANO, Guilherme Guimarães. O Meio Ambiente do Trabalho e a Responsabilidade Civil Patronal: Reconhecendo a Danosidade Sistêmica. In: FELICIANO, Guilherme Guimarães; URIAS, João (Coords.). *Coleção Direito Ambiental do Trabalho.* Apontamentos para uma teoria geral: saúde, ambiente e trabalho: novos rumos para a regulamentação jurídica. vol. 1. São Paulo: LTr, 2013.

HIRATA, Helena; KERGOAT, Danièl. Novas Configurações da Divisão Sexual do trabalho. *Cadernos de Pesquisa*, v. 37, n. 132, set./dez. 2007 Disponível em: <https://doi.org/10.1590/S0100-15742007000300005>. Acesso em: 05 maio 2021.

MPT — Ministério Público do Trabalho. *Nota Técnica 01/2021.* Nota Técnica sobre a proteção à saúde e igualdade de oportunidades no trabalho para trabalhadoras gestantes em face da segunda onda da pandemia do Covid-19. Brasília: 2021. Disponível em: <https://mpt.mp.br/pgt/noticias/nota-tecnica-gestante-gt-covid-19-assinada-2.pdf>. Acesso em: 30 maio 2021.

______. *Nota Técnica 16/2020*. Proteção à saúde e igualdade de oportunidades no trabalho para trabalhadoras e trabalhadores do grupo de risco ao Covid-19 ou que convivam com familiares do grupo de risco em face das medidas governamentais de contenção da pandemia. Brasília: 2020. Disponível em: <https://mpt.mp.br/pgt/noticias/nota-tecnica-16-trabalhadores-e-trabalhadoras-grupo-de-risco-pgt-mpt.pdf>. Acesso em: 05 abr. 2021.

OMS — Organização Mundial de Saúde. *Vacina Oxford AstraZenca contra Covid-19:* o que precisa saber. Histórias de Recursos. Detalhes. Disponível em: <https://www.who.int/pt/news-room/feature-stories/detail/the-oxford-astrazeneca-covid-19-vaccine-what-you-need-to-know?gclid=EAIaIQobChMImoG49M2c8QIVAg2RCh2cUgpYEAAYASAAEgJBGfD_BwE Acesso em: 31.05.2021>.

ONU Mulheres Brasil. *Mulheres em Tempos de Pandemia:* os agravantes de desigualdades, os catalisadores de mudanças. Think Olga; Think Eva. Relatório 2020. Disponível em: <https://sinapse.gife.org.br/download/mulheres-em-tempos-de-pandemia-os-agravantes-de-desigualdades-os-catalisadores-de-mudancas>. Acesso em: 1º jun. 2021.

OPAS Brasil — Organização Pan Americana de Saúde. *Histórico da Pandemia de Covid-19*. Folha Informativa sobre Covid-19. OMS, 2020. Disponível em: <https://www.paho.org/pt/covid19/historico-da-pandemia-covid-19>. Acesso em: 10 jun. 2021.

PEREIRA, Flávia Maria Gomes; RENÓ, Lara Porto; MAEDA, Patrícia. VII A condição da mulher trabalhadora entre os governos Collor e FHC. In: SOUTO MAIOR, Jorge Souto; CORRÊA, Regina Stela (Coords.). *Coleção Mulheres em Luta:* A outra metade da História do Direito do Trabalho. São Paulo: LTr, 2017.

ROCHA, Claudio Jannotti; PORTO, Lorena Vasconcelos; ALVARENGA, Rúbia Zanotelli de. As Revoluções Industriais e o Meio Ambiente do Trabalho: Reflexões, Análises, Comparações e os Fundamentos do Direito do Trabalho. In: FELICIANO, Guilherme Guimarães; URIAS, João (Coords.). *Coleção Direito Ambiental do Trabalho*. Apontamentos para uma teoria geral. vol. 5. São Paulo: LTr, 2020.

RODRIGUES, Ágatha; LACERDA, Lucas; FRANCISCO, Rossana Pulcineli Vieira. Observatório Obstétrico Covid-19. *Brazilian Obstetric Observatory* (2021). Disponível em: <https://observatorioobstetrico.shinyapps.io/covid_gesta_puerp_br/>. Acesso em: 04 abr. 2021.

SANTOS, Dayse Amâncio dos; SILVA, Laurileide Barbosa da. Relações entre trabalho e gênero na pandemia do Covid-19: o invisível salta aos olhos. *Oikos: Família e Sociedade em Debate*, v. 32, n. 1, p.10-34, 2021. Disponível em: <https://doi.org/10.31423/oikos.v32i1.10526>. Acesso em: 25 maio 2021.

SANTOS, Janaína Guimarães; SANTOS, Maria Aparecida Guimarães. Os novos desafios e inseguranças labor-ambiental impostos pela Lei n. 13.467/2017 no atual estado socioambiental de direito: por perspectivas preventistas/precaucionistas e transdisciplinares ao direito fundamental à saúde e segurança da trabalhadora grávida e lactante brasileira em ambientes insalubres. *Revista de Direito do Trabalho*, vol. 201, Revista dos Tribunais, 2019, p. 125-148.

SCHMIDT, STEFFANIE. Morrer sem oxigênio em Manaus, a tragédia que escancara a negligência política na pandemia. *El País*. Manaus: 2021. Disponível em: <https://brasil.elpais.com/brasil/2021-01-15/morrer-sem-oxigenio-em-uma-maca-em-manaus-a-tragedia-que-escancara-a-negligencia-politica-na-pandemia.html>. Acesso em: 25 abr. 2021.

A Cama de Procusto e a Normalização das Discriminações

Ellen Mara Ferraz Hazan

Resumo: O direito do trabalho reflete a normalização das discriminações imposta a toda sociedade brasileira, desde a invasão de 1500. Vivemos, ainda hoje, luta árdua por democracia; descolonização; efetividade dos direitos humanos; pela não discriminação, enfim, por uma possibilidade de existência digna, mesmo que inseridos no mundo do trabalho capitalista. Será que percebemos que as discriminações estão introjetadas, também, nas legislações pelas quais lutamos? – Se sim, melhor deixarmos de normalizá-las e seguirmos, mais conscientes, da verdadeira luta: contra o sistema que nos oprime e discrimina.

Palavras-chave: Discriminação — Normalização — Ficções — Legislação Trabalhista — Procusto.

"Meu nome é tumulto, e escreve-se na pedra..."
Carlos Drummond de Andrade

1. Introdução

Cita-se Procusto, aqui, como metáfora do que entendemos estar ocorrendo no Brasil: a normalização da não efetividade dos direitos humanos, sociais e trabalhistas, assim como das discriminações que somos treinados a praticar.

Damastes ou Poliémon, conhecido como Procusto na mitologia Grega, era dono de uma propriedade em meio à floresta nos arredores de Corídalo, na antiga Átila, situada no caminho entre Atenas e Elêuseis. Os viajantes que por ali passavam a caminho dos rituais de adoração aos deuses eram sequestrados por Procusto, que oferecia aos seus "convidados", além de um generoso jantar, uma especial cama de ferro para o descanso.

Procusto exigia que seus "convidados" sempre se encaixassem na cama oferecida. Se o convidado fosse alto ou longo para a cama, Procusto lhe amputava os "membros sobrantes" com um machado afiado até a medida da cama; se fosse baixo ou curto para a cama, ele o esticava até que o corpo ocupasse toda a sua extensão.

Procusto, na linguagem da época, significava "o esticador" e era considerado um "normalizador".

Teseu, herói da mitologia grega que matou o Minotauro, tornou-se um dos "convidados" de Procusto. Descobriu que Procusto, na verdade, sempre teve duas camas para ofertar: uma longa e outra curta. Após saboroso jantar, Teseu forçou Procusto a se deitar em uma das camas e o decapitou, para que nela coubesse perfeitamente.

Nassim Nicholas Taleb assim reflete sobre o mito de Procusto:

> Diante dos limites do conhecimento e de coisas que não observamos, como o invisível e o desconhecido, nós, humanos, resolvemos a tensão espremendo a vida e o mundo em ideias comoditizadas e concisas, categorias reducionistas, vocabulários específicos e narrativas pré-empacotadas, que têm consequências explosivas. Além disso, parecemos desconhecer o ajuste retroativo, como alfaiates que sentem imenso orgulho de oferecer o traje de caimento perfeito, mas fazem isso alterando cirurgicamente os braços e as pernas dos clientes.[(1)]

É o que acontece no Brasil mesmo após a Constituição de 1988, que prevê, em seu texto, a vigência de uma sociedade, embora capitalista, com visão e função social, e proíbe arbitrariedades e qualquer tipo de discriminação.

A realidade brasileira prova-nos que parte da sua sociedade, a burguesia, moveu-se e move-se para que os direitos humanos, sociais e trabalhistas não sejam aplicados à maior parte dos que vivem e dependem do seu próprio trabalho. A atuação da burguesia brasileira finca, no coração da democracia, a "normalização" das discriminações e da não efetivação dos direitos da classe trabalhadora.

Os direitos humanos, sociais e trabalhistas da maior parte da sociedade brasileira seguem na cama de Procusto, decapitados, mutilados, e nós seguimos normalizando esses absurdos... ou "normatizando"?

Nosso propósito, neste ensaio, é chamar atenção para a "normalização" das discriminações, para que possamos começar a desconstrui-la, dentro e fora de nós. Cremos que ninguém quer continuar a ser comparsa das iniquidades resultantes dessa "normalização" (se nosso esperançar estiver equivocado, pelo menos os que seguirem normalizando as discriminações o farão conscientemente, como servos de Procusto).

Não temos um herói como Teseu para decapitar nosso Procusto, mas temos um feixe humano, composto pelos discriminados, que formam a classe trabalhadora. É pela e para a classe trabalhadora que apresentamos este texto, já que ela é a única capaz de matar o Procusto da nossa história, queimando definitivamente suas camas.

---

(1) TALEB, Nassim Nicholas. *A cama de Procusto* — aforismos filosóficos e práticos. Rio de Janeiro: Objetiva, 2022. p. 11-12.

2. Sopros históricos da normalização das discriminações

A tormenta que ataca o Brasil, verdadeira tragédia humana, teve início em 1500 com a invasão do nosso território pelos europeus.

Os povos originários brasileiros, que viviam em um modelo de sociedade sustentável por meio do trabalho comunal, lutaram contra a invasão e os demais crimes que a sucederam, mas o genocídio realizado pelos supostos "civilizados" forçou os sobreviventes a se afastarem do litoral, onde viviam os invasores, e a ocuparem as florestas, até então seguras.

Ricardo Antunes destaca:

> Instaurada a "nova Colônia", nossa sociedade original se transmutou e transfigurou. Converteu-se em Apêndice da metrópole, subordinada ao "Novo Mundo", aquilo que até então comtemplava a *atividade vital virou predação e servidão.*
>
> O que então sinalizava coágulos daquilo que os ingleses denominavam *word* (para diferenciá-lo de *labour*) gerou outro monstrengo ainda mais horripilante e profundamente antissocial: aquilo que se tornou a enorme e profunda chaga que rasga e até hoje macula a sociedade brasileira; um esquadrão assanhado de ávidos burgueses alvos, mercantis e europeus, sempre em nome da "civilização", introduziu entre nós o que ainda é nosso vilipêndio maior: para garantir a produção colonial (que Caio prado Jr. bem definiu como o *sentido da colonização*), criou-se a escravidão africana, a nova *mercadoria barata* que passou a ser traficada para a *nova terra santa.*(2)

Com o passar dos anos, os livros, as escolas, as religiões, as normas, sempre comandados pelos invasores e seus supostos descendentes brancos, além de negarem as lutas dos povos originários contra os invasores, foram normalizando todo esse horror. Ensinaram-nos que o Brasil havia sido "descoberto", quando, na realidade, foi invadido; que os povos originários foram civilizados, quando, na verdade, foram colonizados e mortos — sua maneira de viver, de crer e de trabalhar de forma sustentável quase foi apagada da nossa história com o genocídio indígena.

Os povos originários lutaram muito. Vejamos alguns exemplos:

- 1562-1567 – Guerra dos Tamoios (Tupinambás) – São Paulo e Rio de Janeiro;
- 1555-1573 – Guerra dos Aimorés – Bahia e Espírito Santo;
- 1586-1599 – Guerra dos Potiguaras – Paraíba e Rio Grande do Norte;

(2) ANTUNES, Ricardo. *Capitalismo pandêmico*. São Paulo: Boitempo, 2022. p. 142-143.

- 1617-1790 – Tupinambás e Mundurukus – Pará e Maranhão;
- 1686-1692 – Confederação dos Cariris – Ceará, Rio Grande do Norte e Paraíba;
- 1692 – Guerra dos Bárbaros. Indígenas da etnia Janduís – Rio Grande do Norte;
- 1700-1789 – Guerra dos Muras – Pará e Amazonas;
- 1712-1719 – Rebelião de Mandu Ladino – Maranhão, Piauí e Ceará;
- 1723-1728 – Guerra dos Manaos – Amazônia;
- 1725-1791 – Resistência dos Guaykurus – Rio Paraguai;
- 1751-1757 – Guerra dos Guaranis – Missões no Rio Grande do Sul.

Para justificar a injustificável escravização dos africanos, as narrativas eram a de que sua mão de obra era necessária em decorrência da preguiça dos povos originários (indígenas) e a de que o povo de pele escura não tinha alma, podendo ser explorado na condição de animais (e isso foi afirmado pela Igreja Católica Apostólica Romana). Todos esses absurdos foram normalizados pela sociedade brasileira.

A verdade é que nossos ancestrais, os povos indígenas, não se curvaram à servidão e à escravidão e lutaram contra os invasores. Jamais foram preguiçosos, muito menos para o trabalho. Também não eram incivilizados — tinham cultura, credos e todos os demais atributos do que se pode considerar civilização.

Nazareno Godeiro destaca:

> O motivo central que levou o Império português a abandonar a escravização indígena foram as guerras de resistência entre 1535 a 1756. A resistência dos povos originários é o exemplo de luta dos nossos antepassados que a burguesia quer esconder s sete chaves, sob o mito da passividade do povo brasileiro.[(3)]

Também o valente povo africano lutou contra a escravização — da qual decorre o racismo constitutivo da nossa sociedade discriminadora. Algumas das lutas sociais negras, como Balalaica, Cabanagem, Revolta dos Malês, Revolta da Chibata, nem chegam a ser mencionadas nas nossas escolas. Isso sem contar as lutas das centenas de quilombos, em que mais de 500 mil negros e negras se rebelaram em 38 insurreições por 300 anos. Também é mentira normalizada pela cultura imposta pelas escolas, mídias, religiões e livros que a população negra é acomodada, preguiçosa, vadia, alienada e inferior à população não negra.

A negação da nossa verdadeira história reflete-se na camuflada composição social brasileira de negros, negras e indígenas e gera normalização das discriminações que nos

(3) GODEIRO, Nazareno. *Revoluções e revoltas do povo brasileiro*. São Paulo: Sundermann, 2022. p. 49.

estruturam. Nossa memória é marcada pela negação e pela normalização da escravidão, do racismo, da exploração e das discriminações.

Separar-nos das memórias que a burguesia invasora nos impôs, lembrando das lutas e resistências dos nossos ancestrais indígenas e negros, é o caminho para que nos tornemos antirracistas, feministas, não homofóbicos, enfim, não discriminadores.

As mentiras contadas repetidamente pela burguesia brasileira foram e são tantas que nossa sociedade as normalizou. Os crimes cometidos pela suposta elite brasileira, responsável por toda a tragédia vivenciada por milhões de trabalhadoras e trabalhadores, foram sendo normalizados, e as discriminações (racismo, machismo, homofobia, entre outras) passaram a estruturar nossa cultura e a contaminar o povo brasileiro.

Nossa sociedade é racista, machista, homofóbica e discriminadora. Fomos treinados a normalizar todo tipo de discriminação e a aplaudir os detentores do poder econômico. Consequência disso: nosso país segue sendo colônia do capitalismo!

Como leciona Ricardo Antunes, nossa sociedade foi estratificada a partir das discriminações:

> No Brasil, o pretenso "país colonial" talhou para si, desde os primórdios da colonização, uma marca *animal*. Desenvolveu uma *mistura pouco fina* entre o mundo aristocrático/senhorial/escravista emergente e a burguesia mercantil florescente (ou será praguejante?), ambos deitados e acumulando riqueza sobre a *escravidão africana*. Nascia, assim, uma variante do *prussianismo colonial-escravista* que, ao mesmo tempo que sonhava com a Europa, exercitava sua pragmática *racista e predadora de escravos*.
>
> Passaram-se centenas de anos, várias décadas e alguns séculos. O país "modernizou-se", mas preservou o forte traço ontogenético. *A acumulação primitiva colonial* deslanchou, virou agricultura de exportação, tornou-se indústria, metamorfoseou-se em finanças, oligopolizou-se e monopolizou--se em alguns ramos e setores. *Integrou-se externamente* de modo subordinado e d*esintegrou-se internamente*. Gerou aberrações inimagináveis, mesmo sabendo que exemplares desse naipe se esparramam em tantas partes do mundo. [(4)]

A normalização das discriminações é tamanha que não podemos nos dizer assustados, nem ter como incompreensível o fato de que, em nossa sociedade, perfis contraditórios existem, como: o crente que não segue a Bíblia e defende o armamento bélico; a mulher que apoia o machismo; o gay que defende o homofóbico; o negro que apoia o racismo; o pobre que defende o rico; o não branco que se diz branco. Para Ricardo

---

(4) ANTUNES, Ricardo. *Capitalismo pandêmico*. São Paulo: Boitempo, 2022. p. 143.

Antunes, *"o governo Bolsonaro, resultado de uma (só aparente) esdrúxula combinação entre o neoliberalismo primitivo e autocracia militarizada e tutelada, é um exemplar dessa espécie"*. (5)

É fato que os burgueses, donos do poder econômico, mudaram nossa história, escamoteando crimes, tragédias, lutas e resistências. Agora, com a era da informática, a normalização das discriminações revela-se monstruosa ao nos afastar, mais uma vez, da realidade:

> Hoje, também, as coisas estão constantemente desaparecendo sem que sequer notemos. A inflação das coisas nos ludibria a acreditar no oposto. Em contraste com a distopia de Yoko Ogawa, não vivemos em um regime totalitário com uma polícia do pensamento, que rouba brutalmente às pessoas suas coisas e suas memórias.
>
> Ao contrário, é nosso inebriamento de comunicação e informação, isto é, não coisas, se interpõem às coisas e as fazem desaparecer completamente. Não vivemos em um domínio de violência, mas em um domínio de informação que se apresenta como liberdade...
>
> (...) Assim, a polícia da memória é substituída por meios digitais que executam seu trabalho de forma totalmente não violenta e sem muito esforço... nossa sociedade da informação não é tão monótona assim. Informações falseiam eventos. Elas vivem do estímulo da surpresa. Mas o estímulo não dura muito tempo. Surge rapidamente uma necessidade de novos estímulos. Acostumamo-nos a perceber a realidade em termos de estímulos, em termos de surpresas. Como caçadores de informação, nos tornamos cegos às coisas silenciosas, discretas até mesmo coisas ordinárias, trivialidades ou convencionalidades que carecem de estímulo, mas que percebemos em nossa vida diária. Elas carecem de estímulo, mas nos ancoram no ser.(6)

Sim, seguimos normalizando os absurdos e vivendo as e das mentiras. E não há como negar que nossas leis seguiram e seguem o mesmo caminho: normalizando mentiras, crimes, tragédias, discriminações, sempre contando, para tal mister, com vários dos seus intérpretes e aplicadores.

Consequência direta da normalização das discriminações também pela legislação é a existência de juízes, desembargadores, ministros, advogados, juristas e procuradores que, além de negarem vigência à Constituição, deliciam-se com sua não aplicação. Existem exceções, mas ainda não têm bastado!

---

(5) ANTUNES, Ricardo. *Capitalismo pandêmico*. São Paulo: Boitempo, 2022. p. 143.

(6) HAN, Byumg-Chul. *Não coisas* — reviravoltas do mundo da vida. Petrópolis: Vozes, 2022. p. 8-10.

3. As discriminações normatizadas pela legislação trabalhista e normalizadas por nós

Desde a primeira revolução industrial, o sistema implantado de acumulação e exploração vigente até os dias atuais é o capitalismo. Esse sistema estabeleceu relações de produção em que tudo e todos são tratados como mercadoria, dividindo a sociedade em duas classes absolutamente antagônicas: a burguesa (exploradora) e a trabalhadora (explorada na condição de mercadoria).

No sistema capitalista, tudo é mercadoria a ser explorada e vilipendiada. Não faz parte dele qualquer ética, moralidade ou sentimento de humanidade. Seu objetivo é a obtenção do lucro mediante exploração do trabalho humano e da natureza, mesmo que à custa de mortes, adoecimentos, fome e miséria dos explorados e de destruição do planeta.

A constatação dessa realidade foi sentida e explicitada pelos indígenas, pelos negros e negras, pelas mulheres, enfim, pelos trabalhadores e pelas trabalhadoras também explorados no século XX. Foi essa verdade sentida na pele que resultou no que se denomina *consciência de classe*, e, a partir dela, a luta da classe trabalhadora contra o sistema capitalista instalou-se em busca não só da não exploração dos seres humanos na condição de mercadoria, mas principalmente da construção de um outro sistema para toda a humanidade explorada e faminta: o socialismo. Mobilizações, greves, revoltas, revoluções, mortes e guerras (inclusive duas mundiais) demonstraram que a classe trabalhadora não aceitava mais a exploração, a miséria e a manutenção do sistema que lhe considerava mercadoria.

O capitalismo tinha duas opões, se quisesse subsistir: ou cedia completamente às exigências da classe trabalhadora, aceitando o socialismo, ou propunha um método, sob seu domínio, para se ajustar a algumas das exigências da classe trabalhadora, mantendo-se como sistema dominante. Optou pela segunda hipótese e, prometendo um futuro emancipador para a classe explorada por meio do Estados Social capitalista, conseguiu convencer parte da classe trabalhadora a abandonar a unidade da luta contra o sistema e a direcionar suas forças para a melhoria das condições de trabalho, ou seja, para a conciliação de classes.

No Brasil e em muitos outros países, tal "convencimento" encontrou resistência, mas o suposto "Estado do Bem-Estar Social capitalista" acabou por se impor pela força e pelo convencimento. Assim, normalizou-se a exploração.

O capitalismo no Brasil, aproveitando-se da triste história colonial brasileira (que formatou uma burguesia escravocrata, machista, colonialista, e uma classe trabalhadora dependente do trabalho para sobreviver, esperançosa de uma vida melhor e digna), ludibriou a boa-fé de muitos com promessas de inclusão jurídica e legalização gradual de direitos trabalhistas.

O que se viu e se vê ainda hoje foi e é uma normalidade mentirosa, em que todos os discursos, propagandas, atos e decisões ignoraram e ignoram a "materialidade histórica", com sua tensão entre os contraditórios (capital e trabalho). Construíram-se ficções que aparentemente escodem ou desconsideram tal "materialidade histórica".

Surgiram as ficções jurídicas, dentre elas o "sujeito de direito", que, sabemos, é artificial por retirar a relação dialética entre o objeto e a representação do objeto:

> Ao criar uma relação entre gênero e espécie artificializada, isso somente é possível porque a universalização do sujeito de direito é ela também uma ficção, um artifício. O sujeito de direito universal é uma tendência que busca tudo tocar para retirar a relação dialética entre objeto e a representação do objeto, conformando com a ausência dialética em si promovida pela opção apenas pela última. Portanto, o que é suprimido aqui é a materialidade histórica em sua tensão de contraditórios na persecução da unidade factual com a sua subsequente (e constante) superação.
>
> E por que nos perguntamos tudo isso? Porque todos os conceitos preliminares do direito, inclusive os ligados ao direito sindical, tem partido exatamente da perspectiva acima estabelecida, conformando-se com meras representações de objetos fragmentados.[7]

O resultado histórico e político da luta de classes no Brasil do século XX é um ordenamento jurídico que autoriza a manutenção da exploração capitalista, sob a condição de discriminação normalizada, reduzindo pouco e para apenas alguns os efeitos da exploração. O Direito do Trabalho é, pois, discriminatório e jamais cumpriu com a promessa de reduzir a exploração capitalista e de emancipar a classe trabalhadora, muito pelo contrário.

Assim como o capitalismo, o Direito do Trabalho, fruto que é daquele, traz em si contradições, e isso confunde até mesmo alguns "doutos" – se é que podemos admitir que os "doutos" em Direito se confundem (talvez não!). O que se percebe é que o ramo dos direitos sociais, instrumento de controle da classe trabalhadora pelo capital, manteve o regime de exploração e passou a ter o controle das organizações da classe trabalhadora:

> O resultado de mais de um século de luta dos trabalhadores, em todo o mundo, foi a adoção universal de regras mínimas de proteção ao trabalho humano, reunidas a partir do final da Primeira Grande Guerra, no Tratado de Versalhes e demais documentos posteriores.

---

(7) ORIONE, Marcus; BATISTA, Flávio Roberto. *Direito sindical crítico*. Belo Horizonte: RTM, 2021. p. 13-15.

> O Brasil, do segundo quartel do século XIX, gradativa e apenas formalmente, partiu de regime híbrido de trabalho subordinado, em que coexistiam a escravidão, cujos efeitos econômicos e sociais são sentidos até hoje e o trabalho "livre", precário e informal, para chegar à Consolidação das leis do Trabalho, a partir da década de 1940.
>
> O complexo envolver político do Brasil República culminou na redemocratização, iniciada no final da década de 1970, cujo resultado jurídico posto é representado pela Constituição de 1988: os direitos e as garantias sociais ali inscritas representam, tão somente, a b*ase civilizatória mínima* de nosso povo, consequência da luta histórica de gerações de trabalhadores e trabalhadoras.(8)

Sendo o Direito do Trabalho decorrente da luta de classes em razão da exploração capitalista e, também, instrumento de manutenção desse regime exploratório e opressor, é difícil compreender como aceitamos "normalizar" várias das suas contradições, muitas das quais despercebidas ou aceitas pelo mundo jurídico.

Além do exemplo já citado (autorizar a exploração e tentar torná-la menos cruel, para poucos, por meio de normas heterônomas e autônomas), podemos analisar o tratamento dado pelo mundo jurídico ao direito de propriedade. Esse direito, tratado como "sagrado", é reputado basilar pelo mundo jurídico capitalista, mas, contraditoriamente, quando se trata da defesa do direito de propriedade do trabalhador, ele deixa de ser "sagrado".

Sabemos que quem trabalha, para figurar num contrato que pressupõe igualdade entre as partes, é tratado como proprietário da sua força de trabalho. Na formatação jurídica contratual capitalista, o patrão tem a propriedade dos meios de produção, e o trabalhador tem a propriedade da sua força de trabalho.

Ocorre que, no sistema capitalista, o trabalho é obrigatório, não opcional. Quem não consegue trabalhar ou perde seu trabalho não tem acesso a nenhum bem de consumo (moradia, alimentação, vestuário etc.) e, assim, vê-se impossibilitado de se manter com dignidade ou mesmo de sobreviver.

Nota-se que há duas medidas opostas para a aplicação do direito de propriedade: sua proteção total e incontinente, quando diz respeito ao detentor dos meios de produção, e sua desproteção total, quando diz respeito à força de trabalho do sujeito trabalhador. O trabalhador pode ser privado da sua posse e alijado da sua propriedade até mesmo por vontade unilateral do proprietário dos meios de produção.

---

(8) FRANCISCO CORRÊA, José Antônio. A era da barbárie: dignidade de qual pessoa humana? In: ALVARENGA, Ana Paula [*et al*] (Orgs.). *Trabalho além da barbárie*. 1. ed. Campinas: Lacier, 2022. p. 23-24

O mundo jurídico, assim, concedeu ao proprietário dos meios de produção o poder de vida e morte dos trabalhadores, retirando destes o direito de resistir. Infelizmente isso é chancelado pelos poderes constituídos, inclusive por membros do Poder Judiciário Trabalhista (com exceções), e pela advocacia trabalhista.

O ramo juslaboral já nasceu discriminador, controlador e normalizador, excluindo do mínimo civilizatório milhares de trabalhadores e de trabalhadoras e impondo obstáculos às organizações sindicais. Vejamos alguns exemplos: o tratamento "diferenciado" conferido a quem trabalha no âmbito doméstico ou rural ou a quem trabalha sem vínculo empregatício; a exigência de autorização do marido para que a mulher pudesse trabalhar, com apontamento das atividades passíveis de exercício; a estipulação de forma não correspondente do instituto da "justa causa" entre empregador e trabalhador; a adoção, de forma capenga, do direito potestativo civilista; dentre outros.

Ainda, os direitos humanos e sociais da classe trabalhadora, que autorizam a exploração do trabalho pelo capital mediante controle do Estado, jamais foram cumpridos de forma espontânea pelo capital. Foi necessária a institucionalização de uma Justiça Especial, primeiramente vinculada ao Poder Executivo e, após, ao Poder Judiciário, para, supostamente, garantir a efetivação dos direitos trabalhistas durante a execução do contrato.

Ocorre que, diante da construção jurídico-trabalhista da possibilidade de dispensa com ou sem justa causa, a Justiça Especial exerce seu múnus de forma precária, discriminadora. Sua atuação é quase sempre posterior à dispensa do trabalhador (que sempre foi e sempre será arbitrária, o que também é uma contradição em um regime democrático de direito).

Foi assim, convivendo com explorações e discriminações e normalizando-as, que novamente a luta de classes se explicitou após as décadas de 1970 e 1980. Sobrevieram novas ficções jurídicas e promessas não cumpridas, estampadas na Constituição de 1988.

Nossa Carta Magna, a Constituição Cidadã, determinou novos rumos às garantias dos direitos humanos e sociais dos que vivem explorados pelo capital. Afirmou a dignidade da pessoa humana; atribuiu um valor maior aos direitos humanos e sociais comparativamente ao atribuído aos direitos do capital; determinou a efetiva realização da função social da propriedade; estabeleceu valor social ao trabalho e à livre iniciativa; atestou que o trabalho deve garantir melhoria da condição social de quem dele vive; proibiu a dispensa arbitrária ou sem justa causa; garantiu a liberdade de classe e sua autonomia, inclusive sindical; proibiu todo tipo de discriminação; dentre outras medidas.

Não obstante, a burguesia brasileira nunca cumpriu, nem foi efetivamente instada pelo Estado a cumprir, os direitos humanos e sociais trabalhistas previstos na Constituição. Nesse cenário emergiram figuras desprotegidas (trabalhadores precarizados, "pejotizados", forçadamente transformados em falsos empreendedores individuais).

O Poder Judiciário Trabalhista, supostamente existente para a garantia da efetividade dos direitos laborais, transformou-se na "Justiça dos desempregados", proferindo, com frequência, decisões precárias em relação aos direitos descumpridos pelos empregadores e homologando "acordos" que significam renúncia de direitos e beneficiam somente os empresários. Muitos dos seus membros chegam a aparentar antipatia por trabalhadores e trabalhadoras e suas organizações sindicais. A Justiça do Trabalho transformou-se em instrumento de enriquecimento ilícito dos empregadores, discriminando não só os trabalhadores e trabalhadoras dispensados e que não procuraram o Judiciário por medo da eternização do desemprego, mas também os que se viram obrigados a procurar pela prestação jurisdicional para matar, mesmo que por pouco tempo, a fome da sua prole.

Chega a ser desumana a atuação do Judiciário Trabalhista, principalmente depois do advento da inconstitucional Lei n. 13.467/17, por nós denominada de "Deforma Trabalhista", que, fingindo reduzir alguns poucos efeitos da exploração, na verdade autoriza: jornadas de trabalho exaustivas; ambientes de trabalho perigosos e insalubres, remuneração sem padrões mínimos, não ultratividade das normas coletivas, dentre outros absurdos inconstitucionais. Na mesma linha da atuação desumana do Judiciário Trabalhista segue parte da advocacia trabalhista, conformada e igualmente descumpridora da Constituição de 1988.

Foi assim, pois, que todo o avanço constitucional brasileiro de 1988, fruto do último conhecido sopro da luta de classes, seguiu deitado na cama do nada mitológico capitalismo, o Procusto dos nossos tempos. Tanto é certo que vários dos direitos humanos e sociais foram mutilados em favor do sistema capitalista, que tem, em suas mãos, o machado afiado do Poder Judiciário e se beneficia da falta de conhecimento, de observação e de visão crítica e histórica dos que consomem narrativas pré-empacotadas e ideias comoditizadas.

Nossa sociedade foi treinada a normalizar as discriminações, preferindo acreditar no pensamento do outro a ter que pensar, estudar, pesquisar e lutar. Tudo parece estar normalizado a partir do momento em que o Poder Judiciário, a pretexto de manter seus privilégios, com seu machado afiado, impõe suas decisões contrárias à Constituição.

Teseu, na mitologia grega, constata que a única forma de conter Procusto era fazendo com que ele provasse do seu próprio veneno. A morte de Procusto era inevitável, assim como a morte do sistema capitalista também o será.

São poucos os "Teseus" e certamente eles não aparecerão no cenário brasileiro por meio de eleições controladas pela burguesia, mas eles existem: todas e todos os membros da classe trabalhadora.

Caso os nossos heróis trabalhadores e trabalhadoras não resistam tempo suficiente para possibilitar a retomada da luta de classes, o destino do ser humano e do planeta será a destruição.

4. As ficções e seus mistérios

Ressaltamos, desde logo, que todas as instituições, inclusive as que compõem os Poderes Executivo, Legislativo e Judiciário, são ficções, invenções ou mitos, assim como o direito, o dinheiro e tudo aquilo que não é real.

Vivemos em um mundo de mentiras ficcionadas. Para enfrentá-las, devemos ter muita atenção para não cairmos nas suas armadilhas e para não vivenciarmos somente suas miragens.

Mário Vargas Llosa alerta:

> Convém pisar com cuidado, pois esse caminho — o da verdade e da mentira no mundo da ficção — está semeado de armadilhas, e os oásis convidativos podem ser miragens.
>
> A irrealidade da literatura fantástica se transforma para o leitor, em símbolo ou alegoria, quer dizer, na representação de realidades, de experiências que se pode identificar na vida.
>
> A essa primeira modificação — a que imprime as palavras aos fatos — entrever-se-á uma segunda, não menos radical: a do tempo. A vida real flui e não se detém, é incomensurável, um caos no qual cada história se mistura com todas as histórias, e por isso mesmo jamais começa nem termina. A vida da ficção é um simulacro, no qual aquela desordem vertiginosa se transforma em ordem: organização, causa e efeito, fim e princípio.
>
> Se entre as palavras e os fatos existe uma distância, entre o tempo real e o da ficção existe um abismo.(9)

No mundo das ficções, passado, presente e futuro se misturam, incluindo-se aqui as ficções jurídicas, que, estabelecendo a ordem desejada pelo sistema dominante, determinam, para seu sucesso, como deve ser a experiência humana, subjugando-a.

Devemos nos atentar para o fato de que as mentiras das ficções jamais são gratuitas ou graciosas. Elas visam ao poder de controlar (até mesmo as nossas memórias). Assim como nos romances, as ficções agem, inclusive no mundo jurídico:

> [...] quando a vida parece plena e absoluta e, graças a uma fé que tudo justifica e absorve, os homens se conformam com seu destino. A ficção é uma arte de sociedades em que a fé experimenta alguma crise, *em que falta crer em algo*, onde a visão unitária, confiante e absoluta foi substituída

---

(9) LLOSA, Mario Vargas. *A verdade das mentiras*. Tradução de Cordélia Magalhães. São Paulo: ARX, 1936. p. 16-19.

> por uma visão rachada, e por uma incerteza crescente sobre o mundo em que se vive e sobro o outro mundo. Além da amoralidade, as entranhas dos romances aninham certo ceticismo. Quando a cultura religiosa entra em crise, a vida parece escapulir dos esquemas, dogmas e preceitos que a sujeitaram e se transforma em caos: esse é o momento privilegiado para a ficção. Suas ordens artificiais proporcionam refúgio, segurança, e nelas se desdobram livremente aqueles apetites e temores que a vida real incita, e não consegue saciar ou conjurar. (10)

Transportando os ensinamentos de Mário Vargas Llosa para as ficções jurídicas, começamos a compreender o Direito do Trabalho como instrumento de poder do capital, com a finalidade de "normalizar" o que não era normalizável: as discriminações!

As lutas do povo brasileiro, a partir de meados do século XX (ou mesmo antes disso) e até os dias de hoje, seguem no ritmo da manutenção do sistema capitalista, pois, ao invés de lutarmos por um sistema sem explorados e sem exploradores — em que a igualdade material seja efetiva e as discriminações, banidas —, lutamos pela nossa inserção no mundo das ficções (ou seja, no mundo das mentiras e das promessas capitalistas).

E isso acontece hoje em todos os segmentos sociais e movimentos organizados, como o feminista, o negro, o LGBTQIA+ e o sindical — vale dizer, nos segmentos e movimentos que envolvem os integrantes da classe que vive do trabalho. Todos lutam para a inserção de direitos na lei.

Não podemos seguir normalizando as ficções capitalistas, suas mentiras e promessas. Também não podemos nos contentar com a inserção de nossos pleitos em leis sem efetividade.

Fábio Borges, refletindo e analisando "O Jogo da Amarelinha", de Julio Cortázar, menciona, em obra ainda no prelo:

> Começamos pelo parágrafo 66, daí fomos ao 75. Em seguida ao 82, 101, 148. E agora estamos de volta ao 7... É assim que temos tentado trabalhar o texto *Television* e tudo isso remeteu-me ao livro de Júlio Cortázar: *O jogo da Amarelinha*. Em seu prefácio encontramos: 'A sua maneira, este livro é muitos livros, mas é sobretudo dois livros... o primeiro deixa-se ler na forma corrente e termina no capítulo 56... o segundo livro deixa-se ler começando pelo capítulo 73 e continua, despois de acordo com a ordem indicada no final de cada capítulo...'. Em seguida o autor apresenta uma lista com a sequência de capítulos, 73, 1, 2, 116, 3 etc. E denomina tudo de Tabuleiro de Direção.

---

(10) LLOSA, Mario Vargas. *A verdade das mentiras*. Tradução de Cordélia Magalhães. São Paulo: ARX, 1936. p. 22.

> Assim também faz Forbes, quando vai modulando o texto Television, escolhendo os parágrafos, remetendo-os de um para o outro, estabelecendo ligações, onde antes não parecia haver nenhuma. E nós vamos seguindo-o, quase sempre, maravilhados, encantados como se estivéssemos tomados por uma melodia irresistível. Mas também, às vezes, nos incomodamos, tentamos resistir à marcação da trilha. E pensamos: será que não existe outra trilha? (Revista 13 -Reuniões do Módulo).(11)

Acreditamos que todas e todos se lembrem do desenho feito no chão com giz, em que existe um semicírculo chamado inferno, e, a partir dele, dois quadrados na vertical numerados sequencialmente; após, dois quadrados horizontais ligados aos anteriores; mais dois quadrados verticais; mais dois horizontais, sempre seguindo a sequência numérica; e, finalmente, outro semicírculo denominado céu. O jogo da amarelinha resume-se a sair do inferno para atingir o céu, sendo que, para tanto, deve-se arremessar uma pedra para o quadrado dois, devendo o jogador, em um só pé, saltar para a casa um e pegar a pedra, seguindo a numeração até atingir o céu. Nas casas verticais somente se pode pisar com um dos pés; nas horizontais, com um pé em cada casa (pernas abertas). À medida que vai avançando no caminho, o jogador deve voltar ao inferno e seguir jogando a pedra para a casa seguinte até atingir o céu.

Esse é o treinamento ideal para o sistema apostólico e o capitalista. O jogo nos diz: para vencer na sociedade capitalista, siga este caminho! Não saia do caminho ditado, caso contrário, você ficará no inferno, ou pulando por toda a eternidade em um pé só, até seguir as regras do jogo capitalista.

Esse é o mistério das ficções e, como ensina Fábio Borges, o autor Miller foi feliz quando chama o texto *Television* de *A Casa dos Mistérios* e trabalhando a palavra mistério, afirma: *"mistério quer dizer que alguém acaba por descobrir a verdade... ao término do mistério, depois de percorrer o regulamentado caminho de uma ascese se encontra frente a Chave das Coisas...*"(12)

Podemos citar, como exemplo, o que as faculdades ainda hoje ensinam aos futuros profissionais do Direito, nos quadrados do jogo da amarelinha, omitindo a existência do pensamento crítico e transgressor: siga pelo jogo, acreditando que as ficções jurídicas são verdades; que o mundo do direito é aquele que faz "justiça"; que os membros do Poder Judiciário são e sempre serão os que conseguem ver a verdade dos autos; que todos são iguais perante a lei; que a segurança jurídica é necessária para a garantia da democracia; e tantas outras mentiras...

---

(11) BORGES, Fábio. *Textos reunidos*. Organização de José Eduardo Gonçalves. Belo Horizonte: Conceito Editorial, 2022.

(12) *Idem*.

O mesmo ocorre com os contos de fadas. A ficção do conto da Cinderela, por exemplo, ensina que a mulher branca, linda e maltratada pela família deve aguardar pacientemente em casa pela chegada do príncipe encantado, que a levará à felicidade eterna.

Outro conto, desta feita bíblico, afirma que Adão, por ter dado ouvidos à sua mulher Eva, comeu do fruto proibido e foi castigado com a expulsão do paraíso. Para onde foram Adão e Eva? Para o inferno? Não. Vieram para o nosso planeta Terra, castigados — ela, a parir com dor; ele, a trabalhar para o próprio sustento.

Quais serão os mistérios dessas ficções que nos foram ensinadas desde a infância? Certamente a inferioridade da mulher frente aos homens; que os homens não devem dar ouvidos ou respeitar as mulheres; que o lugar da mulher é em casa à espera de um homem que a fará feliz para sempre; que a mulher deve permanecer no espaço privado, limitando-se a parir com dor; que a vida pública, política e o trabalho são castigos, e destinados apenas aos homens... enfim, esses contos ensinam a sociedade a discriminar as mulheres, tanto no espaço público quanto no privado, tendo-as como seres inferiores, e a reduzir o valor de quem trabalha.

O mesmo acontece em relação aos povos originários e negros. As mentiras contadas pela história e suas omissões transmitem o pensamento do europeu burguês, do invasor branco e genocida. E os não negros ou os que têm tom de pele menos escuro (no Brasil não temos pele branca como a dos invasores) seguem maltratando nossos povos originários e negros, insistindo em uma inferioridade que não existe, discriminando-os.

As discriminações diuturnamente fomentadas pela nossa sociedade foram "normalizadas" até mesmo para alguns discriminados.

Nossa urgência é a decolonização. Nossa história não é a história dos invasores, e as ficções por eles construídas não nos servem, especialmente porque elas existem para nos controlar, nos explorar e nos enganar.

Temos que lutar pela morte do Procusto de nossa época: o capitalismo!

5. Outras considerações

Angústia pura nos afeta ao descobrimos alguns dos mistérios das ficções.

No momento seguinte à descoberta vem a culpa: como foi que nos deixamos manipular por tanto tempo? Na sequência, tentamos organizar desculpas pela nossa miopia: a culpa não é nossa, afinal fomos treinados(as) para aceitar as mentiras e normalizar as discriminações!

Por mais que essa "des-culpa" forneça algum tipo de alento, não existe a possibilidade de sermos "des-culpados". Após a retirada das cobertas que envolvem os mistérios das ficções, deparamo-nos com nossas atitudes discriminadoras, legalistas, racistas, homofóbicas e machistas.

O que nos resta é pedir explicações a nós mesmos sobre a culpa que nos atinge.

Como ensina Fábio Borges,

> [...] podemos também operar de uma outra maneira: culpabilizando, pedindo explicações sobre a culpa. Pois o discurso da culpa é o discurso do narcisismo, porque ele, em última análise, pressupõe *completude*. Mas de acordo com o dito de Lacan, é pelo Gaio Saber, *mantendo o pecado,* é que posso chegar ao *ditoso,* e a felicidade está em toda parte.(13)

O que exatamente podemos fazer?

— Assumir que fomos, até então, normalizadores das discriminações legalizadas, do racismo, do machismo, da homofobia e exercitar-nos para mudar tal realidade todos os dias, na nossa vida privada, profissional e pública. Quanto aos profissionais do Direito, o exercício deve ser realizado em todos os processos judiciais em que atuam, para que se cumpram os direitos humanos e sociais constitucionalizados; ou

— Negar o que foi desenvolvido neste pequeno ensaio, afirmando que tudo é mentira!

Qualquer que seja a opção do leitor, aqui ficam um agradecimento sincero e um poema:

"Mente quem fala
Que quem cala consente
Quem cala, às vezes, re-sente
Por trás dos muros dos dentes,
edifica-se um discurso transparente.
Por isto que o silêncio da consciência,
quando passa a ser ouvido
não é silêncio – é estampido."

Affonso Romano de Sant'Anna

Referências

ANTUNES, Ricardo. *Capitalismo pandêmico*. São Paulo: Boitempo, 2022.

---

(13) BORGES, Fábio. *Textos reunidos*. Organização de José Eduardo Gonçalves. Belo Horizonte: Conceito Editorial, 2022.

BORGES, Fábio. *Textos reunidos*. Organização de José Eduardo Gonçalves. Belo Horizonte: Conceito Editorial, 2022.

FRANCISCO CORRÊA, José Antônio. A era da barbárie: dignidade de qual pessoa humana? In: ALVARENGA, Ana Paula [*et al*] (Orgs.). *Trabalho além da barbárie*. 1. ed. Campinas: Lacier, 2022.

GODEIRO, Nazareno. *Revoluções e revoltas do povo brasileiro*. São Paulo: Sundermann, 2022.

HAN, Byumg-Chul. *Não coisas* — reviravoltas do mundo da vida. Petrópolis: Vozes, 2022.

LLOSA, Mario Vargas. *A verdade das mentiras*. Tradução de Cordélia Magalhães. São Paulo: ARX, 1936.

ORIONE, Marcus; BATISTA, Flávio Roberto. *Direito sindical crítico*. Belo Horizonte: RTM, 2021.

TALEB, Nassim Nicholas. *A cama de Procusto* — aforismos filosóficos e práticos. Rio de Janeiro: Objetiva, 2022.